설교의 영광 설교의 부끄러움
- 설교비평의 이론과 실제 -

윤철호 지음

장로회신학대학교출판부

설교의 영광 설교의 부끄러움
- 설교비평의 이론과 실제 -

ⓒ 장로회신학대학교출판부 2013

초판 인쇄 / 2013년 12월 10일
초판 발행 / 2013년 12월 15일

지은이 / 윤철호
발행인 / 김명용
펴낸곳 / 장로회신학대학교출판부
등록 / 제4-33호
주소 / 143-756 서울시 광진구 광장로 5길 25-1(광장동 353)
전화 / (02) 450-0795
팩스 / (02) 450-0797
제작 / 생명나무 (02) 3426-8847

ISBN / 978-89-7369-327-6 93230

값 22,000원

Glory of Sermon Disgrace of Sermon

Written by Chul-Ho Youn, Ph.D.
Publisher Myung-Yong Kim, Dr.theol.
Presbyterian College and Theological Seminary Press
25-1 Gwangjang-ro 5-gil, Gwangjin-ku, Seoul, 143-756, Korea
Tel. 82-2-450-0795   Fax. 82-2-450-0797
Printed in Korea

이 도서의 국립중앙도서관 출판시도서목록(CIP)은 서지정보유통지원시스템 홈페이지(http://seoji.nl.go.kr)와 국가자료공동목록시스템(http://www.nl.go.kr/kolisnet)에서 이용하실 수 있습니다.(CIP제어번호: CIP2013025854)

설교의 영광 설교의 부끄러움

- 설교비평의 이론과 실제 -

| 머리말 |

    홍수가 범람할수록 마실 물이 없다는 말처럼 교회의 강단마다 설교가 홍수처럼 쏟아져 나오는데 웬일인지 교인들은 더욱 목말라 한다. 오늘 한국교회에서 거의 모든 교회들마다 직면하고 있는 문제가 목회자의 설교의 문제이다. 설교말씀을 신성한 하나님의 말씀으로 받아들이는 한국교회에서 설교의 문제점을 공공연하게 드러내어 문제 삼지 않는 것이 미덕처럼 여겨지고 있기 때문에, 이 문제는 수면 아래 보이지 않게 잠복해 있는 것처럼 보인다. 그러나 적지 않은 교회들에서 이 문제는 이미 심각한 수준에 도달해 있다. 많은 교인들이 자신이 다니는 교회의 목회자의 설교에 실망하고 있으며, 매주일 교회에 가서 담임목사의 설교를 듣는 것 자체가 이미 지루하고 괴로운 일상이 되어버린 사람들도 적지 않아 보인다. 특히 교회에서 오랫동안 신앙생활을 한 평신도 지도자들일수록, 그리고 지식인이나 전문직업인들일수록 설교에서 은혜를 받기는커녕 가중되는 괴로움만 경험하는 경우가 많이 있다.

    하나님의 말씀을 전하는 설교자는 성령의 능력을 힘입어야 하며, 그러기 위해서는 열심히 기도하고 영적으로 깨어 있어야 한다는 사실의 중요성은 아무리 강조해도 지나치지 않다. 그러나 이것과 더불어 그리고 이것 못지않게 중요한 것들도 있다. 그것들 가운데 하나가 가장 기본적인 글쓰기 능력이다. 글쓰기 능력이란 단지 수사적인 표현력을 의미하는 것이 아니라 보다 근본적

---

    1) 이 책에서 다루는 신학자와 목회자들의 설교의 숫자가 서로 다른 까닭은 매 수업에서 학생들의 신청에 따라 설교자들과 설교들을 선정했기 때문이다.

인 신학적 사고력과 인문학적 언어능력, 그리고 현실사태나 주제(Sache)를 파악하는 통찰력 등을 포함한다. 오늘날 교회의 목회자들은 글쓰기 능력이 매우 약하다. 예전과 달리 오늘날 평신도들의 지적, 의식적 수준이 높아짐에 따라 회중은 단지 유창한 수사적 언어능력이 아닌 보다 높은 질의 설교내용을 요구하는 데 반해서, 목회자들은 이 높아진 회중의 기대를 따라가지 못하고 있다. 더욱이, 인터넷의 바다에서 정보를 탐색해 건져 올리는 데 익숙해진 컴퓨터 세대들의 사고력과 글쓰기 능력은 갈수록 더욱 빈약해지고 있다.

본인은 이러한 문제의식을 가지고 수년 전에 「성서·신학·설교」라는 과목을 신학대학원 과정에 개설하여 수업을 진행해 오고 있다. 즉 이 과목은 한국교회가 오늘날 당면하고 있는 위기의 원인들 가운데 하나가 설교의 위기라는 인식을 가지고 개설된 과목으로서 신학도들의 글쓰기 능력의 향상을 목표로 한다. 이 책 『설교의 영광 설교의 부끄러움: 설교비평의 이론과 실제』는 지난 수년간 이 수업을 준비하면서 그리고 수업시간에 학생들과 함께 공부하는 과정 속에 생겨난 결과물이다.

'설교비평'이란 지금까지는 본격적으로 시도되지 않았던 하나의 새로운 신학적, 목회학적 장르라고 할 수 있다. 다른 사람들의 설교를 비평한다는 것은 매우 조심스러운 일이 아닐 수 없다. 더욱이 수많은 설교를 하는 목회자들(일주일에 한 번씩만 해도 일 년이면 오십 번, 이십 년이면 천 번)의 수많은 설교들 가운데 몇 개를 취해서 그 목회자의 설교 전체를 평가하는 것은 가능한 일도 아니며, 본인의 수업과 이 책에서 의도하는 바는 더욱 아니다. 그러므로 이 책에서 시도되는 설교비평은 오직 분석되는 개개의 설교 자체의 내용에만 집중될 것이다. 또한 이와 같은 이유로 (좋은 의미에서든지 나쁜 의미에서든지) 하나의 패러다임적인 설교의 유형을 보여주는 설교는 설교자 개인의 설교 외적 문제에 구애받지 않고 다루었다. 이 점 오해가 없기를 바란다. 이 책에서는 11명의 신학자들의 설교와 10명의 한국 목회자들의 설교가 다루어졌다. 이 분들은 대부분 본인이 존경하는 신학자들이며 또한 목회자들이다. 그분들의 설교에 대한 비평이 그분들 설교 전체에 대한 비판을 의미하는 것은 결코 아니며 그분들 개인에 대한 비판은 더욱 아니라는 점을 거듭 밝힌다.

아무쪼록 한국교회의 목회자들과 신학도들, 그리고 설교에 대한 갈증을 가진 평신도들이 이 책을 통하여 하나님의 말씀으로서의 설교의 영광과 설교에 대한 신뢰를 회복하고 인간의 말로서의 설교의 부끄러움과 설교에 대한 불신을 조금이라도 줄일 수 있다면 본인은 더 이상 바랄 것이 없을 것이다. 이 책의 출판을 허락해준 장로회신학대학교 출판부에 심심한 감사를 드리며, 아울러 꼼꼼하게 편집과 교정을 보아준 김혜자 전도사에게도 고마움을 표한다.

2013. 11. 28

아차산 기슭 장신대에서
윤철호

| 차례 |

머리말 05

제1부 설교비평의 이론

I. 설교의 위기와 설교자의 과제 19
   1. 서론 19
   2. 설교의 위기: 본질이냐 방법이냐? 20
   3. 설교의 내용과 형식 23
   4. 바르트의 설교학 25
   5. 설교(자)의 이중적 과제 29
   6. 설교자와 회중 35
   7. 결론: 한국교회의 설교자의 과제 40

II. 성서해석과 설교 46
   1. 서론 46
   2. 종교개혁자들의 성서와 설교 이해 48
   3. 바르트의 설교학 51
   4. 성서와 설교의 관계에 대한 버트릭의 견해 55
   5. 성서의 복음과 설교 59

    6. 성서해석과 설교: 이야기 비평과 이야기 설교   62
    7. 결론   67

Ⅲ. 설교비평의 목적과 기준   74

제2부   설교비평의 실제

Ⅰ. 신학자들의 설교   83

    제1장 루터 (Martin Luther: 1483-1546)   85
        1. 그리스도인의 생활에 관한 설교   87
        2. 십자가와 고난에 관하여   90
        3. 부활주일 설교   93

    제2장 칼빈 (John Calvin: 1509-1564)   97
        1. 주의 말씀은 내 발에 등이요 내 길의 빛이니이다   99
        2. 교회 안의 다양한 직책들   104
        3. 야곱과 에서에 관한 세 번째 설교   108

제3장 슐라이에르마허   115
        (Friedrich Schleiermacher: 1768-1834)
  1. 그리스도의 죽음 안에서 확증된 하나님의 사랑   117
  2. 그리스도의 부활, 우리의 새로운 생명의 이미지   120
  3. 주님의 평안   123

제4장 블룸하르트 (Christoph Blumhardt: 1842-1919)   128
  1. 하나님의 능력   129
  2. 하나님을 위해 당신 자신을 잊으십시오   131
  3. 살아계신 그리스도   134

제5장 불트만 (Rudolf Bultmann: 1884-1976)   137
  1. 바리새인과 세리   138
  2. 불안으로부터의 자유   141
  3. 장차 될 미래의 존재   145
  4. 실존적인 신앙의 눈   152
  5. 하나님의 자유   159

제6장 바르트 (Karl Barth: 1886-1968)　　164
　　1. 영원한 빛　　167
　　2. 예수님과 함께 한 범죄자들　　171
　　3. 회개　　173
　　4. 염려하지 말라　　176
　　5. 너희 또한 살 것이다　　179
　　6. 선한 목자　　182

제7장 틸리히 (Paul Tillich: 1886-1965)　　186
　　1. 흔들리는 터전　　189
　　2. 새로운 존재　　192
　　3. 사랑의 힘　　195
　　4. 황금률　　196

제8장 브룬너 (Emil Brunner: 1889-1966)　　199
　　1. 선택　　199
　　2. 십자가의 어리석음과 스캔들　　203
　　3. 하나님, 우리의 피난처　　207

제9장 니버 (Reinhold Niebuhr: 1892-1971)   210
   1. 하나님의 섭리   211
   2. 인자가 반드시 고난을 당하리라   215
   3. 율법, 양심, 그리고 은혜   219
   4. 염려하지 말라   222

제10장 몰트만 (Jürgen Moltmann: 1926-)   226
   1. 그리스도의 십자가로부터의 희망의 탄생   227
   2. 바리새인과 세리   231
   3. 화평케 하는 자는 복이 있나니   234
   4. 죽음에 대한 저항의 축제   238

제11장 판넨베르크 (Wolfhart Pannenberg: 1928-)   242
   1. 너의 하나님은 왕이시다   244
   2. 그리스도의 십자가와 기독교인의 십자가   247
   3. 자유와 이성   252

II. 한국 목회자들의 설교　　　　　　　　　257

제1장 한경직 (1902-2000)　　　　　　　259
   1. 나는 누구인가?　　　　　　　　　261
   2. 부활은 영원한 생명의 승리　　　　263
   3. 오직 예수　　　　　　　　　　　265
   4. 너희 믿음대로 되라　　　　　　　266

제2장 옥한흠 (1938-2010)　　　　　　　269
   1. 독생자의 영광을 보라　　　　　　271
   2. 주를 위해 핍박 받으면　　　　　275
   3. 안아주심　　　　　　　　　　　280
   4. 죽음을 이기신 예수님　　　　　　286
   5. 풍랑 속의 평안　　　　　　　　290
   6. 하나님이 멀리 계시는 것처럼 보일 때　293
   7. 죄 없는 자가 돌로 치라　　　　　296

제3장 이동원 (1945-)   301

   1. 눈물의 골짜기를 지나갈 때   303
   2. 마리아의 찬가   307
   3. 아름다운 선택-전도   313

제4장 박영선 (1948-)   316

   1. 성화의 신비   318
   2. 하나님의 의   322
   3. 구원의 확실성의 근거인 하나님의 사랑   327
   4. 모세: 위인(偉人)이 아닌 범인(凡人)   333
   5. 신자의 존재론   338
   6. 다윗의 통곡   341
   7. 구원의 믿음   344

제5장 이재철 (1949-)   348

   1. 파수꾼을 죽이라   350
   2. 믿음이 시작하는 곳   354
   3. 안식 후 첫날   359
   4. 나와 같은 선지자를   364

5. 내 이름으로 구하면	368
6. 성전의 사람	371

제6장 정용섭 (1953-　)   376

1. 하나님의 법과 죄의 법	376
2. 그리스도교 윤리의 근거	380
3. 하나님 나라의 열매	384
4. 천국, 질적인 변화의 세계	388

제7장 유기성 (1954-　)   392

1. 예수님만 구하십니까?	392
2. 예수님과 함께 죽었습니까?	395
3. 예수님을 더 사랑하십니까?	399
4. 예수님 한 분이면 충분합니까?	401

제8장 김회권 (1960-　)   406

1. 복음과 세례 요한, 바울의 영적 각성	407
2. 원하시면 저를 깨끗하게 하실 수 있나이다	412
3. 흉악한 자들을 이긴 기독 청년들의 신앙고백	415

제9장 이찬수 (1961-)   420
    1. 안주하는 곳에서 뛰어내릴 때 기적을 경험할 수 있다   420
    2. 내가 하는 것이 아니라 하나님께서 하신다   425
    3. 하나님의 보호하심을 기억하라   430

제10장 전병욱 (1963-)   434
    1. 진짜 사랑하니까 광야로 보내셨다   435
    2. 역전과 승리의 삶을 확보하는 회개   440
    3. 한 마음을 품으면 세상이 벌벌 떤다   444

참고문헌   448

제1부

설교비평의 이론

Ⅰ. 설교의 위기와 설교자의 과제[2]

1. 서론

설교란 무엇인가? 설교란 살아계신 하나님의 말씀의 선포이다. 설교란 성서에 증언된 예수 그리스도의 하나님 나라의 복음에 기초하여, 인간과 세계의 구원과 해방을 위하여 행동하시는 살아계신 하나님의 말씀을 오늘의 상황 속에서 선포하는 행위이다. 설교의 목적은 예수 그리스도의 하나님 나라의 복음을 핵심으로 하는 하나님의 말씀을 선포함으로써 회중에게 위로, 구원, 치유, 해방을 가져오는데 있다. 설교는 단순한 감정적 공감, 인지적 이해, 의지적 동의가 아니라 존재와 삶의 실제적 변화를 목표로 한다. 바우만(Baumann)에 의하면, "설교는 행위의 변화를 일으키려는 명백한 목표를 가지고 한 사람이 다른 사람에게 성서적 진리를 전달하는 것이다."[3] 설교는 회중 개인의 회심, 죄 용서, 칭의, 성화, 최종적 구원의 완성과 아울러, 이 땅에서의 예수 그리스도의 복음 전파와 하나님 나라의 구현을 목표로 한다.

설교는 원리적으로는(de jure) 하나님의 말씀이지만, 실제적으로는(de facto) 인간의 말로 표현된 하나님의 말씀이다. 인간의 말로 표현된 하나님의

---

[2] 윤철호, "설교의 위기와 설교자의 과제"「장신논총」, 제4집 (서울: 장로회신학대학교출판부, 2011), pp. 144-167에 실린 필자의 논문.

[3] J. Daniel Baumann, *An Introduction to Contemporary Preaching*, 정장복 역, 『현대설교학입문』(서울: 양서각, 1983), p. 15. 이 정의에는 세 가지 요소가 포함된다. 첫째는 커뮤니케이션, 둘째는 성서의 진리, 셋째는 삶(행동)의 변화이다.

말씀으로서 설교는 양면성을 갖는다. 먼저, 설교는 성육신의 신비를 나타낸다. 즉 성령의 능력 안에서 인간의 말로 성육신하는 하나님의 말씀으로서 설교는 회중을 변화시키고 구원하며 새롭게 한다. 이것이 설교의 영광이요 설교자의 면류관이다. 그러나 다른 한편, 설교는 하나님의 말씀과 혼합되거나 하나님의 말씀을 위장한 인간의 말로 인하여 하나님의 말씀을 불완전하게 드러낼 뿐만 아니라 종종 왜곡함으로써 회중을 잘못된 길로 인도할 수 있다. 이것이 설교의 부끄러움이요 설교자의 죄책이다.

이 글은 오늘의 설교의 위기의 시대에 설교의 부끄러움과 설교자의 죄책을 줄이고 설교의 영광과 설교자의 면류관을 회복하기 위해서 요구되는 설교와 설교자의 과제를 고찰하고자 하는 목적으로 씌어졌다. 이를 위하여 이 글에서는 다음과 같은 주제들이 다루어질 것이다. 2장에서는 교회가 경험하는 설교의 위기의 원인을 설교의 본질과 전달방법의 관점에서 분석할 것이다. 3장에서는 교의학으로서의 설교학과 실천신학으로서의 설교학의 주된 과업을 각기 설교의 내용과 형식의 관점에서 제시할 것이다. 4장에서는 전통적인 교의학적 설교학을 대표하는 바르트의 설교학에 대하여 고찰할 것이다. 5장에서는 설교의 이중적인 해석학적 과제를 성서에 대한 충실성과 회중의 상황에 대한 적합성의 관점에서 설명할 것이다. 6장에서는 설교자와 회중의 관계에 대한 올바른 이해를 제시하고 설교자의 인격과 삶의 중요성을 강조할 것이다. 마지막으로 7장에서는 한국교회에서의 설교의 위기와 설교 또는 설교자의 과제를 설교와 신학의 관계의 관점에서 기술하고 설교비평의 필요성과 의미에 대하여 설명할 것이다.

2. 설교의 위기: 본질이냐 방법이냐?

오늘날 많은 사람들이 한국교회의 위기를 말한다. 교회의 위기는 적어도 부분적으로 설교의 위기로부터 비롯된다. 설교의 위기는 곧 교회의 위기를 의미한다. 설교의 위기는 두 가지 관점에서 이해될 수 있다. 하나는 설교가 하나님의 말씀을 상실함으로써 초래되는 위기이고, 다른 하나는 설교가 회중에게 전달되지 못함으로써 초래되는 위기이다. 전자가 본질의 위기라면 후자는 방법의 위기이다. 이 두 가지는 모두 설교의 위기를 초래한다. 하나님의 말씀으로서의 본질을 잃어버린 설교는 아무리 탁월한 수사학적 기술에 의해 회중에게 효과적으로 전달된다고 해도 맹목적인 것이다. 이와 반대로 회중에게 효과적으로 전달되지 않는 설교는 아무리 심오한 하나님의 말씀의 진리를 담고 있어도 실패한 설교이다. 본질과 전달방법 가운데 어느 것이 더 주된 설교의 위기의 원인인가 하는 것은 실제로 행해지는 설교의 객관적 현실에 의해 결정되기도 하고, 설교를 이해하는 사람의 주관적인 판단에 의해 결정되기도 하며, 주관적 요인과 객관적 요인의 상호작용에 의해 결정되기도 한다.

기독교의 역사 속에서 신학자들이 설교의 방법론의 중요성을 강조했던 시기는 교회의 설교가 회중에게 제대로 전달되지 못했던 시기였다고 할 수 있다. 18, 19세기의 서구교회 시기가 전달방법의 위기의 시기였다. 계몽주의 이후 서구의 근대시기에 있어서 전통적인 권위주의적 설교방식이 더 이상 회중들의 관심을 끌지 못하게 됨에 따라, 슐라이에르마허를 비롯한 이른바 자유주의 신학자들은 어떻게 하면 설교가 회중에게 이해 가능한 방식으로 효과적으로 전달되도록 할 수 있을까 하는 문제를 가지고 씨름하였다. 이 시기의 설교자들은 초월적인 하나님의 말씀을 인간의 문화, 개념, 언어에 적합하고 이해 가능한 방식으로 전달하고자 했다. 이와 대조적으로, 20세기에 들어 세계 제1, 2차 대전의 참혹한 재난과 비극을 경험했던 실존적 위기의 상황 속에서, 바르트를 비롯한 이른바 신정통주의자들은 당시의 설교의 위기를 설교의 본질의 상실에서 찾았다. 그들은 일반 회중의 이해 가능성에 적합한 방식으로 하나님의 말씀을 전달하고자 시도했던 19세기의 설교가 설교의 본질의 상실을 초래했다고 비판하고, 초월적인 하나님의 말씀으로서의 설교의 본질을 회복하고자 하였다. 그러나 20세기 말 이후 오늘날 서구의 많은 신학자들은 다시금 설교의 위기를 회중과의 관계에서 찾는다. "전달되지 못하는 설교는 실패한 설교이다."라는 것이 오늘날의 설교학의 기본명제가 되었다. 이것은 빠른 속도로 변화하는 오늘날의 회중의 상황에 대한 진지한 관심을 반영한다. 오늘날에는 회중(특히 젊은 세대)의 관심을 끌고 집중을 유지하는 것이 그 어느 시대보다도 어렵게 되었다. 따라서 효과적인 전달을 위한 설교방법의 개발이 다시금 중요한 설교의 과제로 인식되고 있다.

여기서 기억해야 할 사실은 설교의 본질과 방법이 구별되어야 하지만 결코 분리될 수 없는 밀접한 관계에 있다는 점이다. 주지하는 바와 같이 설교는 다음 네 가지 요소로 구성된다. ① 성서에 대한 충실한 주석, ② 신학적 반성을 통한 주제화와 구성, ③ 회중의 상황에 대한 적용, ④ 설교행위를 통한 전달 등이다. 설교를 구성하는 이 네 가지 요소는 설교의 본질과 방법 둘 다와 관계된다. 19세기의 자유주의 신학자들은 단지 설교의 전달방법에만 관심을 기울였던 것이 결코 아니다. 사실상 그들은 설교의 본질 자체를 새롭게 정립하고자 했다. 슐라이에르마허는 설교를 성서의 권위에 의존하여 위로부터 선포되는 하나님의 말씀이 아니라 회중의 구체적인 삶 속에서 아래로부터 경험되는 신앙의 관점에서 재규정하고자 하였다. 설교는 설교자가 성서의 하나님 말씀을 회중과 대칭적인 초월적 차원에서 일방적으로 선포하는 행위라기보다 설교자가 신앙 안에서 경험한 하나님의 말씀을 회중과 함께하는 내재적 차원에서 함께 나누는 행위이다. 여기서 설교자는 회중과 대립지점에 서 있지 않고 회중과 함께 있다. 그러나 20세기 초의 변증법적 신학자들은 다시금 '아래로부터'의 설교의 패러다임으로부터 '위로부터'의 설교의 패러다임으로의 전환을 시도하였다. 바르트는 하나님의 절대 타자성을 강조하면서 삼중적인 하나님의 말씀의 하나인 설교의 초월적, 계시적 본질을 회복하고자 했다. 그가 회복하고자 했던 설교의 초월적, 계시적 본질은 불가피하게 회중의 삶의 자리가 아니라 위로부터, 그리고 성서로부터 시작하는 연역적 설교 방법에 잘 반영된다. 20세기 중반의 성서적 설교운동은 이러한 변증법적 신학의 영향으로 생겨났다.

설교의 본질에 대한 이해와 방법에 대한 이해는 동일시될 수도 없지만 분리될 수도 없다. 대체로 설교의 초월적, 계시적 본질을 강조하는 설교학은 연역적, 성서적 접근 방법론을 중요시하는 반면, 설교의 내재적, 경험적 본질을 강조하는 설교학은 귀납적, 상황적 접근 방법론을 중요시한다. 설교의 본질과 방법의 문제는 내용과 형식의 관점에서 조명될 수 있다. 전통적인 교의학적 설교학에서는 설교의 내용이 중요시되는 반면, 오늘날의 실천신학적 설교학에서는 소통을 위한 설교의 형식이 보다 중요시된다.

3. 설교의 내용과 형식

기독교 신학의 역사에 있어서 설교를 전문적으로 연구하는 설교학은 일찍부터 신학의 한 영역으로 자리매김되어 왔다. 설교학의 자리를 어디에 정위시키는가에 따라 설교학의 과제와 설교학에서 다루는 주제도 달라진다. 설교학을 교의학의 한 분야로 취급하는 고전적 설교학에 있어서 설교학의 주된 과제는 하나님의 말씀으로서의 설교의 내용을 다루는 것이었다. 고전적 설교학에 따르면 기독교 전통 속에서 형성되고 체계화된 교의가 설교의 중심 내용이 되어야 하며, 설교자는 교의학적 관점에서 성서를 해석하고 설교의 내용을 구성해야 한다. 여기서 교의학은 성서에 대한 교회의 오랜 연구의 결과로서 체계화된 전통이자, 동시에 성서에 대한 올바른 이해와 해석을 위한 신앙의 규율(regula fidei) 또는 교회적 권위로서 기능한다. 따라서 성서본문에 대한 해석에 기초한 설교의 내용은 반드시 교의학적 관점에서 검증되어야 했다.

그러나 신학 분야가 전문화되고 세분화됨에 따라 오늘날 설교학은 독립적인 실천신학의 한 분과가 되었다. 설교학을 교의학으로부터 독립된 실천신학의 한 분야로 자리매김하는 오늘날의 설교학에서는 설교의 본질과 내용보다는 설교의 형식과 방법, 즉 "무엇을 설교할 것인가"보다 "어떻게 설교할 것인가" 하는 것이 주된 관심의 대상이 되고 있다. 실천신학적 설교학은 설교의 구성과 전개 방식, 수사적 기술과 같은 전달 방법, 회중과의 의사소통과 회중의 삶의 자리에 대한 적용과 같은 문제에 보다 깊은 관심을 기울인다. 최근의 새로운 설교학 운동에서는 고전적인 명제적, 논증적, 연역적 설교 대신 이야기적, 귀납적 설교의 필요성이 강조된다.[4] 오늘날의 회중은 교의적 내용을 주입시키거나 일방적으로 선포하는 연역적 설교보다 회중이 설교자와 함께 설교의 움직임을 따라 하나님의 말씀을 추구해가는 "설교를 통한 말씀의 여행"을 선호한다. 귀납적 움직임을 가진 설교는 회중의 삶의 상황과 관련된 내용과 함께 설교가 시작되고 진행되기 때문에 회중으로 하여금 메시지에 대한 관심을 끝까지 유지할 수 있게 해준다. 이러한 귀납적 설교는 일방적으로 전달하고 명령하는 설교가 아니라, 회중 스스로 신앙적 결론을 내리고 결단할 수 있도록 도와주는 것을 목표로 한다. 오늘날 설교학의 주된 관심이 가장 대표적인 귀납적 설교형식인 서사 설교 또는 이야기 설교에 집중되고 있는 것은 이상한 일이 아니다.

오늘날의 실천신학적 설교학은 회중에게 보다 효과적인 전달력이 있는 귀납적인 이야기 설교와 같은 설교의 형식에 대한 이론을 발전시킨 반면, 설교의 내용 자체에 대한 충분한 신학적 관심을 기울이지 못하고 있는 느낌이 있다. 설교의 내용에 대한 관심과 형식에 관한 관심은 양자택일적인 것이 아니다. 이 둘은 상호 보완적인 관계 속에서 설교의 전체성을 구성하는 필수적인 두 요소이다. 그러나 내용이 본질과 관계된다면, 형식은 전달방법과 관계가 된다. 이것은 설교를 통해 전달하고자 하는 메시지인 내용이 일차적인 중요성을 가지며, 그 메시지를 표현하고 전달하는 방법인 형식은 이차적인 중요성을 갖는다는 것을 의미한다.

설교의 구체적인 방법에 대한 고정화된 획일적인 규칙을 수립하려는 노력은 별 의미가 없다. 연역적 설교형식과 귀납적 설교형식은 어떤 것이 옳고 어떤 것이 그른지 판정할 수 있는 것이 아니다. 이 두 가지 설교형식은 회중의 상황에 따라 각기 적절하게 사용될 수 있으며 사용되어야 한다. 이와 마찬가지로, 성서의 본문에 대한 주석으로부터 설교를 시작해야 한다거나, 이와 반대로 회중이 처해 있는 상황에 대한 분석으로부터 설교를 시작해야 한다거나 하는 양자택일적인 규칙도 존재하지 않는다. 또한 모든 설교는 반드시 성서본문에 대한 충실한 주석에 기초해야 한다는 말은 옳다. 그러나 모든 설교가 반

---

4) Stephen Farris, "The Birth of the New Homiletics,"『태영설교학 강연집』(서울: 교회와 커뮤니케이션 연구원, 2002), pp. 13-27.

드시 성서본문에 대한 충실한 주석으로부터 시작되어야 한다거나 또는 그 주석의 과정이 반드시 설교의 내용에 포함되어야 한다는 말은 옳지 않다. 설교를 구성함에 있어서 설교자는 자유롭게 회중의 상황으로부터 시작할 수 있으며, 필요하지 않다고 판단되면 주석의 과정에 대한 소개를 생략할 수도 있다. 마찬가지로, 모든 설교가 회중의 상황과 보다 구체적인 연관성을 가져야 하며 특정한 상황을 위한 실천적 적용을 지향하여야 한다는 말은 옳지만, 모든 설교가 특정한 상황을 향한 것이어야 한다거나 또는 모든 설교에서 반드시 회중의 상황이 언급되어야 한다는 말은 옳지 않다. 설교는 보다 자유로운 형식으로 행해질 수 있어야 한다. 설교의 형식은 획일적으로 정형화된 틀 안에 고정될 수 없으며, 상황에 따라 자유롭게 선택될 수 있어야 한다.[5]

4. 바르트의 설교학

바르트는 설교학을 교의학의 한 분야로 보는 전통적인 입장을 대표하는 신학자이다. 그는 설교학의 위기가 하나님과 하나님의 세계는 외면한 채 인간과 세계에만 주목하고 효과적인 설교의 방법론에만 관심을 기울이는 '강단의 인간화'에 있다고 본다. 그는 "우리는 '어떻게' 설교할 것인가?"(Wie macht man das?)라는 방법론적 질문으로부터 "어떻게 우리는 그것을 '할 수' 있는가?"(Wie kann man das?)라는 본질적인 질문으로 전환해야 한다고 주장한다. 그에 따르면 실교의 위기는 두 가지 차원에서 발견된다. 첫째는 본질적 차원이다. 이 차원에서 설교의 위기는 죄인 된 인간이 하나님에 대해 말할 수 없

---

5) 설교의 형식과 관련하여 한 가지 비판적으로 숙고해야 할 점은 매 설교를 위한 고정화된 규칙과 방법이 아니라 장기적인 차원에서 설교자가 행하는 설교의 전체적인 방향성에 관한 것이다. 장기적인 차원에서 볼 때, 언제나 상황으로부터만 출발하기를 고집하는 설교자나 언제나 성서본문으로부터만 출발하기를 고집하는 설교자, 언제나 귀납적 설교만을 고수하는 설교자나 언제나 연역법 설교만을 고수하는 설교자의 설교는 둘 다 문제가 있을 수 있다. 왜냐하면 전자는 설교의 본질적 내용을 상실할 위험이 있고 후자는 설교의 실제적 효과를 잃어버릴 위험이 있기 때문이다.

다는 불가능성으로부터 기인한다. "우리는 신학자로서 하나님을 말해야 한다. 그러나 우리는 인간이다. 인간이라는 존재로서 우리는 하나님을 말할 수 없다. 우리는 우리의 말할 수 없음과 말해야 하는 당위 이 두 가지를 알아야 하고 따라서 오직 하나님을 경외해야 한다. 이것 이외의 모든 것들은 어린애 장난감 같은 것이다."[6] 두 번째는 상황적 차원이다. 여기서 설교의 위기는 설교가 세상에서의 삶을 위한 해결사 역할로 전락한 것에 있다. 그는 설교가 "삶의 전쟁터로 달려 나가는 구급차"가 되어서는 안 된다고 주장한다.

바르트는 설교의 자료들을 전적으로 성서로부터 가져와야 한다고 주장한다. 설교자는 자신의 영감을 치워버리고 그 자리에 성서 주해를 앉혀야 한다. 성서만이 설교의 중심이요 기준이다. "성서는 우리의 모든 의견, 욕구, 사고를 제거해야 한다. 엄격한 훈련 안에서 우리는 말씀에 머물러 있어야 하며, 일반 대중이나 작은 공동체 또는 우리 자신이 듣고 싶어하는 것이 아닌 말씀이 말하는 것만을 들을 준비를 해야 한다. 전쟁이 일어난 것과 같은 특수한 경우에, 텍스트는 언제나 그 시대의 주제를 넘어서 있어야 한다. 전쟁에 관한 사고가 텍스트 안으로 밀고 들어와서는 안 된다. 바로 이러한 상황에서 우리는 그 어느 때보다 더 텍스트에 대한 순종을 유지해야 한다."[7]

바르트는 설교의 내용이 성서에 분명하게 쓰여 있는 증언의 반복이어야 한다고 주장한다. 그는 심지어 설교가 서론을 갖지 말아야 한다고 주장한다. 왜냐하면 예배의 진행이 이미 예배의 절정인 설교를 위한 서론이기 때문이다. 설교에 앞서 성서를 봉독할 때 이것은 설교와 연결되며, 따라서 설교는 예비

---

6) Karl Barth, *Das Wort Gottes als Aufgabe der Theologie*, in: *Das Wort Gottes und die Theologie*, 1924, p. 158.

7) Karl Barth, *Homiletics*, trans. Geoffrey W. Bromiley and Donald E. Daniels (Louisville: Westminster/John Knox Press, 1991), pp. 95-96. 또한 성서에 대한 역사비평의 문제와 관련하여 바르트는 이렇게 말한다. "역사비평을 통해서 전설과 신화로 알려져 있으며, 따라서 신약성서 안에서 2차적인 것으로 받아들여지는, 역사적 진정성 없는 텍스트로부터 어떻게 설교할 것인가? 이에 대한 답변은 물론 누구도 전설에 기초해서 설교할 수 없다는 것이다. 그러나 나는 교회 안에서 텍스트를 만나고, 그 안에서 하나님의 말씀을 듣도록 요청되기 때문에, 그 어떤 역사가의 판단도 이 텍스트가 하나님의 말씀으로 봉사하지 못하게 만들 수 없다." Ibid., p. 101.

설교라 할 수 있는 성서 봉독과 함께 시작되는 것이기 때문에 또 다른 서론은 필요하지 않다. 바르트는 대부분의 서론들이 우리로 하여금 하나님의 말씀으로 들어가게 하기보다는 하나님의 말씀으로부터 벗어나게 한다는 이유로 설교의 서론을 거부한다.[8] 마찬가지로 그는 또한 독립된 결론의 필요성도 인정하지 않는다. 설교는 본문에 대한 해설로 끝나야 한다. 만일 요약이 요구된다면, 그것은 이미 늦은 것이다. 결론적 적용이나 훈계는 필요하지 않다.[9]

이와 같은 바르트의 설교학은 성서적 충실성과 상황적 적합성의 관점에서 다음과 같이 요약될 수 있다. 한편으로, 그는 성서에 대한 절대적 신뢰를 강조한다. "성서에 대한 절대적 신뢰가 있어야 한다. 만일 설교자가 자신의 설교를 성서에 대한 해설로 만드는 것으로 만족한다면, 그것으로 충분하다. 설교자가 실제적 삶이 그 무엇을 더 요구한다고 생각하는 한, 그리고 성서가 삶이 요구하는 것을 충족시키기에 충분치 않다고 생각하는 한, 설교자는 이 신뢰(pistis)를 갖지 못한 것이며, 진정으로 믿음으로 살지 못하는 것이다."[10] 바르트는 설교자가 자신의 목적이나 의도를 내려놓아야 하며 성서 안으로 들어가 하나님의 말씀을 듣고자 하는 자세를 가져야 함을 강조한다.

설교가 성서에 대한 신뢰에 기초하여 성서를 충실하게 해설해야 한다는 바르트의 주장은 기본적으로 정당하다. 그러나 이러한 주장은 성서의 절대적인 권위에 호소하기만 하면 설교의 진리가 보증된다고 믿는 권위적인 성서주의나 성서의 구절을 무시간적이고 문자주의적으로 반복하는 비역사적인 성서해석과 혼동되어서는 안 된다.

무엇보다 바르트의 설교관은 회중의 상황 적합성의 문제와 관련하여 문제점을 초래할 수 있다. 물론 그도 설교가 구체적인 상황 속의 사람들에게 그들

---

8) Ibid., pp. 121-123.

9) Ibid., p. 127.

10) Ibid., p. 76. 바르트는 설교를 위한 성서 해석과 관련한 규칙을 제시한다. 첫째는 가능하면 원전을 보아야 한다는 것이며, 두 번째는 본문의 전후 맥락을 잘 이해해야 하며 본문의 목적, 개념의 순서, 흐름 등을 살피고 주석(역사비평적 주석을 포함)을 보아야 한다는 것이다. Ibid., pp. 96-101.

의 삶이 예수 그리스도 안에 기초와 목표를 갖는다는 사실을 전달해야 한다고 생각한다. 설교가 회중적이 되기 위해서는 회중의 실제적 상황에 대한 개방성을 가지고 그 상황에 대한 성찰을 다루어야 한다. 그러나 바르트에 따르면 이 것은 "설교자가 자신을 삶의 조류에 내맡기고 단지 회중의 대변자가 된다는 것을 의미하지는 않는다… 설교는 단지 변형된 삶의 연속이거나 삶의 주된 주제가 아니다. 회중은 문제투성이의 삶에 하나님의 빛이 비추기를 기대하는 것이지 이미 다 알고 있는 사실을 설교자가 다시 떠벌리는 것을 기대하는 것이 아니다."[11] 이와 같은 바르트의 견해에는 설교와 상황, 설교자와 회중 사이에 이분법적인 대립의 관계가 전제되고 있는 것처럼 보인다. 그리고 이 둘은 상호적인 방식이 아니라 오직 일방적인 방식으로만, 즉 전자에서 후자로만 관계된다. 여기서는 설교의 현장이나 회중의 상황의 구체성과 다양성, 그리고 회중과의 의사소통을 위한 방법론의 중요성에 대한 이해가 별로 나타나지 않는다.

설교는 오늘의 회중을 위해 지금 여기서 하나님의 말씀을 대언하는 행위이다. 바르트도 이 점을 인정한다. 그렇다면 어떻게 설교가 성서 해설만으로 완성될 수 있는가? 더욱이, 동일한 성서의 본문을 가지고 설교자마다 각기 다른 내용의 설교를 한다(할 수밖에 없다)는 것은 무엇을 의미하는가? 그것은 단순히 설교자가 각기 다른 성서 해석을 한다는 것만을 의미하지 않는다. 그것은 설교자들이 성서를 해석함에 있어서 불가피하게 각기 다른 상황에서 각기 다른 관점 또는 전이해를 가지고 성서에 접근할 수밖에 없다는 것을 의미한다. 성서해석은 결코 해석자의 상황과 전이해로부터 분리될 수 없다. 그리고 이것은 불가피한 것일 뿐만 아니라 해석학적으로 요구되는 것이기도 하다. 바르트의 설교학은 다양한 상황과의 상호적인 관계성 안에서 동일한 성서본문으로부터 다의적 의미를 읽어내고 다양한 관점에서 다양한 주제를 설교할 수 있는 해석학적 근거와 가능성을 제시할 수 없다.

---

11) Ibid., pp. 85-86.

5. 설교(자)의 이중적 과제

설교에 있어서 본질과 전달방법, 내용과 형식이 설교를 구성하는 불가분리적인 관계에 있는 두 요소인 것과 마찬가지로, 모든 설교는 성서에 충실하여야 하며 동시에 상황에 적합하여야 한다. 즉 설교는 성서적 충실성과 상황적 적합성이라는 이중적 과제를 충족시켜야 한다. 이 이중적 과제를 올바로 충족시키는 것이 설교자가 수행해야 하는 신학적, 해석학적 과업이다. 이를 위하여 설교자는 성서의 말씀의 빛 안에서 오늘의 상황을 해석하고, 오늘의 상황의 맥락 안에서 성서를 해석함과 동시에 이 상황을 향한 하나님의 말씀을 선포하여야 한다.

1) 성서적 충실성

너무도 당연한 이야기이지만, 기독교의 모든 설교는 성서적 설교이어야 한다. 존 브라이트(John Bright)는 성서적 설교를 "어떤 성서본문이나 성서에 나오는 교훈의 어느 부분을 해석하고 그것을 기독교 신앙과 생활을 위한 규범으로 선포하는 것"이라고 정의한다.[12] 거의 모든 설교학자들과 설교자들이 공통적으로 하나님의 말씀으로서의 성서의 권위를 강조한다. 그러나 많은 경우 성서의 권위에 대한 강조와 실제의 설교에 있어서 성서에 대한 충실한 주석은 별개의 문제로 나타난다. 다시 말하면, 성서의 권위는 강조하지만 성서에 대한 충실한 주석은 소홀히 힌 채 성시의 본문의 주제와는 동떨어진 설교를 하는 설교자들이 많이 있다. 이러한 현상은 다음 두 가지 원인에 의해 초래된다.

첫 번째, 이러한 현상은 전근대적인 권위주의적 성서이해에 기초한 무시간적이고 문자주의적인 성서해석의 방식에 기인한다. 적지 않은 설교자들이 성서의 모든 본문이 문자적으로 명제적 진리를 표현한다고 믿는 근본주의적

---

12) John Bright, *The Authority of the Old Testament* (Nashville: Abingdon Press, 1967), p. 163.

인(그들은 종종 이것이 복음주의적이라고 주장한다) 성서관을 고수하고 있다. 그들은 성서의 절대적 권위에 대한 믿음에 기초하여 성서본문을 그 구체적인 역사적 또는 문학적 맥락과 관계없이 무시간적이고 문자주의적인 방식으로 이해하고, 본문의 구절들을 이와 동일한 방식으로 인용하여 설교의 메시지를 위한 본문증명(proof-texting)으로 제시하는 데 익숙하다. 이와 같은 성서에 대한 무시간적인 문자주의적 해석은 성서본문의 역사성과 의미론적 맥락에 대한 성실한 주석을 소홀히 함으로써, 그때 거기에서 들려진 하나님의 말씀의 구체성을 이해하기 위한 역사적 과제를 수행하는 데 실패할 뿐만 아니라, 그 말씀을 지금 여기에서 살아계신 하나님의 말씀으로 새롭게 듣기 위한 해석학적 과제를 수행하는 데에도 실패한다.

버트릭(Buttrick)이 강조한 바와 같이, 설교는 성서의 권위에 의존하여 특정한 성서 구절을 문자적으로 변증하기 위한 것이 아니라, 예수 그리스도 안에 나타난 하나님의 은혜의 빛 안에서 오늘의 삶을 새롭게 변화시키기 위한 것이어야 한다.[13] "성서는 하나님의 말씀이라는 사실에 의해 하나님의 말씀으로 인식된다"는 순환 논리적 명제에 근거하여 성서의 구절을 단순히 반복하는 설교는 현대사회의 지성인들에게 호소력이 없다. 설교가 하나님의 말씀이 되는 것은 성서의 권위에 의존하여 성서 구절을 문자적으로 반복함에 의해서가 아니라, 과거의 현실 속에서 구원과 해방의 능력으로 나타났던 성서가 증언하는 예수 그리스도의 복음과 하나님 나라의 능력이 오늘의 현실 속에서 재현되도록 함에 의해서이다. 다시 말하면, 설교가 하나님의 말씀인 것은 오늘도 살아계셔서 인간을 구원하고, 위로하며, 치유하고, 해방하는 하나님의 현존과 능력을 경험할 수 있게 해주는 한에서이다.

두 번째, 설교자들이 성서의 권위는 강조하지만 성서에 대한 성실한 주석을 소홀히 하고 성서본문의 주제와는 동떨어진 설교를 하는 이유는 그들이 성서의 주제를 붙들고 씨름함으로써 성서로부터 들려지는 메시지를 듣고자 노

---

[13] David Buttrick, *A Captive Voice: The Liberation of Preaching* (Louisville: Westminster/John Knox Press, 1994), pp. 9-12.

력하기보다 자신의 관심과 의도를 성서 안으로 끌고 들어가서 성서로부터 자신의 신념이나 가치관을 반영하는 메시지를 이끌어내고자 하기 때문이다. 이러한 성서해석은 성서본문의 역사성에 대한 인식에 기초한 성실한 해석(exgesis)을 하지 않고 자신의 전(前)이해를 성서본문에 투사하는 해석(eisgesis)을 한다. 따라서 설교자가 자신은 성서로부터 들려지는 하나님의 말씀을 증언한다고 주장하지만, 사실은 의식적 또는 무의식적으로 성서의 권위를 내세워 설교자 자신의 의도와 목적을 설교하는 경우가 다반사이다. 한국교회의 강단의 가장 심각한 문제점은 성서본문의 본래적 주제나 의미와는 동떨어진 아전인수(我田引水) 또는 이현령비현령(耳懸鈴鼻懸鈴)의 설교가 난무한다는 사실이다.

그러므로 성서의 권위를 내세우는 것보다 성서를 올바로 해석하는 것이 성서적인 설교를 위한 핵심적 요건이다. 성서본문에 대한 무시간적이고 문자주의적인 반복이나 해석자의 주관적인 관점에서의 아전인수식의 성서해석을 극복하기 위해서는, 과거의 구체적인 상황 속에서 씌어진 성서본문에 대한 역사적 주석과 아울러 성서의 다양한 문학적 장르에 따른 기호학적 또는 의미론적 고찰이 요구된다. 이러한 역사적 주석과 기호학적, 의미론적 고찰이 충실하게 이루어질 때에야 비로소 성서본문의 주제를 파악하고 그 주제를 따라 성서본문을 오늘의 상황 속에서 새롭게 이해하기 위한 해석 작업이 진행될 수 있다. 바람직한 설교를 위해 요구되는 통전적인 성서해석학은 해석자가 미처 깨닫지 못한 진리를 성서가 새롭게 밝혀줄 것이라는 믿음에 기초하여 성서의 말씀을 올바로 들을 수 있도록 도와주는 신뢰의 해석학과 아울러, 해석자의 비역사적 또는 자기기만적인 해석의 오류에서 벗어날 수 있도록 도와주는 의혹의 해석학을 필요로 한다.

2) 상황적 적합성

모든 설교는 성서에 대한 충실성과 아울러 상황에 대한 적합성을 지녀야 한다. 설교자는 설교가 오늘날의 상황 속에 있는 회중에게 살아 있는 하나님의 말씀으로 들려지도록 하기 위해서 회중의 상황을 적합하게 이해하고 효과적으로 말씀을 전해야 한다. 설교자가 단지 무시간적이고 문자적으로 성서의 구절들을 반복해서는 안 되는 이유는 성서 자체가 그 시대의 상황 속에서 그 당시의 사람들이 이해할 수 있는 내용과 문학적 형식으로 표현된 것이기 때문이다. 버트릭이 말한 바와 같이 순수한 복음이란 성서 속에도 없다.[14] 인간이 처한 구체적인 상황 속에서 체화된 복음이 있을 뿐이다. 이것은 성서적 신앙과 문화적 상황이 혼동되어서도 안 되지만 이분법적으로 분리될 수도 없음을 함축한다. 상황(context)은 성서(text) 안에도 있으며 하나님 말씀으로서의 성서 자체가 특수한 상황 속에서 체화된 것이다. 하나님은 오늘도 상황 속에서 말씀하신다. 하나님의 말씀은 상황 속에 체화된다. 이것이 말씀의 성육신의 의미이다. 만일 설교자가 오늘의 회중의 실존적 고민과 시대적 상황과 전혀 관계없이 위로부터 일방적으로 하나님의 말씀을 선포한다면, 회중은 그 말씀이 자신의 삶 속에서 구체적으로 의미하는 바가 무엇인지, 자신의 삶 속에서 어떤 실천적 변화가 있어야 할지를 알지 못한 채 교회 문을 나서야 할 것이다. 설교는 인간 실존에 함축된 질문과 문제들에 대하여 성서의 증언에 기초한 기독교 신앙의 관점에서 대답해 주어야 할 책임이 있다. 설교의 과제가 이것으로 모두 환원되는 것은 아니지만 설교는 이 실존적, 상황적 과제를 결코 소홀히 해서는 안 된다. 설교는 "(과거가 아니라) 지금 우리와 함께 하시는 하나님의 실재"를 주된 초점으로 삼아야 한다.

설교자는 성서본문을 오늘의 문화와의 상관관계 안에서 새롭게 해석해 내야 한다. 과학적 세계관 안에 살아가는 현대인들을 위해서 종종 성서의 상징적(또는 은유적) 언어는 개념적 언어로, 신화적 언어는 과학적 언어로 번역될 필요가 있다. 이것은 성서의 상징적, 은유적, 신화적 언어를 폐기하거나 개념적, 과학적 언어로 대체해야 한다는 것을 의미하는 것이 아니라, 과거의 지평과 현재의 지평 사이의 지평융합으로서의 이해가 일어나야 한다는 것을 의미한다. 이 두 지평을 매개하기 위한 해석학적 과제의 중요성은 아무리 강조해

---

14) Ibid., p. 75.

도 지나치지 않다. 이 해석학적 과제는 창조적인 작업이다. 왜냐하면 성서본문의 의미는 저자의 일의적 의미에 닫혀 있지 않고, 본문과 해석자(상황) 사이의 대화를 통한 지평융합 안에서 탈은폐되는 다의적 의미에 열려 있기 때문이다. 창조적인 해석은 저자의 의도나 해석자의 주관이 아니라 본문의 주제가 둘 사이의 대화를 이끌고 갈 때, 그리고 이 대화가 성령의 조명에 의해 인도될 때 가능해진다. 본문이 다의적 의미에 열려 있기 때문에, 동일한 본문을 가지고 하는 설교가 설교자마다 다른 것은 이상한 일이 아니다. 이것은 동일한 악보를 연주하는 음악가의 연주가 음악가마다 매번 다르게 연주되며, 정석과 기도(棋道)를 따르는 프로기사의 기보(棋譜)가 결코 동일하게 전개되지 않고 매번 다르게 전개되는 것과 유사하다. 이런 의미에서 본문의 의미는 저자에게서 완결되는 것이 아니라 해석자와 회중에게서 완성된다고 할 수 있다.

설교가 언제나 성서로부터 출발해서 상황으로 나아가야 된다는 법칙은 존재하지 않는다. 과거의 성서와 오늘의 상황 사이의 관계를 규정하는 그러한 일방적인 법칙은 존재하지 않을 뿐 아니라 바람직하지도 않다. 필요한 경우, 설교자는 얼마든지 회중의 실존적 문제, 회중이 경험하는 고통스러운 삶의 현실, 불의한 사회 정치적 현실 등으로부터 제기되는 질문에 응답하기 위해 회중의 경험과 상황으로부터 나오는 전이해를 가지고 성서본문으로 들어갈 수 있다. 이것은 해석자의 전이해를 성서본문에 투사시키고 그것을 다시 본문으로부터 가지고 나오는 것을 의미하지는 않는다. 이것은 성서본문과 해석자의 전이해, 성서의 세계와 회중의 세계가 바람직한 해석학적 순환의 관계 안에서 융합됨으로써 기독교 복음의 주제가 오늘의 상황 속에서 새롭게 구체화되고 형상화되어야 한다는 것을 의미한다.

많은 설교자들이 설교의 주제를 사회적 문제보다는 개인의 실존이나 교회 내적 차원으로 국한시키는 경향이 있다. 따라서 설교가 세상으로부터 격리된 교회 안의 신자들의 개인적, 교회적 삶만을 위한 설교가 되는 경우가 적지 않다. 그러나 상황은 개인의 실존이나 교회 내적 차원으로 환원될 수 없다. 바람직한 설교는 하나님의 말씀을 단지 개인의 실존적 차원뿐만 아니라 사회 정치적 차원의 역사적 상황 속에서 해석하고 적용함으로써, 회중으로 하여금 오늘의 삶의 자리에서 새로운 위로, 의미, 희망, 방향을 발견하고 그것을 위해 실천할 수 있도록 힘을 주는 것이어야 한다. 왜냐하면 예수 그리스도가 전파한 하나님 나라의 복음은 단지 개인의 실존적 차원뿐만 아니라 사회 정치적, 우주적 차원에서 완성되는 하나님의 종말론적 통치에 관한 것이기 때문이다.

3) 성서적 충실성과 상황적 적합성의 통합

결론적으로, 설교자는 성서 충실성과 상황 적합성이라는 설교의 이중적 과제를 잘 조화시켜야 한다. 성서적 충실성을 추구함에 있어서 설교자는 성서의 본문의 본래적 맥락과 주제 또는 본문의 세계에 대한 이해에 충실해야 하며, 이를 위해서는 역사비평을 포함하는 주석적 작업과 문학비평을 포함하는 탈근대적인 해석학적 작업이 요청된다. 성서의 본문의 내용과 주제와 동떨어진 설교자의 이념이나 가치관을 전달하려는 목적을 가진 설교는 하나님의 말씀이 아니라 인간의 이데올로기에 불과하다. 인간의 이데올로기가 반드시 나쁜 것은 아니지만, 적어도 그것은 성서적 증언에 기초한 하나님의 말씀은 아니다.

아울러, 설교의 상황적 적합성을 위해서 설교자는 개인적, 교회적, 사회적, 생태학적 차원을 포함하는 회중의 상황 전반에 대한 공감적인 이해를 가져야 한다. 설교자는 성서와 상황을 이분법적인 대립관계로 설정하거나, 전자로부터 후자로, 위로부터 아래로 일방적으로 선포되는 설교 방식만을 고수해서는 안 된다. 성서로부터 상황으로 나아가기 위해서는 상황으로부터 제기되는 회중의 실존적 물음과 전이해에 대한 진지한 관심과 공감적 참여가 요구된다. 설교자는 자신이 하나님의 말씀을 선포하는 설교자이기 이전에 회중의 한 사람임을 잊지 말아야 한다. 그러므로 설교자는 먼저 회중의 상황에 대한 공감적 이해를 가져야 한다. 어머니가 아기에게 젖을 주기 전에 아기의 울음소리를 귀담아 듣고 그 울음의 의미를 올바로 이해할 필요가 있는 것처럼, 하나님의 말씀을 회중에게 먹이는 설교자는 회중의 요구와 아픔과 문제에 대한 공감적 이해를 가져야 한다.

성서적 충실성과 상황적 적합성의 통합은 서로 분리된 두 실체가 결합되는 것과 같은 것이 아니다. 이 둘은 설교의 통전적인 온전성(holistic integrity)을 구성하는 한 타원의 두 초점과 같다. 바람직한 설교는 성서에 충실하되 성서 절대주의에 빠지지 않아야 하며, 회중의 상황에 적합하되 상황 상대주의에 빠지지 않아야 한다. 근본적인 문제는 성서로부터 상황으로 나아가느냐 상황으로부터 성서로 나아가느냐 하는 형식적인 원리의 문제가 아니라, 어떻게 성서적 충실성과 상황적 적합성을 조화시킬 수 있는가 하는 실질적인 문제이다. 설교자의 과제는 해석자의 해석 과정을 인도하시는 성령의 내적 조명과 인도하심을 따라, '예수 그리스도의 하나님 나라 복음'이라는 핵심 주제 안에서, 성서본문에 충실하고 동시에 오늘날의 상황에 적합한 해석학적 지평융합을 이루어내는 데 있다. 이를 위해서 설교자는 한편으로 상황으로부터 생겨나는 질문과 이해의 선구조 안에서 성서를 해석하며, 다른 한편으로 성서본문의 메시지와 주제의 빛 안에서 상황을 해석하고 해석자의 전이해를 검증하는 순환적 해석의 작업을 끊임없이 계속해야 한다. 이것이 설교자에게 지워진 이중적인 해석학적 과제이다. 성서로부터 들려지는 하나님의 말씀을 듣기 위한 기도와 성령의 조명은 이러한 해석학적 과제를 배제하는 것이 아니라 그 과제가 올바로 수행될 수 있도록 인도한다. 이러한 이중의 해석학적 과제를 성실히 수행하기 위해 노력하는 설교자가 영적으로 깨어 있는 하나님의 말씀의 증언자이다. 설교자는 성서본문과 회중의 상황 사이를 끊임없이 왕복하는 해석학적 대화를 수행하는 가운데 위로부터 들려오는 하나님의 음성을 듣기 위해 겸손히 귀를 기울여야 한다.

6. 설교자와 회중

설교에 관한 중요한 논점 가운데 하나가 설교자와 회중의 관계에 대한 것이다. 설교자는 회중과 구별된 하나님의 말씀의 대언자로서 회중과의 대립지점에서 설교를 해야 하는가? 아니면 회중과 더불어 하나님으로부터 받은 말씀의 은혜를 나누는 회중의 대표자로서 설교를 해야 하는가? 어떤 설교가 하나님의 말씀을 회중에게 더 능력 있게 효과적으로 전달하는가? 위로부터 회중을 향하여 하나님의 말씀을 선포하는 설교인가? 아니면 아래로부터 회중과 더불어 설교자 자신의 신앙경험을 나누는 설교인가? 결론부터 말하면, 이 두 가지는 역설적인 방식으로 설교자 안에 함께 공존한다. 설교자의 신분은 이중적이다. 설교자는 회중처럼 인간의 유한성, 실존적 소외, 죄책, 실패, 불안, 절망 등을 경험하는 연약한 인간이면서, 동시에 하나님의 말씀을 선포함으로써 회중에게 위로, 용서, 화해, 평안, 희망을 주어야 하는 역설적인 위치에 있다. 근대 이전의 시기에 전통적으로 설교자는 하나님을 대신하여 하나님의 말씀을 회중에게 수직적으로 선포하는 존재로 인식되었다. 여기서 설교자는 회중과 존재론적으로 구별되는 초월적 위상을 지닌 것으로 간주된다. 즉 설교자는 단지 회중의 일원이 아니라, 하나님으로부터 수여받은 계시적 권위를 소유한 하나님의 말씀의 사신과 선포자로서 회중과의 대립점에서 회중을 대면한다. 하나님의 말씀은 설교자에 의해 선포된 하나님의 말씀이다.

그러나 근대 이래 이와 같은 설교자의 초월적 위상이 도전을 받아왔다. 이제 설교자는 회중의 한 사람으로 간주되었다. 슐라이에르마허에 따르면, 설교자는 회중으로부터 나오고, 다시 회중으로 돌아간다. "어느 한 사람이 다른 사람들 앞에 나설 때, 그로 하여금 이렇게 하도록 정당성을 부여하는 것은 어떤 직무나 부름도, 또한 자만심을 갖게 하는 교만과 자아도취도 아니다. 그것은 성령의 자유로운 운동이며, 성직자가 완전한 동등성 안에서 모든 회중 개개인과 공유하는 일치의 감정이다… 그가 앞에 나서는 것은 회중과 공유하는 관찰의 주체로서 하나님에 의해 감동된 자신의 가장 깊은 자아를 그들에게 투사함으로써 그들을 종교의 영역으로 인도하기 위해서이다."[15] "설교자는 한편으로 자기 교회의 기관이며 다른 한편으로는 자기 회중의 대표자이다. 이것이 바로 설교자의 위치이다."[16] 여기서 설교란 설교자가 회중의 한 사람으로서

---

15) Friedrich Schleiermacher, *On Religion* (New York: Harper & Row, Harper Torchbooks, 1986), p. 151.

다른 사람들이 경험한 것과 같은 차원의 신앙경험을 하나님의 말씀이라는 이름으로 함께 나누는 행위가 된다. 이와 같은 설교자와 회중의 동일성에 대한 강조는 하나님의 말씀과 인간의 신앙경험과의 동일성으로 이어진다.

바르트는 이와 같은 대조적인 두 입장을 극복하기 위한 대안을 제시하였다. 그는 한 번은 위로부터 아래로 다른 한 번은 아래로부터 위로의 방식으로 표현한 설교에 대한 두 가지 정의를 제시했는데,[17] 이것은 하나님의 말씀의 초월성과 설교자의 유한성에 대한 강조를 동시에 보여준다. 그에게 있어서 설교의 가능성은 인간에게 있지 않다. 유한하고 죄악된 인간은 하나님의 말씀을 설교할 수 없다. 설교의 가능성은 오직 하나님으로부터만 온다. 하나님의 은혜는 인간의 불가능성을 가능성으로 만드신다. 인간의 불가능성인 설교는 하나님의 은혜 안에서 가능성이 된다. 설교자의 위치는 초월적 하나님의 말씀과 유한하고 죄악된 인간이 만나는 교차점에 있다. 이 교차점에서 하나님의 말씀을 선포하는 설교자는 단지 표지판과 가리키는 손가락이 될 수 있을 뿐이다. "오직 파손되고 매우 불완전한 방식으로만 그들은 하나님의 말씀의 선포자로서의 자신의 사명을 수행할 수 있다."[18]

이와 같은 바르트의 견해는 기본적으로 정당하다. 그러나 그에게 있어서 여전히 문제가 되는 점은 그가 하나님의 말씀을 전하는 설교는 언제나 위로부터 아래로, 성서로부터 회중의 상황으로 일방적으로 전달되어야 하며, 설교자는 단지 성서를 통해 들려지는 하나님의 말씀을 반복하는 위치에 있다고 주장한다는 점이다. 그에게 있어서, 설교자가 회중과 함께 공유하는 실존적 상황

---

16) *Praktische Theologie: Theologische Schriften*, vol. 8, p. 203 이하. Barth, *Homiletics*, p. 23에서 재인용.

17) ① 설교란 하나님 자신이 말씀하시는 하나님의 말씀으로서, 자신에게 맡겨진 위탁에 복종하는 교회 안에서 성서 텍스트를 해석하도록 부름 받은 자들에 의해 동시대인들에게 적합한 인간의 자유로운 언어로 행하여진다. ② 설교란 하나님 자신의 말씀에 봉사하도록 교회에 위임된 시도로서, 이 일을 위해 부름 받은 자들이 성서 텍스트를 인간의 자유로운 언어로 해설하고 동시대인들에게 적합하게 만듦으로써 그들이 하나님 자신으로부터 들어야 하는 바를 통고하는 것이다. Barth, *Homiletics*, p. 44

18) Ibid., p. 45.

으로부터 제기되는 질문에 대하여 (그러한 상황에 대한 설교자의 공감적 인식에 기초하여) 답변하기 위한 설교의 과제를 위한 자리나, 설교자가 "오직 파손되고 매우 불완전한 방식으로만" 선포하는 말씀을 비판적으로 검증할 수 있는 의혹의 해석학을 위한 자리가 마련되어 있지 않다. 여기서는 하나님의 말씀의 초월성과 그 말씀을 선포하는 설교자의 유한성이 오직 역설적으로만 결합되어 있다.

설교자는 회중과 동일한 삶의 세계 안에서 공동의 실존적 경험을 공유하면서 동시에 회중과 대칭적 관계에서 하나님의 말씀을 선포하도록 부르심을 받은 존재이다. 설교자와 회중의 차이는 존재론적 위상의 차이라기보다 기능적 직무의 차이이다. 설교는 단지 하나님의 말씀을 위로부터 아래로 일방적으로 전달하는 것만이 아니라 하나님의 말씀을 설교자와 회중이 함께 나누는 가운데 성령의 도우심과 감동으로 함께 공감하는 것이어야 한다. 강단에서 설교자는 회중을 향하여 있으면서 동시에 회중과 더불어 있다. 설교자가 하나님의 말씀을 대언하는 자로 부름을 받았다는 사실이 자신이 공유하고 있는 회중의 삶의 자리로부터 설교자를 떠나게 만드는 것은 아니다. 올바른 설교자의 태도는 자신이 직접 회중을 감동시키고 변화시키려는 것이 아니라, 자신이 깨닫고 경험한 하나님의 말씀의 진리를 확신을 가지고, 그러나 겸손하게 회중과 나눔으로써 회중으로 하여금 스스로 하나님의 말씀을 깨닫고 결단할 수 있도록 도와주고 인도하는 것이다.

한편으로, 설교자는 자신이 선포하는 말씀이 하나님 말씀이라는 확신을 가지고 설교해야 한다. 헬라어로 증언은 순교와 같은 어원을 가진 단어이다. 증언은 자신의 목숨을 걸고 하는 행위이다. 이 행위는 증언되는 내용에 대한 절대적 확신이 없이는 불가능하다. 설교자 자신이 먼저 감동을 받고 확신하지 못하는 설교는 회중에게 감동과 확신을 줄 수 없다. 설교자는 설교를 작성하는 도중에 하나님의 은혜를 경험하고 진리를 깨닫는 경험을 하여야 한다. 이것은 설교자의 기쁨이요 축복이다. 성령의 역사가 설교자가 경험한 은혜와 감동에 종속되지는 않지만, 설교자가 경험한 은혜와 감동은 성령의 역사를 통해서 회중의 은혜와 감동으로 전이된다.

그러나 다른 한편, 설교자는 확신을 가지고 설교하되 겸손해야 하며, 항상 자신의 설교에 대하여 비판적으로 반성해야 한다. 성서의 증언에 대한 해석에 기초하여 설교자가 증언하는 하나님 말씀, 즉 설교는 비판적 검증의 대상이 되어야 한다. 이 비판적 검증은 일반 회중의 과제라기보다는 신학자의 과제이며 무엇보다 설교자 자신의 과제이다. 말씀의 전달에는 확신이 요구되지만 설교의 구성에는 정합성이 요구된다. 자신의 설교에 대한 비판적 거리를 유지하는 의혹의 해석학을 수행하지 않는 설교자는 언제나 유한하고 오류 가능한 자신의 생각을 절대적인 하나님의 말씀과 동일시하는 자기기만에 빠질 위험이 있다. 설교자는 자신이 유한하고 상대적인 인간적 제약으로 인하여 하나님의 말씀의 진리를 불완전하고 부정확하게 이해할 수밖에 없고 심지어는 왜곡할 수도 있다는 사실을 유념하여야 하며, 따라서 항상 겸손하게 자신을 돌아보아야 한다. 설교자가 겸비의 태도를 잃어버리고 자기의 생각과 말을 하나님의 뜻과 말씀과 동일시하는 영적 교만에 빠지게 되면, 이것은 곧 사이비적인 우상화의 시작을 의미한다.

여기서 우리는 잠시 설교와 설교자의 인격과 삶의 관계에 대하여 생각해 볼 필요가 있다. 설교자가 말을 유창하게 하지 못하고 또 많은 말을 하지 않아도 은혜와 감동을 주는 설교가 있는 반면, 말을 유창하게 하고 많은 말을 해도 은혜나 감동을 주지 못하는 설교가 있다. 메시지는 메신저로부터 분리되어 전달되지 않는다. 메신저는 그 자체가 메시지다. 설교자의 표정, 말투, 언어사용, 몸짓, 목소리 등에 그 설교자의 인격적 신실성과 삶의 태도가 암묵적으로 드러난다. 가정에서 자녀는 부모의 사랑을 사랑한다는 부모의 말에서가 아니라 평소에 경험하는 부모의 무언의 표정과 말투와 눈빛에서 느낀다. 설교자와 회중이 함께 친교적 삶을 나누고 공동체적 연합을 형성하는 교회에서라면 설교자와 회중의 관계도 부모와 자녀의 관계와 크게 다르지 않다. 물론 이것은 설교자의 말이 중요하지 않다는 것이 아니라, 말의 진정성을 뒷받침해 주는 설교자의 인격의 신실성과 삶의 자세가 매우 중요하다는 것이다. 설교자의 말의 진정성은 하나님 앞에서의 끊임없는 자기반성과 경건의 훈련, 그리고 사랑과 섬김을 실천하는 구체적인 삶의 모습으로부터 생겨난다.

대도시의 대형교회에서는 말로 전달되는 설교가 회중의 신앙과 삶에 보다 큰 영향력을 미치는 반면, 소도시나 시골의 작은 교회에서는 말로 전달되는 설교보다 설교자의 인격과 삶으로 전달되는 설교의 영향력이 더 크다. 시골의 노인들에게 탁월한 설교보다는 마음을 연 나눔의 삶이 훨씬 중요하다. 설교는 언제나 입으로만 하는 것이 아니라 손과 발로도 하는 것이다. 설교자는 자신의 설교가 목숨을 건 순교자적인 증언이 되도록 하기 위해서, 자신이 증언하는 바대로 살기 위해 노력해야 한다. 물론 설교자도 다른 회중들처럼 항상 실패하고 좌절할 수 있다. 그럼에도 불구하고 설교자는 하나님 나라의 복음을 몸으로 살아내야 하는 거룩한 부담을 항상 짊어지고 살아가야 한다. 설교자가 전하는 설교의 진정성은 복음대로 살기 위해 고뇌하고 투쟁하는 그의 인격과 삶의 자세를 통하여 회중에게 암암리에, 그러나 매우 강력하게 전달된다.

7. 결론: 한국교회의 설교자의 과제

오늘날 한국교회의 설교의 위기의 원인은 무엇인가? 하나님의 말씀으로서의 설교의 본질이 상실되어가는 것인가, 아니면 설교가 회중에게 제대로 전달되지 못하는 것인가? 아마도 둘 다일 것이다. 물론 우리는 한국교회에서 선포되는 모든 설교가 그 본질인 하나님의 말씀을 상실했다고 단정할 수도 없으며, 또한 모든 설교가 회중에게 하나님의 말씀을 전달하지 못한다고 단정할 수도 없다. 교회의 현실은 매우 다양하고 복합적이다. 설교를 통해 하나님의 말씀이 회중에게 잘 전달되는 교회들도 없지 않을 것이다. 그러나 설교가 하나님의 말씀으로서의 본질은 잃지 않았지만 회중에게 잘 전달되지 않는 교회도 있으며, 반대로 회중에게 잘 전달되지만 하나님의 말씀으로서의 본질을 잃어버린 교회도 있으며, 또한 본질과 전달방법 둘 다에 문제가 있는 교회들도 있을 것이다. 따라서 한국교회의 위기에 대한 진단과 처방은 개별적인 교회들의 다양한 설교와 회중의 현실에 따라 내려져야 할 것이다.

그럼에도 불구하고 대체로 오늘날 한국교회의 설교의 위기는 방법과 형식보다는 본질과 내용과 더 관계가 있는 것으로 여겨진다. 다시 말하면, 오늘날 한국교회의 근본적인 문제는 설교의 형식보다는 설교의 내용에 있다고 할 수 있다. 이것은 전에는 한국교회의 설교 내용이 좋았는데 최근에 들어 설교의 질이 저하되었다는 것을 의미하지 않는다. 이것은 회중의 지적 수준과 비평적 안목은 이전보다 현저하게 높아진 반면, 설교자는 그에 상응하는 설교의 질적 향상을 이루지 못함으로써 회중들이 더 이상 설교에 흥미를 가질 수 없게 되었다는 것을 의미한다. 오늘날 설교의 본질을 회복하고 내용을 심화시킴으로써 한국교회의 설교의 위기를 극복하기 위해서 가장 절실하게 요구되는 것은 바로 설교자의 해석학적 능력과 신학적 사고능력의 고양이다.

한국교회에는 설교가 철저하게 성서 텍스트로부터 출발해야 한다는 성서주의적인 설교원리를 주장하는 설교학자들이나 설교자들이 간혹 있지만 실제의 목회현장에서 이러한 원리를 고수하는 설교자들은 거의 없는 것처럼 보인다. 이미 언급된 바와 같이, 설교가 언제나 성서로부터 출발해서 상황으로 나아가야 된다는 고정된 법칙 같은 것은 없다. 과거의 성서와 오늘의 상황과의 관계에 있어서 그와 같은 일방적 관계를 규정하는 원칙은 존재하지도 않으며 바람직하지도 않다. 필요한 경우, 설교자는 회중이 제기하는 실존적인 질문, 회중이 경험하는 고통스러운 삶의 현실, 불의한 사회 정치적 현실 등에 응답하기 위하여 회중의 경험과 상황으로부터 나오는 전이해를 가지고 텍스트로 들어갈 수 있어야 한다.

한국교회 설교자들에게 나타나는 가장 큰 문제점은 아이러니하게도 성서의 절대적 권위를 강조하고 성서로부터 들려지는 하나님의 말씀을 있는 그대로 들어야 한다고 주장하지만, 설교자가 실제로는 성서를 의지해서 자신의 의도와 목적을 관철시키기 위한 설교를 의식적 또는 무의식적으로 한다는 사실에 있다. 성서에 대한 문자적, 무시간적 이해에 기초한 성서의 절대적 권위의 이름 아래 설교자의 은폐된 의도와 목적을 투사하는 설교들이 넘쳐난다. 그러므로 무엇보다도 자기비판적인 의혹의 해석학이 절실하게 요청된다.

한국교회의 설교자는 단순히 무시간적이고 문자주의적인 방식으로 특정한 성서본문을 전가(傳家)의 보도(寶刀)처럼 반복적으로 인용하거나, 반대로 오늘날의 세속적 풍조에 영합하거나 자신의 은폐된 의도와 목적을 성서본문에 투사하지 않고, '예수 그리스도의 하나님 나라 복음'의 빛 안에서 그리고 종말론적인 미래의 관점에서 과거의 지평과 현재의 지평을 매개하고 융합함으로써, 그때 거기에서 들려진 하나님의 말씀이 지금 여기에서 새롭게 들려지도록 하기 위한 해석학적 훈련에 보다 더 힘을 쏟아야 한다.

설교의 위기가 설교의 본질과 내용의 위기에 있다면, 그것은 곧 설교자들의 해석학적 능력의 부족과 더불어 신학적 사고능력의 부족에 기인한다고 할 수 있다. 신학적 사고능력이 뒷받침되지 않은 채 행해지는 설교는 회중들로 하여금 과거의 전통을 맹목적으로 답습하게 만들거나, 반대로 과거의 전통을 거부하고 새로운 시대의 풍조와 쉽사리 영합하도록 만든다. 따라서 설교의 본질의 회복과 내용의 심화는 신학적 사고능력의 고양에 의해서만 가능하다.[19] 캅(Cobb)은 오늘날 교회의 위기가 본질적으로 교회가 생각하는 힘을 잃어버렸기 때문이며, 교회가 생각하는 힘을 잃어버린 이유는 신학이 평신도의 실제적인 삶과 신념으로부터 유리되어 전문가, 즉 신학자의 손에 맡겨져 버렸기 때문이라고 분석한다.[20] 그에 따르면 기독교 신앙은 새로운 통찰력과 깊은 깨달음을 가져오는 경험과 설득력 있는 논증에 의해 신념이 변화될 때 생겨나고 성장하는 것이다. 따라서 평신도가 자신의 다양하고 구체적인 삶의 신념을 기독교 신앙으로 세울 수 있도록 하는 것이 매우 중요한 교회의 과제이다.[21]

교회의 위기의 원인에 대한 이와 같은 캅의 진단과 처방은 오늘날의 한국교회에 대해서 어느 정도 적용 가능하다. 오늘의 한국교회의 가장 큰 문제점

---

19) 설교에 있어서 신학의 중요성을 다룬 책(또는 논문)으로는 William J. Carl III, *Preaching Christian Doctrine* (Philadelphia: Fortress Press, 1984); Mary Catherine Hilkert, "Preaching and Theology: Rethinking the Relationship," *Worship* 65 no 5. (September: 1991); Robert G. Hughes and Robert Kysar, *Preaching Doctrine for the Twenty-First Century* (Minneapolis, MN: Fortress Press, 1997); Richard Lischer, *A Theology of Preaching: The Dynamics of the Gospel*. rev. ed. (Eugene, Ore.: Wipf and Stock Publishers, 2001); James F. Kay, *Preaching and Theology* (St. Louis, Mis.: Chalice Press, 2007) 등이 있다.

20) John B. Cobb, Jr., *Becoming a Thinking Christian* (Nashville: Abingdon Press, 1993), 이경호 역, 『생각하는 기독교인이라야 산다』 (서울: 한국기독교연구소, 2002), p. 19.

21) Ibid., p. 74.

의 하나는 평신도의 지적 능력이 이전과 비교할 수 없을 정도로 높아졌음에도 불구하고 신학적인 사고능력이 매우 약하다는 점이다. 이와 같은 한국교회의 위기의 책임은 상당 부분 하나님의 말씀을 설교하고 가르치는 목회자에게 있다. 더욱 심각한 것은 평신도뿐만 아니라 목회자들 자신의 신학적 사고능력도 매우 약하다는 사실이다. 많은 목회자들이 신학서적을 읽고 사색하기보다는 정보를 얻기 위해 인터넷의 바다를 탐색하는 데 몰두하고 있다. 깊은 사고의 우물로부터 퍼 올린 지혜의 말씀이 아니라 잡다한 천박한 지식이 설교의 내용을 채우고 있다. 많은 목회자들이 성서와 기독교의 전통을 말씀과 오늘날의 세계관과 사고방식을 창조적으로 통합할 수 있는 신학적 능력을 체득하지 못한 채, 과거의 성서와 기독교 전통을 무시간적으로 반복하거나 아니면 오늘의 세계관과 사고방식을 무비판적으로 따라가는 데 익숙해 있다. 그러므로 한국교회의 설교의 위기를 극복하기 위해서는 과거의 지평과 현재의 지평을 가교하는 해석학적 아치의 중심에서 성서주석과 선포를 연결하는 설교자의 해석학적, 신학적 사고능력의 고양이 무엇보다 절실하게 요청된다.

설교자의 해석학적, 신학적 사고능력을 배양함으로써 설교의 본질을 회복하고 내용을 심화시키기 위한 실제적인 한 가지 방법은 성서해석학적, 조직신학적 설교학 이론의 기초 위에서 설교비평을 수행하는 것이다. 설교자에게 설교비평 훈련이 요구되는 까닭은 단지 다른 사람의 설교를 객관적으로 분석하고 평가하기 위해서가 아니라, 자신이 보다 올바른 설교를 하기 위해서이다. 그러므로 다른 사람의 설교에 대한 분석과 비평은 언제나 "그러면 이제 나는 어떻게 설교할 것인가?"하는 질문으로 이어진다. 물론 설교를 듣는 근본적인 목적은 비평하기 위한 것이 아니라 하나님의 말씀을 듣기 위한 것이다. 설교비평의 훈련을 받은 사람은 그 이전보다 다른 사람의 설교를 듣고 은혜를 받기가 어려워질 수도 있다. 왜냐하면 설교를 듣고 은혜를 받으려는 태도보다 설교를 분석, 비평하는 태도가 먼저 앞설 수 있기 때문이다. 따라서 설교자도 다른 설교를 들을 때 자신을 향해 들려지는 하나님의 말씀을 들으려는 겸손한 마음과 실존적 태도를 잃지 말아야 한다.

본래 비평적 반성과 겸손한 들음은 양립 불가능한 것이 아니다. 의혹의 해석학과 신뢰의 해석학, 비판적 거리 두기와 실존적 전유 사이에는 변증법적인 순환관계가 있다. 리쾨르의 표현을 빌면, 우리는 다시금 부름을 받기 위해 비평주의 사막을 지나야 하며, 비판적 반성을 경유하여 제2의 소박성(second naïeté)으로 나아가야 한다.[22] 인간에게 있어서 이성적으로 분석하고 비판하는 좌뇌의 기능과 감정이입을 통해 함께 느끼고 감동하는 우뇌의 기능은 상호보완적이다. 이 두 기능은 균형 있게 발달되어야 한다. 믿지 못하면 이해할 수 없는 것처럼 이해하지 못하면 믿기 어렵다. 우리는 하나님의 말씀의 은혜를 직관과 감정의 기능을 관장하는 우뇌로만 경험하는 것은 아니다. 논리적 정합성을 가진 설교가 우리의 왼쪽 뇌에 유레카(Eureka)의 탄성을 불러일으킬 때 우리는 심오한 진리에 대한 깨달음과 더불어 놀라운 하나님의 은혜를 경험할 수 있다.

특히 고도의 지적 능력을 가진 오늘날의 지식인 회중들에게 있어서 최소한의 논리적 정합성은 은혜를 받기 위한 필요충분조건은 아니더라도 필수불가결한 필요조건이 된다. 불행하게도 한국의 많은 설교들이 이 필요조건을 충족시키는 데 실패한다. 오늘날 한국교회의 강단의 주된 위기의 원인들 가운데 하나는 설교가 지성인들로 하여금 그것에 진지하게 귀를 기울이도록 만드는 데 실패한다는 사실에 있다. 설교자 자신도 유레카의 은혜를 경험하고 회중도 은혜 가운데로 인도하는 설교를 만들기 위해서는 성서본문에 대한 충실한 역사적, 문학적 주석과 오늘의 회중의 상황에 대한 깊고 폭넓은 공감적 이해, 그리고 본문의 주제(Sache)를 통한 성령의 인도하심 안에서 이 둘의 지평융합으로서의 이해를 추구하는 해석학적, 신학적 능력이 요구된다. 이와 같은 해석학적, 신학적 능력을 갖출 때, 우리는 설교의 부끄러움을 설교의 영광으로,

---

[22] "비평주의의 사막을 지나 우리는 다시금 부름받기 원한다." Paul Ricoeur, *The Symbolism of Evil*, trans. by Emerson Buchanan (Boston: Beacon Press, 1969), p. 349. 리쾨르의 증언의 해석학에 따르면, 해석은 소박한 이해, 객관적 설명, 전유, 다시 말하면 증언의 형성, 비판적 계기, 비판 이후의 새로운 자기이해의 세 변증법적 계기들로 구성된다. 이 마지막 계기에서 우리는 성서의 증언을 통해 성서가 개방하는 새로운 세계로 부름을 받는다. Paul Ricoeur, "Toward a Hermeneutic of the Idea of Revelation," *Essays on Biblical Interpretation*, ed. Lewis S. Mudge (Philadelphia: Fortress, 1980), pp. 110-117, 윤철호 『신뢰와 의혹』 (서울: 대한기독교서회, 2007), pp. 375-376.

설교자의 죄책을 설교자의 면류관으로 변화시킬 수 있을 것이다.

II. 성서해석과 설교[23]

1. 서론

하나님은 "말씀하시는 하나님"(Deus loquens)이다. 하나님의 말씀은 하나님의 능력이다. 하나님은 말씀으로 빛을 창조하시고 말씀으로 하늘과 땅의 모든 만물을 창조하셨다. 구약성서에서 '다바르', 즉 하나님의 말씀은 하나님의 목적을 성취하는 하나님의 능력이다. "내 입에서 나가는 말도 이와 같이 헛되이 내게로 되돌아오지 아니하고 나의 기뻐하는 뜻을 이루며 내가 보낸 일에 형통하리라"(사 55:11). 하나님의 말씀은 바로 하나님 자신이다. "그러므로 내 백성은 내 이름을 알리라 그러므로 그 날에는 그들이 이 말을 하는 자가 나인 줄 알리라 내가 여기 있느니라"(사 52:6).

하나님의 말씀은 예수 그리스도 안에서 성육신하였다. 이 말씀은 세상을 구원하는 하나님의 능력이며 지혜이다. 말씀이신 예수 그리스도의 구원의 능력은 십자가에서 결정적으로 나타났다. "십자가의 도가 멸망하는 자들에게는 미련한 것이요 구원을 받는 우리에게는 하나님의 능력이라"(고전 1:18). "우리는 십자가에 못 박힌 그리스도를 전하니 유대인에게는 거리끼는 것이요 이방인에게는 미련한 것이로되 오직 부르심을 받은 자들에게는 유대인이나 헬라인이나 그리스도는 하나님의 능력이요 하나님의 지혜니라"(고전 1:23-24).

---

23) 윤철호, "성서해석과 설교"「장신논단」, 제34집 (서울: 장로회신학대학교출판부, 2009), pp. 157-185에 실린 필자의 논문.

기독교의 복음은 바로 성육신하신 하나님의 말씀인 예수 그리스도 자신이다. 왜 예수 그리스도가 복음이 되는가? 그것은 그분이 하나님 나라의 복음을 전파하였을 뿐만 아니라, 십자가와 부활을 통하여 하나님의 구속사역을 이루고 이 땅에 종말론적인 하나님 나라를 선취적으로 구현하였기 때문이다. 그분은 지금도 부활의 영인 성령 안에서 우리 가운데 현존하며 이 땅에 하나님 나라를 확장해 나가시며, 하나님 나라의 종말론적 완성을 위해 미래에 다시 오실 것이다. 그러므로 기독교의 복음은 단지 명제적인 진리체계가 아니라 과거에 오셨고, 지금 오고 계시며, 미래에 오실 예수 그리스도이다.

하나님의 말씀, 즉 구원의 복음은 인간의 말을 통해 전해진다. 하나님의 구원의 소식을 전하는 말은 세상에서 가장 복되고 아름다운 말이다. "좋은 소식을 전하며 평화를 공포하며 복된 좋은 소식을 가져오며 구원을 공포하며 시온을 향하여 이르기를 네 하나님이 통치하신다 하는 자의 산을 넘는 발이 어찌 그리 아름다운가"(사 52:7). "그런즉 그들이 믿지 아니하는 이를 어찌 부르리요 듣지도 못한 이를 어찌 믿으리요 전파하는 자가 없이 어찌 들으리요 보내심을 받지 아니하였으면 어찌 전파하리요 기록된 바 아름답도다 좋은 소식을 전하는 자들의 발이여 함과 같으니라"(롬 10:14-15).

교회의 예전에 있어서 예수 그리스도 안에 나타난 하나님의 구원의 복음을 전하는 가장 복된 인간의 말은 설교이다. 설교는 예수 그리스도 안에 나타난 하나님의 구원의 복음에 대한 원초적 증언인 성서에 충실해야 하며, 동시에 그 구원의 복음을 오늘날의 상황 속에 있는 회중에게 살아 있는 하나님의 말씀으로 들려지도록 적합하게 해석하고 효과적으로 전달함으로써 회중의 신앙적 결단과 실존적 변화를 불러일으키는 과제를 가지고 있다. 따라서 설교는 상호 연관된 두 가지 영속적 과제를 갖는다. 하나는 성서에 대한 해석이며, 다른 하나는 오늘날의 상황 속에 있는 회중에 대한 적용이다. 그런데 이 둘은 불가분리적인 해석학적 순환관계에 있다. 즉 설교자는 오늘날의 상황의 빛에 비추어 성서를 해석하며 동시에 성서의 빛에 비추어 오늘날의 상황을 해석하고 변화시켜야 한다. 설교의 성패는 상호 연관된 이 두 가지 과제를 얼마나 성공적으로 수행하느냐에 달려 있다.

이 글에서는 올바른 성서해석에 기초하고 동시에 오늘날의 상황에 적합한 설교에 대한 전망을 성서해석과 설교의 관계를 중심으로 모색해 보고자 한다. 이를 위하여 다음과 같은 주제들, 즉 종교개혁자들의 성서와 설교 이해, 바르트의 설교학, 성서와 설교의 관계에 대한 버트릭의 견해, 성서의 복음과 설교, 성서해석과 설교: 이야기 비평과 이야기 설교 등의 주제들이 다루어질 것이다.

2. 종교개혁자들의 성서와 설교 이해

루터, 츠빙글리, 칼빈과 같은 종교개혁자들이 성서에 대한 깊은 경외감을 가졌다는 것은 누구나 다 아는 사실이다. '오직 성서로만'(sola scriptura)이란 슬로건은 종교개혁의 대표적인 구호였다. 그러나 종교개혁자들의 성서관 자체는 근본적으로 가톨릭교회의 성서관과 다르지 않다. 가톨릭 교리에 따르면, 성서는 거룩하며, 하나님에 의해 영감되었으며, 하나님의 참된 말씀이다. 가톨릭교회는 교회가 거룩한 정경으로 받아들인 모든 책들의 모든 부분들이 전적으로 성령의 영감에 의해 씌어졌으며 어떤 오류도 없다는 사실을 천명하였다.[24] 종교개혁자들이 가톨릭교회에 대항하여 '오직 성서로만' 이란 슬로건을 내세운 것은 가톨릭교회가 교회의 전통이 성서 해석을 인도하기 때문에 전통이 성서와 동등한 규범이라고 주장했기 때문이었다. 종교개혁자들에 따르면, '오직' 성서만이 교회의 유일한 규범이며, 성서는 자신에 의해 해석된다.

종교개혁자들의 '오직' 슬로건은 결과적으로 교회의 권위에 의해 지배되지 않는 보다 자유로운 성서연구를 촉진하였다. 루터는 성서의 진정성에 의문을 제기했다. 그는 예언자의 글들 안의 오류를 지적했고, 창세기의 저자성에 물음을 제기했으며, 솔로몬이 전도서를 썼다는 것을 의심했고, 히브리서에 나

---

24) 교황 레오 13세의 회람용 서신, *Providentissimus Deus* (1893). *Rome and the Study of Scripture* (7th ed.), ed. Conrad Lewis, O. S. B. (St. Meinrad, Ind.: Abbey Press, 1964), p. 24.

타나는 교리들을 비판했으며, 에스더와 야고보서를 정경에서 제외시키고자 했다.[25] 칼빈은 성서에 대하여 루터보다 보수적인 입장을 가지고 전체 영감설(plenary inspiration)을 주장하였음에도 불구하고, 성서의 오류를 지적하고 요한계시록과 아가서의 정경적 가치를 의문시하였다. 그러므로 종교개혁자들의 성서이해에는 양면성이 존재한다. 제임스 바(James Barr)에 따르면 종교개혁은 "한편으로는 성서비평학으로 우리를 인도하며, 다른 한편으로는 근본주의로 인도한다."[26]

종교개혁자들이 하나님의 말씀으로서 성서의 권위를 강조한 것은 두말할 나위가 없다. 그러나 버트릭은 종교개혁자들의 성서이해와 관련하여 두 가지 점을 함께 고려해야 한다고 말한다.[27] 하나는 종교개혁자들에게 있어서 성서의 권위를 가능케 하는 진정한 권위는 예수 그리스도의 복음이라는 것이다. 루터에게 있어서 성서는 그리스도를 포함하기 때문에 하나님의 말씀이다. 그가 야고보서를 불쏘시개로 사용하겠다고 말한 것은 야고보서에 기독론이 결여되어 있기 때문이었다.[28] 칼빈에게 있어서도 모든 권위는 궁극적으로 그리스도에게 속해 있다. 십자가에 달린 예수 그리스도만이 참된 권위이다. 성서는 예수 그리스도를 증언하는 한 권위를 갖는다.

다른 하나는 종교개혁자들이 성서 안의 하나님 말씀을 구어적인 것으로 이해했다는 것이다. 종교개혁자들에게 성서는 설교되기 때문에 하나님의 말씀이다. 그들은 성서를 기록된 문서가 아니라 하나님의 말씀하심으로 이해했다. 라인홀드 제베르그(Reinhold Seeberg)에 따르면, 종교개혁자들에게 있어서 하나님의 말씀은 주로 성서의 글을 의미한 것이 아니라 말로 선포된 성

---

25) Reinhold Seeberg, *Text-book of the History of Doctrines*, vol. 2, trans. Charles E. Hay (Grand Rapids: Baker Book House, 1966), ß 71, 2.

26) James Barr, "Biblical Scholarship and the Unity of the Church," *Nineteenth Lecture of the Robinson T. Orr Visitorship* (London, Ont.: Huron College, 1989), p. 14.

27) David Buttrick, *A Captive Voice: The Liberation of Preaching* (Westminster/John Knox Press: Louisville, 1994), pp. 26-29. 김운용 옮김, 『시대를 앞서가는 설교』 (서울: 요단, 2002).

28) B. A. Gerrish, *The Old Protestantism and the New: Essays on the Reformation Heritage* (Chicago: University of Chicago Press, 1982), p. 55.

서적 진리를 의미했다.29) 루터가 하나님의 말씀이란 말을 사용할 때, 대부분의 경우 그는 반드시 성서를 의미한 것이 아니라 복음 메시지, 즉 의롭게 하는 은혜의 복음을 설교하는 것을 의미했다. 루터에 따르면, "복음은 실로 기록된 어떤 것이 아니라 말해진 말씀이어야 한다… 그리스도는 자신의 가르침을 성서가 아니라 복음이라고 불렀다. 복음은 펜이 아니라 입으로부터 나오는 말에 의해 전달되는 좋은 소식 또는 선포를 의미한다."30) 루터는 하나님의 말씀의 본질이 기록된 문서가 아니라 구어적 말씀으로서 선포된 복음에 있다고 보았다.

칼빈도 복음의 구어적 선포의 중요성을 매우 강조한다. 그는 루터보다 포괄적인 성서관을 가졌지만, 그 역시 설교가 하나님의 말씀임을 강조하였다. 즉 성서는 읽혀짐으로써가 아니라 설교됨으로써 완성된다. 칼빈에 따르면, 설교는 오늘날의 하나님의 자기계시 수단이다. 하나님은 인간의 입으로부터 나오는 설교를 통해 말씀하신다.31) 설교는 하나님의 음성이다. 설교자는 바로 하나님의 입이다. 설교단은 하나님의 보좌이다.32) 그러나 칼빈은 설교를 성서의 권위를 대신할 수 있는 것으로 여기지는 않았다. 그는 성서가 선포의 본질인 구속적인 하나님의 복음을 담고 있기 때문에 하나님의 말씀이라기보다는 그 전체가 영감된 하나님의 말씀이라고 믿었으며, 설교를 성서의 하나님의 말씀에 대한 해설로 이해했다.

루터와 칼빈은 성령의 인도하심을 받는 설교가 참된 하나님의 말씀이라고 믿었다. 하나님의 영이 구약의 예언자들에게 임하여 그들에게 말씀을 주셨듯이, 오늘날의 설교자들은 동일한 예언자적 성령에 의하여 능력을 부여받는다. 또한 성령은 신자의 마음을 감동시켜 말씀의 진리를 증언하도록 하신다.33) 하

---

29) Walter R. Wietzke, *The Primacy of the Spoken Word: Redemptive Proclamation in a Complex World* (Minneapolis: Augsburg Publishing House, 1988), p. 32.

30) LW 35:123. Paul D. L. Alvis, *The Church in the Theology of the Reformers* (Atlanta: John Knox Press, 1981), p. 83에서 인용.

31) Calvini Opera-Corpus Reformatorum 53.266.15-30 T. H. L. Parker, *Calvin's Preaching* (Louisville, Ky.: Westminster/ John Knox Press, 1992), p. 24에서 인용.

32) Calvin, *Homilies on I Samuel*, p. 42 (CR 39: 705). 1 Tim. 5:20. Sermon 43, CO 53:520.

나님의 말씀은 성령의 조명 없이는 불분명하다. 오직 성령의 사역에 의해서만 성서에 기록된 하나님 말씀은 설교를 통하여 분명하게 드러난다. 제2헬베틱(Helvetic) 신앙고백은 개혁교회의 설교관을 단적으로 잘 보여준다. "하나님의 말씀을 선포하는 설교는 하나님의 말씀이다."[34]

3. 바르트의 설교학

현대신학자들 가운데 설교의 중요성을 누구보다 강조한 신학자가 칼 바르트이다. 그는 예수 그리스도를 신비의 말씀으로, 성서를 기록된 말씀으로, 그리고 설교를 선포된 말씀[35]으로 표현하였다. 바르트의 설교학은 그가 1932년과 1933년에 본(Bonn)대학에서 "설교준비를 위한 연습"이란 제목으로 행한 강의를 수강한 학생들의 노트에 기초하여 출판된 『설교학』[36]에 잘 나타난다. 이 책에서 그는 설교를 다음 두 가지 방식으로 정의한다.[37] ① 설교란 하나님 자신이 말씀하시는 하나님의 말씀으로서, 자신에게 맡겨진 위탁에 복종하는 교회 안에서 성서 텍스트를 해석하도록 부름 받은 자들에 의해 동시대인들에 적합한 인간의 자유로운 언어로 행하여진다. ② 설교란 하나님 자신의 말씀에 봉사하도록 교회에 위임된 시도로서, 이 일을 위해 부름 받은 자들이 성서 텍스트를 인간의 자유로운 언어로 해설하고 동시대인들에게 적합하게 만듦으로써 그들이 하나님 자신으로부터 들어야 하는 바를 통고하는 것이다.

---

33) LW 42:59. Wietzke, *The Primacy of the Spoken Word*, p. 32에서 인용. 그리고 John T. McNeill, ed., *Calvin: Institutes of the Christian Religion* (Philadelphia: The Westminster Press), 1.7.4; 4.8.8.

34) Second Helvetic Confession (1566), I. Arthur C. Cochrane, *Reformed Confessions of the 16th Century* (Philadelphia: Westminster Press, 1965).

35) 김명용에 따르면, 바르트가 말하는 교회의 선포는 설교를 포함하지만 근본적으로 교회의 가르침, 즉 교의를 의미한다. 즉 교의학이 말씀의 셋째 형태이다. 김명용, "칼 바르트의 신학과 설교," 『장신논총』 제1집, 서울: 장로회신학대학교, 2008.

36) Karl Barth, *Homiletics*, trans. Geoffrey W. Bromiley and Donald E. Daniels (Louisville: Westminster/John Knox Press, 1991).

37) Ibid., pp. 44-46.

바르트의 자신의 설명에 따르면, 이 두 정의는 함께 하나님의 말씀과 인간의 말의 관계의 물음에 답변한다. 하나는 위로부터 아래로 움직이며 다른 하나는 아래로부터 위로 움직이는 이 두 정의는 전체로서 하나님으로부터 시작해서 하나님으로 끝나는 닫혀 있는 원을 형성한다. 이 정의를 통해 바르트가 강조하고자 하는 바는 두 가지이다. 하나는 말씀하시는 분이 하나님이라는 것이며, 다른 하나는 우리 인간은 성서 안에서 말씀되는 바를 지시하도록 노력해야 한다는 것이다. 하나님 자신이 하나님의 말씀이 들려지도록 만드시는 분이며, 우리는 단지 하나님 자신이 말씀하려고 하는 것을 선포하는 역할만을 지닌다.[38]

바르트는 9가지의 설교의 기준을 제시한다. 그것들은 다음과 같다.[39]

① 계시: 설교는 하나님의 과거와 미래의 계시, 예수 그리스도의 현현과 재림을 선포해야 할 과제를 가지고 있다. 과거의 예수의 육체적 현존과 미래의 재림 사이에 있는 현재에 있어서, 설교는 어제에서 내일로 가는 도상에 있는 계시를 증언해야 하는 과제와 이전에 들은 것으로부터 다시 끊임없이 들어야 할 것으로 나아가는 길을 취해야 하는 과제를 가지고 있다.

② 교회: 설교는 오직 은혜의 표징인 세례, 희망의 표징인 성만찬, 그리고 교회의 기초가 되는 진리의 기록인 성서를 향해 정위되어야 한다.

③ 고백: 설교는 주님으로부터 부여받은 위탁을 지속적으로 이행함으로써 교회를 교화시켜야 한다.

④ 목회사역: 설교는 교회에서의 목회사역을 위한 하나님의 부르심에 대한 특별한 권위와 책임성 위에서 수행된다.

⑤ 거룩성: 설교는 하나님의 명령과 축복 안에서 율법과 약속을 지닌 죄인들의 행동으로 이해되어야 한다.

⑥ 성서: 설교는 어떤 상황에서든 그 형식과 내용에 있어서 성서에 대한 해설(exposition)이 되어야 한다.

---

38) Ibid., pp. 45-46.
39) Ibid., pp. 47-86, 특히 pp. 86-90.

⑦ 독창성: 설교는 오직 인격적 회개와 감사 가운데서만 행해질 수 있으며, 따라서 설교는 설교자의 자유로운 말이다.

⑧ 회중: 설교는 구체적인 상황 속의 사람들에게 그들의 삶이 예수 그리스도 안에 기초와 목표를 갖는다는 사실을 말하고자 한다.

⑨ 영성: 설교는 겸손함과 진지함 가운데 행해져야 하며 인간의 말인 설교가 하나님의 말씀이 되기 위해서는 하나님 자신이 인간의 말을 인정해야 한다는 사실을 깨닫는 자의 기도로서 행해져야 한다.

바르트는 설교에서 일어나는 모든 행동이 신적 주체의 행동임을 거듭 강조한다. 계시란 그 안에서 하나님이 주체와 객체와 주객을 연결하는 끈이 되는 닫혀진 원이다. 하나님이 계시행동의 주체이기 때문에 설교자는 단지 자신에게 위탁된 것에 순종할 뿐이지, 자신의 목적(scopus)이나 주제를 세워도 안 되며 자신의 의도와 계획을 따라 행동해서도 안 된다.[40] 같은 이유로, 바르트는 설교가 성서에 대한 해설이어야 한다고 주장한다. "나는 성서에 관해서(über)가 아니라 성서로부터(von) 말해야 한다. 나는 말해야 할 어떤 것을 가지고 있지 않으며, 반복해야 할 어떤 것만을 가지고 있다. 만일 설교에서 하나님께서 홀로 말씀하시고자 한다면 어떤 주제나 목적이 끼어들어서는 안 된다… 우리의 과제는 단지 텍스트의 특유한 사고의 움직임을 따라가 그것과 함께 머무는 것이지, 그것을 벗어나는 계획을 추구하는 것이 아니다."[41]

바르트는 설교자가 성서 텍스트 안으로 들어가 "진귀한" 그 무엇을 발견하고 그것을 끄집어내야지, 회중의 특수한 상황이나 경험을 특수한 텍스트의 관점에서 언급히는 것은 위험하다고 주장한다. 그에 따르면, 그러한 상황에서 우리는 성서를 전체적으로 언급하여야 하며, 그러면 아마도 하나님께서 그 상황을 향해 적당한 방식으로 말씀하시며 또한 기적을 행하실 것이다.[42] 그는 슐

---

40) Ibid., pp. 48-49.

41) Ibid., p. 49.

42) Ibid., pp. 49-50. 바르트에 따르면, 예수 그리스도의 성육신이 무조건적인 출발점(Woher)이며 예수 그리스도의 재림이 무조건적인 목표(Wohin)이다. 그리스도로부터 나와서 그리스도를 향해 가는 그리스도인의 삶의 과정 속에서 설교의 중심적 과제는 오신 그리스도와 다시 오실 그리스도를 선포하는 것이다. pp. 51-55.

라이에르마허가 수립한 인간의 경험으로부터 출발하는 아래로부터의 신학 방법론을 거부하고 하나님의 자기계시로부터 출발하는 위로부터의 신학 방법론을 수립하고자 하였다. 하나님의 자기계시는 위로부터 수직적으로 신비의 하나님 말씀인 예수 그리스도 안에서 주어진다. 이 신비의 하나님 말씀은 예수 그리스도에 대한 증언인 성서 안에서 기록된 말씀이 된다. 그리고 설교자는 기록된 말씀인 성서로부터 설교해야 한다. 그러므로 바르트에게 있어서 설교는 성서에 전적으로 의존한다. 그는 성서는 그것이 하나님의 말씀이라는 사실에 의해 하나님의 말씀으로 인식되며, 이 진리가 오직 교회에 의해서만 고백될 수 있다고 주장한다.[43]

바르트는 하나님 말씀, 즉 성서와 인간의 경험을 이분법적으로 구별하였다. 그는 설교가 하나님 말씀으로부터 출발해야 하며, 인간의 경험으로부터 출발해서는 안 된다고 주장하였다. 그는 설교의 서론 또는 도입부가 인간의 영역 안에 복음에 대한 자연적 유비 또는 모종의 "접촉점"이 있다는 것을 함축할 수 있다고 보았기 때문에, 그것을 거부하였다.[44] 마찬가지로 그는 설교의 결론 역시 잘라내었다. 왜냐하면 그는 결론이 행위의 의로움을 표현할 수 있다고 보았기 때문이다.[45] 뿐만 아니라 그는 설교의 사회적 연관성도 가능한 한 피하고자 하였다. 그는 "설교자는 성서만을 설교해야 하며 그 어떤 다른 것을 설교해서는 안 된다"고 주장하였다.[46]

결과적으로, 바르트에게 있어서 설교는 성서 텍스트의 반복 외에 다른 것이 아니다. 설교자는 사회적 세계를 자주 언급해서는 안 된다. 설교는 "성서를 읽는 사람의 비자발적인 입술 운동 같은 것"이다.[47] 그는 매일의 삶 속에서 일어나는 문제들이 주일의 설교에서 다루어지는 것을 경계하면서, 설교가 "상

---

43) Karl Barth, *Church Dogmatics* I/2, trans. G. T. Thomson and Harold Knight (Edinburgh: T. & T. Clark, 1956), chap. 3 그리고 p. 537.

44) Karl Barth, *Homiletics*, p. 124.

45) Ibid., p. 127.

46) Ibid., p. 76. Karl Barth, *The Preaching of the Gospel*, trans. B. E. Hooke (Philadelphia: Westminster Press, 1963), p. 43.

47) Karl Barth, *Homiletics*, p. 76.

관성의 언덕을 넘어서야 한다"고 주장하였다.[48]

그러나 후에 씌어진 바르트의 『교회교의학』 I/2에는 전기에서와는 달리, 상당히 변화된 설교이해가 나타난다. 『교회교의학』에 나타나는 바르트의 설교이해의 가장 두드러진 특징들 가운데 하나는 그가 설교란 지금 여기에 임하는 하나님의 말씀을 전하는 것임을 강조한다는 사실이다. 그는 (전기에서와는 달리) 단지 그때 거기에서 임한 하나님의 말씀에 대한 증언으로서의 성서의 하나님 말씀을 오늘 무시간적으로 적용해서는 안 된다는 점을 강조한다. 그는 지금 여기서 말씀하시는 하나님의 말씀을 정확하게 듣기 위해서는 오늘의 상황을 정확히 알아야 하며 따라서 오늘의 상황과 성서를 연결시키는 교의학의 역할이 중요하다고 강조한다.[49]

4. 성서와 설교의 관계에 대한 버트릭의 견해

데이비드 버트릭에 따르면 우리는 모두 20세기 성서적 신학운동의 자녀들이다.[50] 차일즈는 성서적 신학이 공유하는 믿음 체계를 ① 성서의 신학, ② 성서의 메시지의 본유적 통일성, ③ 역사 안에서의 하나님의 계시, ④ 특유의 성서적 정신구조, ⑤ 상황과 대조되는 성서의 독특한 성격으로 요약한다.[51] 성서적 신학운동은 설교학에도 큰 영향을 주었다. 포사이트(P. T. Forsyth)는 1907년 예일대학교의 설교학 강의에서 성서적 신앙과 성서적 설교로 돌아갈 것을 촉구하였다. 성서적 신학운동은 신정통주의, 특히 칼 바르트에게서 정점에 이르렀다. 버트릭은 비록 바르트가 바르멘 선언의 초안을 작성할 만큼 사회적 참여의식을 가졌음에도 불구하고, 당시에 씌어진 그의 설교학 저술들은

---

48) Ibid., pp. 118-119.
49) 김명용, "칼 바르트의 신학과 설교," pp. 55-56 참고.
50) David Buttrick, *A Captive Voice*, p. 5.
51) Brevard S. Childs, *Biblical Theology in Crisis* (Philadelphia: Westminster Press, 1970), pp. 32-50. Buttrick, *A Captive Voice*, p. 5, 각주 1(p. 115)에서 인용.

이미 공적인 사건들을 설교로부터 배제하고 성서적 고립을 향해 나아가고 있음을 보여준다고 지적한다.[52]

버트릭은 성서적 신학운동이 잘못된 유산을 남겼다고 비판한다. 이 잘못된 유산이란 예언자적 목소리의 침묵, 과거 시제적 신앙, 성서와 복음 메시지의 복된 소식 사이의 긴장의 증대를 말한다.[53] 첫째, 버트릭은 성서적 신학운동이 공적인 영역의 사건들에 대하여 침묵해 왔음을 지적한다. 바르트주의자들이 1960년대의 저항운동에 동참하였던 것은 사실이다. 그러나 그들의 사회 참여는 오래 가지 못했다. 그들은 하나님의 말씀을 반(反)문화적인 것으로 이해했다. 이 반문화적 말씀신학은 그들로 하여금 공적인 사건들에 대하여 무관심하거나 침묵하도록 만들었다. 오늘날 바르트식의 성서적 설교를 하는 목회자의 문제는 성서 텍스트에 집중한 나머지 설교가 전달되는 신자들의 삶의 현실 속에서 일어나는 일들에 대하여 침묵한다는 사실에 있다. 그러나 성서는 성서가 기록된 동시대의 사회적 상황이나 정치적 문제들에 대하여 결코 무관심하지 않다. 특히 구약성서의 예언서들은 강한 사회 정치적 비판의 메시지들로 가득 차 있다. 그럼에도 불구하고 오늘날 이른바 성서적 설교를 하는 목회자들의 문제점은 그들이 사회적 현실에 대하여 무관심하거나 비정치적 성향을 보여준다는 사실이다. 성서적 설교를 표방하는 목회자들은 대체로 정치적으로 무책임하거나 보수적인 성향을 대변한다.

둘째, 버트릭에 따르면 성서적 신학운동은 과거시제의 종교에 사로잡혀 있다. (물론 이러한 비판은 적어도 후기의 『교회교의학』에 나타난 바르트의 설교이해에는 해당되지 않는다.) 성서적 설교에 있어서 하나님의 계시는 오래 전에 발생한 구속사의 기록인 성서 안에 갇혀 있다. 성서적 신학운동은 역사비평적 방법을 사용하여 과거시제적인 역사적 계시를 발견해 내고자 한다. 여기서 설교는 과거의 역사에 대한 기술이 된다. 버트릭은 성서적 설교가 하나님의 계시와 구원의 역사를 성서가 기록되었던 과거에 한정시킴으로써, 오늘

---

52) David Buttrick, *A Captive Voice*, p. 8.
53) Ibid., pp. 9-12.

우리의 삶 속에서 우리와 함께 계시는 하나님의 역동적 현존과 구원의 역사를 선포하는 것을 어렵게 만들었다고 비판한다.

셋째, 버트릭은 성서적 신학운동이 "복음을 선포하는 것"과 "성서를 설교하는 것" 사이의 긴장을 초래했다고 비판한다. 전통적으로 기독교 신학은 성서가 구원에 필요한 모든 것을 포함하고 있다고 믿어 왔다. 성서는 구원의 복음을 내포하고 있기 때문에 하나님의 말씀이라고 불려진다. 그러나 기독교 신학은 성경 전체의 모든 구절을 복음 메시지와 동일시하지는 않는다. 하지만 성서적 보수주의가 확장됨에 따라 복음 메시지와 동일시할 수 없는 구절들도 하나님의 말씀으로 정당화하고자 하는 변증적 설교가 더욱 증대하게 되었다. 따라서 성서의 권위에 의지하는 설교와 그 어떤 권위에 호소하지 않는 복음 설교 사이에는 긴장이 있다. 버트릭은 설교가 수직적인 성서의 권위에 의존하여 특정한 성서 구절들을 변증하기 위한 것이 아니라, 예수 그리스도 안에 나타난 하나님의 은혜의 빛 안에서 오늘의 삶을 새롭게 변화시키기 위한 것이어야 한다고 주장한다.[54]

우리는 언제나 모든 설교를 성서의 구절들과 더불어 시작해야 하는가? 버트릭은 특히 성서일과에 따른 설교가 성서의 모든 구절들이 하나님의 말씀으로서의 영적 의미를 내포하고 있다는 환상을 전제한다고 비판한다.[55] 설교의 과제는 하나님의 말씀으로서의 권위를 전제한 모든 성서의 구절 속에 내포되어 있는 영적 의미를 캐어내는 것이라기보다는 성서가 증언하는 예수 그리스도 안에 계시된 하나님의 복음을 오늘의 상황 속에서 해석하고 적용함으로써 사람들의 삶을 변화시키고 새로운 삶의 의미를 가져다주는 데 있다. 성서의 구절을 설교하는 이론적 근거는 성서의 모든 구절 하나하나가 다 의미를 제공해 주기 때문이 아니라 성서가 시초와 종국에 관한 이야기를 제공해 주며 시초와 종국 사이에 어떻게 하나님이 죄악된 우리 인간과 관계를 맺으시는지에 관한 이야기를 제공해 주기 때문이다.[56] 성서의 이야기는 인간의 삶을 변화시

---

54) Ibid., pp. 11-12.
55) Ibid., pp. 15-16.

키고 새로운 삶의 의미와 목적을 가져다줌으로써 인간의 정체성을 새롭게 형성한다. 성서의 이야기는 궁극적으로 하나님이 모든 인간들의 삶의 이야기를 이끌어 가는 주인공임을 보여준다. 신앙은 성서의 이야기를 들음으로써 생겨난다. 성서의 이야기는 예수 그리스도의 이야기에서 절정에 이른다. 예수 그리스도는 살아 있는 비유로서, 우리 인간의 이야기와 우리와 함께 계신 하나님의 이야기를 해석해 준다.

버트릭은 초기 교회에서 기독교 문서들(나중에 정경화 될)이 편집되기 오래 전에 일종의 예식화 된 교회력이 존재했음을 지적한다.[57] 공동체의 회상작업은 텍스트의 저술을 선행한다. 처음 두 세기 동안 기독교인들은 부활절과 성금요일로부터 시작하여 점차적으로 교회력을 구성해 나갔다. 이와 같은 예전적 기념은 기독교 문서, 즉 성서의 편집을 선행한다. 버트릭은 설교가 성서와 더불어 시작된 것이 아니라 예수 이야기에 대한 기억과 재수집과 더불어 시작되었음을 상기시킨다. 설교는 기억된 예수 이야기의 의미를 이해하기 위해서 구약성서를 사용하였다. 성서일과에 따른 설교는 그것이 성서적 권위에 의한 것이라면 잘못된 것이다. 성서일과는 성서를 예수 그리스도에 대한 교회의 기억 안에 위치시키기 때문에 도움이 되는 것이다. 우리는 기억된 것을 기리는 것이지 성서적 권위에 절하는 것이 아니다. 결론적으로, 버트릭은 우리가 성서로 돌아가는 이유가 우리와 함께 계신 하나님의 이야기를 기억하기 위해서라고 주장한다. 그리고 이 이야기는 우리가 성서에 의존하기 오래 전에 이미 듣기 시작했던 이야기이다.[58]

---

56) 버트릭에 의하면 성서는 신화로부터 시작해서 종말론적 비전으로 끝나는 이야기를 제공해준다. 창조와 종말 이야기는 인간의 삶의 이야기에 의미를 제공해 주는 목적론적 틀을 제공해준다. 성서의 이야기는 창조와 타락, 가인과 아벨, 노아의 방주, 바벨탑 등의 신화로 시작된다. 그리고 에스겔서의 영향을 반영하는 요한계시록의 마지막 장들에서 우리는 거룩한 성 새 예루살렘의 도래와 더불어 완성되는 역사의 종국에 관한 종말론적 비전을 보게 된다. 시초와 종말 사이에는 하나님이 어떻게 이스라엘과 관계를 맺고 그들을 다루시는지에 관한 이야기가 기록되어 있다. 이 이야기들은 유목민들의 이야기로부터 시작해서, 이집트로부터의 해방, 왕정시대, 바벨론 포로, 귀환 등의 이야기로 이어진다. Ibid., p. 17.

57) Thomas J. Talley, *The Origins of the Christian Year* (New York: Pueblo Publishing Co., 1986), pp. 4, 13, 163, 231, 233, 235. David Buttrick, *A Captive Voice*, p. 18, 각주 53(p. 121)에서 인용.

5. 성서의 복음과 설교

설교는 성서를 단지 반복하는 것이 아니다. 설교의 과제는 "성서는 일점일획도 틀림없는 하나님의 말씀"이라는 경전적 권위에 의존하여 성서의 구절들을 무시간적으로 인용하고 이끌어 오는 데 있지 않다. 설교의 과제는 성서가 증언하는 복음을 올바로 주석하고 해석하고 오늘날의 상황 속에서 적용하는 데 있다.

설교자가 설교해야 할 성서의 복음은 무엇인가? 그것은 예수 그리스도가 선포한 하나님의 복음이다. "예수께서 갈릴리에 오셔서 하나님의 복음을 전파하여 이르시되 때가 찼고 하나님의 나라가 가까이 왔으니 회개하고 복음을 믿으라 하시더라"(막 1:14-15). 예수 그리스도가 선포한 하나님의 복음이란 바로 하나님 나라가 가까이 왔다는 소식이다. 하나님 나라가 가까이 왔다는 것은 바야흐로 하나님의 통치가 이루어진다는 의미이다. 이것이 복된 소식이다. 하나님 나라는 어떻게 가까이 왔는가? 하나님 나라는 예수 그리스도의 인격과 사역을 통하여 하나님의 통치가 실현됨으로써 가까이 왔다. 즉 하나님 나라는 예수 그리스도의 인격과 사역 안에서 이 땅에 선취적으로 도래한다. 예수 그리스도 안에서 도래하는 하나님 나라는 하나님의 사랑과 의의 통치가 이루어지는 나라이다. 예수는 하나님 나라를 위한 자신의 메시아적 사명을 이사야서 61장 1-2절을 인용하여 이렇게 표현했다. "주의 성령이 내게 임하셨으니 이는 가난한 자에게 복음을 전하게 하시려고 내게 기름을 부으시고 나를 보내사 포로된 자에게 자유를, 눈 먼 자에게 다시 보게 함을 전파하며 눌린 자를 자유롭게 하고 주의 은혜의 해를 전파하게 하려 하심이라"(눅 4:18).

하나님 나라에서는 죄인이 죄 사함을 받고 의롭게 된다. "작은 자야 안심하라 네 죄 사함을 받았느니라"(마 9:2). "나는 의인을 부르러 온 것이 아니요 죄인을 부르러 왔노라"(마 9:13). 하나님 나라에서는 귀신이 쫓겨나며 병든 자가 고침을 받는다. "내가 하나님의 성령을 힘입어 귀신을 쫓아내는 것이면

---

58) David Buttrick, *A Captive Voice*, pp. 18-19.

하나님의 나라가 이미 너희에게 임하였느니라"(마 12:28). "예수께서 온 갈릴리에 두루 다니사 그들의 회당에서 가르치시며 천국 복음을 전파하시며 백성 중의 모든 병과 모든 약한 것을 고치니… 사람들이 모든 앓는 자 곧 각종 병에 걸려서 고통당하는 자, 귀신 들린 자, 간질하는 자, 중풍병자들을 데려오니 그들을 고치시더라"(마 4:23-24).

예수 그리스도가 가져다주는 하나님 나라는 평화의 나라이다. "평안을 너희에게 끼치노니 곧 나의 평안을 너희에게 주노라"(요 14:27). 우리가 이 세상에서 고난 가운데에서도 평안을 누릴 수 있는 것은 주님이 세상을 이기었기 때문이다. "이것을 너희에게 이르는 것은 너희로 내 안에서 평안을 누리게 하려 함이라 세상에서는 환난을 당하나 담대하라 내가 세상을 이기었노라"(요 16:33). 하나님 나라는 의와 평강과 기쁨이 넘치는 성령의 나라이다. "하나님 나라는 먹는 것과 마시는 것이 아니요 오직 성령 안에 있는 의와 평강과 희락이라"(롬 14:17).

예수 그리스도가 약속하는 하나님 나라는 부활과 영생의 나라이다. "나는 부활이요 생명이니 나를 믿는 자는 죽어도 살겠고 무릇 살아서 나를 믿는 자는 영원히 죽지 아니하리니 이것을 네가 믿느냐"(요 11:24-25). 하나님 나라는 슬픔이나 죽음이나 고통이 없는 영원한 기쁨과 영광의 나라이다. "그들은 하나님의 백성이 되고 하나님은 친히 그들과 함께 계셔서 모든 눈물을 닦아 주시니 다시는 사망이 없고 애통하는 것이나 곡하는 것이나 아픈 것이 다시 있지 아니하리니 처음 것들이 다 지나갔음이러라"(계 21:3-4).

하나님 나라는 개인적 실존 너머 공동체적 실존 안에서 구현되는 나라이다. 즉 하나님 나라는 고립된 자아가 아니라 타자와의 관계성 안에서 구현된다. 이 공동체는 우선적으로 그리스도의 몸으로서의 교회이다. 교회는 종말론적 하나님 나라의 역사적 선취 또는 전조로서 세상 속에 존재하며, '이미'와 '아직 아니'의 변증법적 긴장관계 안에서 종말론적 하나님 나라를 향하여 나아간다. 하지만 교회는 그 자체가 하나님 나라는 아니다. 하나님 나라는 교회를 넘어선다. 교회는 그 자체가 목적이 아니라 하나님 나라를 위한 수단이다. 하나님 나라는 사회 정치적, 역사적, 우주적 차원을 포함한다. 따라서 하나님 나라의 복음을 선포하는 설교는 바르트에게서처럼 교회의 범주 안에 갇힐 수 없다. 하나님 나라의 비전은 인간의 모든 삶의 영역을 포괄하는 역사적, 우주적 차원에서의 근본적인 갱신과 변혁을 바라보며 나아가는 종말론적 비전이다.

이 세계의 갱신과 변혁은 인간의 참여를 요청한다. 이 땅에서의 하나님 나라의 구현과 확장은 그리스도인의 값비싼 제자도와 희생을 요청한다. 그러나 하나님 나라의 최종적 완성은 인간의 과업의 산물이 아니다. 하나님 나라는 인간의 노력의 결과가 아니라 궁극적으로 하나님의 은혜의 선물이다. 종말론적으로 새 예루살렘은 땅에서 건설되는 것이라기보다는 하늘로부터 내려온다. "또 내가 보매 거룩한 성 새 예루살렘이 하나님께로부터 하늘로서 내려오니…"(계 21:2). 하나님 나라가 완성되는 종말론적 미래에 하나님께 친히 만물을 새롭게 하실 것이다. "보라 내가 만물을 새롭게 하노라"(계 21:5).

교회는 무엇을 설교할 것인가? 설교의 본유적인 주제는 성서가 증언하는 복음, 즉 예수 그리스도가 선포한 하나님 나라의 복음이다. 하나님 나라의 복음은 죄 사함, 위로, 치유, 평화, 의, 기쁨, 부활, 영생, 영광, 역사 변혁적 실천, 하나님 나라의 종말론적 완성이다. 이것들은 교회와 설교자가 세상 끝날까지 선포해야 할 영속적인 설교의 핵심 주제들이다.

그러나 이 복음은 단지 초월적인 신적 계시의 이름으로 수직적으로 떨어져 내리는 유성처럼 그것이 어디에 어떻게 떨어질지도 개의치 않고 내어던져지듯이 일방적으로 선포되어서는 안 된다. 설교는 회중의 상황과의 상관성을 무시하고 성서의 구절만을 주문처럼 계속 반복하는 것이어서는 안 된다. 오늘날 설교는 자본주의 사회의 물질만능주의, 쾌락주의, 빈익빈 부익부의 양극화의 심화, 만성적 경기침체, 가계의 파산과 기업의 도산, 미래에 대한 불안, 무한경쟁사회에서 낙오된 자들의 절망감, 세계화와 수입개방화로 인한 농촌경제의 붕괴, 유가폭등과 에너지 부족, 환경오염으로 인한 자연의 재앙과 인류의 생존의 위기, 남북분단의 현실 등과 같은 오늘의 상황을 진지하게 고려하여야 한다. 오늘날의 교회의 설교는 이러한 상황적 관심사에 의해 매몰되거나 지배되어서도 안 되지만 그것과 전혀 무관하게 성서의 텍스트 내재성(intratextuality) 안에 갇혀서 단지 무시간적으로 성서의 언어를 반복해서도 안 된다. 설교자가 성서로부터 말씀해야 한다는 주장은 설교자가 성서가 씌어진 역사적 상황 속에서 성서의 저자들에게 들려주셨던 하나님의 말씀에 귀를 기울이고 그 말씀을 왜곡됨 없이 전달해야 한다는 의미에서는 타당성을 갖지만, 그것이 오늘날의 회중의 상황과 경험을 무시하고 성서에 대한 무시간적인 문자주의적 해석에 기초하여 이끌어낸 하나님의 말씀을 권위주의적으로 선포하는 것을 의미한다면 타당하지 않다. 왜냐하면 그것은 성서 텍스트와 오늘의 상황 사이의 상관관계 안에서 수행되어야 하는 정당한 해석학적 과정을 무시하는 것이기 때문이다.

6. 성서해석과 설교: 이야기 비평과 이야기 설교

그러므로 설교학의 가장 근본적인 문제는 성서해석의 문제이다. 설교는 성서해석과 분리된 독립적 과업이 아니라 성서해석의 최종적 단계이다. 해석학의 문제는 결코 전통적인 교의학에 의해 무시되거나 대체될 수 없다. 오늘날의 다양한 탈근대적 성서해석학 이론들은 미래지향적 설교를 위한 방향을 제시해 준다. 계몽주의 이후 성서에 대한 역사비평적 접근이 시작된 이래, 근대의 성서해석은 성서의 문자적, 역사적 의미에 관심을 집중하였다. 즉 성서에 기록된 내용들이 문자적으로 정확하게 역사적 사실을 지시하는가 하는 질문을 다루는 것이 역사비평적 접근의 주된 과제이다. 버트릭은 이와 같은 객관주의적 역사적 접근에 반대하여 성서가 역사책이 아니라 신앙의 증언이라고 주장한다. 그에 따르면 객관적 사실성의 물음은 잘못된 물음이다.[59]

그러나 우리는 역사비평의 긍정적 기여를 기억할 필요가 있다. 만일 역사비평이 없었다면 성서해석은 전근대적인 "악명 높은 비잔틴 도그마"(마틴 켈러)로부터 해방될 수 없었을 것이다. 역사비평은 적어도 두 가지 점에서 성서

---

59) Ibid., p. 13.

해석의 근대화를 위해 기여하였다. 첫째 역사비평은 성서 텍스트와 저자의 역사성을 밝혀냄으로써 근대 이전의 권위주의적 성서관에 기초한 무시간적인 문자주의적 해석을 타파하는 데 기여하였다. 둘째, 역사비평은 공관복음서에 대한 역사적 연구를 통하여 역사적 예수의 인간적 얼굴과 그분이 선포하고 실천했던 하나님 나라의 복음의 의미를 새롭게 밝혀내는 데 기여하였다.

다른 한편, 20세기 중반 이후 오늘에 이르기까지 많은 교회에서 설교의 초점은 성서 텍스트의 역사적 현실보다는 회중의 실존적 자아에 맞추어지고 있다. 인간 내면의 내적 치유를 목적으로 하는 설교에 있어서, 죄는 심리적 역기능으로, 구원은 심리적 치유를 통한 내적 평안으로 이해된다. 물론 성서는 실존적 자아의 내적 치유와 평안을 위하여 심리학적 인격주의의 관점에서 읽혀질 수 있다. 그러나 성서의 증언은 단지 고립된 자의식 안에 있는 자아를 향한 것이 아니라, 이 세상 안에 존재하는 구원받은 공동체, 즉 교회를 향한 것이다. 뿐만 아니라, 공관복음서에 나타나는 예수 그리스도가 선포한 하나님 나라의 복음은 궁극적으로 교회의 범주를 넘어 이 세상에서의 종말론적 하나님 나라의 도래를 목표로 한다. 그러므로 성서의 증언에 기초한 설교 메시지는 결코 개인의 실존적 차원으로 환원될 수 없으며, 공동체적, 사회적, 세계 역사적, 우주적 차원을 지향해야 한다.

20세기 중반 이후 역사비평 방법의 한계에 대하여 여러 관점에서 비판이 가해졌는데, 그 비판들의 공통된 핵심은 역사비평이 성서 텍스트의 현재적인 의미, 즉 성서 텍스트가 시간과 공간을 초월하여 오늘의 독자들에게 주는 신학적, 규범적 의미를 제시해 주지 못한다는 것이다. 역사비평은 성서 텍스트의 역사적 배경과 상황에 주의를 집중한 나머지 성서 텍스트의 주제에 대한 관심을 상실하였다. 다시 말하면, 역사비평은 텍스트를 구성하는 문학양식과 전승 등에 대한 역사적 연구에 집중한 나머지 그 문학양식과 전승에 의해 형성된 텍스트의 주제를 이해하고 오늘의 독자에게 적용하는 과업에는 소홀함으로써 신학과 교회를 분리시켰으며, 성서연구를 학자들의 전유물로 만듦으로써 성서를 성서의 배후의 역사적 상황에 대한 전문적 지식이 없는 교회의 일반 독자들로부터 소외시켰다.[60]

따라서 20세기의 후반기에는 역사비평의 한계를 극복하기 위한 다양한 해석이론들이 발전되었다. 오늘날 탈근대적 성서해석의 주목할 만한 특징은 다양한 관점들로부터의 성서읽기를 허용하거나 심지어 고무한다는 점이다. 왜냐하면 해석자 자신의 삶의 세계로부터 주어지는 관심과 전이해로부터 완전히 자유로울 수 있는 성서해석이란 불가능하기 때문이다. 오늘날에는 해석자와 텍스트, 전이해와 이해, 설명과 이해 사이의 해석학적 순환과, 해석자와 텍스트의 지평융합을 통한 이해에 대한 해석학적 인식이 일반화되고 있다. 특히 오늘날에는 무엇보다 가난한 자, 소외된 자, 억눌린 자의 관점에서의 해석학이 커다란 영향력을 발휘하고 있다. 예수 그리스도가 선포한 하나님 나라의 복음은 무엇보다 상처와 박탈과 궁핍과 고통 속에서 참다운 인간성의 회복을 갈망하는 사람들에게 위로와 희망과 기쁨이 되는 복된 소식이다. 설교자는 바로 이와 같은 해석학적 과업을 통해 드러나는 성서의 복음을 선포하여야 한다.

오늘날의 성서해석의 가장 주목할 만한 현상의 하나는 다양한 문학비평 방법의 발전이다. 문학비평 방법들은 공통적으로 성서를 하나의 완성된 문학작품으로 전제하고 성서를 문학적으로 분석하려는 일관된 목적을 보여준다.[60] 문학비평은 텍스트의 전승과정과 역사적 정황에 관심을 집중하는 역사비평과는 달리 마지막 완성된 텍스트의 의미를 찾아내는 데 관심을 기울인다. 자료비평, 양식비평, 전승사비평, 편집비평과 같은 역사비평 방법들이 텍스트의 역사적 기원과 발전을 통시적 관점에서 접근하는 반면, 이야기 비평, 구조주의비평, 수사비평, 독자반응비평, 후기구조주의비평 등의 문학비평은 성서의 최종 형태의 텍스트 자체의 문학적 특성, 텍스트들 간의 관계, 그리고 텍스트

---

60) 이에 대하여는 Childs, *Biblical Theology in Crisis*, p. 57; Walter Wink, *The Bible in Human Transformation* (Philadelphia: Fortress Press, 1973), pp. 1-2; John D. Levenson, *The Hebrew Bible, The Old Testament, and Historical Criticism: Jews and Christians in Biblical Studies* (Louisville: Westminster/John Knox Press, 1993), pp. 15-27 참고.

61) 강성열, 오덕호, 정기철,『설교자를 위한 성서해석학입문』(서울: 대한기독교서회, 2002), p. 133.

와 독자 사이의 상호작용 등을 공시적 관점에서 접근한다.

오늘날의 탈근대적 성서해석학 이론들 가운데, 특히 이야기 비평 또는 이야기 해석학은 설교학이 나아갈 방향을 위한 중요한 모티브를 제공해 준다. 이야기 비평은 1970년대 말 이후 성서의 이야기에 대한 문학비평의 한 유형으로 널리 사용되어왔다.[62] 구약성서의 대부분이 하나님의 백성 이스라엘의 역사에 관한 이야기이며, 신약성서의 복음서는 예수에 관한 이야기이다. 또한 예수는 비유적인 이야기를 통해 하나님 나라에 대하여 가르쳤다. 이야기 비평은 일정한 구조와 틀, 배경과 등장인물, 표현과 기법, 관점을 가지고 있는 성서의 이야기를 문학적으로 해석하는 이론이다. 이야기 비평가들은 역사비평이 성서를 조각들로 해체시킴으로써 성서를 일관성 있는 하나의 이야기로 읽을 수 없게 만들고 성서가 지닌 독특한 이야기 세계의 상실을 초래했다고 비판하면서, 성서의 이야기를 여러 조각으로 분해하지 않고 전체적으로 하나의 통일된 이야기로 간주하고자 한다. 이야기 비평은 이야기를 기록한 실제 저자나 이야기의 본래적 대상인 실제 독자가 아닌 텍스트 안에 암시된 가상적인 내포(implied) 저자와 내포 독자와의 관계 속에서 텍스트의 의미를 발견하고자 한다.

이야기 비평은 성서 텍스트의 배후가 아니라 텍스트의 이야기 자체에 관심을 기울이고, 이야기의 플롯, 등장인물, 사건, 배경, 관점과 같은 문학적 요소를 분석함으로써 텍스트를 있는 그대로 이해하고자 한다. 이야기 비평은 전문적인 지식이 없는 일반 독자들이 성서 텍스트를 해석할 수 있는 길을 열어 줌으로써 성서와 교회공동체의 분리를 극복한다. 그러나 이야기 비평은 내포 저자와 내포 독자라는 가상의 인물을 설정하여 텍스트를 해석하기 때문에 해석자가 자신을 내포 저자와 내포 독자와 동일시함으로써 해석자의 주관이 너무 깊이 개입될 위험성이 있다. 또 이야기 비평은 텍스트 밖에서 얻은 역사적 지식보다 텍스트의 내용에 집중하기 때문에, 텍스트를 기록한 저자의 의도나

---

[62] D. M. Gunn "설화비평", 『성서비평 방법론과 그 적용: 역사비평에서 사회과학적 비평을 거쳐 해체주의비평까지』 스티븐 헤이네스, 스티븐 매켄지 엮음, 김은규, 김수남 역 (서울: 대한기독교서회, 1997), p. 267.

텍스트가 기록된 역사적 상황에 대한 정당한 이해를 결여한다.[63]

흔히 생각하는 것처럼 역사비평과 문학비평은 반드시 상호배타적일 필요가 없다. 성서에 대한 통시적 접근과 공시적 접근은 양자택일의 관계라기보다는 상호보완적인 관계에 있다. 역사비평의 문제점을 보완할 수 있는 문학비평의 공시성은 바로 문학비평의 강점이자 동시에 약점으로서, 역사비평의 통시적 접근에 의해 보완되어야 한다. 그러므로 문학비평은 결코 역사비평 자체를 불필요한 것으로 만드는 대안은 아니다. 통전적 성서해석학에 있어서 그 둘은 상호보완적인 관계 안에서 통합된다.

이야기 비평 또는 해석학은 설교자들이 성서 텍스트의 이야기 장르의 중요성을 새롭게 재발견하고 이야기식 설교 모델을 발전시키는 데 큰 영향을 주었다. 부르그만(Bruegemann)은 구약성서의 이야기의 특징을 다음과 같이 말한다. "이스라엘 사람들에게 있어서 이야기는 상상력을 활용하게 하려는 목적을 가지고 있다. 이야기는 말하는 자가 듣는 자에게 일방적으로 자료를 전달하는 형식을 취하지 않는다. 둘 사이에는 다양한 선택적인 입장을 허용하는 열린 언어의 장이 있다. 이것은 어떤 일이 일어나는지를 인식함에 있어서 듣는 자가 말하는 자와 거의 똑같은 정도의 자유를 가지고 있음을 의미한다. 둘 사이의 의사 전달은 결코 강제적인 가르침으로 규정될 수 없는 다양한 표상들과 은유 및 상징 등의 결합으로 이루어진다… 말하는 자와 듣는 자 사이에 이루어지는 이러한 상호 교통은 상상력을 불러일으키는 비밀을 서로가 공유하는 것을 의미한다."[64]

이야기 설교는 명제적이고 논리적인 전통적인 설교의 한계를 극복할 수 있는 한 대안적 설교 모델이다. 그러나 이야기 설교가 전에는 없었던 새로운 설교의 패러다임은 아니다. 이야기 설교는 다음과 같은 특징을 보여준다.[65] ①

---

[63] 강성열, 오덕호, 정기철, 『설교자를 위한 성서해석학입문』, pp. 174-175.

[64] Walter Bruegemann, *The Creative Word: Canon as for Biblical Education*, 강성열, 김도일 역, 『창조적인 말씀을 통한 기독교 교육: 성서교육의 모델로서의 정경』 (서울: 한들출판사, 1999), p. 51.

[65] Charles L. Campell, 『프리칭 예수: 한스 프라이의 탈자유주의 신학에 근거한 설교학의 새 지평』, 이승진 역 (서울: 기독교문서선교회), pp. 196-197 참고.

이야기 설교는 성경 텍스트 자체의 중요성을 강조함으로써 성서에 대한 관심을 촉진시킨다. ② 이야기 설교는 상상력이 풍부한 시적, 은유적 언어를 사용함으로써 지성뿐만 아니라 감성에 호소하며 회중으로 하여금 상상력을 통해 이미지를 그릴 수 있게 해준다. ③ 이야기 설교는 플롯에 따라 귀납적으로 전개되어 마지막에 최종적인 대단원에 이른다.[66] ④ 이야기 설교는 단순히 인식론적인 지식과 내용을 전달하는 것이 아니라 회중으로 하여금 이야기의 움직임과 함께 하면서 이야기의 내용, 즉 복음을 직접 경험하도록 돕는다. ⑤ 논리적 설교에서는 설교자가 일방적으로 전달하는 지식이나 사실을 회중이 수동적으로 받아들여야 하지만, 이야기 설교에 있어서 설교자와 회중의 관계가 보다 상호적이다. 이야기 설교에서 회중은 설교가 진행되어 결론에 이르는 과정 속에 참여한다.[67]

7. 결론

설교의 출발점이 바르트가 주장하는 것처럼 하나님 말씀인 성서 텍스트여야 하는가 아니면 슐라이에르마허나 오늘날의 신학자들이 주장하는 것처럼 설교자가 공유하는 회중의 상황과 경험이어야 하는가 하는 것은 양자택일의 문제가 될 수 없다. 설교를 성서 텍스트로부터 시작할 것인가 회중의 상황으로부터 시작할 것인가는 무엇보다 우선적으로 설교가 대상으로 하는 회중의 성격에 따라 결정되는 것이 바람직하다. 예를 들면, 설교에 주의를 집중하는 회중에게는 전자가 바람직하다면, 설교에 주의를 잘 집중하지 않는 회중에게

---

[66] 플롯은 이야기의 줄거리, 또는 줄거리에 나오는 여러 가지 사건을 통일성 있게 구성하는 일과 그 수법을 의미한다. 라우리에 따르면 플롯은 "불균형 상태로부터 해결 상황으로 움직여 가는 이야기의 지속적인 긴장감"이다. Eugene L. Lowry, *Doing Time in the Pulpit: The Relationship Between Narrative and Preaching* (Nashville: Abingdon Press, 1985), p. 52.

[67] Eugene L. Lowry, *The sermon: Dancing the Edge of Mystery* (Nashville: Abingdon, 1997), p. 104.

는 후자가 바람직하다고 할 수 있다. 또한 성서의 전통적인 권위에 대한 존경심이 유지되는 전통적인 보수적 성향의 공동체에서는 전자가 효과적일 수 있으며, 과거의 권위적이고 수직적인 전달 구조보다는 대화적이고 상호적인 전달구조를 선호하는 공동체에서는 후자가 효과적일 수 있다. 오늘날의 의식화된 회중은 과거의 권위적이고 수직적이며 일방적인 전달 구조가 아닌 대화적이고 상호적인 의사소통 구조를 요구한다. 특히 이른바 영상세대로 불리는 오늘날의 청소년 세대에 있어서는 구어적인 전달방식에 대한 집중력 저하 또는 분산현상이 현저하다. 따라서 어떻게 설교에 대한 회중의 집중력을 유지하고 설교의 내용을 전달할 수 있는가 하는 것이 설교의 성패를 가르는 관건이 되고 있다.

오늘날의 설교갱신운동은 이와 같이 변화된 사회적 상황과 회중의 특성에 대한 응답으로 생겨났다. 설교갱신운동은 설교의 내용보다는 전달 방법에 많은 관심을 집중한다. 1950년대에 라칭거(Ratzinger)에 의해 '새로운 설교학 운동'이 일어난 이후, 설교 전달에 관한 논의들이 활발히 진행되어 오고 있다. 회중의 경험과 유리된 교리나 관념적인 주제를 연역적인 방식으로 선포하는 권위적인 설교는 더 이상 회중에게 효과적으로 전달되거나 회중의 주의집중을 이끌어내는 데 실패한다. 이것은 곧 설교의 실패를 의미한다.

그러나 이와 같은 설교 전달의 문제는 단지 커뮤니케이션 또는 의사소통 방식과 관련된 설교 방법론의 문제만은 아니다. 그것은 근본적으로 성서 텍스트와 오늘의 상황을 매개하는 해석학의 문제와 연관되어 있다. 설교가 성서 텍스트로부터 출발해야 하는가 아니면 회중의 상황과 경험으로부터 출발해야 하는가 하는 양자택일적인 물음이 근본적으로 잘못 설정된 물음인 근본적인 이유는 그 둘이 서로 결코 분리될 수 없는 해석학적 순환관계에 있기 때문이다. 즉 우리는 언제나 경험의 관점에서 성서 텍스트를 해석하며 성서 텍스트의 빛 안에서 경험을 이해한다. 우리가 성서 텍스트로부터 출발한다고 해도 상황으로부터 주어지는 전이해, 선입견, 이해의 선구조로부터 자유로울 수 없으며, 경험으로부터 출발한다고 해도 성서 텍스트의 영향사를 벗어날 수 없다. 해석학의 과제는 어떻게 이 둘이 악순환이 아닌 선순환의 관계 안에 들어갈 수 있도록 하는가 하는 데 있다.

설교자의 설교행위는 과거의 문서인 성서에 대한 주석과 오늘날의 상황 속에서의 그것의 적용 사이를 연결하는 해석학적 아치의 오른 쪽 끝단에 위치하는 실천적 행동이다. 그러나 설교의 구성 자체는 바로 성서주석과 적용 사이를 매개하는 해석학적 작업이다. 모든 성서에 대한 해석은 동시대적인 상황 속에서, 그리고 그 상황과의 상관관계 속에서 수행되는 것이다. 해석의 과정은 결코 이 상관관계를 우회하거나 폐기할 수 없다.

이와 같은 이유로, 설교자는 설교의 서론, 본론, 결론 모두에서 보다 자유롭게 성서 텍스트와 상황을 왕복하면서 그 둘을 상호 관련시킬 수 있어야 한다. 바르트가 지적한 바와 같이 오늘의 상황에 대한 지나친 관심은 성서 텍스트의 하나님 말씀의 의미에 대한 왜곡된 해석을 초래할 수 있다. 이 점은 분명히 경계되어야 한다. 그러나 이와 반대로, 회중의 상황에 대한 적용을 하나님(성령)께서 알아서 하실 일로 간주하고 성서 텍스트만을 계속적으로 반복하거나 성서의 구절을 가능한 많이 이끌어 오는 설교도 바람직한 것이 아니다.

폴 틸리히는 서구 사회가 기독교 이후시대를 맞이했다고 진단하면서 전통적인 기독교의 상징이 힘을 잃고, 무의미한 것이 되어버린 상황에서 설교가 어떠해야 할지를 제시하였다.[68] 그는 오늘날 기독교의 메시지가 무시되는 이유가 기독교가 자신의 메시지를 오늘의 상황과 적절하게 관련시키는 데 실패했기 때문이라고 보았다. 그는 설교의 위기를 슐라이에르마허 이후의 자유주의 신학과 바르트를 포함한 개신교 정통주의 신학을 중심으로 진단하였다. 그에 따르면 자유주의 신학은 새로운 상황을 진지하게 받아들이고 그 상황에 적절한 메시지를 전하기 위하여 전통적인 상징을 현대적인 용어와 의미로 해석하기 위하여 노력하였지만, 메시지의 초월성을 상실함으로써 세속화, 수평화, 지성화, 도덕화 되었다.[69] 자유주의의 복음 메시지는 인간의 곤경에 대한 이해

---

68) 틸리히는 세상을 떠나기 전 해인 1965년 얼 강좌 (Earl Lecture)에서 행한 "기독교 메시지의 부적절성과 적절성(The Irrelevance and the Relevance of the Christian Message)"이라는 강연에서 이 문제를 다루었다. Hyung Suk Na, *Paul Tillich's Theology of Preaching: Boundary Preaching* (Ph.D. diss. Drew University, 1996), pp. 77-79.

69) Ibid., p. 80.

를 결여하였으며, 세상을 심판하고 변화시키는 힘을 상실하였다. 반면, 바르트를 비롯한 개신교 정통주의는 하나님의 자유, 하나님의 통치권, 그리고 하나님의 초월성을 수호하는 데 열중한 나머지 이 세상의 상황에 대한 진지한 관심을 상실하였다. 그 결과 기독교 메시지는 세속 사회에 대한 적절성을 상실하고 화석화되고 무의미한 것이 되었다.[70]

틸리히는 기독교 신앙의 내용을 해명하기 위하여 철학적(실존적) 질문과 신학적 대답을 상호 관련시킴으로써 자신이 수립했던 상관관계 방법론을 설교에 적용하여, 기독교의 메시지를 그 본질적이고 독특한 성격을 상실시키지 않으면서 현대인에게 적절하게 적용하고자 하였다. 기독교의 메시지는 인간 실존 전체에 관한 질문들과 상관되는 한 의미를 갖는다. 그러나 그 질문에 대한 대답은 인간 실존 자체를 분석함으로써 도출되지 않는다. 실존에 함축된 질문에 대한 대답은 인간 실존 너머에서부터 와서 인간 실존을 향하여 주어진다. 신학에서와 마찬가지로 설교에서도 실존적 질문과 신학적 대답은 상호의존적이며 동시에 독립적이다. 그러나 순서에 있어서는 항상 질문이 먼저다. 질문과 상관없이 일방적으로 제시되는 대답은 의미가 없기 때문이다.

그러므로 틸리히는 설교가 회중을 향하여 진리를 일방적으로 전달하는 외침이 되어서는 안 된다고 강조하였다. 설교는 복음을 일방적으로 전달하고 회중들에게 수용을 요구하는 것이 되어서는 안 된다. 설교는 회중의 실존적인 상황에서 나온 질문에 대하여 회중이 스스로 결단할 수 있도록 기독교 메시지를 제시하는 것이어야 한다. 그에 따르면, 설교는 단순히 복음을 효과적으로 전달하는 방법이 아니라, 회중이 진정한 결단을 가능하게 하도록 만드는 것이다. "복음을 전달한다는 것은 복음을 사람 앞에 제시함으로써, 그들이 그것을 받아들이기로 결정하든가 반대하든가 할 수 있게 하는 것을 의미한다."[71] 여기서 복음을 제시한다는 것은 단순히 복음의 메시지를 일방적으로 선포해 놓고 반응을 기다린다는 의미가 아니라, 회중이 복음을 요청할 수 있게 하기 위

---

70) Ibid., pp. 81-82.
71) Paul Tillich, 김경수 옮김, 『문화의 신학』 (서울: 대한기독교서회, 1971), p. 225.

하여 그들을 경계선상의 상황으로 인도함으로써 그들이 스스로 질문하고 복음을 요청하도록 만드는 것을 의미한다. 그렇지 않으면 회중은 복음의 메시지가 주는 답변을 제대로 이해할 수 없으며, 따라서 복음에 대한 바른 결단도 할 수 없다. 따라서 틸리히는 회중의 상황에 참여함으로써 상황에서 도출된 질문에 응답하려고 노력하였다. 그는 설교자가 회중들을 말씀의 여정을 함께 가는 파트너로 생각하고 그들이 스스로 자신들의 상황을 느끼고 결단에 이르도록 도와주어야 한다고 강조하였다.

물론 모든 설교는 성서적 설교가 되어야 한다. 성서적이지 않은 설교는 다른 종교의 설교이거나 교양강론일 수는 있어도 기독교의 설교는 될 수 없다. 성서적 설교란 어떤 것인가? 버트릭이 비판한 바와 같은 성서적 신학운동에 기초한 성서권위주의적인 설교는 결코 참된 의미의 성서적 설교라고 할 수 없다. 성서적 설교와 복음적 설교 사이의 긴장은 성서적 설교에 대한 잘못된 이해, 즉 성서 텍스트를 수직적이고 절대적인 하나님의 계시의 말씀으로 간주하고 무시간적이고 문자주의적인 본문증명(proof-texting)을 위해 성서의 본문을 끌어오는 권위주의적 성서이해에 기인한다. 진정한 의미의 성서적, 복음적 설교는 성서가 증언하는 패러다임적 주제인 예수 그리스도의 하나님 나라 복음의 빛에 비추어, 설교자가 회중의 삶의 자리에 참여함으로써 형성된 실존적 물음과의 상관성 안에서 성서의 본문을 해석하고 선포하는 설교이다.

교회는 성서적 권위가 부과된 무거운 법칙에 의해서 아니라 복음에 의해 생명력을 부여받는다. 버트릭이 지적한 바와 같이 설교는 "성서는 그것이 하나님의 말씀이라는 사실에 의해 하나님의 말씀으로 인식된다"는 명제에 의해 지지되는 성서적 권위로부터 벗어날 필요가 있다. 초기 기독교인들은 경전화된 성서의 권위에 지배받지 않고 복음을 설교했다.[72] 예수 그리스도의 하나님이 원하시는 것은 우리를 하나님의 새로운 인간성과 자유에로 부르는 복음, 즉 복된 소식을 설교하는 것이다. 설교가 하나님의 말씀인 것은 성서구절을 끌어오기 때문이 아니라, 성령의 도우심 안에서 인간을 구원하고 해방하는 하

---

72) David Buttrick, *A Captive Voice*, p. 30.

나님의 구속사역에 봉사하기 때문이다.

성서적이고 복음적 설교는 성서 텍스트에 대한 비평적, 해석학적 이해의 과정을 배제하지 않고 그것을 요구한다. 성서 텍스트에 대한 비평적, 해석학적 이해의 과정은 설교자가 회중과 공유하는 상황으로부터 생겨나는 전이해로부터 시작된다. 해석학적 전이해는 설교의 서론 또는 도입부를 구성할 수 있다. 설교의 본론에 해당하는 성서 텍스트에 대한 이해의 과정은 텍스트 뒤의 통시적 역사를 연구하는 여러 가지 역사비평 방법들, 텍스트 안의 공시적 문학적 구조를 분석하고 의미(sense)를 규명하는 다양한 문학비평 방법들, 텍스트 앞에 투사되는 텍스트의 세계와 지시체(reference) 또는 주제를 탐구하는 철학적-신학적 해석을 포함할 수 있다. 그리고 설교의 결론은 해석자와 텍스트, 전이해와 이해, 설명과 이해 사이의 해석학적 순환 안에서 투사되는 텍스트의 세계와 지시체 또는 주제를 회중의 상황에 적용함에 의해 구성될 수 있다.

오늘날에 새롭게 각광받는 이야기 설교는 이와 같은 비평적, 해석학적 이해의 과정을 포함할 수 있다. 이야기 설교는 독자를 성서의 이야기의 세계 안으로 끌어들여 설교자와 회중이 함께 이야기의 전개 과정에 참여하도록 할 뿐만 아니라, 이야기를 통해 투사되는 은유적 의미와 지시체를 회중이 영적 상상력을 통해 이해하고 전유할 수 있도록 도와준다. 하지만 이야기 설교란 설교가 이야기만으로 이루어짐을 의미하지는 않는다. 이야기만으로는 결코 설교가 될 수 없다. 이야기 설교에서 이야기가 중심을 이루는 것은 사실이지만, 이야기에 대한 분석 또는 설명과 비평, 철학적-신학적 해석, 그리고 이야기의 은유적 의미와 지시체 또는 주제를 회중의 상황에 적용하는 과정도 이야기 설교의 필수적인 구성요소가 되어야 한다.

물론 오늘의 한국교회의 실제적인 목회현장에서 이와 같은 성서해석의 과정들을 온전히 경유하여 설교를 구성하는 것은 결코 쉽지 않은 일일 것이다. 원인은 두 가지이다. 하나는 설교자의 언어적, 해석학적 이해와 역량의 부족 때문이며, 다른 하나는 하루에도 몇 번씩 설교를 해야 하는 분망한 목회현실 때문이다. 그렇기 때문에 이와 같은 설교에 관한 제안들은 현실화되기 어려운 이상적인 담론으로 치부될 수도 있을 것이다. 그러나 배의 항로를 인도하는 등대처럼, 성서적이며 복음적이고 비평적이며 해석학적인 설교는 21세기의 설교가 나아갈 방향과 길을 안내하는 이상적이고 또한 접근 가능한 모델이 될 수 있다.

III. 설교비평의 목적과 기준

'설교비평'은 일차적으로 평신도들을 위한 것이라기보다는 목회자와 신학도들을 위한 것이다. 왜냐하면 설교비평은 단지 다른 사람의 설교를 비평하기 위한 비평이 아니라, 나 자신이 보다 나은 설교를 하기 위한 것이기 때문이다. 설교비평의 기본적인 자세는 타자 비판적 정신이 아니라 자기비판적 정신에 있다. 또한 설교비평은 어느 특정한 목회자나 신학자의 설교 전체를 캐리커쳐(Caricature)식으로 평가하는 것을 목표로 하지 않는다. 어느 한 목회자의 설교 몇 편을 읽고 그 설교자의 설교 전체에 대하여 평가하는 것은 바람직한 일도 아니고 가능한 일도 아니다. 물론 설교자의 인격과 영성, 그리고 도덕성은 설교의 진정성을 판단하는 데 매우 중요한 요소가 될 수 있다. 설교자와 설교 메신저와 메시지는 불가분리의 관계에 있다. 똑같은 메시지라도 메신저가 누구냐에 따라 회중에게 감동을 줄 수도 있고 그렇지 않을 수도 있다. 설교자의 무언의 표정, 음성, 태도 등을 통해 드러나는 설교자의 포용력 있는 인격, 깊은 영성, 겸손한 성품은 그 자체가 소리 없는 강력한 메시지이다. 이러한 의미에서 최상의 설교는 설교자 자신이라는 말도 이해 가능하다.

그러나 '설교비평'은 설교에 대한 비평을 통해 설교자의 인격성을 평가하거나 비판하고자 하는 것이 아니다. 오히려 설교비평은 설교자의 개인적이고 인격적인 측면에 관심을 기울이지 않는다. 정확히 말하자면, 관심을 기울일 수 없다. 왜냐하면 설교비평은 그것이 누구의 설교이든지 관계없이 오직 분석대상으로 선택된 특정한 설교의 객관적 내용 즉 기호학과 의미론적 차원에서의 센스(구조)와 지시체(주제) 자체에만 관심을 집중하기 때문이다. 설교비평의 목적은 설교의 내용을 분석하고 비평함으로써, 비평자 자신이라면 선택된 설교본문과 주제를 가지고 어떻게 최선의 설교를 구성할 수 있겠는가 하는 것을 탐구하는데 있다.

　설교비평을 위해서는 대체로 네 가지 기준이 요구된다. 이 가운데 첫 번째와 세 번째 기준은 각기 두 양극적 요소로 구성되어 있다. 첫 번째 기준은 성서적 충실성과 상황적 적합성이다. 한편으로, 설교는 텍스트로 삼는 성서본문에 대한 충실한 주석과 해석에 기초해야 한다. 설교는 성서의 본문을 주된 텍스트로 삼고 이에 근거하여 하나님의 말씀을 전한다는 점에서 일반 연설이나 강연과 구별된다. 성서적 충실성에 대한 판단을 위해서는 설교가 저자의 의도를 잘 반영하고 있는지, 본문의 역사적 맥락을 충분히 고려하고 있는지, 본문의 기호학적, 의미론적 구조와 주제에 충실한지, 본문이 투사하는 은유적 지시체 또는 텍스트의 세계를 영적 상상력을 통해서 잘 포착하고 있는지 등이 분석되어야 한다.

　다른 한편, 설교는 회중의 삶의 자리에 대한 적합성을 추구해야 한다. 실제로 설교비평의 주된 과업은 상황적 적합성보다는 성서적 충실성에 집중된다. 왜냐하면 설교가 실제로 행해지던 예배와 삶의 자리에 직접 참여해 보지 않고 설교의 상황적 적합성을 판단하는 것은 매우 어려운 일이기 때문이다. 상황적 적합성에 대한 판단은 설교의 내용 안에 당시의 상황이 언급되는 경우, 또는 설교가 행해지던 때의 특수한 상황에 대한 정보가 있는 경우에만 가능하다. 그러나 이것은 결코 설교의 상황적 적합성이 중요하지 않다는 것을 의미하는 것은 아니다. 설교는 어디에 떨어질지 알 수 없는 곳에 돌을 던지는 것처럼, 회중의 실존적 삶의 자리와 사회 역사적 현실과 괴리된 채 일방적으로 선포되어져서는 안 된다. 설교자는 시대의 아픔과 회중의 고통을 함께 공감하며 끌어안고 하나님 앞에 나아와 하나님의 위로와 구원의 말씀을 선포하여야 한다.

　물론 성서는 모든 시대의 회중들이 경험하는 새로운 상황과 복잡한 문제들에 대하여 미리 준비된 결의론적(決疑論的) 답변을 제공해 주는 만물백과사전은 아니다. 과거의 특수한 상황의 회중을 위해 씌어진 성서본문을 그 당시와 다른 오늘의 특수한 상황의 회중에 적용하는 과제는 결코 단지 성서본문의 내용을 무시간적이고 문자적인 방식으로 이해하고 적용함으로써 이루어질 수 없다. 설교자는 한편으로 오늘의 상황으로부터 말미암는 전이해와 관심의 빛 안에서 성서본문을 새롭게 해석하며, 다른 한편으로 성서본문의 빛에 비추어 오늘의 상황을 새롭게 해석하는 이중적인 해석학적 과제를 수행해야 한다. 이 이중적인 해석의 올바른 순환관계 안에서 성서와 오늘의 상황 사이의 지평융합을 추구하는 것이 설교자에게 주어진 해석학적 과제이다.

설교비평의 두 번째 기준은 주제가 올바로 수립되었으며, 그 수립된 주제에 대한 논지가 정합적이고 이해 가능한 방식으로 설득력 있게 전개되고 있는가 하는 것이다. 이 기준은 기본적인 인문학적 글쓰기의 능력을 측정하기 위한 것이다. 그러나 실제로 이 기준을 만족스럽게 충족시키는 설교는 그렇게 많지 않다. 특히 세 가지 대지로 구성되는 가장 일반적이고 전통적인 대지설교에 있어서, 세 가지 대지가 하나의 전체적 주제를 초점으로 서로 유기적인 관계 안에서 그 주제를 심화시키는 방식으로 전개되기보다는 각기 서로 별 관계없는 동떨어진 소주제들을 중심으로 전개되는 경우가 적지 않다. 이 경우, 설교는 하나의 전체적 주제를 중심으로 논리적 일관성을 가지고 한 흐름으로 전개되지 못하고 서로 분리되고 토막난 세 몸통으로 구성된다. 설교가 논문처럼 엄격한 서론, 본론, 결론의 체계를 반드시 갖출 필요는 없을 것이다. 그러나 시종일관 하나의 주제를 중심으로 한 흐름으로 일관성 있게 논지를 전개하는 것이 글쓰기의 가장 기본적인 요건이다. 그리고 이러한 글쓰기에 의해 구성된 설교야말로 가장 효과적인 설득력과 큰 공감력을 발휘한다. 그러므로 설교자가 되려고 하는 사람은 가장 기초적인 인문학적 글쓰기 능력을 배양하는 데 많은 노력을 기울여야 한다.

성서의 본문에 대한 충실한 주석과 해석에 기초하지도 않고 또한 수립된 주제를 일관성 있는 논리적 구조 안에서 전개하지도 않는 설교들을 통해서도 얼마든지 회중은 은혜를 받을 수(또는 은혜를 받았다고 생각할 수) 있으며 실제로 그러한 일들이 드물지 않게 일어난다. 그러나 이러한 가능성과 현실성과 관련하여 다음 두 가지가 기억될 필요가 있다. 첫째, 그러한 가능성과 현실성이 본문에 대한 충실한 주석과 해석, 그리고 수립된 주제에 대한 논리적이고 일관성 있는 설교 구성의 중요성을 감소시키거나 불필요하게 만드는 것은 결코 아니다. 아마도 이러한 중요한 요소들이 결여되어 있음에도 불구하고 회중이 은혜를 받는다면 거기에는 다른 요인들(예를 들면, 설교자의 열정적 태도, 회중의 마음을 사로잡는 화려한 수사적 언어능력)이 있을 것이다.

둘째, 회중이 스스로 은혜를 받았다고 하는 것이 어떤 것인지 올바로 규명될 필요가 있다. 사람들은 대체로 자신이 보고자 하는 것만을 보고 듣고자 하는 것만을 듣는 경향이 있다. 이것을 심리학에서는 '선택적 지각'(selective perception)이라고 한다. 따라서 설교를 듣는 회중이 자신의 실존적 관심사나 취향에 부합하는 것만을 임의적으로 취사선택하여 듣는 경향이 있는 것은 이상한 일이 아니다. 더욱이 대중은 객관적인 의미론적 의미와 관계없이 자기 편한 대로 자의적으로 해석하고 적용하는 경우도 적지 않다. 그러므로 어떤 목회자의 설교에 많은 사람들이 열광하고 많은 회중이 그 교회에 모여드는 것이 결코 설교 내용의 질적 수준에 대한 척도가 될 수는 없다.

설교비평을 위한 세 번째 기준은 직설법(indicative)과 명령법(imperative)이다. 직설법이란 인간을 구원하시는 하나님의 은혜의 행동에 대한 선포를 의미한다. 하나님의 주권적 섭리 안에서 은혜는 값없이 선물로 주어진다. 인간에게는 오직 이 은혜의 선물을 받아들이는 순종적 응답, 즉 믿음과 감사가 요구된다. 따라서 직설법적 설교에서는 한편으로는 하나님의 주권과 은혜가, 그리고 다른 한편으로는 인간의 죄와 연약함, 그리고 은혜를 받아들이는 믿음의 중요싱이 강조된다. 빈면, 명령법이란 인간의 실천적 과제에 대한 요구를 의미한다. 하나님의 은혜로 구원을 받은 하나님의 자녀와 백성에게는 하나님의 자녀와 백성다운 삶이 요구된다. 특히 예수 그리스도의 제자와 하나님 나라의 일꾼으로 부름받은 그리스도인들에게는 제자와 일꾼으로서의 소명과 사명의 중요성이 강조된다. 따라서 명령법적 설교에서는 하나님의 일꾼과 대리자로서의 인간의 행위와 책임이 강조된다.

직설법과 명령법은 단지 전통적으로 이해되는 이분법적인 복음과 율법의 관계에 있지 않다. 이 둘은 모두 복음의 두 측면을 구성한다. 즉 복음은 직설법적으로 선포되며 또한 명령법적으로 요구된다. 설교는 기본적으로 직설법에 기초해야 한다. 왜냐하면 복음은 근본적으로 인간이 수행하여야 할 행동에 관한 것이라기보다 하나님께서 예수 그리스도 안에서 인간을 위하여 행하신 구원의 행동에 관한 것이기 때문이다. 그러나 하나님의 은혜는 인간의 행동을 배제하지 않는다. 물론 직설법이 명령법보다 더욱 근본적이며 명령법을 선행하는 것이 사실이다. 그러나 직설법과 명령법 사이에는 변증법적이고 순환적인 관계가 존재한다. 직설법은 명령법을 선행하며 그것을 요구하며, 명령법은 직설법에 근거하며 그것을 구체화한다. 그러므로 이 둘의 변증법적 관계가 잘 드러나는 설교가 바람직한 설교이다. 교회의 상황과 회중이 처해 있는 삶의 자리에 따라 어느 하나가 다른 하나보다 더 강조될 수 있다. 그러나 일방적으로 직설법적이거나 반대로 일방적으로 명령법적인 설교는, 아주 특수한 예외적인 상황을 제외하고는, 원리적으로 바람직하지 않다.

명령법은 그리스도인에게 실천적 과제를 부여하지만 단지 인간의 힘과 노력에 모든 것을 위임하는 것을 의미하지 않는다. 왜냐하면 명령과 함께 약속이 주어지기 때문이다. 이 약속은 하나님께서 함께 하실 것이며, 우리 안에서 선한 일을 시작하신 하나님께서 마침내 이루실 것이라는 약속(빌 1:6)이다. 그러므로 직설법뿐만 아니라 명령법도 복음이다. 직설법(하나님의 은혜)은 명령법(인간의 과제)을 근거 지움과 아울러 포괄한다.

네 번째, 설교비평의 마지막 기준은 설교에서 사용되는 예화의 적절성 여부의 문제에 관한 것이다. 설교는 메마른 교리를 가르치거나 추상적인 사상을 전달하는 것이라기보다는 구체적인 인간의 삶 속에서 들려지는 구체적인 하나님의 말씀을 전달하는 것이다. 그러므로 구체적인 인간의 삶 속에서 경험될 수 있는 적절한 예화는 설교의 이야기적 특성을 살림으로써 설교에 생기를 불어넣어 주며, 설교가 회중의 상황 속에서 살아 있는 하나님의 말씀으로 효과적으로 들려지도록 할 수 있다.

그러나 설교의 주제와 별 관계없는 부적절한 예화의 오용과 남용은 설교비평의 주된 적(敵)의 하나이다. 예화는 설교의 내용을 구체적으로 입증하거나 강화할 수 있는 적절한 사례로서 꼭 필요한 경우에 채택되고 올바르게 사용되어야 한다. 오늘날 한국교회의 강단에서는 설교의 주제 또는 앞뒤 맥락과 관계없는 부적절한 예화(그리고 동영상)를 남발하는 설교자들이 너무도 많다. 부적절한 예화는 관객을 즐겁게 하기 위한 쇼 프로그램에서 사용하는 엔터테인먼트용 소품이나 장치 외에 아무것도 아니다. 이러한 예화는 예화 자체의 에피소드적인 반짝임만을 회중이 기억하게 만듦으로써, 오히려 설교가 본래 전달하고자 하는 핵심적 주제를 흐리게 만든다. 회중으로 하여금 설교의 핵심 주제는 전혀 기억하지 못하고 웃기는 유머 예화만을 기억하도록 만드는 설교는 결코 바람직하거나 성공적인 설교가 아니라 (때로 그렇게 착각되지만) 가장 크게 실패한 설교이다.

제2부

설교비평의 실제

Ⅰ. 신학자들의 설교

제1장 루터 (Martin Luther : 1483-1546)

마틴 루터가 말하는 "설교" 개념은 매우 광범위하다. 그는 자신의 작품 중 많은 부분을 설교라고 불렀다. "Sermo"라는 단어 자체가 오늘날 우리가 이해하는 설교(sermon)보다 넓은 뜻을 포함한다. 그의 "대교리 문답서"도 실제로 행한 설교에 근거한 설교적 성격의 것이고, "슈말칼드 신앙고백문," "성례에 관한 고백문," "그리스도인의 자유"도 모두 설교들이다. 그의 주석과 강해문들도 설교의 성격을 지닌 것이다. 루터 자신이 설교학에 대하여 쓴 글은 발견되지 않는다. 그러나 그의 방대한 양의 설교들 안에 그의 설교이해가 잘 나타나 있다. 루터가 1510-1546년 사이에 행한 설교의 70퍼센트에 해당하는 약 2,300여 개의 설교가 바이마르 총서에 실려 있다. 전해 오는 루터의 설교문들은 그가 직접 쓴 것이라기보다 그의 설교 노트에 근거하거나 그의 설교를 들은 사람들의 필기에 근거하여 정리된 것이다.

루터의 설교는 1521년경을 전후로 내용과 형태의 변화를 보여준다. 루터는 초기에 당시 지배적인 설교방법인 스콜라주의적 기술과 아리스토텔레스의 논리학의 영향을 받았으며 전형적인 주제설교를 했다. 이 시기의 그의 설교의 특징은 ① 장황한 이론보다 논리를 강조하였으며, ② 옛 교부와 성자의 말, 그리고 무엇보다 성서말씀의 권위를 내세웠으며, ③ 설교 형태가 단순하였다. 이것은 그의 설교가 전통적인 형식으로부터 벗어나 본질적인 것에 더욱 관심을 기울였음을 보여준다. 그는 성서를 우화적 또는 알레고리적 방법으로 해석하는 데에 매우 신중을 기하였으며, 문자적 의미에 충실하게 해석하고자 하였다.

1521년경 이후 루터의 설교는 새로운 형태를 보여준다. 그는 긴 서론 대신 곧장 설교의 본론으로 들어갔으며, 장황하고 긴 설교를 지양했다. 그는 주제나 제목 중심이 아닌 해석 중심의 설교를 하였으며, 본문의 중심사상을 회중들에게 설명하고 선포하는 데 집중하였다. 또한 그는 기계적으로 매 구절에 집착하지 않고 중요한 구절이나 부분에 중점을 두면서 자유롭게 설교하였다.

루터는 설교의 본문을 선택함에 있어서 대체로 "페리코페"(Pericope: 교회력에 따라 택한 성서 봉독문)에 근거했으며, 특히 그 날의 복음서 봉독문을 사용했다. 주일 아침 설교에는 복음서 말씀을 사용했고, 주일 오후에 설교할 때는 아침 설교를 계속하거나 사도 서신에 의거하여 설교했다. 그의 설교 가운데 많은 부분이 성서주석의 형태이며, 때로 교리문답서(십계명, 세례, 성만찬)의 주제 등에 관한 설교도 있다. 또 여러 차례에 걸쳐 행한 강해문 같은 설교도 있다.[73]

루터의 설교에는 그의 성서이해에 기초한 신학과 아울러 그의 신학적 관점으로부터의 성서이해가 잘 드러난다. 루터의 종교개혁의 슬로건의 하나가 '오직 성서만으로'(sola scriptura)였듯이, 그의 설교는 하나님의 말씀으로서의 성서의 권위에 의존한다. 그러나 이 성서의 권위는 단지 성서라는 경전에서 비롯되는 형식적 권위라기보다는 성서가 증언하는 복음, 즉 예수 그리스도로부터 나오는 권위이다. 따라서 루터의 성서해석은 그리스도 중심적 원리를 가지고 있다. 인간은 자신의 의에 의해서가 아니라 오직 그리스도의 십자가 안에 나타난 하나님의 의에 의해 구원을 받는다. 다시 말하면, 인간은 그리스도의 십자가를 통한 하나님의 죄 용서의 은총을 믿는 믿음에 의해 의롭게 된다.

따라서 "그리스도의 십자가에 나타난 하나님의 의를 의지하는 믿음에 의한 속죄와 칭의"라는 신학적 관점이 루터의 성서해석을 관통하는 일관된 해석학적 원리이자 동시에 그의 설교의 일관된 핵심적 주제이다. 그의 설교는 로마 가톨릭교회에 대한 비판과 더불어 시작된 종교개혁운동의 정신과 신학을

---

73) 지원용 편, 『루터선집』 제10권 『설교자 루터』 (서울: 컨콜디아사, 1987), pp. 13-15 참고.

잘 보여준다. 그의 설교에는 인간의 의를 의지하는 거짓된 가르침(주로 가톨릭)에 대한 비판과 공격이 곳곳에 나타난다. 루터는 율법과 복음, 행위와 믿음, 인간의 의와 하나님의 의, 인간의 공로와 그리스도의 공로, 심판과 구원을 아니오(no)와 예(yes)의 변증법적 관계 안에서 이해한다. 율법은 우리를 정죄하고 심판하며 복음은 우리를 용서하고 구원한다. 하나님은 우리를 살리기 위하여 죽이신다. 그리스도의 십자가 앞에서 우리는 죄인이면서 동시에 의인이다. 인간의 구원은 오직 그리스도에 대한 믿음 안에서 십자가의 대속과 칭의에 의해서만 가능하다.

1. 그리스도인의 생활에 관한 설교[74]

1) 성서본문: 디모데전서 1장 5-7절

2) 주요 내용

하나님의 말씀을 잘 듣는 것과 하나님의 말씀을 전하는 것이 다른 어떤 봉사보다도 더욱 귀하고 또한 하나님을 가장 기쁘시게 하는 봉사(예배, service)이다. 본문에서 바울은 자신의 지혜를 믿고 하나님의 말씀을 멸시하는 거짓 교사들을 책망하고 있다.

이 설교의 핵심적 구절은 "청결한 마음과 선한 양심과 거짓이 없는 믿음에서 나오는 사랑"이다. 이 구절에서 청결한 마음과 선한 양심과 거짓이 없는 믿음은 모두 사랑을 수식하는 술어이다. 참다운 사랑은 청결한 마음에서 나온다. 이 사랑은 사람을 선별하거나 차별하지 않고 모든 사람에게 똑같이 베푸는 사랑이다. 청결한 마음은 하나님의 말씀에 의해 만들어진다. "하나님의 말

---

74) Ibid., pp. 362-393. 이 설교는 1532년 11월 종교개혁을 지지하는 안할트의 제후들의 초청으로 뵈르리트(Wölitz)에서 설교한 내용을 동역자인 크루치거가 기록한 설교이다.

씀을 여러분의 마음속에 받아들이십시오. 그러면 여러분의 마음과 삶이 깨끗하게 될 것입니다."(372)[75] 하나님의 말씀은 사람의 마음을 깨끗하게 만들고 참사랑으로 가득 차게 하여 그 사랑이 모든 사람에게 흘러가게 만든다. 참다운 사랑은 또한 선한 양심, 즉 "사람들과 하나님께 대하여 조용하고 기쁨으로 가득 찬 마음"에서 나온다.(377)

그리스도인에게 무엇보다 가장 중요한 것은 진실한 믿음이다. 왜냐하면 "청결한 마음과 선한 양심으로 사랑을 실천할지라도, 나의 속에는 옛 아담, 즉 혈육이 그대로 남아 있어서 나는 완전히 거룩하고 깨끗하지 못하기 때문"이다.(379) 우리 안에서 영과 육의 싸움은 영원히 계속된다. 우리는 하나님 앞에서 우리의 죄를 실패와 고백할 수밖에 없다. 그러므로 우리에게는 믿음이 필요하다. 믿음을 통하여 우리는 하나님의 심판석에서 속죄소로 옮겨갈 수 있다. 이 속죄소는 바로 그리스도 자신이다. "우리 스스로 하나님 앞에 설 수 없으므로 우리로 하여금 그리로 피할 수 있도록 하나님께서는 그리스도를 속죄소로 세워주셨습니다."(382) 율법은 우리의 죄를 고발하고 우리를 심판대로 데려간다. 그러나 우리는 우리의 속죄소이신 그리스도를 믿음으로 붙들기 때문에 정죄로부터 해방된다. "저를 믿는 자는 부끄러움을 당치 아니하리라"(롬 9:33; 사 28:16).

참된 믿음은 그리스도의 일과 나의 일, 하나님의 은혜와 나의 공로를 혼동하지 않는다. 참된 믿음은 나의 공로에 기초하지 않고 오직 그리스도의 속죄에 의존한다. "속죄소에서 하나님께서는 아무리 여러분들이 죄와 놀란 양심을 갖고 있을지라도 사랑하는 자녀같이 여러분들을 환영하여 그의 품에 안고 더 이상 진노를 기억하지 않습니다."(388) 우리가 아무리 최선을 다해 거룩한 삶을 살고 위대한 일을 했어도 하나님 앞에서는 우리의 의를 찾아볼 수 없다. 우리는 오직 "율법의 마침"(롬 10:4)이시며 하나님 앞에서 우리의 온전한 의가 되시는 그리스도를 의지해야 한다.

---

[75] 이하, 인용되는 신학자들과 한국 목회자들의 설교원문은 각주로 처리하지 않고 본문 가운데 괄호 안에 표기한다.

3) 핵심 주제

그리스도인은 청결한 마음과 선한 양심과 거짓이 없는 믿음에서 나오는 사랑을 가져야 한다. 우리는 우리 자신의 의를 의지하지 말고 오직 우리의 속죄소와 의가 되시는 그리스도를 의지하는 진실한 믿음을 가져야 한다.

4) 분석과 비평

이 설교는 성서본문의 구절에 대한 충실하고도 매우 긴 형태의 강해설교이다. 아마도 루터는 이 설교를 몇 번에 걸쳐서 했을 것으로 추측된다. 루터는 이 설교를 통해 회중으로 하여금 청결한 마음과 선한 양심으로 사랑하며, 그리스도의 속죄와 의를 의지하는 진실한 믿음으로 사랑할 것을 다양한 예증과 수사학적 방법을 통해 호소한다.

이 설교는 루터의 성서해석의 원리이자 신학적 모토인 "그리스도의 십자가에 나타난 하나님의 의를 의지하는 믿음에 의한 속죄와 칭의"를 분명하게 보여준다. 하지만 그는 이 설교에서 "거짓이 없는 믿음에서 나오는 사랑"을 설명함에 있어서 믿음과 사랑을 적절하게 연결시키지 못한 것으로 보인다. 그는 인간의 자기의에 대한 대칭 개념인 그리스도의 의를 의지하는 믿음으로서의 "거짓이 없는 믿음"을 강조한 나머지 이 믿음으로부터 어떻게 사랑이 나오는지에 대한 설명을 제대로 제시하지 못했다. 결과적으로, "청결한 마음에서 나오는 사랑, 선한 양심에서 나오는 사랑, 거짓이 없는 믿음에서 나오는 사랑"이라는 본래의 세 주제가 일관성 있게 다루어졌다고 보기 어렵다.

이것은 루터가 이 성서본문을 읽을 때 본문 자체로부터 나오는 의미를 읽어내려고 하기보다는 자신이 가지고 있었던 일관된 신학적 관점, 즉 인간은 자신의 행위의 의가 아니라 오직 그리스도의 의를 의지하는 믿음으로만 의롭게 된다는 이신칭의 교리를 "거짓이 없는 믿음"이라는 구절 안으로 투사시켰기 때문이라고 할 수 있다. 이것은 이러한 투사가 "거짓이 없는 믿음"에 대한 잘못된 해석으로 루터를 이끌었다는 것을 의미하는 것이 아니라, 이러한 투사로 인하여 그 믿음을 문맥상 그 믿음과 불가분의 관계에 있는 사랑과 적절히 연결시켜 설명하지 못했다는 사실을 의미한다. 그의 일관된 기독론적 구속교리 중심적 성서해석의 관점은 그의 강점이자 약점이다. 그의 성서해석은 성서 텍스트의 핵심적 주제를 붙드는 해석학적 원리에 충실하고자 한다는 점에서 해석학적 진보를 보여준다. 그러나 그가 자신의 해석학적 원리를 지나치게 고수한 나머지 다양한 시기의 다양한 상황 속에서 다양한 저자들에 의해 기록된 성서 텍스트의 다양한 장르와 다양한 주제와 연관된 의미의 다원성을 읽어낼 수 있는 폭넓고 다원적인 해석학적 관점이 결여된 것은 근대 이전의 시기에 살았던 루터의 시대적 한계성이라고 할 수 있다.

2. 십자가와 고난에 관하여[76]

1) 성서본문: 마태복음 27장, 누가복음 25장, 요한복음 19장

2) 주요 내용

그리스도의 고난은 우리가 고난을 당할 때에 따라야 할 본보기이다. 그리스도의 고난은 우리를 마귀와 죽음과 죄로부터 구원하셨을 뿐만 아니라, 우리가 고난을 당할 때에 따라야 할 본보기이다. 우리는 그리스도를 본받기 위해 그의 뒤를 따라 고난을 받아야 한다. 우리는 우리의 고난으로 공적을 쌓는 것

---

76) 지원용 편,『루터선집』제10권『설교자 루터』, pp. 212-225. 이 설교는 루터가 1530년 4월 16일 부활절 전 토요일에 코브르그(Corburg) 성에서 행한 설교이다. 이 시기에 루터는 아우구스부르그에서 열리는 의회에 참석하여 루터파 교회에 있어서 가장 중요한 신앙고백서인 아우구스부르그 신앙고백서를 제출하려고 하였다. 그러나 루터는 당시 파문을 받은 상태였기 때문에 의회에 참석할 수 없었으며, 코브르그 성에 머물면서 서신으로 멜랑히톤의 자문에 응하였다. 멜랑히톤은 동년 6월 25일 황제 칼 5세에게 아우구스부르그 신앙고백서를 제출하였으며, 일곱 명의 제후와 자유도시 대표들의 서명으로 이 고백서는 공적인 신앙고백서로 공인되었다. 루터는 자신의 신변이 여전히 위협을 당하는 상황에서, 이 설교를 통해 종교개혁운동 과정에서의 핍박과 고난의 역사를 회중에게 상기시키면서, 앞으로도 계속될 것으로 예상되는 핍박과 고난을 당할 때에 하나님의 약속의 말씀을 믿고 끝까지 인내하고 승리하도록 격려하고 있다.

은 아니다. 그러나 우리가 그리스도를 닮기 위해 고난을 받으면 하나님께서 기뻐하시고 우리에게 위대한 선물을 약속하신다. 우리에게 약속된 크고 위대한 보화와 위안에 비하면 우리의 고난을 아무것도 아니다.

그리스도께서 우리로 하여금 고난과 환난을 참을 수 있게 도와주시기 때문에 우리가 당하는 십자가는 감당할 만한 것이 된다. "사람이 감당할 시험밖에는 너희에게 당한 것이 없나니… 시험 당할 즈음에 또한 피할 길을 내사 너희로 능히 감당하게 하시느니라"(고전 10:13). 그리스도는 우리가 고난을 당할 때 도와주시겠다고 약속하셨다. "너희로 내 안에서 평안을 누리게 하려 함이라. 세상에서는 너희가 환난을 당하나 담대하라"(요 16:33). 그리스도를 믿는 믿음은 고난의 짐을 가볍게 만든다. "우리는 물 속에서 파도가 엄습해 올 때에 붙잡을 나무를 갖고 있습니다. 이 나무는 곧 우리가 파도에 압도되지 않게 하는 하나님의 말씀과 훌륭하고 강한 약속입니다."(220) 우리는 그리스도와 함께 물을 건너갈 것이다.

그러므로 우리는 환난 중에서 우리의 시선을 현재의 고난으로부터 하나님의 말씀, 위안과 약속으로 향해야 한다. 마귀는 하나님의 말씀을 사람의 시선으로부터 제거함으로써 사람으로 하여금 현재의 고난만을 보게 만든다. "마귀가 원하는 것은 우리가 하나님의 말씀을 부인하고 망각하고 교황과 터키의 이슬람교도들이 우리를 위협하는 위험만을 바라보게 만듭니다."(219) 하나님은 나에게 신령하고 은혜로운 도움을 주시겠다고 약속하셨으며, 나의 고난을 물리치기 위해 싸우신다. 우리는 우리의 연약함에도 불구하고 하나님께서 그의 말씀을 지킬 것이라는 약속과 보장을 갖고 있다. 그러므로 우리가 십자가를 지고 고난을 당할 때에 우리는 하나님의 말씀과 위안을 바라보고 믿어야 한다. 이것이 승리의 기술이다.

왜 하나님께서 우리에게 고난을 허락하시는가? 그리스도인의 고난의 이유는 네 가지로 제시될 수 있다. 첫 번째 이유는 "여기 현세에서 우리가 고난을 받을 때에 그리스도와 같이 되고, 내세에서는 영광과 명예를 받을 수 있도록 우리로 하여금 그의 사랑하는 아들, 그리스도를 모방할 수 있도록 하기 위해서"이다.(221-222)

두 번째 이유는 하나님께서는 우리에게 고난을 주어 우리를 괴롭히기를 원치 않지만, 마귀가 우리를 괴롭히기 때문이다. 마귀는 군주들과 주교들과 힘을 합쳐 대항해서 싸우고 반항한다.

세 번째 이유는 고난이 우리에게 유익하기 때문이다. 고난을 통하여 "하나님은 우리의 믿음을 증가시키고 보다 튼튼하게 만들어 우리의 마음속에 구세주를 보다 깊숙이 받아들일 수 있게 만들기 위해 우리를 계속 훈련시키신다."(223) 우리는 고난과 환난은 우리에게 필요한 음식처럼 필수적이다. 그러므로 "십자가 없이 사는 것보다 십자가를 지고 사는 것이 보다 좋은 것이므로, 아무도 십자가를 두려워해서는 안 됩니다."(223)

네 번째 이유는 그리스도인의 고난이 다른 모든 인간적 고난보다 고상하고 귀하기 때문이다. "그리스도께서 친히 고난을 당하셨으며 또 그가 그의 모든 그리스도인의 고난을 거룩하게 하셨다."(224) 성도들의 고난은 그리스도의 고난과 접촉되었기 때문에 완전히 거룩하게 된다.

하나님께서는 우리가 고난당하는 것을 기뻐하신다. 하나님의 영광이 다른 그 무엇보다 우리의 고난 속에서 잘 나타난다. 그리고 우리는 고난 속에서 하나님께서 우리를 도와주신다는 약속과 보장을 갖고 있다.

3) 핵심 주제

하나님께서 그리스도인의 고난을 기뻐하시며 또한 우리에게 승리를 약속하고 보증하신다. 고난의 십자가를 두려워하지 말고 하나님의 말씀과 위안을 바라보고 나아가자.

4) 분석과 비평

이 설교의 형태는 주제설교이다. 루터는 이 설교에서 예수 그리스도의 십자가 고난에 관한 본문들인 마태복음 27장, 누가복음 23장, 요한복음 19장을 모두 설교본문으로 삼았다. 이러한 매우 이례적인 본문 설정은 그가 당시의 프로테스탄트 그리스도인들이 가톨릭교회에 의해 고난을 당하는 상황에 적합한 설교를 하기 위해 그리스도의 고난을 증언하는 여러 성서본문을 발췌하여 선택했음을 보여준다. 이것은 루터가 성서본문에 나타나는 고난과 십자가의 의미를 자의적으로 변형시켰다는 것을 의미하는 것이라기보다는, 그가 이 본문들의 의미를 고난당하는 당시의 회중의 상황에 실존적으로 적용시키는 데 관심을 집중하였다는 것을 의미한다.

루터는 단지 설교를 듣는 회중들이 모두 신약성서에 기록된 예수 그리스도의 수난 이야기를 잘 알고 있다고 전제하고 이 설교를 했을 것이다. 따라서 그는 예수 그리스도의 수난 이야기에 대한 직접적이고 구체적인 설명은 생략하고 오늘의 상황에서의 그리스도인들의 십자가와 고난의 의미를 설명하고 그들로 하여금 지금 당하는 고난과 앞으로 당할 고난을 잘 인내하고 감당할 수 있도록 격려하고자 하였다고 할 수 있다. 그럼에도 불구하고 이 설교 안에 본문들의 구절에 대한 주석이나 내용에 대한 설명이 없다는 사실은 이 설교의 성서 적합성에 대한 의심을 불러일으킬 수 있다.

이 설교에서 주목할 만한 신학적 관점은 루터가 예수 그리스도의 십자가와 고난을 우리를 위한 대속적 죽음의 관점에서 설명하지 않고 우리가 고난을 당할 때 따라야 할 본보기로 제시하고 있다는 점이다. 물론 이것은 그가 소치누스의 모범설을 따르고 있다는 것을 의미하지는 않는다. 소치누스와 달리 루터에게 있어서 모범은 대속을 전제한다. 다시 말하면, 그리스도는 단지 우리가 본받아야 할 모범일 뿐만 아니라, 십자가의 대속을 통해 우리의 죄를 용서하시고 구원하는 분이시며, 또한 우리가 고난을 당할 때에 우리를 도우시고 최후의 승리를 보증하시는 분이다.

3. 부활주일 설교[77]

1) 성서본문: 마가복음 16장 1-8절

2) 주요 내용

이 설교는 그리스도의 성서에 기록된 부활 이야기를 비교적 자세히 검토한 후에, 그리스도의 부활의 결실과 유익한 점을 집중적으로 다룬다. 이 설교에 나타나는 그리스도의 부활에 대한 이해는 매우 실존적이고 구원론적이다. 즉 그리스도의 부활이 나를 위한 부활이라는 것을 믿음으로 받아들일 때 그 부활의 효과가 내게 부여되고 나도 그 부활에 참여할 수 있다. "다만 내가 그리스도 안에서 하나님께서 행하신 이 모든 일들이 나를 위하여 이루어졌다는 사실을 이해할 때, 즉 그 행위들은 내게 수여되고 주어졌다는 것을 이해하게 될 때, 그의 부활의 효과가 내게도 부여되고 나 또한 부활하여 그와 더불어 살 수 있을 것입니다."(228)

그리스도의 부활은 죄의 용서와 칭의를 가져왔다. "그리스도께서 우리를 의롭다 하심을 위하여 살아나셨느니라."(바울) 그리스도는 우리의 죄를 도말하셨을 뿐만 아니라 저주, 죽음, 악마의 권세를 제거하셨다. "그리스도께서 우리의 죄를 없이 하셨다는 것을 믿는 사람은 그리스도와 마찬가지로 죄가 없고 또한 그와 관련된 한에 있어서는 죽음과 지옥도 사라지고 그것들은 더 이상 그를 해하지 못하게 됩니다."(230) 또한 그리스도는 부활을 통하여 죽음의 세력을 멸절시켰다. 그리스도인은 죽음을 멸절시키신 그리스도와 더불어 죽음을 이기고 부활하여 그리스도의 영광에 참여할 것이다. "우리 모두 진정으로 그리스도를 아는 것을 배워 그와 더불어 부활하고 그리스도께서 영광을 입으셨듯이 하나님에 의하여 영광을 입을 수 있기를 하나님께 기도하도록 합시다."(231)

그리스도께서 부활하심으로 우리의 죄와 죽음을 없애고 우리를 의롭게 하셨다면 어째서 우리는 여전이 죽음과 죄를 느끼는 것인가? 그것은 우리가 감정이나 이성의 지배를 받기 때문이다. 우리는 감정이나 이성을 따르지 말고 신앙을 따라야 한다. 즉 살든지 죽든지 말씀에 절대로 복종하고 말씀만을 따

---

77) 지원용 편, 『루터선집』 제10권 『설교자 루터』, pp. 226-234.

라야 한다. "우리는 우리의 감정을 무시하고, 비록 나의 죄들이 내게서 제거되지 않은 것처럼 보이고 또한 그 죄들을 여전히 내 안에서 느끼고 있더라도, 말씀만을 받아들여야 하며 그 말씀을 우리의 마음에 기록하고 거기에 매달려야 합니다."(231) 신앙은 이성의 모든 느낌과 이해에 반하여 우리를 죄, 죽음, 지옥 너머로" 인도한다. "현재 이성은 죽음이 여전히 우리 곁에 있으면서 계속해서 우리를 괴롭힌다는 것을 느낍니다. 그의 이러한 느낌을 쫓는 사람은 멸망할 것입니다. 그러나 자신의 마음으로 말씀에 매달리는 사람은 구원을 받을 것입니다."(232)

역설적으로, 죄와 죽음은 우리의 신앙을 함양하기 위한 목적으로 우리에게 존속한다. "(죄와 죽음은) 신앙이 매일매일 우리 마음 가운데서 더욱 완전해지고 마침내는 일시에 쏟아져 나와 우리의 전체, 즉 몸과 영혼이 더욱 그리스도와 같게 되기 위하여 존속해 있습니다."(233).

3) 핵심 주제

그리스도의 부활이 우리를 의롭게 하고 죄와 죽음으로부터 구원하였다. 우리 그리스도인은 감정과 이성으로는 여전히 죄와 죽음을 경험할 수밖에 없지만 신앙 안에서 하나님의 말씀을 믿고 그리스도의 부활에 참여하여야 한다.

4) 분석과 비평

루터는 먼저 성서에 기록된 그리스도의 부활 이야기를 자세히 검토한다. 그러나 그의 성서본문 해설은 "그리스도의 몸이 부패하기 전인 사흘째 되는 날에 부활하셨다"는 해설에 잘 드러나듯이 소박하고 주관적이다. 본론에서 그는 주로 바울 서신의 구절들을 적절히 인용하면서 우리가 어떻게 그리스도의 부활에 참여할 수 있는지를 설명한다. 그는 그리스도의 부활의 의미를 그리스도인을 위한 실존적인 구원론적 의미, 즉 죄 용서, 칭의, 죽음의 정복, 부활과 영광으로 연결시킨다. 이 설교의 내용은 죄와 죽음으로 인한 불안과 두려움을 경험하는 모든 사람들에게 선포되어야 할 복음이다. 따라서 이 설교는 특정한 상황의 특정한 사람들에 국한되지 않는 보편적 적합성을 지닌다고 할 수 있다.

이 설교를 통하여 루터는 우리에게 분명한 구원의 확신을 가져다준다. 구원의 내용은 그리스도의 부활을 통한 죄 사함과 칭의, 그리고 죽음의 정복과 부활이다. 이 구원의 확신은 이성이나 감정이 아니라 하나님의 말씀을 믿는 신앙에 의해 우리에게 주어진다. 이성과 감정을 한쪽에, 그리고 신앙을 반대쪽에 놓고 전자가 아닌 후자를 택하도록 요청하는 루터의 설교는 이성 또는 감정과 신앙을 이분법적으로 대립시키는 그의 신학적 입장을 반영한다. 루터의 이성 또는 감정과 신앙의 구별은 바울의 육신과 영의 구별과 유사하다고 할 수 있다. 그의 반철학적 또는 반이성주의적 성향은 중세 후기의 가톨릭교회의 스콜라주의 신학에 대한 그의 혐오감에서 비롯되었다. 이 설교에서 루터의 글의 전개는 다소 중복되는 내용들이 반복되는 경향이 있음에도 불구하고 대체로 논리적이면서도 공감적인 설득력을 보여준다.

제2장 칼빈 (John Calvin : 1509-1564)

존 칼빈은 일반적으로 『기독교강요』를 저술한 논리적이고 체계적인 신학자로 기억된다. 그러나 칼빈 자신은 자신이 신학자보다는 주석가와 설교자로 기억되기를 원했다. 파커(Parker)에 의하면 칼빈은 자신의 기본적인 사명을 주석과 설교를 통해서 성서를 해석하는 것으로 여겼다.[78] 볼터스(Wolters)에 의하면 칼빈이 『기독교강요』를 쓴 목적도 "신학을 공부하려는 사람들이 하나님의 말씀을 읽을 수 있도록 준비시키고 가르쳐서 그들이 하나님의 말씀에 보다 쉽게 접근하고 또 아무런 어려움 없이 말씀 안에서 성장할 수 있도록 하려는 것"이었다.[79] 칼빈의 성서관은 이른바 "전체적 영감"(plenary inspiration)으로 특징지어진다. 그의 성서이해는 양면적 특성을 보여준다. 제임스 바(James Barr)는 종교개혁이 한편으로는 성서비평학으로 우리를 인도하고, 다른 한편으로는 근본주의로 인도한다고 말했는데, 이는 칼빈의 경우에 매우 적절한 표현이다. 칼빈의 전체적 영감설은 후대의 칼빈주의의 축자적 영감설과 같은 깃이 아님에도 불구하고 결괴적으로 성서의 형식적 권위를 강화시킴으로써, 칼빈주의자들은 성서의 형식적 권위, 즉 성서는 성서이기 때문에 문자적으로 무오하다는 성서무오설에 기초하여 축자적 영감설을 발전시켰다.

오늘날에는 칼빈을 신학자로서보다 목회자와 설교자로서 이해하려는 경향이 두드러진다. 칼빈이 자신이 설교자로 기억되기를 원했다는 사실은 그가

---

[78] T.H.L. Parker, *John Calvin: A Biography* (Philadelphia: Westminster Press, 1975).

[79] John Calvin, *Institutes*, "John Calvin to the Reader," p. 4. 박경수, 『교회의 신학자 칼뱅』 (서울: 대한기독교서회, 2009), p. 26에서 재인용.

자신을 목회자로 이해했다는 사실을 함축한다. 그는 분명 신학자였지만 신학자이기 이전에 회중에게 하나님의 말씀을 설교하고 회중을 돌보는 목회자였다. 그의 사역에서 가장 중심적인 사역은 목회적 돌봄과 영혼의 치유였다. 칼빈이 자신의 『기독교강요』를 "신학대전"(summa theologiae)이 아니라 "경건대전"(summa pietatis)이라고 불렀다는 사실은 그의 목회자적 자의식을 잘 드러낸다. 그는 거대한 조직신학 체계를 구성하려고 했다기보다는 목회자로서 경건 생활에 필요한 것들을 기술하려고 했다고 할 수 있다.

칼빈에게 있어서 설교는 오늘날 하나님께서 자신을 계시하시는 수단이다. 설교하는 설교자의 목소리는 하나님의 목소리이다. 하나님은 인간의 입으로부터 나오는 설교를 통해 말씀하신다. 하나님의 말씀을 선포하는 설교는 하나님의 말씀이다. 루터와 마찬가지로 칼빈의 설교도 그리스도 중심적이다. 또한 그는 설교를 단순한 가르침(didactic)이 아니라 성례(sacramental)로 이해했다. 다시 말하면 그는 설교를 단순한 교훈의 방법이 아니라 은혜의 수단으로 이해했다. 하나님의 말씀은 성령의 증거하심에 의한 확증이 없이는 우리에게 확실해지지 않는다. 그래서 칼빈은 설교할 때 성령의 조명을 구하는 기도를 성서 읽기 바로 전에 두었다. 오직 성령의 역사하심에 의해서만 성서와 설교를 통해 하나님의 말씀이 분명하게 전달된다.

칼빈의 설교를 기록한 Denis de Raguenier의 목록(1549-1560)에는 2,042편의 설교가 있는데, 이후에 263편이 더 기록되었다. 이 가운데 오늘까지 전해지는 칼빈의 설교는 1,460편이다. 칼빈의 설교 중 874편이 Corpus Reformatorum에 수록되어 있으며, 1961년 이후로 206권의 설교가 5권으로 편집되어 Supplementa Calviniana라는 이름으로 출판되었다.[80]

---

80) 박경수, 『교회의 신학자 칼뱅』, p. 28, 각주 26.

1. 주의 말씀은 내 발에 등이요 내 길에 빛이니이다[81]

1) 성서본문: 시편 119장 105-112절

2) 주요 내용

이 설교는 전형적인 강해설교이다. 이 설교에서 칼빈은 시편 119편 105-112절을 한 구절씩 차례로 설명해 나간다. 다윗은 105절에서 "주의 말씀은 내 발에 등이요 내 길에 빛이니이다."라고 말씀한다. 칼빈은 이 구절에 나오는 "등"과 "빛"에 담긴 고백의 의미를 설명한다. 먼저, "등"은 하나님의 인도를 바라는 겸손함을 표현한다. 세상의 어둠과 암흑 속에 있는 우리에게 인간의 지혜가 아니라 오직 하나님의 말씀만이 등불이 된다. 또한, "빛"은 소경 같은 우리에게 주어진 구원의 길을 의미한다. 우리는 어둠과 암흑 속에 있는 불쌍한 소경이지만 하나님께서 말씀으로 우리를 조명해 주시고 구원의 길로 인도해 주시기 때문에 우리는 전혀 염려할 필요가 없다.

다윗은 106절에서 "주의 의로운 규례들을 지키기로 맹세하고 굳게 정하였나이다."라고 말씀한다. 칼빈은 이 구절에서 말씀으로부터 유익을 얻는 법을 발견한다. 그것은 바로 말씀대로 살려는 열정과 굳센 의지이다. 우리가 하나님을 섬기려는 참된 마음을 갖고자 한다면, 다윗과 더불어 우리 안에 이 결심을 확고히 하면서 맹세해야 한다. 그러나 이 맹세는 결코 우리 자신의 힘이 아니라 성령에 의지한 것이어야 한다. "그(다윗)는 무언가를 자신의 힘에 돌린 것이 아니라, 다만 하나님이 성령을 통해 자기 사람들을 다스리신다는 약속을 붙들고 맹세하고 그것을 행한 것입니다."(251) 또한 이 맹세는 하나님의 인애하심을 의지하는 것이어야 한다. 인애의 하나님은 우리의 부족과 과오와 악함을 용납, 용서하시고 우리의 섬김을 있는 그대로 받으신다.

---

81) John Calvin, 『칼뱅의 시편 119편 설교』, 박건택 역 (서울: 기독교문서선교회, 2004), pp. 245-262.

다윗은 107-108절에서 "나의 고난이 매우 심하오니 여호와여 주의 말씀대로 나를 살아나게 하소서 여호와여 구하오니 내 입이 드리는 자원제물을 받으시고 주의 공의를 내게 가르치소서."라고 말씀한다. 칼빈은 여기서 우리가 말씀을 따르고자 맹세할 때 하나님께 해야 할 두 가지 요청을 발견한다. 하나는 "나를 살아나게 하소서"하는 요청이다. 이 요청은 우리 생명의 보전이 우리 자신의 힘에 있지 않고 하나님의 주권과 약속에 있다는 사실에 대한 인정을 전제한다. 다른 하나는 "내 입이 드리는 자원제물을 받으시고 주의 공의를 내게 가르치소서"하는 요청이다. 칼빈은 "자원제물"을 하나님의 은혜에 대한 감사와 찬양의 행위로 이해한다. 그러나 우리는 하나님의 은혜를 감사하고 찬양할 때 그 안에 섞여 있는 악과 불완전으로 인한 우리의 부적합성을 인정해야 한다. 여기서 칼빈은 하나님께 드리는 희생제물이 그리스도에 대한 예고가 된다고 이해한다. 따라서 그는 이 구절이 우리의 감사와 찬양이 오직 주 예수 그리스도를 통해서 하나님께 드려져야 한다는 점을 보여준다고 주장한다. 우리의 감사와 찬양이 오직 그리스도를 통해 하나님께 드려져야 하는 이유는 하나님의 이름이 우리로 인해 더럽혀지기 때문이다. "사실 완전히 부패한 자들에게서는 오물과 쓰레기 외에는 아무것도 나오지 않으며, 그들에게는 단 한 방울의 신도 없습니다."(255) "하나님이 우리를 인도하시는 모든 선행 중에 마치 꽃과 같이 가장 좋고 가장 필요한 것이라도, 하나님이 그것을 깨끗케 하지 않으신다면, 그가 그것 안에 있는 쓸데없는 것과 악을 제거하지 않으신다면, 그것은 오직 악취뿐입니다."(256)

다윗은 다음 두 절 109-110절에서 "나의 생명이 항상 위기에 있사오나 나는 주의 법을 잊지 아니하나이다. 악인들이 나를 해하려고 올무를 놓았사오나 나는 주의 법도들에서 떠나지 아니하였나이다."라고 말씀한다. 칼빈은 이 두 절에서 신실한 고백의 증거를 발견한다. 즉 다윗은 생명의 위기와 악인의 박해 가운데에서도 말씀을 지켰다. 칼빈에 의하면 이 두 절은 "환난이 우리를 짓누를지라도 하나님의 도움을 구하고 기다리면서 그 환난과 싸우는 일을 그쳐서는 안 된다"(258)는 사실을 말씀한다.

다윗은 111절에서 "주의 증거들로 내가 영원히 나의 기업을 삼았사오니 이는 내 마음의 즐거움이 됨이니이다."라고 말씀한다. 여기서 그는 하나님의 말씀이 자신의 영원하고 참된 소유라고 말씀한다. 어떻게 그러한가? 칼빈에 의하면 그것은 말씀이 그의 마음의 즐거움이요, 보화요, 최고의 재산이요, 참되고 완벽한 행복이기 때문이다. 말씀의 내용은 "하나님이 그의 율법 안에서 자신을 우리의 아버지로 드러내시고 우리를 그의 자녀로 삼으신다는 것, 우리에게 우리 죄에 대한 사함이 있다는 것, 하나님께 나아가 모든 궁핍 가운데서 그에게 부르짖을 수 있다는 것"(260)이다. 그러므로 말씀으로 인하여 즐거워하는 것은 당연하다. 마지막으로 다윗은 112절에서 "내가 주의 율례들을 영원히 행하려고 내 마음을 기울였나이다."라고 말씀한다. 칼빈은 이 구절에서 다윗의 의지적이고 지속적인 말씀의 순종을 읽어낸다. 하나님은 자발적인 의지에 의한 섬김과 순종을 요구하신다. 그러나 이것은 우리 스스로의 힘이나 정신에 의해서가 아니라 하나님이 주시는 의지와 능력에 의해서만 가능하다. 다시 말하면, 우리의 섬김과 순종은 하나님의 은총에 의한 것이다. 우리가 선에 이끌리고서도 자신의 선을 자랑할 수 없는 것은 그것이 하나님의 은총에 의한 것이기 때문이다.

3) 핵심 주제

우리는 어떠한 역경과 환난 가운데에서도 내 발에 등이요 내 길에 빛이 되시는 하나님의 말씀을 붙들고 말씀대로 살아야 한다. 우리가 하나님의 말씀대로 살고자 할 때에 하나님께서 성령을 통하여 우리에게 말씀대로 살 수 있는 의지와 능력을 주시고 우리를 역경과 환난으로부터 구원해 주실 것이다.

4) 분석과 비평

칼빈은 1553년 1월 8일에서 동년 7월 2일까지 시편 119편을 주일 오후마다 22회에 걸쳐 설교했다. 칼빈의 생애에서 1553년은 제네바 2차 사역의 시기(1541-1564)이다.[82] 이 해에는 10월 27일에 세르베투스가 화형당하는 사건이 있었다. 1541년부터 1555년까지 제네바에서는 칼빈을 지지하는 개혁교회 진영은 자유주의파(Libertines)와 로마 가톨릭주의자들(Romanists)과 지속적인 대립과 갈등 가운데 있었다.[83] 따라서 이 설교를 할 당시 제네바는 안정되지 않은 혼란스러운 상황에 있었다.

이 시편 119편 설교는 전형적인 강해설교로서 성서의 한 구절 한 구절을 충실하게 주해하는 방식으로 전개되고 있다. 이 설교의 본문 자체가 다윗의 실존적인 신앙고백의 표현이기 때문에 이 본문에 대한 주해는 그대로 우리의 실존적인 신앙고백으로 전유될 수 있다. 따라서 이 설교에서 칼빈은 "다윗"을 주어로 하여 본문은 분석, 설명한 후에, "우리"를 주어로 하여 본문의 의미를 우리 자신에게 적용시키는 설교의 패턴을 보여준다. 그러나 고난 중에도 하나님을 바라보며 감사와 찬송을 드리는 다윗의 모습으로부터, 그 감사와 찬양과 섞여 있는 인간의 죄와 허물로 인하여 요청되는 중보자로서의 예수 그리스도에 대한 유형론적 해석을 이끌어내는 것이 얼마나 해석학적 타당성을 가질 수 있는지는 의문스럽다.

이 설교에는 세 차례에 걸쳐 교황파의 잘못된 성서이해와 주장에 대한 비판(248, 256, 258)이 나타난다. 이것은 이 설교가 쓰여진 상황을 반영한다. 칼빈은 종교개혁 시기 이전까지 교회 안에서 당연하게 여겨져 왔던 교황파의 교리와 이념을 반박하는 것을 자신의 신학과 설교의 주된 과제의 하나로 삼았다. 그러나 대체로 교리적 주제에 대한 설교는 회중의 상황에 대한 적합성을 증대시키는 데 별 도움이 되지 않는다.

칼빈의 다른 대부분의 설교에서처럼 이 설교에서도 로마 교황과의 대립적인 관계가 드러난다. 칼빈은 교황파가 하나님의 말씀이 모호해서 이해할 수 없다고 말하지만 하나님의 말씀은 확실한 척도를 가지고 우리를 바른 길로 이끄는 등이요 빛이라고 강조한다.(248-249) 칼빈은 하나님의 말씀을 "밀랍코"로 간주하는 것, 즉 귀에 걸면 귀걸이 코에 걸면 코걸이 식으로 해석하는

---

82) 그는 1564년 5월 24일 55세의 일기로 사망했다.
83) 박경수, 『교회의 신학자 칼뱅』, p. 315.

(248) 교황주의자들의 은유적 또는 알레고리적 해석을 비판하였다. 그는 은유적 또는 알레고리적 해석에 대한 대안으로 문자적 해석을 제시하였다. "따라서 우리는 성서의 참된 의미는 단순한 것이라는 사실을 알고 그것을 단단히 붙들고 품도록 하자. 문자적 의미에서 벗어난 허구적인 해석들은 의심스러운 것이므로 무시해야 할 뿐만 아니라 치명적인 부패이기에 과감히 던져버려야 한다."[84]

우리가 하나님께 드리는 감사와 찬양까지도 예수 그리스도를 통하지 않으면 안 된다는 칼빈의 주장은 매우 독특하다. 그에 의하면, 타락되고 부패한 인간의 감사와 찬양은 오히려 하나님의 이름을 더럽힐 뿐이다. 이러한 칼빈의 생각에는 인간의 전적 타락과 부패에 대한 그의 신념이 분명하게 잘 드러난다. 바로 이 주제와 관련하여 칼빈은 다시금 교황파와 날카로운 대립을 보여준다. 그에 따르면 교황파는 인간의 선행과 공로를 자랑한다. 그러나 다윗의 본문은 인간이 하나님 앞에 자신의 공로로 설 수 없음을 분명히 보여준다.(256)

본문 108절에 대한 유형론적인 관점에서의 그리스도 중심적 해석은 인간의 전적 타락과 부패에 대한 칼빈 자신의 신학과 상응된다. 그는 이 구절에서 하나님께 드리는 자원제물을 이중적으로 해석한다. 즉 그는 기쁨의 희생제물을 하나님께 드리는 감사와 찬양의 행위로 이해함과 동시에, 그 감사와 찬양이(인간의 죄와 불순함으로 인해) 하나님께 드려지기 위해 요청되는 중재자로서의 그리스도에 대한 예고로 해석한다. 이와 같은 이중적 해석은 논리적 문제점을 드러낸다. 어떻게 자원제물이 감사와 찬양의 표현이면서 동시에 감사와 찬양의 인간적 불순함 때문에 그것을 중재하는 그리스도에 대한 예표가 될 수 있는가? 이러한 논리적 문제점은 칼빈이 성서의 모든 본문을 인간의 전적 타락과 그리스도의 중보라는 인간론적, 기독론적 관점으로부터 해석하고자 하는 데에서 기인한다고 할 수 있다.

본문 112절에 대한 칼빈의 해석에는 하나님의 주권 사상 안에서의 율법과

---

84) John Calvin, 『칼빈주석』 갈 4:22; 박경수 『교회의 신학자 칼뱅』, pp. 73-74에서 재인용.

복음의 관계에 대한 그의 이해가 잘 드러난다. 즉 우리가 하나님으로부터 받은 율법은 십계명의 두 돌판 뿐이 아니다. 만일 그렇다면 율법은 우리의 즐거움이 될 수 없을 것이다. 율법이 우리의 영원한 즐거움이 되는 까닭은 하나님께서 율법을 주심과 동시에 약속을 주시기 때문이다. 이 약속은 하나님께서 우리의 아버지가 되시며, 우리를 그의 자녀로 삼으시며, 우리의 죄를 용서하시며, 우리를 구원하시며, 우리에게 영원한 축복을 주신다는 약속이다. 이 은혜의 약속이 바로 기독교의 복음이다. 율법이 영원한 즐거움이 되는 까닭은 이 은혜의 약속, 즉 복음을 전제하기 때문이다. 이것이 칼빈이 말하는 율법의 제3용법의 근거이다.

2. 교회 안의 다양한 직책들[85]

1) 성서본문: 에베소서 4장 11-12절

2) 주요 내용

예수 그리스도는 우리들에게 은혜를 동등한 비율로 나누어 주시지 않고 각자의 분량대로 나누어 주셨다. 예수 그리스도는 교회의 질서를 세우셨다. 즉 예수 그리스도는 "큰 능력과 성경에 대한 해박한 지식을 가진 자들, 그리고 가르침의 은사를 받은 자들"(13)을 교회의 즉자로 세우셨으며, 다른 사람들은 그들의 가르침과 지도를 받도록 하셨다.

바울은 11절에서 "그가 어떤 사람은 사도로, 어떤 사람은 선지자로, 어떤 사람은 복음 전하는 자로, 어떤 사람은 목사와 교사로 삼으셨으니"라고 말씀한다. 이러한 교회의 질서는 하나님의 아들의 통치권에 의해 세워진 것이다. "말씀의 선포와 배움은 거스를 수 없는 명령"(13)이다. 그러므로 말씀의 책임

---

85) John Calvin, 『에베소서 설교(하)』, 김동현 역 (서울: 솔로몬, 1995), pp. 11-32.

을 맡은 자는 성실하게 자신의 일을 수행해야 하며, 다른 사람들은 그 말씀선포의 권위가 주님으로부터 왔음을 인정하고 그것을 기꺼이 받아들여야 한다.

바울은 사도, 선지자, 복음 전하는 자, 목사, 교사 등의 다양한 교회의 직책을 제시한다. 칼빈은 이 각 직책들에 관해 설명한다. 사도직은 지속적인 것이 아니라 임시적인 것이다. 사도직은 복음을 널리 선포하기 위한 것으로서, 복음이 인정을 받게 되자 그치게 되었다. 사도는 어느 특정한 장소나 교회에 묶이지 않고 이곳저곳으로 돌아다녀야 했다. "복음 전하는 자"(예, 디모데 딤후 4:5)는 사도의 동료와 조력자로서 이곳저곳을 다니면서 복음을 전하는 자이며, 사도처럼 한 동안만 존속했다. 선지자는 하나님의 뜻의 해설자로서 성경을 가르치는 임무를 지닌 일반 교사보다 성경에 대해 훨씬 더 많은 지식을 갖고 있었다. 선지자는 한 장소에 머물러 있었다. 목사(행 14:23, 딤전 5:22, 딛 1:5)는 "어느 특별한 장소에서 가르치는 평범한 임무를 맡은 말씀의 대리인"이다. 교사는 목사와 같은 임무를 가진 자로서 특히 "교회 안에 성경에 대한 건전하고 바른 이해가 있도록 하고, 또한 그런 이해가 힘을 얻으며 교회 안에서 지속되어 나아가게 함으로써 이단과 그릇된 의견들이 퍼지지 못하도록 하고, 믿는 자들이 모든 것들 위에 굳건하고 확실하게 서도록 하기 위하여 성경을 해설하는"(17) 임무를 담당했다.

오늘날 사도직은 존재하지 않는다. 그러나 하나님은 오늘날의 혼란하고 무질서하고 사악한 교황제도에 맞서 싸워 새로운 교회의 질서를 세우도록 하기 위해 목사와 교사로 하여금 사도를 대신하도록 하셨다.(19, 21) 예수 그리스도는 할 일과 함께 능력을 주신다. 즉 그분은 여러 가지 직책의 임무를 맡기신 자들에게 각기 적합한 성령의 선물을 나누어 주시고 필요한 모든 것을 채우신다.

칼빈은 하나님이 교회 안에 제정하신 질서를 "구원의 수단들"(22)로 표현한다. 우리는 "말씀을 전할 책임과 직책을 맡은 자들을 통하여 하나님의 뜻을 이해해야 한다."(23) 우리는 그들을 시기해서는 안 된다. 우리가 하나님의 가르침을 듣고자 한다면 우리는 사람들의 입을 통하여 우리에게 선포된 가르침을 받아들여야 한다.

바울은 우리들이 하나의 머리인 그리스도 안에서 일치를 이루기 원한다 (딤전 2:5). 이 일치를 위해 교회의 질서가 필요하다. "우리 모두가 사도나, 교사나, 선지자가 될 수 없는 까닭에, 하나님께서는 우리들이 앞서 언급된 연합에 이르고, 예수 그리스도가 우리의 머리로 인정되시며, 우리 모두가 그분 밑에서 함께 연합할 수 있도록 하시기 위하여, 우리 중의 몇을 택하셔서 그러한 상태와 직책에 올려놓으셨습니다."(27) 칼빈은 따라서 이 세상에 그리스도를 대신할 하위(下位)의 머리로서의 대리자가 있어야 하며 한 주교가 모든 교회를 다스려야 한다고 주장하는 교황주의자들의 주장은 매우 잘못된 것이라고 비판한다. 우리는 하나의 교황을 섬겨야 하는 것이 아니라. "… 모든 교회들이 그 필요에 따라서, 교인들의 숫자를 따라서, 그리고 그 교회가 있는 장소의 요구를 따라서, 각기 목사들과 교사들을 가져야 한다는 것입니다."(28)

바울은 12절에서 다양한 직책은 "그리스도의 몸을 세우기 위한 것"이라고 말씀한다. 예수 그리스도는 말씀 선포라는 수단을 통해 우리에게 말씀하신다. 우리는 직책을 맡은 자들을 존경하여야 하며 겸손하게 복음의 가르침을 받아들이고 배워야 한다. 그렇게 할 때에 그리스도의 몸이 세워진다.

3) 핵심 주제

예수 그리스도는 각각 다양한 은사에 따라 사도, 선지자, 복음 전하는 자, 목사, 교사 등의 다양한 직책을 세우셨다. 직책을 맡은 자들은 각자의 직무를 성실하게 수행하고 다른 신자들은 직책을 맡은 자를 존경하고 겸손하게 그 가르침을 받아들일 때, 교회의 질서가 유지되고 그리스도의 몸이 세워진다.

4) 분석과 비평

이 설교는 성서의 본문에 대한 매우 분석적이고 체계적인 강해설교이다. 이 설교에서 칼빈은 바울이 언급한 교회의 직책들이 예수 그리스도가 제정하신 교회의 질서라고 주장한다. 그러나 실제로 예수 그리스도가 바울이 언급한

다섯 가지 직책을 교회의 질서를 위해 세웠다는 역사적 증거는 발견되지 않는다. 예수는 단지 하나님 나라 운동을 위해 12명을 중심으로 하는 제자들을 택했을 뿐이다. 칼빈의 다른 설교들에서와 마찬가지로, 교황주의 직제에 대한 비판은 이 설교의 중요한 동기의 하나이자 구성요소이다. 이 설교는 교황을 정점으로 하는 가톨릭의 직제를 거부한 종교개혁 운동의 결과로 새롭게 출현한 개신교 교회의 직제의 수립을 위한 성서적, 신학적 근거와 정당성을 제시하기 위한 목적으로 행하여진 설교로서, 매우 실제적인 교회의 상황에 대한 부합성을 보여준다.

이 설교는 칼빈 자신이 작성한 원고가 아니라 회중에 의해 속기로 기록된 설교로 보인다.[86] 그래서인지 이 설교는 수사학적 유려함 대신 조잡한 문체와 극단적인 단어와 표현 등이 나타난다. 칼빈은 이 설교에서 성서의 본문에 대한 충실한 주해에 기초하여 교회의 다양한 직무의 정당성과 필요성을 논증함으로써 그리스도의 몸으로서의 교회의 질서를 세우고자 하였다. 이런 의미에서 이 설교는 성서적이면서 동시에 실천적인 설교이다.

이 설교에서 칼빈의 실제적 관심은 다양한 교회의 직무들 가운데 목사와 교사 두 직무에 집중되는 것처럼 보인다. 니이젤(Niesel)에 따르면, 칼빈에게 있어서 목사와 교사의 기능이 가장 본질적이다. 왜냐하면 그리스도 자신이 이 직무를 맡은 자들의 입을 통해 말씀하고자 하시기 때문이다.[87] "목사와 교사가 없다면 교회 안에서의 지도는 불가능하다."[88] 가장 중요한 직무는 설교와 성례전 집행의 의무를 위임받은 목사직이다. 교사직은 목사직과 밀접하게 연결되어 있다. 교사의 의무는 지속적으로 성서의 규범에 의해 교회의 설교를 검토하고 미래의 목회자를 훈련시키는 것이다.[89] 칼빈은 교회의 직무의 신적

---

86) John Calvin, 『칼뱅의 에베소서 설교(상)』, 배상호 역 (서울: 기독교문서선교회, 2000), pp. 9-12.

87) John Calvin, *Institute* IV, 1, 1; Wilhelm Niesel, *The Theology of Calvin*, trans. Harold Knight (London: Lutterworth Press, 1956), p. 201.

88) John Calvin, *Corpus Reformatorum* (Calvin's Works) 51, 198; Withelm Niesel, *The Theology of Calvin* (London: Lutterworth Press, 1956), p. 201에서 재인용.

권위와 이에 대한 신자들의 순종의 필요성을 강조한다. 그러나 교회의 직무의 신적 권위를 강조함에 있어서, 이 권위가 결코 지배적이고 계급적인 권위가 아니라 섬기고 봉사하는 권위임이 아울러 분명히 강조될 필요가 있다.

3. 야곱과 에서에 관한 세 번째 설교[90]

1) 성서본문: 창세기 25장 21-22절

2) 주요 내용

이 설교에서 칼빈은 인간의 구원과 파멸이 인간 각자의 자유로운 의지에 따라 이루어지는 것이 아니라 하나님의 영원한 예정에 따라 이루어진다고 강조한다. 그는 리브가의 태중에서 서로 싸우는 두 아기에 대한 본문의 이야기에서 예정론을 위한 성서적 근거를 발견한다. 즉 리브가의 태중의 한 아기는 구원으로 선택되었으며, 다른 한 아기는 멸망으로 유기되었으며, 이와 마찬가지로 세상에서 어떤 사람들은 구원으로 선택되었으며, 어떤 사람들은 멸망으로 유기되었다는 것이다. 이와 같은 칼빈의 예정론은 이중예정을 수반한다.

---

89) 칼빈은 목사와 교사와 더불어 장로와 집사의 직무를 규정한다. 목사는 설교자일 뿐만 아니라 무리의 목자이기도 하다. 장로는 목사와 더불어 치리를 수행하고 그리스도의 주 되심을 선포함으로써, 악을 행하는 자들을 제어한다. 집사는 자신의 의무를 수행함으로써 그리스도께서 우리 몸의 곤고와 연약함을 불쌍히 여기시며 우리의 필요를 채우시는 분이심을 보여주어야 한다. John Calvin, *Institute* IV, 3, 9; *Corpus Reformatorum* 48, 96, 265; Withelm Niesel, *The Theology of Calvin*, p. 201.

90) John Calvin, 『칼빈의 예정론 핵심설교』, 임원주 역 (서울: 도서출판 예루살렘, 2000), pp. 74-97. 칼빈은 1559년 50세가 되던 해에 창세기 설교를 시작했다. 이 시기에 그는 제네바 시민권을 얻었으며, 『기독교강요』최종판을 완성했으며, 아카데미를 창설하였다. 따라서 창세기 설교를 할 당시의 칼빈은 완숙한 신학적 사고의 단계에 있었다고 할 수 있다. 그는 자신의 창세기 설교 중에서 선택과 유기의 주제에 관한 설교를 선별하여 1562년 불어로 출판하였다. 이 세 번째 설교는 이 책에 수록된 열세 편의 설교 중 그의 예정사상을 가장 잘 표현하는 것으로 평가받는 설교이다.

즉 어떤 사람은 영원한 구원으로의 예정되었으며, 다른 사람은 영원한 멸망으로의 예정되었다.

이 설교에 나오는 이중예정에 관한 칼빈의 언급들은 다음과 같다. "하나님께서 단지 인류의 십분의 일 혹은 백 분의 일만을 선택하시고 그 나머지 전부는 지옥과 파멸에 삼켜지도록 내버려 두시는 것은 어떤 방법으로 발생합니까?… 그들을 파멸의 운명으로 예정한 까닭은 무엇입니까?"(75) "대부분의 세상이 멸망하고 나머지가 구원받는 것이 어떻게 가능할까? 하나는 택함 받고 다른 하나는 거절되는 일이 어떻게 일어날까?"(79) "그러나 한 쪽은 하나님께 속해 있고 다른 쪽은 쫓겨났습니다. 그렇게 하는 것이 하나님을 기쁘게 하였습니다… 하나님께서 그들을 선택에서 배제하셨기 때문에 자기 가족으로 받아들이지 않습니다."(86) "하나님께서 우리를 자신에게로 예정하시고 선택하였다면, 우리는 멸망할 수 없습니다. 그리고 만일 우리가 유기되었다면 일찍이 들었던 교리가 무슨 소용이 있습니까?"(87) "어떤 사람들은 구원하시고 다른 사람들은 버리신 하나님의 영원한 계획 속에 머물러 있어야 한다고 나는 말씀드렸습니다."(90)

종교개혁 시기의 투쟁적 상황에서 설교를 하는 칼빈에게 있어서 구체적으로 구원으로 예정된 사람은 개신교 그리스도인들을 지시하며, 멸망으로 예정된 사람들은 교황주의자들과 이교도들을 지시한다. "어째서 한 쪽은 하나님께서 불쌍하게 눈먼 채로 남겨둔 교황주의자들과 이교도들처럼 아무런 교리도 없는지, 어째서 다른 한 쪽은 복음을 통해서 비췸을 받는지 알게 됩니다."(82)

칼빈은 예정론의 근거를 성서의 여러 구절들에서 찾아낸다. "우리는 하나님의 뜻에 관해 질문할 때… 성경이 의미하는 것에 우리 자신을 한정하지 않으면 안 된다고 결론지어야 하기 때문입니다."(83) 그는 다음과 같은 성경구절들을 인용한다. "이방인들이 듣고 기뻐하여 하나님의 말씀을 찬송하며 영생을 주시기로 작정된 자는 다 믿더라"(행 13:48). "나를 보내신 이의 뜻은 내게 주신 자 중에 내가 하나도 잃어버리지 아니하고 마지막 날에 다시 살리는 이것이니라"(요 6:39). "나를 보내신 아버지께서 이끌지 아니하시면 아무도 내게 올 수 없으니…"(요 6:44).

복음을 전할 때 복음을 받아들이는 사람들과 받아들이지 않는 사람들이 있는 까닭은 이중적인 들음이 있기 때문이다. 하나는 설교를 하는 인간의 음성을 듣는 것이고 다른 하나는 인간의 음성을 통해 들려지는 하나님의 음성을 성령의 내적 은혜 안에서 듣는 것이다. 인간의 음성을 듣더라도 하나님의 음성을 듣지 못하면 우리는 복음을 믿을 수 없다. 하나님의 음성을 듣고 복음을 믿는 믿음은 우리의 자유의지로부터 나오지 않고 하나님의 자유로운 선택과 특별한 은혜로부터 나온다.

이 설교는 시련과 고난 가운데에서도 "큰 자가 작고 어린 자를 섬길 것이라는 약속"(96)을 믿고 소망 중에 즐거워하며 끝까지 인내하자는 권면으로 끝을 맺고 있다.

3) 핵심 주제

우리를 대적하는 자들은 영원한 멸망으로 예정되었으며, 우리는 영원한 구원으로 예정되었다. 그러므로 시련과 고난 가운데에서도 소망 중에 즐거워하며 인내하자.

4) 분석과 비평

이 설교에서 칼빈은 잉태한 리브가의 태 속에서 두 아기가 다투고 그로 인하여 두 족속이 대립하게 되리라는 본문의 말씀으로부터 예정론 교리를 위한 성서적 전거를 제시하고자 한다. 칼빈에 의하면 "이 족속이 저 족속보다 강하겠고 큰 자가 어린 자를 섬기리라"(23절)는 구절이 어린 자 곧 동생인 야곱의 자손 이스라엘이 큰 자 곧 형인 에서의 자손 에돔을 지배하게 되리라는 역사적 예언이다. 그러나 이 구절을 예정론, 더욱이 이중예정을 의미하는 본문으로 해석될 수 있는지는 재고해 볼 필요가 있다. 큰 자인 에서가 어린 자인 야곱을 섬긴다는 말이 과연 하나님께서 야곱은 영원한 구원으로 예정하고 에서는 영원한 멸망으로 예정하셨다는 의미인가? 다시 말하면, 에서가 야곱을 섬긴다는 말이 하나님께서 에서는 영원한 지옥으로 가도록 예정하고 야곱은 영원한 천국으로 가도록 예정했다는 의미인가? 에서는 지옥에 가서 천국에 있는 야곱을 섬기는가?

칼빈은 예정론을 지지해 줄 수 있다고 그 자신이 생각하는 성서의 여러 구절들을 인용한다. 그러나 만일 예정론이 성서의 구절들에 의해 지지될 수 있다면, 예정론에 대한 논박도 다음과 같은 성서의 구절들에 의해 가능하다. "이는 하나님이 그 해를 악인과 선인에게 비추시며 비를 의로운 자와 불의한 자에게 내려주심이라"(마 5:45). "수고하고 무거운 짐 진 자들아 다 내게로 오라. 내가 너희를 쉬게 하리라. 너희 마음이 쉼을 얻으리라"(마 11:28). "너희 중에 어떤 사람이 양 백 마리가 있는데 그 중의 하나를 잃으면 아흔아홉 마리를 들에 두고 그 잃은 것을 찾아내기까지 찾아다니지 아니하겠느냐… 이와 같이 죄인 한 사람이 회개하면 하늘에서는 회개할 것이 없는 의인 아흔아홉으로 말미암아 기뻐하는 것보다 더하리라"(눅 15:4-7).

칼빈의 성서해석의 문제는 그가 (당시의 다른 사람들과 마찬가지로) 성서의 본문으로부터 도출된 명제적 진리에 호소하는 근대 이전의 교의학적 성서해석 방식을 사용하고 있다는 점에 있다. 그러나 그는 성서본문 자체의 문자적 의미에 충실하게 그 본문으로부터 의미를 읽어낸다기보다는, 자신의 이해의 선구조인 교의학적 관점을 가지고 성서를 읽어낸다고 할 수 있다. 그는 자신의 이중 예정론을 위한 성서적 근거를 제시하기 위해 무시간적이고 문자적인 본문증명(proof-texting) 방식을 사용한다. 그러나 근대 이후의 역사적 주석이나 해석학적 이해를 전제하는 오늘날의 성서해석학의 입장에서 볼 때, 단순히 성서로부터 도출된 명제적 진리에 호소하거나 무시간적이고 문자적인 본문증명 방식을 채택하는 전근대적인 성서해석방법은 더 이상 유지되기 어렵다. 오늘날 성서본문의 의미를 올바로 읽어내기 위해서는 성서 텍스트의 역사성에 대한 인식에 기초한 역사적 주석과 탈근대적인 해석학적 이해의 과정이 요구된다. 역사비평적 관점에서 주석하자면, 이 본문은 이스라엘과 에돔인이 적대적인 관계에 있던 시대적 상황 속에서 이스라엘 자손에 의해 쓰여졌을 것으로 추론할 수 있다.[91]

칼빈의 예정론은 단지 신학적 사변과 논리적 사고의 산물이 아니라 가톨릭교회와의 투쟁적 상황 속에서 형성된 실천적 또는 목회적 교리라고 할 수 있다. 특히 칼빈의 이 예정론 설교에는 교황주의자들과의 대결 국면에 있는 그의 실존적 상황이 분명하게 잘 드러난다. 칼빈의 예정론은 하나의 보편적 교회로 여겨지던 가톨릭교회로부터 파문당하고 그리스도인의 신분까지도 박탈당한 종교개혁가들이 무엇을 근거로 자신들의 구원을 말할 수 있는지를 성서를 통해 답을 얻고자 하는 과정 속에서 생겨난 교리라는 주장도 가능하다.[92] 칼빈은 가톨릭교회와의 투쟁적 상황 속에서, 작은 자인 개혁교회가 하나님에 의해 예정된 참된 교회이며 큰 자인 가톨릭교회는 하나님에 의해 유기된 거짓된 교회임을 성서의 권위에 근거해서 입증하고자 한 것으로 보인다. 이 설교에서 그는 교황주의자들을 지칭하는 적대자들을 여러 차례 언급한다. 이와 같은 적대자들과의 대립적 상황 속에서 칼빈의 예정론은 그들로부터 핍박과 고난을 당하는 신자들에게 두려워하거나 낙심하지 않고 종국적인 구원과 승리의 확신을 가지고 용감하게 믿음의 싸움을 싸우도록 고무하는 실천적 교리라고 할 수 있다.

칼빈은 교황주의자들과의 대립적 상황 속에서 매우 격렬한 전투적 영성을 드러낸다. 이 설교에서 그는 대적자들과 예정론을 거부하는 자들을 다양한 표현방식으로 비난하고 저주한다. 그들은 원수, 배은망덕한 자, 조잡한 자, 허다한 개, 사탄의 독에 중독된 자, 악하고 거만하며 반역적인 영을 품은 자, 난폭한 짐승, 귀먹은 자, 낮고 천한 기질을 가진 종자들, 멍청한 자, 조잡한 야수성을 가진 자, 반역자, 뻔뻔스럽고 성급한 자, 사납고 덩치 큰 개, 복음의 원수, 사탄의 후원자 등으로 묘사된다. 그 어떤 신학자나 설교자의 설교에서도 이와 같은 독설과 비난과 저주를 발견하는 것은 쉬운 일이 아닐 것이다. 어쩌면 17-18세기의 이른바 정통 칼빈주의자들(그리고 오늘날 한국의 보수적인 일부 칼빈주의자들)의 배타적이고 전투적인 영성은 종교개혁 당시의 투쟁적 상황

---

91) Gerhard Von Rad, 『국제성서주석: 창세기』, 박재순 역 (서울: 한국신학연구소, 1981), pp. 293-294.

92) John Calvin, 『칼빈의 예정론 핵심설교』, pp. 9-10.

에서 칼빈이 보여준 전투적 영성에 의해 암시적으로 고무된 것일 수도 있다.

참된 신앙을 가진 모든 기독교인은 인간의 구원이 전적으로 하나님의 은혜로 말미암는다는 것을 믿는다. 이것은 가톨릭교회의 경우도 예외가 아니다. 토마스 아퀴나스는 인간의 의로운 행위를 중요시하였음에도 불구하고 인간이 자신의 선행이나 공로가 아니라 전적으로 하나님의 은혜에 의해 구원을 받는다는 점을 강조하였다. 따라서 루터와 칼빈이 인간의 구원이 전적으로 하나님의 은혜로 말미암는다고 말한 것은 전혀 새로운 기독교의 구원론이 아니다. 루터의 종교개혁운동은 본래 중세 말기의 타락하고 왜곡된 가톨릭교회에 대한 내적 갱신운동으로서 시작된 것이다.

예정론은 은혜론으로부터 생겨난다. 구원은 결코 인간의 의나 공로에 의존하거나 그것에 의해 조건지어지지 않는다. 구원은 철저히 하나님의 은혜로부터 주어진다. 은혜란 인간의 조건에 제약을 받지 않는 자유로운 하나님의 선물을 의미한다. 하나님의 은혜가 인간의 조건에 의해 제약을 받지 않는 자유로운 하나님의 선물이라면, 하나님은 어떤 사람에게 은혜를 주시며 어떤 사람에게 은혜를 주시지 않는가? 은혜의 선물을 주기 위한 판단은 어디에 근거하는가? 예정론은 이 질문에 대한 하나의 답변으로 제시된다. 즉 그 판단은 인간의 조건이 아니라 바로 하나님 자신의 자유로운 예정 또는 선택에 근거한다는 것이다. 따라서 은총론은 예정론의 뿌리이며, 예정론은 은총론으로부터 파생된다.

그러나 소수의 인간의 영원한 구원과 아울러 대다수의 인간의 영원한 멸망과 형벌이 영원 전에 이루어진 하나님의 예정에 의한 것이라고 주장하는 이중예정 교리는 은총론의 본래의 정신과 정면으로 충돌한다. 그러한 끔찍한 (dreadful)[93] 교리는 하나님의 이름으로 대적자들을 저주하고 심판하는 종교재판법정의 대심판관의 기능을 할 수는 있어도, 예수 그리스도의 십자가에 나타난 하나님의 무한한 자기희생적인 사랑과 양립될 수 없다. 예수 그리스도에

---

93) 이 표현은 칼빈 자신이 사용한 표현이다. "나는 이 신조가 참으로 끔찍하다고 고백한다." John Calvin, *Calvin: Institutes of the Christian Religion* 2, ed., John T. McNeill (Philadelphia: The Westminster Press), p. 955.

의해 한 마리의 잃어버린 양을 찾기 위해 온 산과 들을 헤매는 목자로 묘사되는 하나님, 그리고 자기 아들을 인간을 위해 내어주시기까지 인간을 사랑하시는 하나님이 어떻게 영원히 멸망할 자를 영원 전에 미리 결정할 수 있는가?

이중예정 교리의 배면에는 고대와 중세의 절대군주적 신관, 다시 말하면, 권위적이고 강제적인 힘을 통해 다른 사람의 운명을 일방적으로 결정한 권리를 가지고 있는 절대군주의 상이 투사되어 있다. 그러나 이러한 절대군주적 신관은 예수 그리스도의 십자가 안에 나타난 하나님의 모습과 정면으로 배치된다. 하나님의 구원의 능력은 다른 사람의 운명을 영원 전에 일방적으로 결정하는 강제적인 힘에 있지 않고 자기희생적인 사랑을 통한 감화와 설득의 능력에 있다. "십자가의 도가 멸망하는 자들에게는 미련한 것이요 구원을 받는 우리에게는 하나님의 능력이라"(고전 1:18).[94]

그리스도인은 인간의 구원이 인간 자신의 의나 공로에 의해서가 아니라 철저히 하나님의 은혜로 말미암는다는 것을 믿는다. 이것이 예정론의 본래 의미이다. 예정론은 은총론 외에 다른 말이 아니다. 일방적인 영원한 신적 유기를 전제하는 이중예정론은 진정한 회개로의 부름과 전도를 무의미하게 만든다. 성서에는 결코 영원 전부터의 하나님의 결정론적 유기 사상이 나타나지 않는다. 성서적인 예정은 오직 하나님의 은혜에 의한 구원의 예정뿐이다. 이것이 기독교의 복음이다. 기독교의 복음은 결코 영원한 저주의 예정과 양립될 수 없다.

---

[94] 세상과의 관계성 안에 계신 하나님의 힘의 본질에 관해서는 윤철호, 『현대신학과 현대개혁신학』(서울: 장로회신학대학교 출판부, 2003) 제3부 "세상과의 관계성 안에 계신 하나님"을 참고하라.

제3장 슐라이에르마허 (Friedrich Schleiermacher : 1768-1834)

프리드리히 슐라이에르마허는 개혁교회에서 목사안수를 받고 목사로 활동했으나 모라비안 경건주의로부터 강한 영향을 받았다. 또한 그는 낭만파 모임에 가담하여 초기 낭만주의의 영향을 받았다. 1802년 폴란드의 시골도시 스톨프의 개혁교회 목사로 부임하여 사역하였다. 이후 뷔르쯔부르그대학의 윤리학과 실천신학 교수, 할레대학교의 신학교수가 되었다. 40세에 헨리테 폰 빌리히와 결혼하고 삼위일체 교회의 목사로 활동하며 베를린대학교의 창립에 깊이 관여했다. 베를린대학교 개교 후, 네 번이나 학장을 역임하고 총장으로 재임되었으나 50세 이후에는 모든 행정직을 사임하고 학문에 전념했다. 그는 베를린 학술원 회원으로, 교회 행정가로, 또한 애국적이며 정치적인 설교자로 다양하게 활동했으며, 1834년 급성 폐렴으로 1주일 투병 끝에 가족과 성찬을 나누며 생을 마감했다.

슐라이에르마허는 인간의 종교적 자의식에 기초한 경험론적 신학의 패러다임을 수립한 신학자로서 현대신학의 아버지라고 불린다. 그는 인간의 종교적 자의식, 즉 신앙경험으로부터 출발하는 아래로부터의 방법론을 수립하였다. 과학과 이성이 발달하고 성서의 역사적 진정성에 의문이 제기됨에 따라 현대 세계에서 신학이 어디에 토대를 두어야 하는가 하는 문제가 대두되었다. 슐라이에르마허는 신학의 출발점을 신조나 교의 또는 성서본문이 아닌 인간의 종교적 경험에 두었다. 이는 현대세계의 도전에 대한 최초의 신학적 응답으로서 현대신학을 위한 새로운 패러다임이 되었다.

슐라이에르마허는 하나님과 인간, 하나님과 세계를 분리하고 종교를 형이상학이나 도덕으로 간주하는 계몽주의 사상을 거부하고, 종교의 본질은 하나님에 대한 절대의존의 감정이며 이 감정은 종교적인 감정인 동시에 인간의 자기의식의 최고 단계라고 보았다. 그는 스피노자와 낭만주의의 영향을 받아 하나님을 우주와 동일시했으며, 종교적 자의식을 무한자(우주) 안에 유한자(인간)가 안겨 있음에 대한 의식으로 이해했다. 그는 신앙의 본질을 절대의존의 감정으로 표현했다.

슐라이에르마허의 기독론은 인성 기독론이다. 그는 칼세돈의 한 인격 두 본성론을 저기독론의 관점에서 재해석했다. 즉 그는 예수 그리스도를 인간의 원형(archtype)으로 이해했다. 인간의 원형인 예수의 절대적 신의식(God-consciousness) 안에 인성과 신성의 연합이 있다. 예수의 자의식 안에 있는 절대의존의 감정의 완전성, 즉 완전한 신의식이 예수의 신성의 의미이다. 인간의 원형으로서의 그리스도는 단지 인간의 본받고 모방해야 할 모형(proto-type) 또는 모범이 아니라, 교회 공동체를 통해서 우리에게 구원을 가져다주시는 구속자(redeemer)이다.

슐라이에르마허에게 있어서 구원이란 그리스도 안에서 그분의 신의식에 참여하는 것이다. 그리스도의 구속사역은 십자가 사건에서 유일회적으로 일어났다기보다는 전 생애에 걸쳐 그의 인격 안에서의 신의식을 통해 일어났다. 예수 그리스도는 구속주로서 신자에게 자신의 신의식을 분여해 준다. 예수 그리스도 안에서 이 신의식을 부여받는 것이 구속이다. 구속은 그리스도가 세운 그리스도인의 영적 공동체, 즉 교회를 통해 전달되고 확장된다.

---

95) Friedrich Schleiermacher, "그리스도의 죽음 안에서 확증된 하나님의 사랑," 윤철호 편역, 『현대신학자들의 설교』(서울: 한들출판사, 2011), pp. 13-26. Friedrich Schleiermacher, *Selected Sermons of Schleiermacher*, ed. by W. Robertson Nicoll (Eugene, Oregon: Wipf & Stock Publishers, 2004), pp. 372-384.

1. 그리스도의 죽음 안에서 확증된 하나님의 사랑[95]

1) 성서본문: 로마서 5장 7-8절

2) 주요 내용

하나님께서 순종의 최상의 증거로서 그리스도께 죽음을 명하셨다. 우리에 대한 구원자의 사랑과 아버지에 대한 그분의 순종은 분리될 수 없다. 우리에 대한 그분의 사랑은 그분의 삶과 아버지에 대한 순종의 죽음에 나타난다.

그러나 그분의 죽음은 그분의 사랑의 필연적인 결과나 가장 높은 본질적 표현은 아니었다. 그분의 사랑과 그분의 죽음은 구별될 필요가 있다. "가능하다면 이 잔이 내게서 지나가게 하옵소서"라는 기도는 자신의 사람들에 대한 그분의 사랑의 표현이다. "그러나 나의 뜻대로 마옵시고 아버지의 뜻대로 하옵소서"는 아버지의 뜻에 대한 완전한 순종의 표현이다. 구원자의 죽음은 가장 완전한 순종의 행위였다. 그분은 순종하시고 고난당하심으로써 완전하게 되셨다. "그가 아들이시면서도 받으신 고난으로 순종함을 배워서 온전하게 되셨은즉"(히 5:8).

그분의 순종은 그 자신의 것에 대한 사랑과 충돌하였다. 그분은 폐하여질 율법에 순종하여 죽으셨다. "그분을 고난과 죽음으로 인도한 것은, 인간적으로 말하자면, 구원자 자신의 영혼의 직접적인 충동이 아니라 단지 하나님의 뜻에 대한 순수한 무종이었다." 그분은 왜 그렇게 하셨는가? 죄인 된 우리를 구원하기 위해서이다. 그분은 선한 사람의 친구가 아닌 온 세상의 죄인들을 위해 죽으셨다. 이것은 가장 완전한 순종의 행위이다. 하나님께서는 우리를 구원하시기 위해 그리스도를 죽음의 순종으로 부르셨다.

이 순종을 통하여 이제 많은 사람들이 의롭다 함을 받는다. "자기에게 순종하는 모든 자에게 영원한 구원의 근원이 되시고"(히 5:9). 한 사람의 불순종으로 많은 사람이 죄인이 된 것 같이 한 사람의 순종으로 많은 사람이 의롭게 되었다(롬 5:19). 그분 안에서 의롭게 되었다는 것은 무엇을 의미하는가? 그분은 죽음에 이르는 순종으로 완전하게 되신 분으로서, 모든 사람이 도달하기 위해 노력해야만 하는 이상이다. 우리가 그분을 우리 자신의 삶을 위한 기준으로 받아들이면 우리는 이 순종을 통해 의롭게 된다. "우리가 의롭게 되는 것은 우리가 우리의 삶의 원천으로서 그분을 우리 마음 안에 받아들였기 때문입니다. 만약 우리가 더 이상 육체대로 살지 않고 하나님의 아들 그리스도께서 우리 안에 살고 계시면, 우리가 그분이 중심이 되는 공동의 삶을 온전히 영위한다면, 우리는 의롭게 됩니다." 그분은 우리를 의롭게 하신다. "의롭게 하시는 분은 그리스도십니다. 우리는 그분 안에 있고, 그분은 우리 안에 계시며, 하나님의 아들을 믿는 자들과 불가분하게 연합되어 있습니다. 그분과의 이 교제 안에서 우리는 진실로 의롭게 됩니다." 그분의 생명과 그분의 현존의 능력으로 충만하게 될 때 우리는 의와 거룩과 지혜 안에서 성장하게 될 것이다. 여기에 그분을 통한, 그분의 삶과 사랑과 순종과 죽음을 통한 우리의 구속이 있다.

우리가 구원자의 죽음을 가장 적절하게 기념하는 것은 그분을 받아들이는 것이다. 그리할 때 그분은 언제나 우리와 함께 계실 것이다. "그리스도는 우리 안에 계시고, 우리 가운데 계시고 우리의 삶의 힘이십니다. 그분의 죽음은 우리가 하나님의 뜻에 순종하도록 하는 능력입니다." 그러므로 우리도 죽기까지 순종하신 그분의 모범을 따르자. 그분이 순종을 통하여 완전하게 되신 것처럼 우리도 순종을 통하여 완전하게 되고 그분의 삶에 더 가까이 이르게 될 것이다.

3) 핵심 주제

하나님께서 순종의 최상의 증거로서 그리스도께 죽음을 명하셨다. 이 순종을 통하여 많은 사람들이 의롭다 함을 받는다. 그리스도의 죽음 안에서 하나님의 사랑이 확증되었다.

4) 분석과 비평

　슐라이에르마허는 이 설교에서 로마서의 아담 기독론과 히브리서에 나타나는 인성기독론의 관점에서 예수의 죽음의 구속적 의미를 설명했다. 한 인간으로서 예수는 하나님의 뜻에 죽기까지 순종함으로써 자신을 온전히 완성하였으며 모든 인간의 이상이 되었다. 예수는 모든 인간을 대표하는 한 사람(둘째 아담)으로 죽기까지 하나님께 순종하심으로써 아담의 불순종으로 인한 인간의 죄를 대속하고 우리를 의롭게 하였다. 우리는 그분을 우리 안에 받아들임으로써 의롭게 되고 그분과 같은 완전성에 도달하기 위한 삶을 살 수 있다.

　슐라이에르마허는 예수의 죽음을 죽기까지 순종함으로써 자신을 완전케 한 한 인간(둘째 아담)의 죽음으로 이해하고 그의 순종을 우리를 위한 이상과 모범으로 이해하는 인성기독론 또는 저기독론의 성격을 보여준다. 그러나 그의 구속교리는 소치누스의 모범설과는 구별된다. 왜냐하면 그는 예수를 구속주로 믿으며, 우리가 그분을 받아들일 때 그분 안에서 의롭게 되고 구원을 얻고 완전성을 향해 나아간다고 믿기 때문이다.

　이와 같은 슐라이에르마허의 구속교리는 이레네우스의 총괄갱신 구속교리와 일맥상통한다. 즉 첫째 아담의 불순종으로 인하여 죽음으로 향하던 인류의 역사를 둘째 아담인 예수 그리스도가 순종을 통하여 구원과 완성을 향하여 나아가도록 총괄갱신하였다. 그러나 슐라이에르마허와 달리 이레네우스의 기독론은 선재적 고기독론이다. 즉 그는 우리를 구원하시는 분은 창조주 하나님임을 강조한다.

　이 설교의 제목과 주제는 "그리스도의 죽음 안에서 확증된 하나님의 사랑"이다. 그런데 하나님의 사랑이 어떻게 그리스도의 죽음 안에서 확증되는지 여전히 불분명하다. 왜냐하면 예수는 하나님이 아니라 인간으로서 하나님의 명령에 순종하여 죽었으며, 이 죽음에 의해 인간이 의롭게 되었기 때문이다. 여기서는 예수의 죽음이 어떻게 직접적으로 하나님의 사랑의 표현이 되는지 쉽사리 이해되지 않는다. 즉 예수의 죽음에서 인간을 위한 하나님의 자기희생적인 사랑을 말할 수 있는 근거를 발견하기 어렵다. 왜냐하면 예수의 고난과 죽음은 하나님의 고난과 죽음이 아니라 단지 하나님의 명령에 따른 한 인간의 고난과 죽음이기 때문이다. 따라서 슐라이에르마허가 예수 그리스도를 구속주로 고백하고 그분의 죽음 안에서 하나님의 사랑이 확증된다고 강조함에도 불구하고, 여전히 그에게 있어서 자기희생적인 사랑 안에서 우리를 구원하시는 하나님의 은혜에 대한 직설법은 모호하다고 할 수 있다. 그러나 이와 같은 슐라이에르마허의 구속교리가 신약성서에 나타나는 예수의 죽음에 대한 다양한 방식의 이해들 가운데 하나(롬 5:17-19)에 기초하고 있음은 분명하다.

2. 그리스도의 부활, 우리의 새로운 생명의 이미지[96]

1) 성서본문: 로마서 6장 4-8절

2) 주요 내용

이 본문에서 바울의 관심사는 우리의 삶 속에서 부활의 새 생명 가운데 행하는 것이다. 부활절 축제를 가장 적절하게 지키는 길은 "하늘에 계신 우리의 주님과의 가장 친밀한 연합으로부터 이 새로운 삶을 위한 새로운 힘을 이끌어내는 것"이다. 주님의 부활 생명은 우리가 그분을 통하여 경험하게 될 영광스런 새 생명의 모델이다.

첫째, 이 새 생명은 "그분의 부활의 방식"에 있어서 부활하신 주님의 생명과 같다. 주님의 부활은 자연적인 생명이 고통을 당하고 죽은 후에야 일어났다. 이처럼 우리의 옛 사람이 십자가에서 죽을 때 우리에게 부활의 새 생명이 주어진다. "무덤으로부터 구원자를 불러내신 바로 그 아버지의 영광이 죄에 대해 죽은 영혼을 일깨워 주님의 부활 생명과 같은 새로운 생명으로 일으켜냅

---

[96] Friedrich Schleiermacher, "그리스도의 부활, 우리의 새로운 생명의 이미지," 윤철호 편역 『현대신학자들의 설교』, pp. 271-286. Friedrich Schleiermacher, *Selected Sermons of Schleiermacher*, ed. by W. Robertson Nicoll, pp. 266-278.

니다."

둘째, 새 생명은 "전체적인 본성, 방법, 방식에 있어서" 주님의 부활 생명과 유사하다. 주님의 부활 생명은 이전의 생명(영혼)과 동일한 생명(영혼)이며, 이전 상태에 대한 기억과 이전의 상처의 흔적을 지니고 있다. 마찬가지로 우리의 새 생명도 과거의 생명(영혼)과 동일한 생명(영혼)으로서 과거의 상태에 대한 기억과 죽음의 흔적을 지니고 있다. 우리의 새 생명은 주님의 부활 생명보다 훨씬 더 불완전한 흔적들을 지니고 있다. 우리는 성령의 역사를 통해 이 새 생명이 점진적으로 성장하고 더욱 풍성하고 영광스럽게 되도록 해야 한다.

셋째, 그러나 부활하신 주님의 생명이 자신에게 속해 있었던 사람들에게만 알려진 숨겨진 생명인 것처럼, 우리의 새 생명도 세상 사람들에게 숨겨져 있는 생명이다. 우리는 우리의 친밀한 연합과 하나의 공통된 내적 교제를 통해 사람들에게 우리의 새 생명의 원천을 증언하고 그들을 인도할 수 있다.

넷째, 주님의 부활 생명이 온전하게 연속된 역사를 구성하기보다는 분리된 순간과 시간, 분리된 대화와 행동 사이에 간격이 있는 것처럼, 우리도 우리의 새 생명을 온전하게 연속적인 상태로는 의식하지 못하며 자주 망각한다. 그러나 우리가 의식하지 못하는 시간에도 이 생명은 항상 존재한다는 것을 우리가 믿어야 한다. 우리는 우리의 이 불완전으로부터 점차적으로 더욱 자유롭게 벗어나야 한다.

우리는 영적 생명의 원천이신 주님께 항상 돌아가야 한다. "우리의 새로운 생명은 그분과 아버지가 점점 더 우리 영혼의 깊은 곳으로 되돌아오시는 데 있습니다. 그곳이 그분들이 머물고 싶어 하시는 곳입니다. 그리고 하나님의 생명은 우리 안에서 갈수록 더욱 지속적이고 활동적이며 그리고 강력한 형태를 취할 것입니다. 그리하여 의를 섬기는 우리의 생명은 영원한 생명이 될 것이며, 주님의 약속에 따라 심지어 여기에서 영원한 생명으로 지속될 것입니다."

3) 핵심 주제

그리스도의 부활의 새 생명이 우리 안에 나타나고 더욱 성장해 가도록 하자.

4) 분석과 비평

이 설교에 나타나는 슐라이에르마허의 사상은 다음 다섯 가지이다. 첫째, 부활하신 그리스도는 우리에게 새 생명을 가져다주시는 구원자이시다. 둘째, 예수의 부활에 대한 제자들의 경험은 소수의 배타적 집단의 신비주의적 경험이 아니다. 그러나 또한 예수의 부활은 눈이 닫혀 있는 세상 사람들에게는 숨겨져 있는 것이다. 셋째, 주님의 부활의 새 생명은 우리의 죄악된 옛 생명(영혼)이 죽음으로써만 주어진다. 그러나 동시에 이 새 생명은 이전의 생명(영혼)과 동일한 생명(영혼)이다. 넷째, 우리의 새 생명은 우리의 망각(의식하지 못함)으로 인하여 단속적(斷續的)이며 불완전하다. 다섯째, 우리는 생명의 원천인 주님께 돌아감으로써(우리의 영혼 깊은 곳에 그분을 모심으로써) 우리의 새 생명을 완성해 나갈 수 있다.

이 설교의 독특성은 그리스도의 부활을 우리의 미래의 부활과 연결하지 않고 현재의 개인적 또는 공동체적 삶과 연결시키고 있다는 점에 있다. 이것은 바로 로마서 본문에서 바울이 말하고자 하는 주제와 일치한다. "이는 아버지의 영광으로 말미암아 그리스도를 죽은 자 가운데서 살리심과 같이 우리로 또한 새 생명 가운데서 행하게 하려 함이라…죄의 몸이 죽어 다시는 우리가 죄에게 종노릇하지 아니하려 함이니."

이 설교에는 그리스도를 단지 우리가 따라야 할 모범이 아니라 인간을 구원하는 구속자로서의 원형적 인간으로 이해하는 슐라이에르마허의 기독론이 전제되어 있다. 이와 같은 그의 기독론은 로마서에 나타나는 바울의 아담 기독론의 연속선상에 있다.[97] 그에게 있어서 부활하신 그리스도의 새 생명은 그분 안에서 우리 인간이 누리는 새 생명의 모델 또는 이미지이다. 새 생명이란

---

97) "한 사람의 범죄로 말미암아 사망이 그 한 사람을 통하여 왕 노릇 하였은즉 더욱 은혜와 의의 선물을 넘치게 받는 자들은 한 분 예수 그리스도를 통하여 생명 안에서 왕 노릇 하리로다 그런즉 한 범죄로 많은 사람이 정죄에 이른 것 같이 한 의로운 행위로 말미암아 많은 사람이 의롭다 하심을 받아 생명에 이르렀느니라 한 사람이 순종하지 아니함으로 많은 사람이 죄인 된 것 같이 한 사람이 순종하심으로 많은 사람이 의인이 되리라"(롬 5:17-19).

무엇인가? 그에 따르면 새 생명이란 우리가 그리스도 안에서 그분의 신의식을 분여받는 것이다. 그러나 우리의 신의식은 여전히 불완전하며 단속적(斷續的)이다. 그럼에도 불구하고 우리의 새 생명, 즉 신의식은 성령의 도우심 안에서 성장해 간다.

이 설교는 기본적으로 명령법적 설교이다. 즉 우리는 우리의 불완전한 새 생명을 점차적으로 완성해 나아가야 한다. 그러나 이 설교는 단순한 명령법적 설교만은 결코 아니다. 왜냐하면 새 생명 자체가 그리스도와의 연합으로 말미암아 우리에게 선물로 주어졌으며, 우리가 우리의 불완전한 새 생명을 완성해 나가기 위한 길이 새 생명의 원천인 주님께 끊임없이 돌아가는 데 있기 때문이다. 주님의 생명을 주시는 성령(life-giving Spirit)이 우리를 도우신다.

3. 주님의 평안[98]

1) 성서본문: 요한복음 14장 27절

2) 주요 내용

본문에서 주님은 모든 것이 만족스럽고 번영하는 사회적 조건으로서의 평화를 약속하고 있지 않다. 오히려 주님은 세상에 평화를 주기 위해서가 아니라 검을 주기 위해서 왔다고 말씀했다. 본문에서 주님은 각 개인의 영혼의 가장 깊은 곳에서의 평화를 약속하신다. 우리가 생각하고자 하는 주제는 이것이다. 즉 어떻게 그리스도의 구속에 참여하는 각 개인의 영혼이 그분의 평화 안에서 충만한 하나님의 지혜를 분별할 것인가? 먼저 주님의 평화가 어떤 것인지를 살펴본 후에, 이 주님의 평화 안에서 계시되는 하나님의 충만한 지혜에

---

98) Friedrich Schleiermacher, *Selected Sermons of Schleiermacher*, ed. by W. Robertson Nicoll, pp. 314-325.

대하여 살펴볼 것이다.

첫째, 주님이 자신의 백성에게 주신 평안은 어떤 것인가? 그분의 평안은 그분이 영원히 그리고 모든 면에서 그분의 아버지와 하나라는 사실에 근거한다. 그분은 "다 이루었다"라고 말할 수 있을 정도로 아버지의 뜻을 다 이루셨다. 하나님의 의지가 사랑이기 때문에 하나님과의 의지의 하나 됨은 바로 가슴으로부터 솟아나는 충만한 사랑이다. 이 사랑은 죄에 빠진 인간들에게 주어지는 가장 큰 선물로서, 그분과의 친교를 통해 그분의 충만함, 평안, 진리, 하나님과의 하나 됨에 참여할 수 있게 해준다. 또한 이 사랑은 인간들의 사소하고 세세한 육신적 필요까지도 채워 주는 관대하고 공감적인 사랑이다. 이것이 주님의 평안이다.

그분은 죄가 없는 분으로서 죄의 비참함을 가장 깊게 공감하신다. 그분은 본래 자신과 같이 될 수 있도록 지음을 받은 인간이 죄의 굴레에 사로잡혀 있는 것을 보고 불쌍히 여기셨다. 그분은 죄인을 불쌍히 여기는 공감적 사랑으로 세상의 죄와 싸우셨다. "나의 하나님 어찌하여 나를 버리셨나이까?"는 세상의 죄와의 공감의 표현이다. 그러나 이때조차도 그분의 영혼은 평안했으며, 그분은 곧 자신의 영혼을 아버지의 손에 의탁했다.

주님은 우리에게 이 주님의 평안과 동일한 평안을 우리에게 주신다. "내가 육체 안에 사는 것은… 내가 살지만 내가 아니라 내 안의 그리스도가 사신다"는 고백에 비례하여 그분의 평안이 내 평안이 된다. 주님은 성령을 보내겠다는 약속을 하신 후에 평안의 약속을 하셨다. 성령은 주님의 말씀을 기억케 하시는데, 이 기억이 우리의 평안의 토대이다. "이 기억 안에서 평안이 우리에게 주어진다. 그분의 이미지가 우리의 영혼을 채울수록 우리는 그분의 평안에 더욱 가까이 간다. 그분이 우리의 삶 속에 들어올수록 우리는 더욱 더 하나님의 뜻에 이끌리며, 그분이 가지셨던 영혼의 평안으로 인도된다…."(317-318)

그러나 주님과 우리는 다른 입장에 있다. 주님과 달리 우리는 단지 형제의 죄를 공감하는 것이 아니라 우리 자신의 죄를 경험한다. 그분이 우리 안에서 잠들어 계시면 우리는 거센 욕망의 풍랑에 요동케 된다. 우리는 그분을 깨워 풍랑을 잠잠케 하시도록 해야 한다. 우리는 파도 가운데에서 투쟁한다. 그러나 그분이 손을 내밀어 우리를 붙들어 주심으로 우리는 평안을 누리게 된다.

그러므로 주님이 우리에게 주시는 평안은 이런 것이다. 평안은 전적으로 그 원천인 주님께 속해 있다. 주님이 세상을 극복한 것처럼 평안은 우리 안에 있는 세상에 속한 모든 것을 극복한다. 하나님의 모든 섭리의 과정 속에서 평안은 우리로 하여금 주님이 본 것 즉 모든 것이 합력하여 선을 이루게 하시는 아버지의 전능하신 사랑을 볼 수 있게 한다.(319)

둘째, 평안이 절대적으로 그리스도 안에서 하나님으로부터 주어지는 선물이라면 우리는 그것을 그리스도가 없었을 경우와 비교해야 한다. 죄를 지을 수 있었지만 아직 실제로 죄를 짓지 않았던 우리의 첫 부모(아담과 하와)의 상태가 지속되었더라면 더 좋지 않았을까? 인류가 죄가 출현하기 이전에 어린 아이처럼 순수한 상태에 있지만 아직 아무런 성격이 결정되지 않았던 상태가 더 좋은 것인가, 아니면 죄로 인한 투쟁과 근심에 사로잡혀 있는 성인의 상태가 더 좋은 것인가? 삶의 이 두 상태 중 어느 것이 더 좋은가?

첫 번째 상태에서 인간은 (물론 땅을 다스리라는 명령에 순종하려고 했겠지만) 유혹과 갈등은 없었을 것이다. 왜냐하면 갈등이 있는 곳에는 언제나 이미 죄가 있기 때문이다. 따라서 그는 갈등이 유지될 때만 나오는 힘을 알지 못했을 것이며 유혹과의 투쟁에서만 얻어지는 자신의 힘에 대한 의식도 없었을 것이다.

죄가 실제로 나타난 두 번째 상태에서 인간은 육체에 대항하는 영혼의 싸움을 지속한다. 그러나 구원자가 없이 그 자신의 힘으로 이 싸움을 수행해야 한다. 이 상태의 인간에게는 두 가지가 결여되어 있다. 첫 번째는 모든 인류를 포괄하는 주님으로부터 흘러나오는 영원한 사랑이다. 나라들을 분열시키는 어둠이 가득하고 각기 자기 민족만 사랑하는 세상의 인간들에게, 위로부터 각 사람을 비추는 빛이 필요하다. 그들이 서로 사랑하기 위해서는 아버지의 독생자의 영광을 보아야 하며 그분 안에서 아버지 하나님을 보아야 한다. 오직 그분을 통해서만 우리는 모든 사람을 포괄하는 하나님 나라를 바라볼 수 있다. 인간이 진보와 성숙을 통해 이기심과 적대감을 극복하고 보편적 사랑의 길에 들어설 수 있다고 가정할지라도, 여기서는 여전히 우리가 우리 자신에게 율법이 될 뿐이다.

두 번째로 주님이 없었다면 우리 지식의 기준점(crowning point), 즉 죄 없는 인간, 하나님과 지속적으로 하나가 되는 영혼에 대한 관념이 없었을 것이다. 말씀이 육신이 되어 우리 가운데 거하는 것, 하나님과 하나가 된 그분이 우리에게 그분의 형제가 되고 하나님의 자녀가 되는 권리를 주신 것이 우리를 고양시키는 힘이다. 그분의 모습은 인류에게 지울 수 없이 깊이 각인이 되어 결코 지워지지 않고 영원히 남아 있을 것이다. "주님 우리가 누구에게 가겠습니까? 당신은 영생의 말씀을 가지고 계십니다."

3) 핵심 주제

주님이 우리에게 주시는 평안은 사랑이신 하나님과 하나가 됨으로부터, 그리고 죄인을 불쌍히 여기는 공감적 사랑으로부터 나온다. 주님은 모든 인류를 포괄하는 영원한 사랑의 원천이며, 하나님과 하나 됨을 지향하는 인간의 이상적 원형이다.

4) 분석과 비평

슐라이에르마허의 기독론은 저기독론 또는 인성 기독론으로 알려져 있지만, 이 설교에서 그는 고기독론의 근거가 되는 "말씀이 육신이 되었다"는 요한복음 구절을 여러 번 인용한다. 인간을 죄로부터 구원하는 구원자로서의 주님의 모습, 특히 (욕심의) 풍랑 속에서 요동하는 죄인들에게 손을 내밀어 풍랑을 잠잠케 하고 평안을 주는 모습은 전통적인 기독론에서의 구속자(Redeemer)로서의 주님의 모습과 조금도 다름이 없어 보인다. 그러나 이 설교에서는 분명하게 나타나고 있지 않지만, 슐라이에르마허의 기독론은 저기독론 또는 인성 기독론이며 그의 구원론은 전통적인 형벌만족설이나 형벌대속교리에 근거하고 있지 않다.

이 설교에서 슐라이에르마허는 불의하고 악한 사회적 구조를 변화시킴으로써 구현되는 평화에 대하여 말하고 있지 않다. 그의 관심은 외적 조건이나 상황이 아니라 영적이고 내면적인 차원에 집중된다. 즉 평안은 외적 조건이나 상황의 변화로부터 오는 것이 아니라 주님이 하나님과 하나가 되시며 또한 우리를 사랑하신다는 사실 자체로부터 온다. 슐라이에르마허는 어떻게 주님 안에서 우리가 평안을 누릴 수 있다고 말하는가? 그는 주님이 사랑의 하나님과 하나가 되시며 죄인 된 인간을 불쌍히 여기고 사랑하심에 우리의 평안의 근거가 있다고 말한다. 이것이 슐라이에르마허의 평안의 메시지의 직설법이다. 그러나 여기서 우리의 평안의 근거가 되시는 주님은 하나님이라기보다는 하나님과 하나된 인간 예수이다. 따라서 슐라이에르마허의 평안의 메시지의 직설법은 약화될 수밖에 없다.

그러면 그의 평안의 메시지의 명령법은 무엇인가? 그것은 주님으로부터 흘러나오는 사랑 안에서 모든 인간이 서로 사랑하고 나아가서는 하나님과 하나가 되는 것이다. 슐라이에르마허에게 있어서 주님은 우리 인간들이 상호적인 사랑의 원천이며 동시에 하나님과 하나가 된 인간의 이상적 원형(archetype)이다. 그런데 그에게 원형으로서의 주님은 단지 우리가 모방하고 뒤따라야 할 모형이 아니라, 인간을 구원하는 구속주로서 우리의 사랑을 가능케 하는 사랑의 원천이다.

제4장 블룸하르트 (Christoph Blumhardt : 1842-1919)

크리스토프 블룸하르트는 1805년 독일에서 태어나 어렸을 적부터 부모님으로부터 매일 기도와 말씀의 시간을 갖는 신앙교육을 받았다. 그는 경건주의 영향 아래 운영되는 쉔탈(Schontal)에서 4년간 신학을 배웠고, 튀빙겐에서 신학과 철학, 역사 등을 공부한 뒤, 스위스 바젤에서 약 6년간 학생들을 가르쳤으며, 평생을 목회자로 보냈다. 그의 삶과 신학은 바르트와 같은 후대의 신학자들에게도 많은 영향을 주었다.

블룸하르트의 가장 중요한 신학 사상은 '예수는 승리자'라고 할 수 있다. 그는 이 땅에서 이루어지는 하나님 나라와 이 세상을 살아가는 우리 안에 나타나는 하나님의 일하심에 관심을 기울였다. 우리는 이 땅에서 이루어지는 하나님 나라를 기대해야 한다. 왜냐하면 성서가 그것을 증언하기 때문이다. 그는 종말론적 하나님 나라에 대한 확고한 믿음을 가졌다. 그러나 그는 단지 미래의 종말을 기다리기보다는 현재 이 세상 속에서 하나님 나라를 구현하기 위해 사회 참여적 행동을 함으로써 "세상 속에서의 경건"(Welt-Frömmigkeit)을 실천해야 함을 강조하였다. 그는 예수 그리스도 안에서 모든 민족과 모든 종교인들이 형제자매로서 평화를 누리는 전 지구적 신앙공동체로서의 지상의 하나님 나라를 꿈꾸었다.

---

99) Christoph Blumhardt, "하나님의 능력," 윤철호 편역 『현대신학자들의 설교』, pp. 27-33. Christoph Blumhardt, *Action in Waiting* (Farmington: The Plough Publishing House, 1998), pp. 191-198.

1. 하나님의 능력[99]

1) 성서본문: 시편 12장 5절

2) 주요 내용

하나님께서 가련한 자들과 궁핍한 자들을 대신하여 일어나실 것이다. 우리는 이 세상에서 자신을 운명에 맡기고 상황들이 지금처럼 계속되도록 내버려둠으로써, 하나님의 통치가 도래하리라는 희망을 상실해서는 안 된다. 하나님은 우리가 할 수 없는 일을 행하심으로써 우리를 구원하신다. "밑에서 위로가 아니라 위에서 아래로 열려져야 합니다. 오늘날의 기독교는 이것을 정반대로 보고 있습니다. 우리 그리스도인들은 이 세상을 벗어나 열림을 찾고 싶어 합니다⋯ 그러나 성서에 따르면 도움이 우리의 지상에 내려오기 위해서 위로부터 아래로 열려져야 합니다."

성서는 죽고 하늘로 올라가는 것이 아니라 여기 이 땅에서의 하나님의 미래를 말씀한다. 이 땅에 예수님께서 오셨고, 다시 오실 곳이다. "우리는 이 땅에서의 우리의 권리, 여기 이 땅에서의 죄와 죽음에 대한 승리의 권리를 주장해야 합니다. 그것은 우리의 믿음 때문이 아니라, 사태를 올바르게 만드시는 하나님의 능력 때문입니다." 하나님은 "땅 위의 인간 안에 계시는 하나님"이며 구속하는 것은 이 땅에서의 하나님의 능력이다.

"지금 내가 일어날 것이다. 지금 내가 도울 것이다."라는 약속이 우리 앞에 있다. 이 도움은 땅을 위한 것이다. 이 전투의 시간에 우리는 표적과 기사를 필요로 한다. 이 어둠의 시대에 신실한 마음이 다시 생기를 얻기에 충분한 표적과 기사가 일어나기를 기원한다. 그 어떤 일이 여기 이 땅에서 일어나야 한다. 그분의 주된 관심은 "영적으로뿐만 아니라 물리적으로, 이 땅에서 선을 성취하는 것"이다.

이 설교에는 세상을 변화시켜 이 땅에 하나님 나라를 구현하고자 하는 블룸하르트의 민주사회주의 사상이 잘 드러나 있다. 그의 모토는 "기다려라 그리고 서둘러라"이다. 즉 우리 그리스도인은 하나님 나라를 위하여 전적으로 자신을 헌신해야 한다. 그러나 동시에 우리는 우리의 노력이 성공하지 못할 때에도 실망하지 말고 하나님께서 자신의 방식으로 자신의 때에 하나님 나라를 가져오실 것을 믿고 조용히 기다려야 한다.

3) 핵심 주제

이 설교에서 블룸하르트는 이 세상의 구체적인 현실 속에서의 구원(영적, 물리적)을 위한 하나님의 능력이 나타날 것을 선포한다.

4) 분석과 비평

이 설교의 초점은 인간의 노력을 촉구하는 명령법(imperative)에 있지 않고, 하나님의 구원의 행동을 강조하는 직설법(indicative)에 있다. 이 설교에서는 특히 기다림의 중요성이 강조되고 있다. 이 기다림은 하나님께서 이 세상 안에서 영적인 변화뿐만 아니라 물리적인 변화를 가져오실 것을 믿는 믿음의 기다림이다.

이 설교에 나타나는 "밑에서 위로가 아니라 위에서 아래로 열려져야 한다"는 말은 이중적인 비판을 함축한다. 한편으로, 이 말은 이 세상의 역사적 현실을 벗어나서 저 세상에서 구원을 찾으려는 비역사적이고 현실도피적인 기독교 신앙을 비판한다. 다른 한편으로, 이 말은 인간의 힘과 노력으로 이 세상에서 구원의 세계를 건설하려는 유토피아적 이데올로기를 비판한다. 따라서 이 설교의 독특성은 이 세상의 역사적 현실 속에서의 물리적 변화를 강조하되, 그것을 인간의 힘이나 노력과 연결시키지 않고 하나님의 능력과 연결시키고 있다는 점이다. 이 설교는 하나님의 능력과 우리의 믿음을 영적 변화뿐만 아니라 물리적 변화, 즉 이 세상에서의 구체적 현실 속에서의 하나님의 통치의 실현과 연결시킨다. 물론, 하나님이 가져오실 물리적 변화를 기다리는 우리의 믿음이 우리의 책임적 행동을 배제하는 것은 아니다.

2. 하나님을 위해 당신 자신을 잊으십시오[100]

1) 성서본문: 갈라디아서 6장 14-16절

2) 주요 내용

하나님의 자녀에게는 구원받는 것이 아니라 구원을 이루는 것이 더욱 중요하다. 우리는 모든 피조물의 탄식소리와 수많은 인간의 비탄과 신음소리를 들어야 한다. "당신이 누구인지 잊어버리십시오! 당신 자신을 부인하십시오. 하나님의 영광을 위해 예수님과 함께 십자가를 지십시오. 그리고 당신의 구원은 모든 만물의 창조주께 맡기십시오(눅 9:23-27). 당신 자신에 대해 생각하지 마십시오. 당신의 아버지의 슬픈 마음을 생각하십시오. 그분은 자신의 평화를 모든 피조물에게 주시고 싶어 하십니다."

이 땅에서 바르게 살기보다는 하늘로 시선을 돌리게 하는 종교적 열심과 위로는 잘못된 것이다. 하나님께서 우리를 위해 모든 것을 행하신다는 경건은 잘못된 것이다. 우리는 땅에서 신실해야 한다. 우리는 우리 자신을 위해서가 아니라 이 땅을 위한 하나님의 목적을 위해 여기에 있다. 이것이 구원자이신 예수 그리스도가 오신 이유이다. "나의 양식은 나를 보내신 이의 뜻을 행하며 그의 일을 온전히 이루는 것이다"(요 4:34).

하나님은 이 땅에 하나님의 나라를 세우시기 위하여 기독교인들뿐만 아니라 다른 종교인들도 사용하실 수 있다. 기독교의 시간이 아니라 인간의 시간 (a time of humanity), 즉 하나님께서 자신의 백성들 가운데에서 영화롭게 되실 시간이 다가오고 있다. 오늘날 하나님의 유일한 관심은 우리가 그분께 어떤 소용이 되는가 하는 것이다.

그러므로 우리는 다시 한 번 "당신의 백성이 되기를 원합니다. 우리는 이 땅에서 다시 당신에게 속하기를 원합니다. 우리는 온 맘과 뜻을 다해 오직 당신만

---

100) Christoph Blumhardt, "하나님을 위해 당신 자신을 잊으십시오," 윤철호 편역 『현대신학자들의 설교』, pp. 131-143. Christoph Blumhardt, *Action in Waiting*, pp. 97-110.

을 위해 여기에 있기 원합니다"라고 맹세해야 한다. 우리 자신을 잊어버리고, 하나님께 우리 자신의 삶을 드리고, 이 땅에서 하나님을 위해 일해야 한다.

3) 핵심 주제

이 땅에 하나님의 나라를 구현하기 위해 우리 자신을 잊어버리고 헌신해야 한다.

4) 분석과 비평

이 설교는 블룸하르트의 현실변혁적 사상을 잘 보여주는 매우 강력한 명령법적 설교이다. 여기서 직설법적 선언은 거의 나타나지 않는다. 이 설교는 저 하늘과 저 세상을 바라보는 신앙이 아니라, 이 땅과 이 세상에서 하나님의 뜻을 이루기 위한 실천의 중요성을 강조한다. 이 설교는 하나님의 심판이 우리가 지극히 작은 형제에게 사랑을 실천했는지의 여부에 따라 이루어진다고 말씀하는 마태복음 25장의 종말론적 심판을 상기시킨다. 이 설교에서 인간은 단지 죄를 용서받아야 하는 죄인이 아니다. 여기서 인간은 하나님께 대한 "연민"을 가지고 하나님의 고통에 동참하도록 요청받는 하나님의 동역자요 공동창조자(co-creator)이다.

이 설교는 현실과 동떨어진 비역사적, 내세지향적 신앙을 가진 기독교인들에게, 그리고 특별히 이 땅에 하나님 나라를 확장하도록 부름을 받은 일꾼들에게 필요한 설교이다. 예수님이 "뜻이 하늘에서 이루어진 것 같이 땅에서도 이루어지이다"라고 기도하라고 가르치신 것 같이, 이 땅에서 하나님 나라를 구현하기 위한 그리스도인의 사명의 중요성은 아무리 강조해도 지나침이 없다.

이 설교를 통해 우리는 경건(영성)의 의미를 다시 생각하게 된다. 하늘만을 바라보는 것이 경건이 아니라 이 땅에서 하나님 나라를 위해 일하는 것이 경건이다. 그리스도인의 성화는 이러한 경건의 실천을 통해 이루어진다. "하나님 아버지 앞에서 정결하고 더러움이 없는 경건은 곧 고아와 과부를 그 환난 중에 돌보고 또 자기를 지켜 세속에 물들지 아니하는 그것이니라"(약 1:27).

그런데 설교자는 "인간의 시간"이 다가오고 있다고 말하면서, 하나님께서 이 땅에 하나님 나라를 세우시기 위해서 다른 종교인들까지도 사용하실 수 있다고 말한다. 설교자가 말하는 "인간의 시간"이란 과연 어떤 것인가? 설교자는 그 시간을 기독교의 시간과 구별하면서, 하나님께서 자신의 백성들 가운데에서 영화롭게 되실 시간이라고 말한다. 그리고 그 시간은 비그리스도인들이 하나님과 똑같은 위치에 놓여지는 시간이며, 그 시간에 어떤 이방인도 배제되지 않을 것이라고 말한다. 이러한 인간의 시간은 하나님 나라를 말하는 것인가? 설교자는 왜 이 시간을 하나님의 시간이라고 하지 않고 인간의 시간이라고 하는 것일까?

이 설교의 가장 큰 문제점은 성서본문에 대한 충실성의 문제에 있다. 이 설교를 위해 성서본문이 올바로 선택되었는지 의심스럽다. 이 설교에서는 이 본문에 관해서 아무런 언급도 나타나지 않는다. 아마도 설교자는 "세상이 나를 대하여 십자가에 못 박히고 내가 또한 세상을 대하여 그러하니"라는 구절이 하나님을 위해 자신을 잊어야 한다는 메시지를 위한 근거가 된다고 생각한 듯하다. 그러나 갈라디아서 본문의 주제는 이 설교의 주제와 매우 동떨어져 있다. 본문에서는 할례와 같은 율법을 지키는 것보다 새로 지으심을 받는 것이 중요하다는 것을 강조한다. 외적인 율법주의적 행위가 아니라 내적인 마음의 변화가 중요하다는 것이 본문의 본래적 주제이다. 하니님의 뜻을 이 땅에 이루기 위한 실천을 위해 자신을 잊어야 한다는 것은 이 성서본문의 본래적 주제와는 거리가 멀다. 따라서 이 설교를 위한 이 본문의 선택 자체가 무리가 있어 보인다. 이러한 강력한 명령법적 설교를 위해서는 다른 본문들(예를 들면, 요한복음 4:34 "나의 양식은 나를 보내신 이의 뜻을 행하며 그의 일을 온전히 이루는 것이다"이나 마태복음 또는 야고보서의 본문들)이 적합할 것이다.

3. 살아 계신 그리스도[101]

1) 성서본문: 빌립보서 3장 10-11절

2) 주요 내용

우리는 그리스도께 나아가 그분을 인격적으로 만나야 한다. 그분을 인격적으로 만난다는 것은 새로운 세계로 들어가는 것을 의미하며 우리의 마음과 지성이 전적으로 다른 차원으로 고양되는 것을 의미한다.

우리는 암흑의 상황에 살고 있다. 우리의 희망은 결코 인간의 생각 위에 세워져 있지 않다. "우리의 희망은 죽은 자 가운데서 살아나셔서 하나님 우편에 앉아 계시며 하나님의 능력 속에 지금 살아계신 분이 계시다는 사실에 있습니다"(히 10:12).(288) 부활을 믿는다는 것은 오늘 그리스도와 함께 부활을 경험하는 것이다. 그것은 지금 여기서 세상의 세력들과는 다른 신적 능력과 영의 충만함을 느끼며 사는 것이다. 이것이 그리스도와 함께 살아난다는 의미이다.

우리는 세상을 떠나지 않고 세상 한 가운데에서 이러한 그리스도 안의 부활의 능력을 경험해야 한다. "오직 그리스도 안에서 자신을 계시하신 하나님께로부터 나오는 이 비상한 힘, 이 놀라운 생명력은 보이지 않는 영역에서 보이는 영역으로 끌어내어져야 하는 힘입니다."(290) 부활의 능력은 우리의 일상적인 삶 안에 있다. "하나님께로부터 나오는 그 힘은 이미 우리 인간의 상황 안으로 들어올 준비가 되었습니다. 우리 인간의 상황을 변화시키는 그런 방식으로 말입니다."(291)

그러나 이 부활의 능력은 은폐 상황에 있다. 하나님께서는 세상에 공개적으로 나타나시지 않는다. 이 능력은 그리스도에게서처럼 은폐된 채 남아 있

---

101) Christoph Blumhardt, "살아 계신 그리스도," 윤철호 편역 『현대신학자들의 설교』, pp. 287-293. Christoph Blumhardt, *Action in Waiting*, pp. 141-147.

다. 오직 신앙의 눈으로만 이 능력을 인식할 수 있다. 우리는 이 하나님의 능력을 구해야 한다. 우리는 사태의 어두운 면을 볼 필요가 없다. 우리는 부활을 바라보고 우리에게 주어지는 새로운 능력을 확신하면서 살아야 한다. 그리할 때에 하나님의 능력이 우리를 통해 그리고 부활을 경험한 모든 사람들을 통해 나타날 것이다.

3) 핵심 주제

이 어두운 암흑의 세상 한 가운데에서 우리는 부활하신 그리스도를 인격적으로 만나고 그분이 주시는 능력으로 삶으로써 그리스도의 부활의 능력이 우리의 삶 속에 나타나고 우리의 상황을 변화시키도록 해야 한다.

4) 분석과 비평

본문에서 바울이 말하고자 하는 바는 자신이 그리스도의 죽으심을 본받아 고난에 참여함으로써 그리스도의 부활에 참여하고자 한다는 것이다. 본문 뒤의 구절들이 이와 같은 바울의 논지를 분명히 보여준다. "내가 그리스도 예수께 잡힌바 된 그것을 잡으려고 달려가노라."(12) "뒤에 있는 것은 잊어버리고 앞에 있는 것을 잡으려고… 위에서 부르신 부름의 상을 위하여 달려가노라."(13-14) "오직 우리가 어디까지 이르렀던지 그대로 행할 것이라."(16) 다시 말하면, 본문의 주제는 복음 전파를 위한 고난의 길을 끝까지 달려가겠다는 바울 자신의 결심이요 다짐이다. 그러므로 본문은 기본적으로 명령법적이다. 그리고 이 명령법 뒤에 '부활'과 '부름의 상'으로서의 직설법이 뒤따른다.

반면 이 본문에 기초한 블룸하르트의 설교에서는 '부활의 능력'으로서의 직설법이 강조된다. 그리스도의 부활의 능력이 현재의 이 세상을 변화시키며 들어오고 있다. 그러므로 그리스도와의 인격적 만남 안에서 그분의 부활의 능력에 참여해야 한다. 그리하면 우리를 통해 부활의 능력이 이 세상에 나타날 것이다. 블룸하르트의 기독교 현실주의의 특징은 '아래로부터' 수행되는 인간의 책임을 강조하기보다는 '위로부터' 주어지는 하나님의 은혜에 의존한다는 것이다. 다시 말하면, 그는 세상을 변화시키기 위한 구체적인 사회 변혁적 실천의 과제를 제시하기보다는 은폐성 가운데 역사하는 부활의 능력에 믿음으로 참여해야 함을 강조한다. 이러한 그의 신학적 특징이 바르트에게 많은 영향을 준 것으로 여겨진다.

제5장 불트만 (Rudolf Bultmann : 1884-1976)

루돌프 불트만은 신약성서에 대한 양식비평적 연구를 통하여 근대의 역사적 예수 연구의 한계성을 지적한 성서신학자로서, 그리고 하이데거의 실존론적 사고와 개념을 전유한 실존론적 성서해석과 비신화화 이론을 주창한 성서신학자로서 널리 알려져 있다. 그러나 루터교 전통의 목회자 또는 설교자로서의 불트만은 잘 알려져 있지 않다.

불트만은 마르부르그대학에서 1921년부터 1951년까지 교수로 재직하면서 제2차 세계대전의 기간과 전쟁 이후의 암울하고 절망적인 시기에 대학 공동체를 향해 설교했다. 불트만이 활동했던 시기는 독일의 역사에서 가장 혼란스러웠던 시기였다. 1932년에는 국가사회주의당이 독일의 권력을 잡았으며, 1933년에는 히틀러가 총통이 되었다. 이후 독일사회는 정치적, 경제적으로 급박한 변화와 혼란의 소용돌이로 빠져 들어갔다.

불트만은 국가사회주의의 정책들을 강하게 비판하였다. 그는 정부의 반유대주의 정책과 비아리안계 기독교 목회자들에 대한 해고를 비난하였으며, 고백교회의 바르멘 선언에 참여하였다. 불트만은 1933년에서 1945년을 "우리를 억누르던 고난의 시기"라고 말하였다. 그는 1951년 은퇴 후에 미국을 여행하며 미국의 신학자들과 만나 토론하였으며, 1955년에는 영국의 에딘버러 대학교에서 기포드 강연을 하였다.

불트만의 설교들에는 목회자로서의 열정과 함께 신학자로서의 임격함과 정직함이 잘 나타난다. 암울하고 절망적인 시대에 그는 회중의 고통을 가슴으로 깊이 공감하면서 하나님의 은혜의 약속을 선포하였다. 아울러 그는 자신의 실존론적 성서해석의 관점과 비신화화의 해석방법을 성서본문에 적용하여 설교하였다. 불트만이 마르부르그대학에서 행한 설교들은 1956년 Marburger Predigten이란 제목으로 출판되었으며, 1960년 *This World and the Beyond*[102]란 제목으로 영역판이 출판되었다. 불트만의 이 설교 저서에는 설교제목들이 없기 때문에 필자가 임의로 설교제목들을 붙였다.

1. 바리새인과 세리[103]

1) 성서본문: 누가복음 18장 9-14절

2) 주요 내용

이 비유는 독자가 이 비유를 통하여 자신이 세리가 아닌 바리새인임을 깨닫도록 의도되었다. 바리새인의 잘못은 그가 자신의 선한 행위들을 하나님 앞에서 자랑한다는 것이다. "그가 하나님 앞에서 '의롭다함을 받은' 존재로 설 수 있다고 생각한 것, 즉 하나님께서 그를 인정하고 보상하실 수밖에 없다고 생각한 것이 그의 진짜 잘못입니다." 바리새인의 모습은 전체 인간의 특징이다. 인간의 본성 안에는 인정받으려는 욕구가 있다. 그러나 인정은 선물로 주어지는 부산물이지 그 자체가 목적이 되어서는 안 된다.

그러나 많은 사람들이 인정을 목적으로 추구한다. 그들은 자신의 업적에 대한 존중과 칭찬을 요구한다. 그들은 동료와 비교하여 자기보다 우월한 사람은 시기하고 자기보다 열등한 사람은 경멸한다. 그들은 공동체의 삶뿐만 아니라 개인적인 내적 삶도 해롭게 한다. 그들은 자신의 장점을 내세우고 약점을 숨김으로써, 자기기만에 빠진다. 그리하여 그들은 바리새인처럼 자신이 매우 도덕적이고 경건한 사람이라고 착각한다. 그들은 자신을 찬양하기 위해 선을 행한다.

우리에게 이러한 바리새인의 모습이 있지 않은가? 우리 안에 인정받고, 두각을 나타내려는 태도, 다른 사람보다 내가 더 훌륭하다는 환상, 다른 사람이 나보다 앞설까봐 느끼는 불안과 긴장, 다른 사람을 향한 시기와 무정함, 논쟁

---

102) Rudolf Bultmann, *This World and the Beyond: Marburg Sermons* (New York: Charles Scribner's Sons, 1960).

103) Rudolf Bultmann, "바리새인과 세리," 윤철호 편역 『현대신학자들의 설교』 (서울: 한들출판사, 2011), pp. 144-159. 1940년 8월 4일 설교. Rudolf Bultmann, *This World and the Beyond: Marburg Sermons*, pp. 121-133.

적이고 독단적인 모습이 있지 않은가?

모든 사람은 결국 하나님 앞에서 자신의 위치에 관심이 있다. 다른 사람들이 자기에 대해 만들어 놓은 모습에 집착하는 것은 자신의 내적 공허함 때문이다. 본질적으로 우리가 훌륭하게 보이고 싶은 것은 다른 사람들의 눈앞에서가 아니라 자기 자신의 눈앞에서이다. 그리고 결국 그것은 하나님 앞을 의미한다. 하나님을 인정하지 않을 때에는 동료 인간의 판단만이 보인다. 하나님을 인정하더라도 잘못된 방식으로 하나님의 인정을 받기 위해 노력한다. 인간은 하나님의 칭찬을 받고자 노력하나 동시에 하나님으로부터 달아난다. 왜냐하면 자신의 노력과 행위에 의해서 하나님의 칭찬을 획득할 수 있다고 믿기 때문이다.

우리가 삶에서의 자유와 안전, 그리고 우리 자신의 삶이 가치가 있고 진정 선하다는 확실한 확신을 가질 수 있는 길은 자기 자신에게서 벗어나 하나님 안에서 피난처를 찾는 것 외에 없다. 그리고 바로 이것이 세리에 대한 묘사가 우리에게 가르치고자 의도한 것이다. 그는 자신을 다른 사람과 비교하지 않고 단순히 "하나님, 죄인인 저를 불쌍히 여겨주십시오!"라고 말한다. 그는 자신의 업적에 의해 하나님 앞에서 공로를 획득할 수 있다는 주장을 완전히 포기한다. "우리 자신의 힘에 의해 하나님 앞에서 감히 권리를 주장하려는 바로 그것이 근본적인 죄입니다."

인간을 자아의 족쇄로부터, 자신의 권위를 주장하는 충동과 병적인 자기기만 안에 있는 그 자신으로부터 해방시키는 것은 바로 죄의 고백이다. 죄의 고백은 인간을 참된 자아로 회복시킨다. 그는 자신을 하나님으로부터 수여받으며, 의롭다 함을 받는다.

3) 핵심 주제

자기의 행위와 업적에 의해 하나님 앞에서 공로를 획득할 수 있다는 주장을 포기하고 겸손하게 자신의 죄를 고백함으로써만 우리는 하나님 앞에서 의롭다 함을 얻을 수 있다.

4) 분석과 비평

이 설교는 루터의 이신칭의 사상에 매우 충실한 설교이다. 즉 우리는 하나님 앞에서 죄인임을 고백할 때에만 의롭다고 칭함을 받는다. 인정과 보상을 받으려는 것은 인간의 본성이다. 인정과 보상을 선물(부산물)로서가 아니라 목적으로 추구하는 것이 죄이다. 이 인정과 보상을 추구하는 죄는 이웃과의 수평적 차원과 하나님과의 수직적 차원 모두에서 나타난다. 그러나 우리는 인정과 보상을 추구하는 행위와 업적이 아니라 오직 죄의 고백을 통해서 하나님 앞에서 의롭다 함을 받는다. "죄인이면서 동시에 의인"(simul justus et peccator).

이 설교는 불트만의 실존론적 해석학의 특징을 잘 보여준다. 이 바리새인과 세리의 이야기에서 청중 또는 독자는 자신이 바리새인임을 깨달아야 한다. 이것이 예수님이 이 이야기에서 의도하는 바이며, 또한 이 이야기를 통해서 설교가 의도하는 바이다. 우리는 바리새인, 즉 비본래적인 율법적 인간으로부터 세리, 즉 본래적인 신앙의 인간으로 전환해야 한다. 다시 말하면, 우리는 자신의 행위를 통해 이웃과 하나님 앞에 인정과 보상을 받으려는 율법주의적 태도를 버리고 자신의 죄를 고백함으로써 하나님께 의롭다고 인정받는 사람이 되어야 한다. 이것이 실존론적 해석학의 목표이다.

실존론적 해석학에 기초한 불트만의 설교의 중요한 특징의 하나는 인간 주체의 결단의 중요성을 강조한다는 점이다. 즉 우리는 결단을 통해서 병적인 자기기만으로부터 해방되어 참된 자아를 회복해야 한다. 이 설교는 인간의 행위가 아니라 오직 하나님의 은혜와 믿음으로 의롭게 됨을 강조한다는 점에서 직설법적 설교이지만, 이와 동시에 본래적인 신앙의 인간으로의 결단을 요청한다는 점에서 이 설교는 또한 명령법을 포함한다.

2. 불안으로부터의 자유[104]

1) 성서본문: 마태복음 6장 25-33절

2) 주요 내용

우리는 미래에 대한 염려와 불안에 직면해 있다. 불안은 인간의 삶의 근본 요소이다. 우리가 어떻게 새와 백합화에게서 염려하지 않는 법을 배울 수 있을까? 예수님은 우리가 이것들처럼 심지도 거두지도 말라고 말씀하는 것이 아니다. 오히려 우리 인간은 그 모든 일을 하기 때문에 걱정할 필요가 없다. 예수님은 우리의 노동을 전제하고 걱정하지 말라고 하신다.

예수님은 두 종류의 불안을 구별하신다. 자연적인 불안과 소모적인 불안이다. 첫째는 미래의 필요에 대하여 염려하는 자연적인 불안이다. 이 자연적인 불안은 노동을 통해 해결될 수 있다. 우리는 일함으로써 미래를 대비하고 염려로부터 자유롭게 될 수 있다. 일하지 않는 식물과 동물도 염려하지 않는데, 하물며 우리 인간이 근심의 짐을 져서는 안 된다.

둘째는 인간이 스스로 삶의 주인이 되기 위해 요구되는 미래에 대한 불안이 있다. 이 불안은 소모적인 초조한 불안으로서 허용되면 안 된다. 우리가 일하고 수고함으로써 미래를 안전하게 할 수 있다고 생각한다면 그것은 오해이다. 이러한 삶의 불안정성과 관련하여 두 부류의 사람들이 구별된다. 하나는 너무 고통스럽게 자신의 불안정성을 의식하는 사람들이며, 다른 하나는 항상 이익을 추구하며 계속 안정성을 느끼면서 하는 사람들이다. 이 두 종류의 염려는 모두 소용이 없다. 우리의 초조한 불안도 소용이 없으며, 돈을 모으는 것도 소용이 없다. 이 두 부류의 사람들은 공통적으로 자신의 미래를 안전하게 해야 한다고 생각한다. 전자는 그렇게 할 수 없기 때문에 절망하고, 후자는 일

---

104) Rudolf Bultmann, "불안으로부터의 자유," 윤철호 편역 『현대신학자들의 설교』, pp. 209-225. 1936년 11월 15일 설교. Rudolf Bultmann, *This World and the Beyond: Marburg Sermons*, pp. 23-35.

을 통해 그렇게 할 수 있다고 착각한다.

한편으로, 예수님은 "목숨이 음식보다 중하고 몸이 의복보다 중하다"고 말씀하신다. 예수님은 물질(음식, 의복)에 대한 염려가 근본적으로 소용이 없음을 강조하시면서 가장 심각한 문제를 깨닫기 바라신다. 인간은 물질적인 것을 준비함으로써 결코 불안으로부터 자신의 삶을 안전하게 할 수 없다. 인간은 물질에 대한 초조한 불안과 염려 속에서 자신을 소모시키고 자신의 영혼과 참된 삶을 잃어버리고 있다. 이것이 가장 심각한 문제이다.

다른 한편, 예수님은 초조한 불안은 결코 필요가 없다고 말씀하신다. 왜냐하면 하나님께서 우리를 돌보시기 때문이다. "하나님이 확실히 자연의 왕국에서 그의 피조물들의 진정한 필요를 제공해 주신다면 하나님은 또한 확실히 삶의 좀 더 깊은 차원에서 우리의 필요를 채워주실 것입니다."

예수님께서 공중의 새와 들의 백합화를 가리키시는 까닭은 우리의 삶이 자연의 삶과 똑같기 때문이 아니다. 예수님은 우리와 자연을 질적으로 구별하신다. "너희들이 그것들보다 더 귀하지 아니하냐?" "만약 하나님께서 자연의 생명을 돌보고 계시고 생명을 유지하기에 필요한 것들이 항상 제공되어 자연의 생명이 두려움 없이 산다면, 하물며 우리는 더 하나님께서 실패하지 않으시고 우리의 필요를 공급해 주신다는 확신을 갖고 두려움 없이 살아야 하지 않겠습니까?" 그러므로 우리는 우리의 불안정성에도 불구하고 무슨 일이 일어나더라도 안전하다는 것을 알아야 한다. 하나님은 우리의 머리카락까지도 다 세신다. 이 말은 어떠한 곤란한 일도 일어나지 않는다는 것을 의미하지는 않는다. 이 말은 모든 일이 하나님의 뜻이 없이는 일어나지 않는다는 말이다. 그러므로 어려운 일을 당할 때에 우리는 염려하지 말고 하나님께서 우리에게 꼭 필요하고 옳은 일을 하신다는 확신을 가져야 한다.

결론적으로 예수님은 훨씬 더 중요한 관심을 통해서만 하나님의 절대적인 섭리에 대한 믿음을 가지고 불안으로부터 자유롭게 될 수 있다고 말씀하신다. 이 관심은 하나님 나라와 그의 의를 구하는 것이다. 하나님 나라와 그의 의가 우리의 지배적인 관심사가 된다면 물질이나 의복에 대한 염려는 사라지게 될 것이다. 또한 그때 우리는 평안과 삶의 안전에 대한 끊임없는 염려로부터 해방된다. 오히려 우리는 하나님을 위해 자신을 헌신하고 희생하고자 한다. "우리는 하나님이 우리에게서 원하시는 것이 무엇이고 무슨 이유로 우리를 필요로 하시는지를 물을 때에 하나님의 나라와 그의 의를 구하게 되는 것입니다. 그리고 오직 그 때 '우리가 무엇을?' 이라는 근심어린 질문은 잠잠하게 됩니다."

그때, 하나님께서는 우리의 외적인 삶에 필요한 것들을 제공하실 것이다. "이 모든 것들 역시 너희의 것이 될 것이다." 물론 이것이 물질적 안전이 우리에게 보장된다는 것을 의미하지는 않는다. 그러나 우리는 신뢰의 위안 속에서 물질적 안전에 대한 염려를 하나님께 맡길 수 있다. "하나님께서 우리를 사용하시기만 하면 그분은 우리의 삶을 또한 주장하실 것입니다. 그리고 만약 하나님께서 우리에게 어려움과 궁핍함을 주신다면 우리는 그 이유를 모를지라도 그분은 그 이유를 알고 계십니다." 우리가 삶의 물질적인 측면에 대한 두려움에 사로잡히지 않고 우리의 온 마음과 뜻을 다해 하나님 나라와 그의 의를 구하게 되면, 우리는 신비의 짐을 질 수 있는 힘을 소유할 뿐만 아니라 점점 더 하나님께서 우리에게 주시는 내적 자유와 평안을 누리게 될 것이다.

3) 핵심 주제

물질에 의해 안정을 추구하는 것, 그리고 미래의 불안정성으로 인해 초조한 불안에 사로잡히는 것은 모두 소용없다. 하나님은 새와 백합화보다 훨씬 더 귀하게 우리를 돌보신다. 그리고 궁극적으로, 하나님의 나라와 그의 의에 대한 관심은 우리를 불안으로부터 자유하며 내적 자유와 평안을 가져다준다.

4) 분석과 비평

불트만의 실존론적 성서해석학은 인간 실존의 물음으로부터 출발한다. 이 설교는 인간실존의 가장 근본적인 물음인 불안을 주제로 한다. 불트만은 자연적 불안과 소모적인 초조한 불안을 구별한다. 그는 소모적인 초조한 불안을 경험하는 두 가지 부류의 사람들을 구별한다. 하나는 삶의 불안정성으로 인하여 불안해하는 사람들이다. 다른 하나는 자신의 수고와 노력으로 물질적인 안정을 얻음으로써 불안을 극복하려는 사람들이다. 이 두 불안은 모두 인간이 스스로 삶의 주인이 되고자 하기 때문에 초래된다.

불트만은 이 두 가지 종류의 불안에 대한 예수님의 가르침을 소개한다. 예수님은 물질에 대한 염려가 소용이 없으며, 물질적인 것을 준비함으로써 삶을 안전하게 할 수 없다고 말씀하신다. 인간이 물질에 대한 불안과 염려 때문에 자신의 영혼과 참된 삶을 잃어버리고 있다는 사실이 가장 큰 문제이다. 또한 예수님은 하나님께서 우리를 돌보시기 때문에 불안정성으로 인해 초조한 불안에 빠질 필요가 없다고 말씀하신다. 우리는 새와 백합화보다 훨씬 귀한 존재들이다. 때로 어려운 일을 당해도 거기에는 반드시 하나님의 뜻이 있기 때문에 우리는 안심할 수 있다.

불트만은 결론적으로 하나님 나라와 그의 의에 대한 관심이 우리를 불안으로부터 해방한다고 말한다. 하나님 나라와 그의 의가 우리의 지배적인 관심사가 될 때, 물질적인 염려와 평안과 삶의 안전에 대한 끊임없는 염려가 사라지게 된다. 오히려 우리는 우리가 하나님을 위해 어떻게 우리 자신을 헌신하고 희생할 수 있을지를 생각하게 된다. 그리고 신비의 짐(고난?)을 통해서 내적 자유와 평안을 경험한다.

우리 인간의 불안의 원인은 근본적으로 우리가 자신의 삶의 주인으로서 스스로의 노력으로 삶의 안정성을 확보하려는 태도에 있다. 이것은 헛된 것일 뿐만 아니라 죄악된 것이다. 왜냐하면 이것은 바로 하나님으로부터 오는 은혜에 의존하지 않고 인간이 스스로의 힘으로 서려고 하는 율법주의적인 태도이기 때문이다.

불트만이 제시하는 불안 극복의 길은 두 가지이다. 하나는 온 천하보다 귀한 나를 위한 하나님의 선한 섭리를 믿는 것이다. 그리고 어떤 어려움 가운데에서도 결국 하나님의 선하신 뜻이 이루어질 것을 믿는 것이다. "하나님을 사랑하는 자 곧 그의 뜻대로 부르심을 입은 자들에게는 모든 것이 합력하여 선을 이루느니라"(롬 8:28). 다른 하나는 자기중심적 관심으로부터 벗어나 하나님 중심적 관심으로 전환하는 데 있다. 그것은 하나님 나라와 그의 의를 구하는 것이다. 하나님 나라와 그의 의를 위하여 자신을 헌신하고 희생하고자 할 때, 우리는 우리 자신의 안정성에 대한 추구 때문에 경험하는 불안으로부터 해방될 수 있다. 이 설교에서는 직설법과 명령법이 균형과 조화를 이루고 있다. 불안을 극복하기 위한 두 가지 길 가운데 첫 번째 길이 직설법적이라면, 두 번째 길은 명령법적이다.

3. 장차 될 미래의 존재[105]

1) 성서본문: 로마서 8장 18-27절

2) 주요 내용

바울은 본문 19-21절에서 현재의 우리(피조물)의 실존이 잠정적이며 우리의 참되고 완성된 실존은 아직 도래하지 않았다고 말씀한다. 현재 피조물은 자신의 생명력을 자유롭게 발전시킬 수 없다. 현재 피조물의 자유로운 성장은 방해를 받으며 상처를 입는다. 아담이 사탄의 유혹에 빠져 죄를 지은 결과 죽음이 인간의 숙명이 된 것처럼, 자연은 인간의 비극적 숙명의 영향으로 부패와 무상성의 저주 아래 놓이게 되었다. 자연의 침해는 인간으로부터 말미암는다. "자연에 대한 인간의 침해의 사실은 명백합니다. 그리고 그것은 인간의 삶이 자연의 영역으로부터 가장 소외된 곳에서, 큰 도시에서 그리고 기술이 모든 것을 통제하는 지배력을 획득한 모든 곳에서 가장 명백합니다."(73) 자연에 내려진 저주는 인간의 죄에 기원을 두고 있다는 고대의 신화는 정당하다. 자연의 파괴적인 과정의 대부분은 삶의 실제적인 긴급성의 결과가 아니라

---

105) Rudolf Bultmann, *This World and the Beyond: Marburg Sermons*, pp. 71-82. 1938년 7월 2일 설교.

교묘한 형태의 쾌락의 추구와 자연으로부터의 소외의 결과이다.

인간의 삶의 세계도 왜곡되고 부패되어 있다. 우리는 고통을 당하고 있다. 그러나 바울은 말씀한다. "생각하건대 현재의 고난은 장차 우리에게 나타날 영광과 비교할 수 없도다." 우리의 현재의 삶은 우리가 희망하는 미래에 의해 결정되고 유지되며, 우리의 현재의 삶은 오직 우리가 의도하는 바대로 되고자 하는 의지를 가질 때에만, 오직 우리가 미래의 영감에 의해 살 때에만 힘과 진리로 채워지게 된다. "이 모든 사람들은 근본적으로 그들이 아직 갖지 못한 것, 그들이 앞으로 도래할 것으로 느끼는 것, 그들이 희망하고 추구하는 미래적 목표의 힘 안에 살아갑니다. 이것들이 그들의 삶에 참된 내용과 영감적 에너지를 공급합니다."(76) "이것은 어떤 목표에 도달하고자 하는 모든 삶은 언제나 잠정적이고 미완성적이며 상대적인 실존이라는 사실을 의미합니다. 인간이 본래적으로 되고자 원하는 바는 언제나 그의 앞에 놓여 있습니다. 그의 삶은 어느 정도는 그 자신의 참된 존재를 획득하기 위한 경주와 같습니다." (76-77)

인간은 미래를 향해 개방된 존재이다. 미래를 향해 개방된 삶이란 어떤 것인가? 그것은 "모든 미래는 하나님의 선물과 은총이며 모든 것이 합력하여 선을 이룰 것이라는 확신을 가지고 미래가 가져오는 것(그것이 기쁨이든지 고통이든지: 역자 주)을 기다리는 것을 의미합니다."(77-78) 미래는 우리가 선택한 목표와 쏟은 노력의 결과로 성취되는 것이 아니라 하나님의 은혜로 주어지는 것이다. "따라서 그리스도인은 스스로 선택하고 자신의 모든 힘과 희망을 쏟아 부은 목표에 의해 자신이 삶이 결정되도록 허용하지 않습니다. 어떤 의미에서 그의 삶은 오히려 특정한 목표의 결여에 의해 성격지어집니다. 여기서 특정한 목표의 결여란 스스로 선택한 목표로부터의 내적 자유를 의미합니다. 그리스도인의 신앙이란 그가 결코 그 자신이 스스로 선택한 과정에 의해서 붙잡을 수 없는 자신의 참된 자아를 미래가 가져다줄 것을 믿는 것입니다. 다시 말하면, 그것은 나의 운명, 즉 하나님께서 나와 함께 하시기로 계획하신 것을 받아들이고자 하는 것입니다."(78)

그러나 미래를 향한 기대가 아니라 미래에 대한 두려움이 인간의 삶을 움직이는 힘이다. 왜 그런가? 그것은 이미 가진 것을 굳게 지키려는 인간의 집착과 소유욕 때문이다. "인간은 미래에 대한 살아 있는 개방성 대신에, 자신의 목표를 지정해 주고 자신의 행위의 동기와 기준을 지시해 주는 과거에 근거하여 살아갑니다."(78) 인간은 미래가 그에게 가져다주는 은총에 의해서가 아니라, 그리고 하나님께서 그를 위해 갖고 계신 목적에 대한 기대 안에서가 아니라, 자신이 세운 목표와 자신의 힘으로 살아가고자 한다. 그러나 자신의 힘으로 살고자 하면 할수록 더욱 인간은 과거에, 그리고 스스로 만든 것에 예속되는 것이다.

인간이 하나님께서 그와 함께 계획하신 미래를 준비할 때에만, 미래는 그에게 참된 삶을 선물한다. 자신의 과거, 자기 자신, 두려움, 불안, 절망으로부터 벗어나 미래를 준비할 수 있는 자는 어떤 사람인가? 그것은 하나님의 사랑의 빛에 사로잡힌 사람이다. "이 진정한 사랑의 신비한 힘과 은혜는 인간을 현재에 있는 그대로의 존재로서가 아니라, 그가 될 수 있고 되어야 하고 되고자 하는 존재, 그가 장차 될 존재로서 보고 이해하고 대합니다."(80) 사랑은 진정한 창조적 미래와 아울러 미래의 무한한 지평에 대한 믿음을 수여한다. 이 사랑, 즉 하나님의 사랑이 예수 그리스도 안에 나타났다.

하나님의 사랑은 우리를 지금 있는 그대로의 모습으로서가 아니라, 우리가 되어야 하고 되어가고자 하고 되어갈 모습으로서 받아주신다. "이 하나님의 사랑은 우리가 노력해서 획득해야 할 목표가 아니라 이미 우리를 감싸고 있으며, 우리가 눈을 뜨고 보아야 할 힘입니다. 그리고 우리는 이 하나님의 사랑의 현현과 성육신이신 예수 그리스도를 바라보고 묵상해야 합니다. 자기 자신이 이 사랑에 의해 살아가고 있음을 아는 것은 과거의 굴레로부터, 자신의 족쇄로부터 해방되어 하나님이 가져다주시는 미래, 우리에게 드러나게 될 영광을 향해 자유롭게 되는 것을 의미합니다."(81)

이 자유는 우리 안에 희망을 창조하며 인내를 가능하게 한다. 우리가 미래가 보이지 않는 절망적인 상황에 처해 있을 때, 성령께서 우리의 연약함을 도우시며 우리를 위하여 기도하신다. "이와 같이 성령도 우리의 연약함을 도우시나니 우리는 마땅히 기도할 바를 알지 못하나 오직 성령이 말할 수 없는 탄식으로 우리를 위하여 친히 간구하시느니라"(롬 8:26).

3) 핵심 주제

우리의 본래적인 존재는 지금 여기에 나타나 있는 실존이 아니라 우리가 되고자 희망하는 존재이다. 우리가 장차 될 미래의 존재가 우리의 현재의 실존에 존재의 참된 성격을 가져다준다. 우리는 우리가 우리 자신으로부터 만들어가는 존재가 아니라, 하나님께서 우리와 함께 만들어가고자 계획하시는 존재이다. 우리는 예수 그리스도 안에 나타난 하나님의 사랑 안에서 우리 자신과 과거의 속박으로부터 해방된 존재들로서, 현재의 고난 중에도 하나님께서 가져다주시는 미래를 향해 우리 자신을 개방하자.

4) 분석과 비평

이 설교는 1938년 7월 2일에 행해진 설교이다. 이 시기는 독일 국민이 제1차 세계대전으로 인한 폐허와 고통의 악몽에서 여전히 헤어나지 못하고 있는 암울한 상황에서 히틀러가 등장하여 1933년 총통이 되고, 1938년 3월 13일에 오스트리아를 합병함으로써 또 다른 세계전쟁의 전주곡이 시작되던 시기였다. 이 설교에는 이와 같은 시대적인 상황이 직접 언급되지는 않는다. 하지만 불트만은 이 설교를 통해 절망적인 과거로부터 벗어나서 하나님이 약속하신 미래를 향하여 부름을 받은 그리스도인(그리고 모든 인간)의 본래적 실존을 선포함으로써 회중들에게 희망의 메시지를 전하고자 했던 것으로 추측할 수 있다.

이 설교는 불트만의 실존론적 성서해석의 특징을 잘 보여준다.[106] 그에 의하면 성서는 하나님을 경험하는 인간 실존에 대한 물음이 종교적 진술로 표현

---

106) 이하의 내용은 윤철호, 『신뢰와 의혹』 (서울: 대한기독교서회, 2007), pp. 217-219 참고.

된 것이다. 이 물음은 삶의 의미나 행복 등에 관한 인간의 기본적인 물음이다. 이러한 물음을 통해 하나님은 인간에게 말을 걸어오신다. 그러므로 성서 해석자에게는 인간 존재에 대한 올바른 이해가 중요하다. 그리고 인간 실존에 대한 이해는 어떤 방식으로든지 이미 주어져 있다. 따라서 성서해석은 성서의 내용에 대하여 해석자가 가지고 있는 "선행적인 삶의 관계", 즉 전이해에서 출발하는 것이다. 이것이 "실존론적 해석"이다. 이 실존론적 해석에서는 인간 자신의 행복과 구원에 대한 물음, 세계와 역사의 의미에 대한 물음, 끊임없이 움직이는 현존과 본래성에 대한 물음이 제기된다. 다시 말하면, 실존론적 성서해석은 하나님에 대한 직접적인 물음이 아니라 인간의 본래성에 관한 물음에 의해 얻어지는 것이다. 왜냐하면 "하나님에 대한 질문과 나에 대한 질문은 동일한 것"이기 때문이다.[107]

불트만에 따르면 과학적인 신학적 주석에 있어서 인간이 되는 것이 무엇을 의미하는가 하는 질문에 대한 적절한 해석이 매우 중요하다. 이 해석이 바로 인간 실존에 대한 실존론적 분석의 과제이다. 물론 신약성서로부터 직접적으로 들려오는 실존적 자기이해를 단순히 듣고자 하는 사람에게는 이러한 과제가 전제되지 않는다. 그러나 과학적 성서해석은 성서가 표현하는 인간 실존의 이해에 관해 질문하며, 따라서 인간 실존에 관해 말하기 위한 적절한 개념에 관심을 기울인다. 이 적절한 개념은 성서 안에 표현된 주제에 대한 주석가의 삶의 연관성 안에 근거하며, 그 주제에 대한 전이해를 포함한다. 우리가 그러한 전이해와 그로부터 나오는 개념 없이 하나님의 말씀, 즉 성서를 이해할

---

107) Rudolf Bultmann, *Jesus Christ and Mythology* (New York: Charles Scribner's Sons, 1958), p. 53. 불트만은 우리는 하나님의 계시 이전에는 하나님과 하나님의 행동의 의미에 대하여 알 수 없다는 견해에 반대하여, "우리는 하나님이 어떤 분인지 하나님에 관한 질문 가운데 매우 잘 알고 있다"고 주장한다. Rudolf Bultmann, "The Problem of Hermeneutics," R. A. Johnson, *Rudolf Bultmann: Interpreting Faith for the Modern Era* (Minneapolis: Fortress Press, 1991), p. 154. 우리의 실존이 하나님에 관한 물음에 의해 움직여지지 않는다면, 우리는 어떤 계시 안에서도 하나님을 하나님으로 인식할 수 없을 것이다. 행복과 구원 또는 세계와 역사의 의미에 대해 질문하는 인간 실존 안에, 현존하고 살아 있는 하나님에 관한 실존적 지식이 있다. 이러한 질문을 하나님에 관한 질문으로 진술할 수 있는 권리가 하나님의 계시 안에 있는 신앙에 우선적으로 있다고 하더라도, 여전히 그 현상 자체는 계시의 주제와의 관계이다.

수 있다는 생각은 환상이다. 불트만은 이렇게 말한다. "만일 해석의 목적이 하나님, 또는 하나님의 계시의 문제라면, 이것은 곧 인간 실존의 진리에 관한 문제임을 의미한다. 그렇다면 해석은 실존에 관한 실존론적 이해의 개념에 관심을 기울여야 한다."[108]

그의 실존론적 해석학이 성서 텍스트와 주제에 전이해를 강요한다는 바르트의 비판에 대하여, 불트만은 성서해석이 다른 문헌 해석과는 다른 이해의 조건 안에서 이루어지는 것이 아니며, 따라서 엄밀한 언어학적, 형식적 분석과 텍스트의 주제에 대한 전이해(비판적으로 검증된)와 함께 접근되어야 한다고 응답한다.[109] 그는 자신의 실존론적 해석학의 핵심 논지를 다음 다섯 가지로 요약했다. 첫째, 성서 텍스트 주석은 텍스트에 교의학적인 전제를 강요하는 편견으로부터 자유로워야 한다. 둘째, 그러나 주석은 전제로부터 자유로울 수 없다. 왜냐하면 역사적 해석으로서 그것은 역사비평적 탐구방법을 전제하기 때문이다. 셋째, 주석자와 성서 텍스트 사이의 삶 연관성, 그리고 그에 따르는 전이해가 전제된다. 넷째, 이 전이해는 닫혀 있지 않고 변화에 열려 있다. 다섯째, 성서 텍스트의 이해는 결코 결정론적인 것이 될 수 없다. 성서의 의미는 미래에 항상 새롭게 탈은폐된다.[110]

하이데거의 현존재 분석에 기초한 불트만의 실존론적 사고에게 있어서 미래의 개념이 매우 중요하다. 즉 미래는 현재의 인간실존의 잠정성, 비본래성, 무상성을 탈은폐함과 동시에 인간존재가 지향해야 할 당위성과 본래성을 계시한다. 그러나 하이데거와 달리 그에게 있어서 인간존재는 단지 죽음으로 가

---

108) Ibid., p. 155.

109) Ibid., pp. 155-56. 바르트와 반대로 불트만은 인간의 역사 안의 하나님의 자기계시에 대한 인식도 모종의 전이해에 의존한다고 강조한다. 이 전이해는 하나님에 대한 우리의 실존적 지식에 의해 불러일으켜진다. 하나님에 대한 모든 인간의 지식은 해석된 지식이기 때문에, 이 해석의 과정을 성찰하는 신학자는 자신의 해석의 개념적 틀을 논의해야 한다. 불트만은 과연 바르트의 "개념의 원천과 의미는 무엇인가?" 하고 묻는다.

110) Rudolf Bultmann, "Is Exegesis Without Presuppositions Possible?" K. M. Vollmer, *The Hermeneutics Reader: Text of the German-Tradition from the Enlightenment in the Present* (London: Blackwell, 1986), pp. 246 이하.

는 실존이 아니라, 예수 그리스도 안에 나타난 하나님의 사랑 안에서 현재의 비본래성을 극복하고 본래성을 회복, 완성하는 존재이다. 미래는 하나님의 선물이다. 다시 말하면, 인간의 본래성의 회복과 완성은 인간 자신의 목표설정과 노력에 의해서가 아니라 오직 하나님의 은혜에 의해서 이루어진다. 불트만은 인간의 구원, 즉 본래적 자아의 실현이 인간 자신의 노력이 아니라 하나님의 은혜에 의한 것임을 강조함에 있어서 루터의 신학전통을 충실히 따른다.

하지만 불트만에게 있어서 미래는 연대기적인 범주가 아니라 실존론적인 범주의 개념이다. 즉 그에게 있어서 미래는 역사(history)가 아닌 역사성(historicality, Geschichtlichkeit)의 범주에 속한다. 그의 실존론적 사고에 있어서 역사적 지평에서 전개되는 과거의 하나님의 약속과 미래의 성취 사이의 변증법적 관계는 존재하지 않는다. 또한 그에게는 종국적인 미래에 도래하는 하나님 나라와 함께 실현될 우주적 차원의 종말론적 완성의 개념도 존재하지 않는다. 그에게 있어서 종말은 비본래적 실존으로부터 본래적 실존으로의 결단이 이루어지는 현재 안에서 실현된다.

이와 같은 실존론적 사고와 이에 기초한 실존론적 성서해석이 비역사적이라는 비판에 대하여 불트만은 자신의 실존론적 사고가 바로 인간의 역사성의 본성에 대한 통찰로부터 나온 것이라고 주장한다. 그는 "전제 없는 주석은 가능한가?"라는 논문(1957)에서 이렇게 말한다. "만일 우리가 우리 자신의 문제를 가지고 역사에 접근할 때, 역사는 우리에게 말하기 시작할 것이다. 역사적 지식은 동시에 우리 자신에 대한 지식이다."[111] 그는 자신이 신학자의 역사적 과제를 거부하는 것이 아니라 역사가들의 객관주의를 거부하며, 오히려 신학자에게 역사적 사고의 함의를 충분히 인식시키고자 한다고 주장한다. 그러나 이와 같은 불트만의 해명에도 불구하고 많은 신학자들이 그의 실존론적 사고와 실존론적 성서해석이 구속사적 또는 보편사적 차원에서의 역사를 개인의 실존적 차원에서의 역사성으로 환원시켰다고 생각한다.

특히 본문 21-22절은 자연의 파괴로 인한 생태계의 위기가 가속화되는

---

111) Ibid., p. 245.

오늘의 상황 속에서 단지 인간의 구원만이 아니라 창조세계 전체의 구원과 완성을 위한 성서적 전거로 종종 인용된다. 따라서 이 본문은 불트만의 실존론적 해석에서처럼 인간의 개인적인 실존의 차원으로 환원되지 않고 인간의 역사와 창조세계 전체를 포함하는 전 우주적 차원에서의 하나님의 종말론적 구원과 완성이라는 관점에서 새롭게 조명될 필요가 있다.

4. 실존적인 신앙의 눈[112]

1) 성서본문: 누가복음 5장 1-11절

2) 주요 내용

기적을 믿는 것이 기독교 신앙의 핵심적인 요소인가? 기적에 대한 기독교 신앙의 의미는 무엇인가? 우리는 신약성서의 기적 이야기들이 실제로 일어난 사건이라고 믿어야 하는가? 우리는 기적을 경험하지 못할 뿐만 아니라 또한 그것이 가능하다고 생각하지 않는 과학의 시대에 살고 있다. 물론 우리는 우리가 아직도 알지 못하는 신비한 자연의 힘들이 존재한다는 것을 인정한다. 그러나 그것은 초자연적인 기적을 믿는다는 의미가 아니라, 아직 현재의 과학으로는 설명할 수 없는 자연의 현상들이 존재한다는 사실을 인정한다는 것을 의미한다.

신약성서의 기적 이야기에 대한 믿음은 기독교 신앙의 본질이 아니다. 기독교 신앙은 그리스도 안에 현시된 하나님의 은혜에 대한 믿음을 의미한다. 그리스도의 진정한 사역은 율법과 죽음에 대한 그의 승리에 있다. "그리스도를 믿는다는 것은 우리를 율법의 폭정과 죽음의 통치로부터 해방시킨 분으로

---

112) Rudolf Bultmann, *This World and the Beyond: Marburg Sermons*, pp. 155-166. 1941년 7월 13일 설교.

서 믿는 것을 의미합니다. 그러나 이것은 신약성서의 기적 이야기가 참되다고 간주하는 것을 의미하는 것은 아닙니다."(157)

신약성서의 기적을 믿는 것이 기독교 신앙의 본래적 부분이라고 생각하는 사람들은 기독교 신앙은 자신의 의지뿐 아니라 자신의 사고방식도 포기하는 것을 의미한다고 주장한다. 우리가 하나님 앞에서 우리의 사고방식조차 포기해야 한다는 말은 옳다. "그러나 그것은 우리가 스스로 생각하려는 시도를 완전히 포기하고 우리가 정직하게 참이라고 믿을 수 없는 것을 참으로 받아들이는 것을 의미할 수는 없습니다. 그것은 우리가 진실성을 억누르는 것을 의미할 수는 없습니다."(158)

신약성서의 기적 이야기에 대한 태도와는 별도로, 기독교 신앙은 기적에 대한 믿음, 하나님의 기적적인 행동에 대한 믿음을 포함한다. 신약성서는 예수 그리스도가 인간의 삶에 미치는 기적적인 힘을 거울처럼 반영해 주는 시적 이미지 또는 경건한 문학(Dichtung)이다. 본문의 이야기에서 중요한 점은 베드로가 기적적으로 고기를 잡았다는 사실에 있지 않고 그가 사도, 즉 말씀의 선포자로 부름 받았다는 사실에 있다. "이제 후로는 네가 사람을 취하리라." "진정한 기적은 베드로의 사도적 위임의 효력, 인간의 입술에 의해 선포된 하나님의 말씀의 살아 있는 실재와 작용입니다. 바로 이것이 기적적인 고기잡이라는 상징에 의해 예증되는 기적입니다."(159)

기적을 믿는다는 것은 우리가 일상적 삶 속에서 하나님의 기적적인 행위를 경험할 수 있다는 것을 믿는 것을 의미한다. 그러나 창조주 하나님의 행위는 숨겨져 있다. 하나님의 창조적 행위는 눈을 가진 사람이라면 누구나 보고 인지할 수 있는 그 어떤 것이 아니라, 내 자신의 삶 속에서 그것을 실존적으로 경험할 때에만 파악되는 것이다. "나는 나 자신의 삶과 경험 안에 반영된 진리(창조자 하나님에 대한 진리: 역자)를 볼 때에만 하나님을 세계의 창조자로 믿을 수 있습니다."(220) 본래적 의미에서의 기적이란 세계와 우리의 운명의 모든 신비, 그리고 우리의 자기 저주로 인한 고통에도 불구하고, 하나님께서 은혜로 우리를 창조하셨으며, 우리를 붙들고 계시다는 사실을 깊이 깨닫게 해 주는 사건을 의미한다. 우리가 이 본래적인 기적에 관심을 집중할 때에만 우리는 우리의 경험 속에서 기적을 인식할 수 있다.

본문은 기적을 일으키는 예수님의 말씀은 우리 자신의 힘과 자원이 다 고갈되었을 때 우리에게 주어진다는 사실을 보여준다. 우리가 하나님의 기적을 경험하지 못하는 까닭은 우리가 우리의 삶을 우리 자신의 주도권과 힘과 의지와 계획으로 이끌어가고자 하기 때문이다. "만일 우리가 참으로 하나님을 창조자로 인식하기를 원하고 또한 참으로 하나님의 기적을 일으키는 능력을 포착하기를 원한다면, 만일 우리가 하나의 놀라운 기적, 즉 하나님께서 우리의 창조자라는 사실을 확신하게 하는 사건을 이해하기를 원한다면, 이것은 우리가 새로운 피조물이 되기를 열망하는 것, 우리가 우리의 옛 사람, 옛 삶의 방식, 우리 자신의 의지와 우리 자신의 자원과 힘을 따라 사는 우리의 습관을 벗어버려야 한다는 우리의 옛 사람, 간단히 말해서, 그것은 우리가 우리의 옛 삶의 방식이 죄악된 것임을 인식해야 한다는 것을 의미합니다."(163-164)

"주여 나를 떠나소서 나는 죄인이로소이다." 기적은 절망한 죄인에게 알려지게 된다. "무서워하지 말라 이제 후로는 네가 사람을 취하리라." 절망한 죄인에게 알려진 기적, 진정한 기적은 "예수께서 죄인을 자신의 일군으로 부르시고, 그를 변화시켜 새롭고 순결한 존재로 만드신다는 사실입니다."(164) "사실상 유일하고 진정한 기적은 예수 그리스도 안에서 우리를 만나고 구원하시는 하나님의 은혜의 말씀이 우리를 우리 자신의 속박과 죄악된 옛 삶의 방식으로부터 자유하게 하고 우리를 '새로운 피조물'로 새롭게 창조하는 것입니다."(164)

누구든지 하나님의 구속의 은혜의 말씀을 듣고 "주여 나를 떠나소서 나는 죄인이로소이다."라고 말할 수 있는 사람은 유일하고 진정한 기적, 즉 하나님께서 그를 자아의 굴레로부터 자유하게 하며 그에게 하나님이 행하시는 능력의 사역을 보게 된다. 다른 사람들에게는 사물의 정상적인 과정에서 생기는 모든 일상적인 사건이 그에게는 하나님의 비밀스럽고 놀라운 은혜의 사역을 드러낸다는 사실이 참된 기적의 의미이다.(165)

하나님의 놀라운 사역을 보는 사람은 그 자신도 놀라운 일을 행할 것이다. 그는 "깊은 데로 가서 그물을 내려 고기를 잡으라"는 예수님의 명령을 행한다. 그러나 이제는 그 자신의 행위가 새로운 빛 안에 나타난다. "그것은 더 이상 그 자신이 선택한 행동이 아니며 그 자신의 계획에 의해 그 자신의 힘으로 성취하는 행동이 아닙니다. 그것은 하나님의 명령에 의해 행해지는 행동이며, 따라서 하나님의 은혜에 의해 유지되고 완성되는 행동입니다."(166) 그의 전 존재와 행위가 사랑의 기쁨과 평화에 의해 이루어지는 사람은 다른 사람의 눈에 그 자신이 기적이다. 이런 의미에서 우리는 하나님의 놀라움을 볼 뿐만 아니라 우리 자신이 놀라운 일을 행하도록 부름을 받는다.

3) 핵심 주제

기독교 신앙의 본질은 초자연적 기적을 믿는 데 있는 것이 아니다. 진정한 기적은 하나님의 말씀의 살아 있는 효력을 가리킨다. 이 기적은 객관적인 눈이 아니라 실존적인 신앙의 눈에 의해 파악된다. 신앙의 눈에 의해 우리는 모든 일상적인 삶 속에서 그리고 심지어 우리의 모든 고통 속에서도 하나님의 은혜와 사랑의 손길을 볼 수 있다. 하나님의 기적의 본질은 자신을 의지하는 우리의 옛 자아가 죽고 새로운 피조물로 새롭게 창조되어 우리가 하나님의 놀라운 일을 행하는 것이다.

4) 분석과 비평

불트만은 이 설교를 1939년 제2차 세계대전이 발발한 지 2년이 지난 1941년 7월 13일 학기 종강예배에서 하였다. 이 시기는 전쟁으로 인해 많은 학생들이 학업을 중단하고 전쟁터로 나갔으며 학교에 남은 학생들도 공부에 전념하기 어려웠다. 그러나 이 설교는 이와 같은 당시의 상황과 관련된 특별한 언급은 나타나지 않는다. 이 설교에서 불트만은 자신이 가장 근본적이고 중요하다고 생각하는 성서해석의 관점과 기독교 신앙의 본질을 다룬다. 이 설교의 경우만을 가지고 말을 한다면 불트만의 설교는 객관적이고 보편적인 역사(historie)로부터 인간 내면의 실존적 역사성(Geschichtlichkeit)의 영역으로

도피하였다는 비판을 받는 그의 실존론적 성서해석의 특징을 공유하고 있다고 할 수 있다.

1941년은 불트만이 비신화화에 관한 첫 번째 논문 "신약성서와 신화"를 발표한 해이다. 이 설교는 불트만이 설교를 위한 텍스트로 택한 성서의 본문에 실존론적 성서해석의 원리에 기초한 비신화화 주석방법을 적용한 대표적인 사례를 보여준다.[113] 그에 의하면 성서의 세계관은 신화론적이다. 즉 성서는 기록될 당시의 신화적 세계관에 의하여 신화적으로 착색되었다. 그는 신화를 실존론적으로 정의한다. "신화의 진정한 목적은 있는 그대로의 세계에 대한 객관화된 상을 제시하는 데 있지 않고, 인간이 자신이 살고 있는 세계 안에서의 자기이해를 표현하는 데 있다. 신화는 우주론적으로가 아니라 인간론적으로, 더 정확하게 말하자면 실존론적으로 이해되어야 한다."[114] 이 말은 신화가 형이상학적이거나 객관화하는 언어로 이해되어서는 안 된다는 의미를 함축한다. 불트만은 신화가 근본적으로 과학 이전의 세계관을 반영하기 때문에, 신약성서의 신화적 세계관이 현대인의 세계관과 양립할 수 없다고 주장한다. "이제 자연의 힘과 법칙이 발견되었기 때문에, 우리는 더 이상 선한 영이든 악한 영이든 영을 믿을 수 없다… 전등과 무선전신을 사용하고 현대의 의학적 외과적 발견의 결과를 이용하면서 동시에 신약성서의 영과 기적의 세계를 믿는다는 것은 불가능한 일이다."[115]

그러면 성서의 신화적 표현들을 어떻게 이해하고 해석해야 하는가? 불트만에 따르면 현대인에게 문제가 되는 것은 신약성서의 신화적 표현이지 선포 자체가 아니기 때문에, 신약성서의 선포의 진리를 현대인들이 받아들일 수 있게 하기 위해서는 신화적 표현 뒤에 숨은 깊은 의미를 밝혀내야 한다. 이것이 "비신화화"(Entmythologisieren)이다. 비신화화의 목적은 신화적 껍질 즉 역사적 부가물을 벗겨내고 그 속에 담겨 있는 케리그마, 즉 하나님의 말씀을

---

113) 이하의 내용은 윤철호, 『신뢰와 의혹』, pp. 219-224 참고.

114) Rudolf Bultmann, "New Testament and Mythology," *Kerygma and Myth* (New York and Evanston: Harper & Row Publishers, 1961), p. 10.

115) Ibid., pp. 4-5.

오늘의 과학적인 세계관에 적합하도록 새롭게 표현하고 이해하는 것이다. 비신화화는 성서를 거부하는 것이 아니라 과거 시대의 세계관인 성서의 세계관을 거부함으로써, "거짓된 거침돌을 제거하고 진정한 거침돌, 즉 십자가의 말씀에 초점을 맞추는 것"이다.[116]

이 설교의 성서본문은 베드로와 다른 제자들이 예수님으로부터 부름을 받은 이야기를 소개하고 있다. 본문의 저자인 누가는 이 본문 앞장인 4장 38-41절에서 예수님이 시몬의 장모의 열병을 고치는 이야기와 온갖 병자들과 귀신들린 자들을 고치는 이야기를 소개한다. 그리고 본문 5장 1-11절에서 베드로와 야고보와 요한이 기적적인 고기잡이를 통해 예수님의 능력을 경험한 후에 예수님의 부름에 응답하는 이야기가 기록되어 있다. 이러한 누가의 일련의 기록은 그가 예수님의 이적 사건이 제자들이 예수님을 따른 중요한 이유가 되는 것으로 이해하고 있음을 암시한다.

그러나 불트만의 성서해석은 객관적이고 초자연적인 사건이라는 의미에서의 기적의 역사성을 전제하지 않는다. 이것은 그에게 있어서 성서의 케리그마가 역사적 예수의 사실들에 기초하지 않는 것과 마찬가지이다. 하지만 불트만은 오늘의 과학시대에 있어서 기적이란 개념은 폐기되어야 하지만, 진정한 의미의 기적, 즉 놀라움은 말할 수 있다고 믿는다. 이것은 계시의 놀라움으로서 "이 놀라움에 관해 말하는 것은 나 자신의 실존에 관해 말하는 것을 의미한다."[117] 신칸트주의 인식론을 따라 그는 하나님이 객관적 지식과 법칙의 영역 밖에 계신다고 주장한다. 그는 하나님을 "일반적 진리의 체계 안"에 위치시키려는 모든 시도를 거부하고 하나님의 은폐성을 강조한다. 즉 하나님과 계시와 신앙은 닫혀 있는 과학 체계와 객관적 지식이 아닌 실존적 영역 안에서 발견된다. 비신화화는 성서의 신화론적 세계 표상을 비판함으로써 그 표상에 포함된 인간의 실존 이해를 밝혀내는 것을 목표로 한다. 비신화화는 실존론적 성서해석을 수행하기 위한 이해의 기술이요, 해석학적 방법론이다.

---

116) Rudolf Bultmann, *Jesus Christ and Mythology*, pp. 35-36.
117) Rudolf Bultmann, *Faith and Understanding I* (London: SCM, 1969), p. 254.

불트만은 자신의 실존론적 해석이 신약성서와 루터에게 나타나는 신앙관에 근거한다고 주장한다. 즉 신화를 재진술하는 것은 신앙 자체의 요구이다. 왜냐하면 신앙은 객관화하는 용어로 표현된 모든 세계관과의 연관성으로부터 해방되어야 하기 때문이다. "신약성서를 철저히 비신화화하고자 하는 우리의 시도는 사실상 바울과 루터의 구원론, 즉 율법의 행위가 아닌 오직 믿음에 의한 칭의 교리와 완전히 일치한다. 또는 그것은 이 교리를 인식론의 영역에서의 논리적 결론으로 이끌고 가는 것이다. 칭의 교리처럼 그것은 모든 거짓된 안전성을 파괴한다… 하나님을 자신의 하나님으로 믿고자 하는 사람은 자신의 신앙을 정초할 아무런 것도 자신의 수중에 갖고 있지 않다는 사실을 깨달아야 한다… 안전성은 오직 모든 안전성을 포기함으로써만 발견될 수 있다."[118] 이 설교의 다음과 같은 구절에 불트만의 칭의론적 관점에서의 실존론적 성서해석이 잘 드러난다. "사실상 유일하고 진정한 기적은 예수 그리스도 안에서 우리를 만나고 구원하시는 하나님의 은혜의 말씀이 우리를 우리 자신의 속박과 죄악된 옛 삶의 방식으로부터 자유하게 하고 우리를 '새로운 피조물'로 새롭게 창조하는 것입니다."

불트만의 실존론적 해석학은 성서 텍스트의 앞에서 지금 여기서 독자나 회중에게 들려지는 하나님의 말씀을 선포함으로써 실존적인 신앙의 응답을 불러일으키는 데에 매우 효과적일 수 있다. 그러나 신앙을 불러일으키는 하나님의 말씀이 텍스트의 뒤에 있는 역사적 예수의 객관적 현실에 기초하지 못하고 단지 초기교회의 신앙의 증언인 케리그마에 의존한다면, 신앙이 신앙에 근거하는 순환논리에 빠지게 되는 것이 아닌가 하는 물음이 제기될 수 있다.

---

118) Rudolf Bultmann, "New Testament and Mythology," *Kerygma and Myth*, pp. 210-211.

5. 하나님의 자유[119]

1) 성서본문: 마태복음 20장 1-16절

2) 주요 내용

예수님의 이 비유에서 문제되는 것은 동등하지 않은 노동에 대하여 동등한 임금을 지급하는 것에 대한 것이다. 예수님은 이 비유에서 어떻게 노동자에게 보수를 지급해야 하는지에 관한 기본적인 사회적 원칙을 가르치려는 것이 아니라 하나님께서 어떻게 인간을 향하여 행동하시는가를 보여주고자 한다. 이 비유에서 우리가 배워야 할 가르침은 이것이다. "인간은 하나님 앞에서 그 어떠한 정당한 요구를 할 수 없습니다. 하나님은 우리에게 합당한 것을 주십니다. 그리고 누구도 불평을 하거나 더 요구할 권리를 갖고 있지 않습니다."(180)

유대교의 비유는 하나님이 인간의 성취에 대하여 보상을 하시며 따라서 인간의 공로의 정도에 상응하는 보상을 하신다고 가르친다. 그러나 예수님은 하나님의 주권적 자유를 가르친다. 하나님은 모든 인간의 요구에 대하여 전적으로 자유로우시다. "나중 온 이 사람에게 너와 같이 주는 것이 내 뜻이니라. 내 것을 가지고 내 뜻대로 할 것이 아니냐?" 포도원 주인이 나중 온 노동자에게 동일한 임금을 준 것은 그의 선한 마음과 관대함에 근거한다. "내가 선하므로 네가 악하게 보느냐?"

이 비유는 하나님의 자유와 사랑의 일치를 가르치고자 한다. 사랑의 행위는 오직 자유가 있는 곳에서만 가능하다. "선물이 어떤 외적인 강요의 결과나 모종의 도덕적, 사회적 긴급성의 압력에 의해서 주어지지 않고, 완전한 자유 안에서, 선물이 주어질 수 없는 상황에서, 그리고 선물에 대한 그 어떤 요구도

---

[119] Rudolf Bultmann, *This World and the Beyond: Marburg Sermons*, pp. 178-188. 1942년 8월 16일 설교.

있을 수 없는 상황에서 주어질 때, 우리는 선한 마음으로부터 흘러나오는 선물에 대하여 말할 수 있습니다."(182) 하나님의 선하심은 하나님의 자유를 전제하고 있으며, 하나님의 은혜는 언제나 인간이 받을 만한 자격이 없을 때 주어지는 것이다. 그러므로 하나님의 선하심을 경험하고자 한다면 우리는 하나님의 자유를 인정하여야 하며 우리의 모든 요구를 포기해야 한다. "만일 우리가 하나님의 자유를 망각하면 우리는 결코 하나님의 선하심을 깨달을 수 없을 것입니다. 더욱이 하나님의 주권적 자유를 인정하는 데 실패하는 사람은 그가 선한 마음을 갖고 있지 않음을 드러내는 것입니다."(183-184)

불평하는 사람들에게 포도원 주인은 말합니다. "내가 선하므로 네가 악하게 보느냐?" 우리는 하나님의 관대하심이 나타남을 볼 때, 그 관대함이 나 자신을 위한 것이든지 다른 사람을 위한 것이든지, 기뻐해야 한다. 호의가 동료들에게 주어졌을 때 함께 기뻐하지 못하고 시기하고 질투하는 사람은 하나님의 호의가 자신에게 주어졌을 때 그것을 인식하지도 못하고 또한 감사하지 못한다. 왜냐하면 그는 자신이 하나님의 호의를 받을 만하기 때문에 당연하게 받은 것으로 생각하기 때문이다. 하나님의 선하심과 관대하심을 인식하기 위해서는 우리 자신 안에 선함과 관대함이 있어야 한다. "다른 사람의 삶 속에 반영된 하나님의 선하심을 볼 수 있는 바로 그 사람이 또한 하나님의 선하심이 자신에게 올 때 그것을 볼 수 있는 눈을 갖습니다. 그러나 만일 우리가 다른 사람의 삶을 풍요하게 하는 복을 기뻐할 수 없다면, 우리는 우리 자신에게 오는 복을 눈을 뜨고 볼 수 없게 됩니다."(185)

사실상 일찍이 일자리를 얻은 사람들은 온종일 힘든 노동을 해야 했음에도 불구하고, 종일토록 일자리를 얻지 못한 실업자로 방황하다가 늦게 고용된 사람보다 큰 혜택을 입은 자들이다. "일자리를 얻은 사람들은 자신들이 일을 할 수 있다는 사실 때문에 감사하고 기뻐해야 하지 않겠습니까?"(185) 우리 사회의 모든 불평등과 계층 간 대립이 극복되고 사회적 평등과 기회의 균등에 기초한 새로운 사회 공동체가 수립되어야 하는 것은 지극히 당연한 일이다. 그러나 여기서도 종종 악이 선을 가장하고 나타나며, 자기추구와 시기의 영으로 가득 찬 요구가 정의의 요구라는 가면을 쓰고 나타난다. "아무도 나보다 더 좋은 것을 누려서는 안 된다." 이 비유가 우리에게 요구하는 것은 시기심으로부터의 자유이며, 다른 사람이 누리는 좋은 것을 함께 기뻐할 수 있는 마음이다.(187)

마지막으로, 우리는 하나님께서 주권적 자유 안에서 우리의 행위를 주관하며, 우리의 일을 성공으로 이끌 수도 있고 파멸에 놓아둘 수도 있다는 것을 기억해야 한다. 우리는 하나님의 주권적 자유를 인정하고 하나님의 자유로운 선하심에 우리의 마음을 열어야 하며, 몸소 선함과 관대함을 실천하여야 한다.

3) 핵심 주제

우리는 하나님의 주권적 자유를 인정하여야 한다. 하나님에게 있어서 자유와 사랑은 일치된다. 하나님께서 자유롭게 다른 사람에게 선하심과 관대하심을 베풀 때, 우리는 시기하지 말고 함께 기뻐해야 한다. 그렇게 할 때에 우리 자신을 향한 하나님의 선하심과 관대하심을 경험할 수 있다. 그리고 우리도 선함과 관대함을 실천해야 한다.

4) 분석과 비평

이 설교는 1942년 8월 16일에 행하여졌다. 당시는 제2차 세계대전이 한창 진행되고 있던 시기였다. 그러나 이 설교에는 당시의 사회 징치직 상황에 대한 언급이 나타나지 않는다. 불트만은 이 설교에서 본문에 대한 충실한 주석에 기초하여 하나님의 주권적 자유와 사랑(선하심과 관대하심)의 일치라는 주제를 다루고 있다. 이 설교는 성서의 본문에 대한 해석에 충실하고, 개인으로서의 회중을 대상으로 하고 있으며, 비정치적이라는 의미에서 전통적인 케리그마적 설교의 성격을 보여준다고 할 수 있다.

오늘날 모든 민주화된 사회는 남자와 여자, 자본가와 노동자, 고용인과 피고용인, 힘있는 자와 힘없는 자의 차별이 없는 사회, 모든 사람이 평등하고 동등하게 대우를 받는 사회를 지향한다. 이것은 분명 사회의 진보를 의미함에 틀림없다. 평등이란 인간사회가 영속적으로 지향하여야 할 최고의 이념적 가치들 가운데 하나다. 그러나 본문의 예수님의 비유는 이와는 다른 차원의 주제를 다룬다. 즉 하나님이 인간에게 어떻게 행하시는가 하는 문제이다. 주권적 자유 안에서의 하나님의 행동은 인간의 사회적 정의의 기준으로 판단할 수 있는 범위를 넘어선다. 인간 사회에 있어서 완전한 평등이란 본래적으로 불가능한 것이다. 인간의 다양한 능력과 재능으로 인한 다양성과 차이는 근본적으로 제거될 수 없으며 제거되어서도 안 된다. 다양성과 차이가 없는 사회란 죽음 같은 사회주의적 전체주의가 지배하는 사회일 뿐이다. 우리는 우리의 운명이 궁극적으로 하나님의 신비의 손길에 놓여 있다는 사실을 깨달아야 한다. 그리고 하나님의 주권적 자유를 인정하고 우리를 향한 하나님의 선하심을 믿어야 한다.

예수님의 이 비유가 우리에게 주는 메시지는 세 가지이다. 첫째, 우리는 하나님의 은혜가 내게 족하다는 고백을 해야 한다. 우리는 하나님께서 우리를 포도원의 일꾼으로 불러주신 사실 자체만으로도 넘치도록 감사해야 한다. 하나님께서 우리를 포도원의 일꾼으로 불러주셨다는 것은 하나님께서 우리를 하나님의 자녀로 삼으시고 우리를 하나님 나라의 일꾼으로 불러주셨다는 것을 의미한다. 그러므로 이미 우리는 하나님의 은혜를 넘치도록 받은 사람들이다. 이것은 비록 우리가 연약한 가운데 있을지라도 조금도 의심할 수 없는 분명한 사실이다. 왜냐하면 하나님의 은혜가 우리에게 이미 넘치기 때문이다. "내 은혜가 네게 족하도다. 이는 내 능력이 약한 데서 온전하여짐이라 하신지라. 그러므로 도리어 크게 기뻐함으로 나의 여러 약한 것들에 대하여 자랑하리니 이는 그리스도의 능력이 내게 머물게 하려 함이라"(고후 12:9).

두 번째는 루터의 이신칭의 교리의 사회적 적용이다. 즉 사회적 계약관계에 있어서 우리는 당연히 우리 자신의 노력과 수고에 따른 보상을 받을 것을 기대한다. 노력과 수고에 상응하는 보상, 이것이 평등의 원리에 따른 사회적 정의이다. 그러나 하나님의 은혜의 섭리는 사회적 정의를 (무시하는 것은 아니지만) 초월한다. 하나님과의 관계에 있어서 우리는 모든 것을 하나님의 은혜의 선물로 받는다. 하나님의 주권적 자유와 사랑은 사회적 정의를 완성한다. 하나님의 은혜는 인간의 공로와 비교될 수 없이 크다. 근본적으로 우리는 하나님의 은혜로 사는 것이지 내 힘과 노력에 의해 사는 것이 아니다. 자신의 힘과 노력만을 의지하는 것이 율법주의적 불신앙이며 하나님의 은혜를 의지하는 것이 신앙이다. 하나님의 은혜는 인간의 최선의 노력을 무시하지 않는다. 그러나 하나님의 은혜는 인간의 최선의 노력으로 도달할 수 없는 놀랍고 참되고 영원한 축복으로(불트만의 표현을 빌면 본래적인 존재양태) 우리를 인도한다.

세 번째 우리는 하나님의 자유로운 주권과 선하심에 대한 믿음을 가지고 다른 사람의 행운과 복을 시기하지 말고 함께 기뻐할 수 있어야 한다. 우리는 종종 사회적 정의라는 대의명분 아래 개인적 또는 집단적인 시기심과 질투가 표출되는 것을 경험한다. 인간의 이기적 투쟁은 자주 사회적 정의와 평등이란 슬로건으로 위장된다. 인간에게는 사촌이 땅을 사면 배가 아픈 악한 심리가 있다. 배가 고픈 것은 참아도 배가 아픈 것은 못 참는다는 말도 있다. 다른 사람의 행복이 나의 불행이 되고 다른 사람의 불행이 나의 행복이 되는 것은 인간의 악한 본성 때문이다. 인간은 자신의 악한 본성이 회개를 통해 성령의 능력 안에서 변화되어 선한 본성으로 거듭나기 전에는 결코 하나님의 선하심을 경험할 수 없다. 우리가 선한 마음으로 다른 사람을 향한 하나님의 선하심과 관대하심을 함께 기뻐할 때, 우리는 우리 자신을 향한 하나님의 선하심과 관대하심을 새롭게 경험하게 될 것이다.

제6장 바르트 (Karl Barth: 1886-1968)

칼 바르트의 신학은 그의 신학대계의 제목 『교회교의학』이 암시하듯이 교회를 위한 신학이다. 그의 신학이 교회를 위한 신학이라는 말은 곧 그의 신학이 설교를 위한 신학이란 말과 다름이 없다. 그는 신학의 목적이 설교이며 신학은 설교 준비를 위한 것 이상도 이하도 아니라고 주장했다. 그는 설교를 하나님 자신에 의해 말씀되는 하나님의 말씀이자 동시에 교회에 명령된 한 시도라고 정의했다. 그는 설교의 주체가 인간이 아니라 하나님이며, 따라서 설교자의 과제는 스스로 선포(Verkündigung)하는 것이 아니라 하나님이 말씀하려고 하시는 것을 단지 고지(告知, Ankündigung)하는 것이라고 주장하였다.[120] 바르트는 자유주의 신학에 기초한 19세기 말의 독일의 '현대적 설교운동'에 제동을 건 장본인이다. 현대적 설교운동에서는 설교의 주제를 하나님, 교회, 신앙, 교리 등으로부터 세상, 상황, 이성으로 옮김으로써 설교의 인간화를 시도하였다. 바르트는 이에 반대하여 설교의 주제를 다시 하나님의 말씀으로 돌려놓고자 했다.

 바르트의 설교관은 몇 차례의 변화를 보여주는 그의 신학적 관점과 밀접하게 연관되어 있다. 1914년 이전의 바르트는 19세기의 자유주의 신학을 대표하는 그의 스승들 특히 헤르만의 영향 아래 기독교를 근대의 이념과 종합하려고 시도했다. 그는 1911년 자펜빌의 목사가 되었다. 여기서 그는 노동자의 궁핍을 목도하고 사회문제에 관심을 가지게 된다. 그는 사회주의를 지지하고

---

120) Karl Barth, 『설교학 원강』, 박근원 역 (서울: 전망사, 1981), p. 43.

노동조합 운동에 참여하였다. 그는 "좌파 목사"(Red Pastor)라고 불렸다. 이 시기에 자유주의 신학에 기초한 그의 설교는 인간 역사 속의 문화적 현상과 사회적 주제들을 주된 주제로 다루었다.

그러나 1914년 빌헬름 2세에 의해 제1차 세계대전이 발발했을 때 그의 스승인 하르낙, 제베르트, 헤르만 등이 빌헬름 2세의 정책을 지지하는 "지식인 선언"에 서명한 것에 충격을 받고 바르트는 자유주의 신학과 결별하였다. 그는 쿠터로부터 이어받은 하나님 나라와 사회운동의 일치사상과도 작별하였다. 그는 신학의 새로운 토대를 찾고자 하였으며, 바울서신을 집중적으로 연구하였다. 바울의 로마서에서 그는 인간의 경험이 아닌 전적으로 초월적인 하나님의 말씀을 재발견하였다. 그는 1919년 『로마서주석』을 출판하였다. 특히 그는 1922년의 『로마서주석』 제2판에서 인간의 종교경험, 역사, 세계와 철저히 대칭되는 하나님의 타자성과 초월성, 그리고 그 앞에서의 인간과 역사와 세계의 위기와 심판을 강조하였다.

바르트의 설교는 이러한 그 자신의 신학적 전환에 상응하는 변화를 보여준다. 그는 제1차 세계대전 이후 19세기의 문화낙관주의의 종언을 경험하고 하나님의 타자성과 초월성을 회복하고자 한 것처럼, 효과적인 전달방법에 관심을 기울였던 19세기의 인간화, 문화화 된 설교에서 설교의 위기를 경험하고 설교에서의 신적 차원, 즉 하나님의 말씀을 회복하고자 하였다. 그는 설교가 세상의 삶을 위한 해결사로 전락하는 것을 가장 중대한 설교의 위기로 간주하였다.

바르트는 1932년과 1933년 두 학기에 걸쳐 본대학교에서 설교학을 강의했다. 여기서 그는 주석 중심적인 교의학적 설교의 모델을 제시하였다. 그는 고대, 중세, 종교개혁신학의 전통을 따라 설교학을 교의학의 한 분야로 간주하였다. 그는 『교회교의학』에서 하나님의 말씀론을 교의학 서론(Prolegomena), 즉 『교회교의학』 1/2에 자리매김하였다. 그는 설교의 방법보다는 하나님의 말씀 선포로서의 설교의 본질을 재정립하고자 하였다.

바르트의 『교회교의학』에 나타나는 신학적 체계와 내용의 특징은 한마디로 그리스도 중심성 또는 기독론적 집중에 있다. 예수 그리스도가 기독교 신학의 전 영역, 즉 계시 또는 하나님의 말씀, 하나님의 섭리와 예정, 창조세계와 인간의 역사를 이해하기 위한 준거점이다. 신학과 마찬가지로 바르트의 설교도 그리스도 중심적이다. 그는 설교의 출발과 목표가 모두 예수 그리스도 사건이어야 한다고 강조하였다. 그는 설교란 인간의 실존이나 어떤 교육적 필요성에 의해서 출발하거나 그것을 목표해서는 안 되며, 오직 이미 일어난 예수 그리스도 사건과 장차 일어날 예수 그리스도 사건에 기초해야 한다고 주장하였다.[121]

오늘날 신학분야의 세분화로 말미암아 설교학은 더 이상 교의학이 아니라 실천신학의 전문분야가 되었다. 오늘날 실천신학 분야의 설교학자들은 바르트의 설교학이 좋은 교의학적 설교학은 될 수 있지만 좋은 실천신학적 설교학은 될 수 없다고 평가한다. 오늘날 설교학자들은 바르트와는 정반대의 방향에서 설교의 위기를 진단한다. 즉 오늘날 설교의 위기는 본질의 위기라기보다 방법론, 즉 전달의 위기이다. "회중에게 전달되지 않는 설교는 실패한 설교이다."라는 것이 오늘날의 설교학의 기본명제가 되었다.

바르트의 설교는 복음, 계시, 십자가, 부활과 같은 신앙의 본질들을 이해하기 어려운 추상적인 교의학적 개념과 언어로 이루어진다. 그의 설교는 지나치게 난해한 형이상학적인 내용들을 담고 있어서 회중들이 듣고 이해하기 어려우며, 또한 회중의 구체적이고 실제적인 삶의 상황에 대한 고려가 결여되어 있기 때문에 상황 적합성이 부족하다는 평가를 받는다. 따라서 신학자로서의 바르트와 달리, 목회자로서의 바르트는 성공적인 설교자로 평가받지는 못한다.

바르트는 공식적인 교수활동을 1961~62년 겨울학기에 행한 "개신교 신학입문"이라는 강의로 끝맺었는데, 그의 마지막 강의는 다시금 슐라이에르마허였다. 그는 1968년 12월 10일 바젤에서 세상을 떠났다. 죽기 바로 전에 그는 자신의 신학의 주제를 다음과 같이 요약했다. "세상을 위한 하나님, 인간을 위한 하나님, 땅을 위한 하늘." 이 구절은 그의 초기의 변증법적 위기 신학과

---

121) Ibid., pp. 44-45.

는 매우 대조적으로 변화된 그의 후기 신학의 성격을 단적으로 잘 표현한다. 그의 마지막 강의가 슐라이에르마허였다는 사실도 함축적인 의미를 담고 있는 것처럼 보인다. 그의 말년의 설교들에 이와 같은 그의 후기의 신학적 전환의 특징들이 얼마나 나타나고 있는지 알아보는 것도 의미 있는 일이 될 것이다.

1. 영원한 빛[122]

1) 성서본문: 이사야 60장 19-20절

2) 주요 내용

바르트에 의하면, 이 본문 말씀은 이스라엘 백성이 바벨론 포로로 잡혀가서 위기에 빠져 있을 때 주신 위로의 말씀이다. 여호와가 우리의 영원한 빛이 될 것이다. 태양과 달을 포함한 세상의 모든 빛들은 그 빛을 잃고 그 무엇과도 비교될 수 없는 다른 한 빛이 나타나게 될 것이다. 이 한 빛은 지지도 않고 빛을 잃지도 않을 것이다. 모든 빛의 소멸과 한 참된 빛의 출현, 하나님의 취하심과 주심, 심판과 은혜, 죽이심과 살리심, 율법과 복음, 이 둘은 인간의 차원에서는 대조적인 두 말씀으로 경험되지만 궁극적으로 하나의 하나님의 말씀이다. 우리는 때로는 전자를 더 많이 듣기도 하고 때로는 후자를 더 많이 듣기도 한다. 그러나 어느 것을 더 많이 듣느냐 하는 것은 결정적으로 중요하지 않다. 오직 "나는 너희의 하나님이 되고 너희는 나의 백성이 되어야 하리라"(렘 7:23)는 하나님의 약속의 말씀이 중요하다. "이 약속의 말씀에서 하나님 스스로 자신의 전적인 진리 속에서 그리고 따라서 모든 위로하심 가운데 최고의

---

122) Karl Barth, "영원한 빛," 윤철호 편역 『현대신학자들의 설교』, pp. 34-44. 1922년 5월 7일 설교. Karl Barth & Eduard Thurneysen, *Come Holy Spirit: Sermons*, 1933), pp. 57-66.

희망이 되시며, 완전한 승리가 되십니다… 하나님께서 우리에게 자신의 변하지 않는 신실하심을 확증해 주셨기 때문에 우리는 살아가는 것입니다."(37-38) 참으로 중요한 사실은 다음과 같은 주님의 말씀이다. "너희가 나를 택한 것이 아니요, 내가 너희를 택하였다"(요 15:16). "주님께서 준엄하게 말씀하시든 자비롭게 말씀하시든, 우리를 겸손하게 하기 위해서든, 높이기 위해서든 상관없이 주님께서 말씀하시는 그 방법대로 말씀하시는 바로 그 곳에 자유가 있습니다."(38) 주님이 말씀하시는 그대로의 말씀대로 우리는 산다.

그럼에도 불구하고 우리가 절망에 빠지고 하나님 없는 어리석은 그늘 안에서 사는 것은 어떻게 된 것인가? 그것은 다음 세 가지 이유 때문이다. 첫째로, 그것은 우리가 완고함, 태만, 부정직, 명예욕 같은 것들로 인해 우리의 양심을 더럽힘으로써 하나님의 말씀으로부터 등을 돌렸기 때문이다. 우리가 자신의 선과 지혜와 경건을 자랑하고 하나님이 아닌 자기 자신을 증거하려고 하기 때문이다. 둘째로, 그것은 기독교 전체가 인간이 오직 하나님의 영원한 빛으로부터만 살 수 있음을 망각했기 때문이다. 기독교는 자신이 "단지 이 빛에 봉사할 뿐이지 이 빛의 소유자가 되거나 관리자가 될 수 없다는 사실"(40)을 잊어버렸다. 우리 자신에 대한 신뢰에 의존함으로써 우리는 하나님의 영원한 빛을 가리고 있다.

세 번째, 우리는 우리를 살리시고 인도하시는 분이 바로 살아계신 하나님이심을 깨달으려고 하지 않기 때문이다. 본문은 하나님에 의해 창조된 빛과 하나님 자신의 영원한 빛을 대립시킨다. 이것은 하나님이 자유로우시며, 자신의 창조세계와 창조질서를 초월하시는 창조자 하나님이심을 보여준다. 다시 말하면, 본문은 "하나님의 말씀은 우리를 우리의 죄와 우리 자신으로부터 뿐만 아니라 하나님이 직접 창조하시고 보시기에 좋았다고 하신 것으로부터도 자유롭게 하신다."(43)고 말씀한다. 우리가 하나님의 말씀을 듣지 못하는 까닭은 창조세계의 빛과 자연질서를 초월하시는 하나님이 직접 우리에게 말씀하실 수 있다는 사실을 받아들이려고 하지 않기 때문이다. 우리는 주님으로부터 돌아서서 피조된 빛을 사랑하였다. 그러나 "우리가 하나님의 말씀을 즉시로 들을 수 없을 정도로 하나님 자신이 우리에게 가까이 계시지 않는 그런 깊이와 거리란 없다."(44) 예수 그리스도는 죄와 세상을 초월하신다. 예수 그리스도는 죄의 용서이며 세상을 이겨내신 승리이다. "누가 예수 그리스도 안에 있는 하나님의 사랑으로부터 우리를 분리시킬 수 있겠는가?"(롬 8:35)

3) 핵심 주제

이 설교에서 바르트는 하나님만이 우리의 영원한 빛이라고 선포한다. 그리고 그는 따라서 우리를 택하시고 살리시고 인도하시는 하나님, 우리 가까이에 계신 하나님, 창조세계와 자연질서를 초월하는 영원한 빛 되시는 하나님만을 바라보아야 한다고 강조한다.

4) 분석과 비평

이 설교는 바르트가 가톨릭 신학자 아담스가 "자유주의 신학자들의 놀이터에 떨어진 폭탄"이라고 표현했던 『로마서주석』 2판을 출판한 해인 1922년 5월 7일 괴팅엔에 있는 개혁교회에서 한 설교이다. 이 설교에는 『로마서주석』 2판의 핵심 주제인 하나님의 초월성, 타자성, 절대주권성, 자유에 대한 강조가 잘 나타나 있다. 바르트는 이 설교에서 하나님의 절대주권과 초월성의 관점을 가지고 성서본문을 읽어낸다. 이 설교에는 그가 키에르케고르로부터 배운 "영원과 시간 사이의 무한한 질적 차이"에 기초한 변증법적 사고가 잘 드러난다.

설교자는 성서말씀을 해석하거나 선포(Verkündigung)하지 말고 성서말씀을 그대로 반복하거나 고지(告知, Ankündigung)해야 한다는 그 자신의 설교학 이론을 바르트가 자신의 실제의 설교에서 언제나 지키는 것은 아니며, 또한 그것은 가능한 일도 그리고 언제나 바람직한 일도 아니다. 왜냐하면 설교자는 성서해석자로서 자신의 관점과 전이해로부터 결코 자유로울 수 없기 때문이다. 바르트는 이 설교를 통해 이사야를 통해 바벨론 포로기의 이스라엘 백성에게 주신 하나님의 위로와 소망의 말씀을 제1차 세계대전 이후의 절망적인 위기 상황 속에 있는 독일사회와 교회를 위하여 새롭게 들려주고자 하는 것처럼 보인다. 그는 우리가 택한 하나님이 아니라 우리를 택하신 하나님에게 희망과 승리가 있음을 강조한다.

이 설교에서 바르트는 세상의 빛, 자연의 빛, 피조물의 빛에 대립되는 창조자 하나님의 영원한 빛의 초월성을 강조한다. "오늘 본문에 의하면 하나님은 직접 자신에 의해 창조된 빛에 자신의 빛, 즉 영원한 빛을 대립시키고 있는데, 이 빛은 두 번째 빛이며 새로운 빛이고, 그에 대해 저 앞의 빛은 사라져야 할 옛 빛이 되고 맙니다. 하나님은 계속 자유로우시며 자신의 피조물도 초월해 계시며, 또한 자신의 창조세계와 그 질서도 초월해 계십니다."(42-43)

그러나 후기의 바르트는 『교회교의학』에서 이와는 다른 빛의 이론을 보여준다. 즉 그는 예수 그리스도의 빛을 반사하는 피조세계의 자연의 빛에 대하여 말한다. 여기서 그는 이 두 빛의 관계를 대립의 관점보다는 유비의 관점에서 제시한다. 이 설교에서도 바르트는 하나님의 초월성과 타자성만을 강조하지는 않는다. 그는 또한 "우리가 하나님의 말씀을 즉시로 들을 수 없을 정도로 하나님 자신이 우리에게 가까이 계시지 않는 그런 깊이와 거리란 없다."고 말한다. 이것은 하나님의 내재성을 의미한다. 그는 하나님의 초월성에 대한 자신의 강조와 내재성에 대한 자신의 언급 사이의 긴장을 과연 인식하고 있었던 것일까? 어떻게 하나님은 그토록 초월적이면서 동시에 그토록 내재적일 수 있는 것일까? 이 설교를 하던 당시의 바르트는 하나님의 절대 타자성과 하나님의 세계 내적 현존 사이의 역설을 어떻게 이해 가능한 방식으로 설명할 수 있다고 생각했던 것일까?

---

123) Karl Barth, "예수님과 함께 한 범죄자들," 윤철호 편역 『현대신학자들의 설교』, pp. 71-82. Karl Barth, *Deliverance to the Captives* (New York: Harper & Brothers, 1961), pp. 75-84.

2. 예수님과 함께 한 범죄자들[123]

1) 성서본문: 누가복음 23장 33절

2) 주요 내용

예수님은 범죄자들과 함께 십자가에 못 박혔다. 이것이 최초의 기독교 공동체였다. 물론 이전에 예수의 제자 공동체가 있었다. 그러나 이 공동체는 흔들리는 공동체였다. 이와 달리 십자가의 두 범죄자는 예수를 버릴 수 없었으며, 잠들 수 없었으며, 그분과의 위험한 동행을 벗어날 수 없었으며, 그분을 부인할 수도 없었다. "그분과 그들, 그들과 그분은 함께 묶여 있었고, 분리되지 않았고, 영원히 분리되지 않습니다."

예수님은 범죄자들과 동일한 운명에 의해 고통을 받으셨다. 그러나 예수님의 고난은 비가시적인 내적 사건의 가시적인 외적 표지였다. 예수님은 하나님의 아들로서 세상을 하나님과 화목하게 하시기 위해 세상에 오셨다. 하나님은 자신의 사랑하는 아들 안에서 인류를 근본적으로 영원히 구원하셨다. "하나님께서 그리스도 안에서 세상을 자기와 화목하게 하셨다"(고후 5:19). 예수님 안에서 하나님은 악의 모든 짐을 자신이 지셨으며, 그분 안에서 자신을 중심으로써 세상을 자신과 화목하게 하셨다. 이것이 십자가에서 일어난 보이지 않는 사건, 즉 화해의 사건이다.

예수님은 비로 이 두 범죄자를 위해 죽으셨다. 그들은 예수님과 함께 살게 될 것이라는 약속을 받았다. 그들을 이 약속에 의해 기독교 교회로 모여진 최초의 그리스도인이었다. "이 약속은 오직 십자가에 못 박힌 범죄자들, 하나님과 인간 앞에서 완전히 화해되었으며, 종말을 향해 가차 없이 나아가고 있으며, 그들 자신의 행위로는 이 운명으로부터 벗어날 수 없는 범죄자들에게 주어졌습니다. 이와 같은 사람들을 위해 예수님께서 죽으셨습니다. 바로 이 사람들만이 주님의 식탁에 앉을 자격이 있습니다."

우리 모두 이 두 범죄자와 같은 사람들이다. 실제로 우리 모두는 이 십자가에 못 박힌 범죄자들이다. 우리는 저주받은 사람들에게 주어지는 그 약속을 듣고, '뒤에 줄을 설' 준비가 되어 있는가?

3) 핵심 주제

예수님은 저주받은 두 범죄자와 같은 우리를 위해 십자가에 죽으셨다.

4) 분석과 비평

이 설교에는 다음 네 가지의 바르트의 주요 사상들이 나타난다. 첫째, 십자가는 하나님의 사건이다. 예수 그리스도 안에서 하나님은 악의 모든 짐을 자신이 지셨으며 자신을 주셨다. 십자가에서 하나님이 고통을 당하셨다. 십자가는 하나님의 자기희생적인 사랑의 사건이다. 둘째, 십자가는 화해의 사건이다. 하나님은 아들 예수 그리스도의 십자가를 통해서 모든 죄인들을 위한 화해의 사건을 이루셨다. 심판자(The Judge)가 피심판자(The Judged)가 되었다. 그분이 우리 대신 심판을 받음으로써 우리가 심판을 면제받는다. 십자가에서 "즐거운 교환"이 일어난다. 우리의 죄가 그분에게 전가되고 그분의 의가 우리에게 전가된다. 셋째, 이 화해는 객관적이고 보편적인 사건이다. 십자가는 그 두 강도와 오늘의 우리를 포함한 모든 죄인들을 하나님과 화해시켰다. 넷째, 우리는 우리 자신이 그 두 강도와 같은 죄인들임을 인정하고 하나님의 약속의 말씀을 받아들여야 한다.

이 설교는 전형적인 직설법적 설교이다. 즉 죄인(범죄자)된 인간을 향한 하나님의 구원(화해)의 약속이 십자가를 통해 주어졌다고 선언된다. 또한 이 설교는 이레네우스 전통의 고전적인 객관적 구속교리의 특징을 보여준다. 이 설교에서 인간의 구속은 하나님의 아들로서의 예수 그리스도의 신성을 전제하고 있다. 따라서 십자가의 사건은 본질적으로 하나님을 향한 인간의 사건이 아니라 인간을 향한 하나님의 사건이다. 십자가의 예수 그리스도 안에서 아들로서의 하나님 자신이 고통을 당하셨다.

바르트는 십자가를 통한 구속을 화해의 관점에서 설명한다. 화해는 가시적인 외적 표지인 십자가 안의 비가시적인 내적 사건이다. 이 설교에 만인화해론의 주제가 등장하는 것은 아니지만 십자가의 두 강도도 화해의 범주 안에 들어있는 것은 분명하다. 심지어 바르트는 바로 그들이 최초의 기독교 공동체라고까지 말한다. 감옥에 수감되어 있는 죄수들에게 행한 바르트의 이 설교는 매우 훌륭한 상황 적합성을 보여준다. 그러나 적어도 십자가의 두 범죄자 가운데 한 범죄자에 대해서는 "이 약속에 의해 기독교 교회로 모여진 최초의 그리스도인"이라는 바르트의 말을 문자 그대로 적용할 수는 없을 것이다. 따라서 통전적 구속교리는 하나님의 행동으로서의 객관적 측면과 아울러 인간의 응답으로서의 주관적 측면을 필요로 한다.

3. 회개[124]

1) 성서본문: 마태복음 11장 28절

2) 주요 내용

예수님은 "나에게로 오라"고 말씀하신다. 예수님이 계신 곳은 어디인가? 예수님은 우리에게 가장 가까이 계시고 또한 모든 곳에 계시지만 그렇기 때문에 우리는 그분을 보지 못하고 알지 못한다. 회개란 예수님의 말씀을 듣는 것이며, 우리의 중심, 우리의 가장 가까운 곳에 계신 그분을 향해 방향을 바꾸는 것이다. 우리 가운데 숨어계신 그분께 가기 위해서 우리는 많은 것을 내려놓고 빈손이 되어야 한다. "그분은 살리시기 위해 우리를 죽이십니다."(163)

교회도 "나에게로 오라"고 말한다. 그러나 교회는 종종 예수님의 말씀과

---

124) Karl Barth, "회개," 윤철호 편역 『현대신학자들의 설교』, pp. 160-173. Karl Barth & Eduard Thurneysen, *Come Holy Spirit: Sermons*, pp. 67-79.

다른 것을 말하고, 세상적인 것들을 위해 그분을 배신한다. 교회는 하나님이 우리로부터 숨어계신다는 것과 우리가 그분을 두려움과 떨림 가운데 찾아야 한다는 것을 증언하지 않는다. 그러므로 "나에게로 오라"는 교회의 부름은 공허하게 들린다.

교회는 회개에 가장 큰 장애물일 것이다. 그러나 예수님은 '교회에도 불구하고' 우리를 부르신다. 우리는 예수님의 부르심을 '교회에도 불구하고' 들어야 한다. 예수님은 우리 모두를 초대하신다. 그분은 그 누구도 배제하지 않으신다. 하나님은 모든 사람을 위한 하나님이다. 이 점이 예수님과 다른 위인들과 다른 점이다.

예수님은 우리의 뒤에서, 우리의 죄와 죄책에 사로잡혀 있는 지점에서 우리를 부르신다. "그분은 모든 사람들에게 그들이 하나님의 사랑 안에 포함되어 있으며, 하나님께서 그들을 그분의 것으로 여기시며, 그리고 그들이 죄와 죄책에도 불구하고 자신들을 하나님의 것으로 여길 수 있다고 말씀하십니다." (168) 모든 사람에게 그분의 용서가 값없이, 조건 없이 주어진다. "우리 모두는 용서가 필요하며, 용서는 가까이에 있습니다. 이것이 그에게 말씀되도록 허용하는 사람은 회개합니다."(169)

예수는 누구인가? 그분은 수고하고 무거운 짐을 진 자들을 부르시는 분이다. '수고'와 '무거운 짐'은 '모두'를 의미한다. 그분은 우리를 하나님의 동역자로 보기보다는 수고하고 무거운 짐을 진 자로 보신다. 그분은 병든 자, 세리에게 향하신다. 그분은 젊은이의 불만과 열망, 아내의 피로, 영적 고갈, 절망, 남성의 은밀한 부끄러움, 양심의 상처, 내적 투쟁에 관해 물으신다. 그분이 경건한 자들에게 물으시는 것은 그들의 회심과 성화가 아니라 "제가 믿습니다. 저의 믿음 없음을 도와주십시오."라고 외치는 그들의 내면에 관해 물으신다.

수고와 무거운 짐은 우리를 예수님께 인도하는 길이다. 수고하고 무거운 짐을 진 자는 모든 사람이며, 또한 우리 자신이다. 우리는 있는 모습 그대로 그분께 가면 된다. 그분 앞에서 우리가 할 일은 수고하고 무거운 짐을 지는 것 외에 없으며, 따라서 믿는 것 외에 없다. 수고하고 무거운 짐을 진 우리는 회개를 통하여 하나님께 나아가야 한다.

3) 핵심 주제

예수님은 아무도 배제하지 않고 우리 모두를 부르신다. 그분은 우리의 죄와 죄책을 용서하시기 위해 우리를 부르신다. 수고하고 무거운 짐을 진 우리 모든 인간은 수고하고 무거운 짐을 진 자신의 모습 그대로 주님 앞에 나아가야 한다. 이것이 회개이다.

4) 분석과 비평

이 설교에 나타나는 예수님의 부르심의 특징은 다음과 같다. 첫째, 예수님은 모든 사람을 부르신다. 예수님의 부르심에는 어떤 사람도 제외되지 않는다. 왜냐하면 모든 사람이 수고하고 무거운 짐을 진 자이기 때문이다. 예수님의 보편적 부르심에는 이중예정과 같은 것이 없다. 하나님은 결코 어떤 사람은 구원으로 다른 사람은 멸망으로 예정하시는 분이 아니다.

둘째, 예수님은 우리의 선과 덕을 보시지 않고 우리의 죄와 죄책을 보시고 우리를 용서하시고자 우리를 부르신다. 바르트는 인간이 하나님과의 동역자라는 개념을 받아들이지 않는다. 이 설교에서 인간의 가능성이나 비전과 같은 용어들을 위한 자리는 없다. 인간은 하나님 앞에서 수고하고 무거운 짐을 진 자이며 죄와 죄책에 사로잡혀 있는 자이며, 하나님의 용서와 구원만을 필요로 하는 자이다. 따라서 인간의 가능성이 아니라 오직 예수 그리스도 안에서의 하나님의 가능성만이 있다.

셋째, 회개만이 인간의 가능성이다. 우리는 우리의 모습 그대로 주님께 내어놓고 회개하고 용서를 받아야 한다. 그분은 살리시기 위해 우리를 죽이신다. 그분의 '예'는 '아니오' 후에 온다. 이러한 바르트의 표현은 우리는 언제나 죄인으로 주님 앞에 설 때에만 의롭다고 칭함을 받는다는 루터의 이신칭의 사상에 나타나는 변증법을 잘 보여준다. "의인이면서 죄인", 이와 같은 바르트의 설교에서는 하나님의 직설법적 선언이 인간의 명령법적 과제를 압도한다.

4. 염려하지 말라[125]

1) 성서본문: 마태복음 6장 25-34절

2) 주요 내용

예수님은 우리에게 "염려하지 말라"고 명하신다. 먹고 사는 문제는 가장 긴급하고 기본적인 문제이다. 우리는 이와 같은 문제로 어려움에 처해 있다고 부끄러워할 필요가 없다. 우리는 어려움 가운데서 "염려하지 말라"는 예수님의 말씀을 그대로 받아들여야 한다. 이 말씀은 설명되거나 해석되어야 하는 말이 아니다. "이 말씀들이 명령으로 주어졌기에 우리는 명령을 받습니다." (229) 십계명 앞에 주어지는 "나는 너의 하나님 여호와니라"는 말씀이 십계명에 진실성과 권위를 부여하듯이 "염려하지 말라"는 말씀도 그러하다. "참으로 믿음에 근거하지 않은 다른 이유는 없습니다. 하나님이 말씀하시며, 하나님이 그 말씀 뒤에 계시며, 우리에게 주어지는 것이 바로 하나님의 말씀이기 때문입니다."(231) 우리가 하나님의 자녀이며 하나님께서 우리를 돌보신다는 무한한 신뢰 외에 다른 것이 우리 앞에 남아 있지 않다.

예수님은 우리의 어려움을 단번에 영원히 해결해 주실 것이라고 약속하시지 않는다. 반대로 "우리가 하루하루를 무사히 잘 보내려면 매일 기적이 일어나야 한다."(231) 예수님이 계신 곳에서 상황은 더 좋아지는 것이 아니라 오히려 악화된다. "염려하지 말라"는 말씀은 인간적인 문제 극복방법을 생각하라는 말이 아니라, 하나님을 생각하라는 말씀이다. "예수님은 진심으로 하나님을 생각하셨고, 하나님의 계획, 하나님의 도움을 생각하셨으며, 그 외의 다른 것을 생각하지 않으셨습니다. 하나님께서 모든 어려움과 슬픔 속에서 당신을 지키실 것입니다."(232) 이것이 예수님의 말씀의 의미이다.

---

125) Karl Barth, "염려하지 말라," 윤철호 편역 『현대신학자들의 설교』, pp. 226-236. Karl Barth & Eduard Thurneysen, *Come Holy Spirit: Sermons*, pp. 90-100.

우리가 걱정하지 말아야 한다는 것을 믿는 것, 그것이 우리가 할 수 있는 전부이다. 우리의 이 믿음에는 다른 인간적인 이유가 없다. 예수님의 말씀은 우리를 어려움이 없는 세상으로 옮겨주시겠다는 약속이 아니다. 우리는 여전히 염려와 불안의 짐을 지고 세상 안에서 살고 있다. 예수님이 약속하시는 것은 바로 그러한 가운데에서 우리가 불가해한 자유를 누리게 될 것이라는 것이다. "삶의 모든 연약함을 짊어지고 위험과 결핍 그리고 죽음에 둘러싸여 있는 우리가 매일 하나님의 보호하심 아래서 살 수 있다는 것이 모든 것들 가운데 가장 위대한 것 아닙니까?"(233) 들의 백합화처럼, 공중의 새처럼, 우리는 모든 문제들 가운데서도 염려 없이, 모든 속박 가운데서도 자유롭게 산다.

우리가 걱정하는 한 우리는 현재를 살고 있지 못하는 것이다. 우리는 현재로부터 도피하는 미래에 대한 희망을 가져서는 안 된다. 우리는 오늘 눈앞의 어려운 문제들을 직시해야 한다. "내일을 위하여 염려하지 말라"는 말은 "현재의 순간을 중요하게 받아들여라"는 말이다. 우리의 인생은 10년 후에도 오늘과 같이 무겁고 암울할 것이다. 우리가 해야 할 일은 오직 하나이다. 그것은 "하나님을 찾고 하나님의 나라와 뜻을 구하는 것"이다. 그리하면 "이 모든 것을 우리에게 더하실 것"이다.(235)

"내일 일을 위해 염려하지 말라"는 말씀은 우리의 이상향을 포기하고 현재를 살라는 말씀이다. 우리는 눈을 똑바로 뜨고 실존의 고통과 슬픔 한 가운데 있어야 한다. 그럴 때 하나님이 우리를 보호해 주실 것이다. 우리는 우리의 모든 염려를 그분께 맡기는 것 외에 아무것도 할 수 없다.

3) 핵심 주제

"염려하지 말라"는 예수님의 말씀은 하나님의 명령이며, 우리는 믿음으로 이 명령에 순종해야 한다. 우리는 쉽사리 미래의 희망으로 도피하지 말고 염려와 슬픔으로 가득 찬 현재를 직시하고 현재의 순간을 중요하게 받아들여야 하며, 이 가운데에서 하나님을 찾아야 한다. 그러면 현재의 고통과 슬픔 가운데에서 하나님께서 우리를 지켜주실 것이다.

4) 분석과 비평

이 설교에서 바르트는 세 가지 점을 말한다. 첫째, "염려하지 말라"는 것은 예수님의 명령이기 때문에 우리는 믿음으로 순종해야 한다. 여기에 다른 이유는 필요하지 않다. 예수님의 명령은 곧 하나님의 명령이기 때문이다. 둘째, 그러나 예수님의 이 말씀은 현재의 어려움을 제거해 주시겠다는 약속이 아니다. 우리는 현재의 어려움을 외면하지 말고 그 어려움 가운데에서 하나님만을 바라보아야 한다. 셋째, 그러할 때에 하나님께서 현재의 어려움 가운데서 우리를 보호해주실 것이다. 그러므로 우리는 모든 염려를 하나님께 맡겨야 한다.

이 바르트의 설교에는 그의 전형적인 '위로부터'의 신학의 특징이 잘 나타난다. 모든 운동방향은 위로부터 아래로 향한다. 하나님은 말씀하시고 인간은 듣는다. 하나님은 명령하시고 인간은 순종한다. 이 설교의 독특성은 이러한 위로부터의 신학을 직설법적으로가 아니라 명령법적으로 전개하고 있다는 점이다. 즉 하나님은 명령하시고 우리는 순종해야 한다. 물론 우리의 순종은 어떤 실천적 행위를 의미하는 것이 아니라 오직 하나님을 믿는 믿음을 의미한다. 우리가 어떤 어려움 가운데 있든지 그 가운데에서 믿음 안에서 하나님께로 인도될 수만 있다면 우리에겐 염려할 것이 없으며 또한 우리는 모든 염려를 멈출 수 있다. 따라서 여기서의 명령법은 인간의 행위와 과제를 요청하는 것이 아니라 하나님의 은혜에 대한 철저한 믿음을 요청하는 직설법적 명령법이다.

바르트는 하나님께서 어떻게 우리를 현실의 어려움으로부터 구원하시는가에 대해 말하지 않는다. 그것을 묻는 것은 믿음의 태도가 아니다. 그는 하나님께 대한 무조건적인 믿음과 순종을 강조한다. 그러나 하나님에 대한 믿음과 순종이 현실의 어려움을 극복하기 위한 우리의 모든 노력과 책임을 평가절하하거나 부정하는 것으로 오해되어서는 안 될 것이다.

5. 너희 또한 살 것이다[126]

1) 성서본문: 요한복음 14장 19절

2) 주요 내용

주님은 "내가 살아 있다"라고 말씀하신다. 이 말씀의 의미는 무엇인가? 이 말씀의 의미는 "나는 진정한 인간으로서 신적 삶을 산다"는 것이며, "나는 나의 신적 삶을 너희를 위해서 산다"는 것이다. 나는 너희가 되어 포로와 죄수가 되고 사형에 처해진다. 이를 통하여 나는 너희의 곤경, 슬픔, 불안, 절망, 죄, 허물, 죽음을 제거한다. "나는 너희들 자신의 그리고 세상의 모든 어리석음과 사악함, 모든 불안과 절망이 나의 어깨에 지워졌다는 사실을 받아들임으로써 인간적 삶을 산다. 나는 이 짐을 내게 지우신 하나님께 순종하여 이 짐을 짊어지는 삶을 살며, 그렇게 함으로써 너희들로부터 짐을 벗겨낸다. 나는 친히 너희의 파멸을 구속으로, 너희의 죄를 의로, 너희의 죽음을 생명으로 변혁시키면서, 나의 인격 안에서 너희의 인간적 삶의 모든 국면을 전환시키고, 새롭게 하며, 그리고 세례를 베푼다. 내가 이렇게 하는 것은 너희가 내 안에서 다시 태어나 자신의 영광을 구하는 것을 멈추고 희망 속에서 하나님을 영화롭게 하는 새로운 존재가 되도록 하기 위함이다."

주님은 "너희 또한 살 것이다"라고 말씀하신다. 나의 삶에 너희가 참여함으로 너희의 삶이 죄와 죄책이 아니라 의로움과 거룩함으로 채워질 것이다. 예수 그리스도가 우리의 현재이다. "지금 우리에게 가장 중요한 것은 우리의 여정을 위한 그분의 선물, 그분에 의해 준비되고 공급된 그분의 선물들을 받아들이는 것입니다." 이 부활절 아침에 "내가 살아 있다"는 주님의 선언에 대하여 우리는 이렇게 대답해야 한다. "그렇습니다. 당신은 살아계십니다. 당신

---

126) Karl Barth, "너희 또한 살 것이다," 윤철호 편역 『현대신학자들의 설교』, pp. 301-309. 1955년 부활주일 설교. Karl Barth & Eduard Thurneysen, *Come Holy Spirit: Sermons*, pp. 28-34.

이 살아계시기 때문에 저 또한 살 것입니다. 저는 살 수 있게 되었으며 살 수 있으며 살기를 원합니다! 저를 위해 참 하나님이신 당신이 참 인간이 되셨습니다. 저를 위해 당신이 죽으셨고 다시 살아나셨습니다. 저를 위해 당신이 시간과 영원 속에서 필요한 모든 것을 이루셨습니다!"

주님의 만찬은 "예수 그리스도께서 우리 가운데 계시고, 그분 안에서 하나님 자신이 우리를 위해 자신의 삶을 쏟아 부으셨고, 그분 안에서 우리의 삶이 하나님께로 고양된다는 표지입니다. 성만찬은 예수 그리스도가 우리의 시작이며 우리는 일어나서 우리가 살아가게 될 미래를 향해 걸어갈 수 있다는 표지입니다. 주님 자신이 하나의 빵과 하나의 잔으로부터 우리의 여정을 위한 먹을 것과 마실 것, 힘을 주십니다."

3) 핵심 주제

부활하신 주님은 지금 살아계시며 우리 또한 살 것이다. 이것은 우리의 현재의 진리이다.

4) 분석과 비평

이 설교는 1955년 부활절에 행해졌다. 이 해는 화해론을 주제로 하는 『교회교의학』 4부 2권이 출판된 해이다. 바르트는 『교회교의학』의 화해론에서 그리스도의 구속사역을 삼중적 직무의 관점에서 설명한다. 이 세 직무는 제사장적 사역과 예언자적 사역과 왕적 사역이다. 『교회교의학』 4부 1권에서는 그리스도의 제사장적 사역을 다룬다. 그리스도는 화해하시는 하나님(신성), 인간이 되신 하나님, 종으로서의 주이다. 즉 하나님과 주님이신 그리스도가 인간과 종이 되어 십자가에 죽음으로써 우리를 의롭게 하셨다(칭의). 4부 2권에서는 그리스도의 왕적 사역을 다룬다. 그리스도는 화해된 인간(인성), 하나님이 되신 인간, 주로서의 종이다. 즉 인간이신 그리스도가 부활하여 하나님께로 올라가심으로써 우리를 고양시키신다는 것이다(성화). 4부 3, 4권에서는 그리스도의 예언자적 사역을 다룬다. 그리스도는 하나님-인간, 진리의 보증인, 중보자이다. 즉 진리이신 그리스도가 우리를 진리에로 부르시고 약속과 더불어 우리에게 소명을 주신다는 것이다.

이 설교에서는 "인간적 삶의 고양"이라는 말이 거듭 나타나는데, 이는 『교회교의학』 4부 2권의 핵심적 주제를 잘 반영한다. 바르트는 고대 교부들을 따라, 그리스도의 구속사역의 목표가 그리스도가 우리처럼 되신 것처럼 우리도 그분처럼 되는 데 있다는 점을 강조한다. 이러한 강조는 신적인 것과의 대립적 구도 안에서 인간적인 것의 죄성을 강조하던 초기의 바르트의 사상과는 매우 다른, 변화된 그의 후기의 사상을 반영하는 것으로 보인다.

이 설교의 초점은 과거의 예수의 역사적 부활에 있지 않고, 현재 살아계시는 그리스도의 현존에 맞추어져 있다. 즉 바르트는 예수 그리스도의 부활을 그분이 살아계신 것처럼 그분 안에서 우리가 살 것이라는 의미로 설명한다. 이 설교는 직설법적이다. 즉 살아계신 주님이 우리의 모든 죄와 죽음을 대신 지심으로써 우리에게 새로운 생명을 가져다주신다. 우리가 할 일은 오직 우리를 위해 계획된 것을 믿음으로 받아들이는 것이다.

예수 그리스도는 하나님의 아들로서 우리와 같은 인간이 되셨으며 인간적 삶을 사셨다. 그분은 인간으로서 우리의 모든 죄와 허물과 죽음을 대신 담당하심으로써 우리에게는 용서와 의와 생명을 가져다주셨다. 그리스도가 지금 현재 살아계신 것처럼 우리도 그분처럼 살 것이다. 그리고 그분 안에서 우리의 삶이 하나님께로 고양될 것이다. 이 설교에는 다음과 같은 신학적 주제들이 드러난다. ① 기독론: 참 하나님(vere Deus), 참 인간(vere Homo). ② 대속교리: 하나님의 아들(참 하나님)의 대리적 고난과 죽음을 통한 구속. ③ 부활: 현재 살아계시는 주님은 진정한 인간으로서 우리를 위한 신적 삶을 산다. ④ 성만찬의 의미: 예수 그리스도 안에서 우리가 하나님께로 고양됨에 대한 표지.

이 설교에 제기될 수 있는 물음은 어떻게 부활한 그리스도가 "진정한 인간으로서 우리를 위한 신적 삶을 사는가"하는 것이다. 우리를 위한 신적 삶을 살았던 '진정한 인간'으로서의 예수 그리스도의 삶은 부활 이후가 아니라 부활 이전의 역사적 예수의 삶이 아닌가? 어떻게 부활한 (그리고 승천한) 그리스도가 '진정한 인간'으로서 지금 우리를 위한 신적 삶을 산다는 것인가? 19세기의 역사적 접근에 반대하여 신학을 역사로부터 구출하고자 했던 바르트는 역사적 예수에 대한 역사적 관심을 부활한 그리스도에 대한 역사적 관심으로 대체하려는 것인가?

6. 선한 목자[127]

1) 성서본문: 요한복음 10장 11-15절

2) 주요 내용

나는 선한 목자라고 주장할 수 있는 분은 오직 예수 그리스도 밖에 없다. 우리의 곁에는 목자와 함께 원수도 있다. 우리의 현실은 원수가 우리를 위협하고 있는 현실이다. 우리의 모든 현실의 경계와 가장자리에는 깊은 나락과 어둠과 최후의 위험이 있다. 예수께서 십자가에서 겪으셨던 것이 바로 우리의 궁극적인 생명의 위험이다. "그분 예수께서 우리를 위해 이 위험에 자신을 내어주셨고, 그분 예수께서 우리를 위해 그 위험 가운데 죽으셨습니다."(5)

도적은 이리가 오면 도망가고, 궁극적인 위험이 닥치면 우리를 버린다. 이 도적은 누구인가? 그것은 바로 인간 자신이다. "자신을 둘러싸고 있는 모든 환경 속에서 스스로 자기 자신의 주인이 되고자 하며 자신의 보호자가 되기를 원하는 인간 자신입니다."(6) 그러나 인간은 궁극적인 위험으로부터 자기 자신을 지킬 수 없다. "최후로 전체가 문제될 때까지 피상적으로는 이 통치 아래에서 모든 것이 잘 되어가는 것처럼 보입니다. 그러나 전체가 문제시되면,

---

127) Karl Barth, *God's Search for Man* (New York : Round Table Press, 1935), pp. 1-12. 1934년 4월 5일 파리의 독일 루터 개신교 그리스도교회 설교.

궁극적인 위험이 침입해 들어오게 되면, 인간이 자기 자신의 것이 아니라는 사실이 무엇을 의미하는지가 드러나게 되면, 인간은 자기 자신을 신뢰하지 않게 될 것입니다."(7)

그러나 우리에게는 양을 위해 목숨을 바치는 선한 목자가 있다. 우리는 그분께 속해 있다. 궁극적인 위기에 직면하여 우리가 우리 자신의 것이 아니라는 사실이 드러나는 곳에서 우리가 주님의 소유라는 사실도 분명히 드러난다. 우리 주 예수 그리스도께서 위험에 처한 우리를 대신하여 그 위험을 대신 감당하시고 그 위험 가운데 죽으심으로써 궁극적인 위험을 제거하고 끝내셨다. 우리 주님이 바로 우리의 구원이 되신다. 이것이 생명의 복음이다. 우리는 자기 자신에 대한 신뢰를 버리고 오직 주님만을 목자로 삼아야 한다. 그리고 이 생명의 복음을 모든 사람들이 듣도록 나아가 전해야 한다.

3) 핵심 주제

인간은 궁극적인 위험으로부터 자기 자신을 지킬 수 없다. 우리는 우리 자신을 의지하는 거짓된 신뢰를 버리고, 우리를 위해 자신의 목숨까지도 버리심으로써 우리를 구원하시는 예수 그리스도만을 우리의 목자로 삼아야 한다.

4) 분석과 비평

이 설교에서 비르트는 "도적은 이리가 오면 도망가고, 저 궁극직인 위험이 닥치면 우리를 버린다는 말씀을 들었습니다." "도적은 이리가 오는 것을 보고 양떼를 버리고 도망할 것이다"라고 말하면서, 이 도적이 바로 우리 인간 자신이라고 말한다. 그러나 이 예수님의 비유에서 도적은 이리와 마찬가지로 양을 해치려는 원수를 의미한다. 본문에서 선한 목자와 대조되는 악한 목자로 설정된 삯꾼은 그 자신이 도적이 아니라 도적, 즉 이리가 오면 양을 두고 도망하는 자이다. 그러므로 바르트가 우리에게 궁극적인 위험이 닥쳐왔을 때 우리를 지켜주지 못하는 존재를 도적으로 이해하는 것은 본문의 문맥과 맞지 않는다.

바르트가 말하는 도적, 즉 이리가 올 때 양을 버리고 도망가는 것은 도적이 아니라 삯군이다.

바르트는 또한 (자신이 도적이라고 표현하는) 삯군이 바로 자기기만에 빠져 자기 자신을 신뢰하는 우리 자신, 즉 양이라고 말한다. 그러나 예수님의 이 이야기에서 삯군과 양은 동일시되지 않는다. 양으로 비유되는 우리 자신은 도적도 아니고 삯군도 아니다. 예수님의 이 비유에서 도적은 양, 즉 우리 인간을 멸망으로 몰아넣는 악의 세력을 의미하고 삯군은 도적, 즉 악의 세력에 의한 위험이 닥칠 때 양으로서의 우리를 버리고 도망가는 당시의 거짓된 종교지도자들을 의미한다. 바르트는 예수님의 이 비유 이야기에서 도적과 이리는 동일한 악의 세력을 의미하고, 삯군 목자는 도적이 아니라 양을 통해 사리사욕을 채우다가 도적 또는 이리가 왔을 때 양을 버리고 도망하는 당시의 거짓된 종교지도자들을 가리킨다는 사실을 과연 몰랐을까?

이 설교는 바르트가 1934년 4월 5일 파리의 "독일 루터 개신교 그리스도 교회"에 초청되어 행한 설교이다. 잘 알려진 바와 같이 바르트는 1934년 5월 29일에 발표된 바르멘 신학선언의 초안을 작성하는데 주도적인 역할을 하였다. 따라서 이 설교를 할 즈음에 그는 바르멘 신학선언 초안 작성에 관여하고 있었을 것이다. 오직 예수 그리스도만이 우리의 선한 목자라는 그의 설교는 오직 예수 그리스도만이 우리의 유일한 주님임을 천명한 바르멘 신학선언의 기본정신과 상통한다. 잘 알려진 바와 같이, 바르멘 선언을 채택한 고백교회는 예수 그리스도만이 하나님의 유일한 계시임을 천명함으로써 하나님의 이름을 빙자하여 독재권력을 정당화하는 나치정부에 대한 저항을 간접적으로 표현하였다.

그러나 바르트의 이 설교에서는 인간을 파멸로 이끄는 사탄의 세력으로서의 도적이나 이리의 실체가 전혀 언급되지 않는다. 바르트는 단지 삯군을 도적으로 표현하면서 그 도적이 바로 우리 자신이라고 말한다. 그러나 예수님이 이 비유를 통해 과연 도적이 우리 자신이라고 말씀하시고자 했을까? 왜 바르트는 당시의 역사적 현실 속에서 양, 즉 사람을 죽이고 멸망시키는 도적이 수많은 무고한 생명을 빼앗고 전 세계를 전쟁의 소용돌이로 몰아넣는 나치정권이라고 말하지 않는 것일까? 물론 악의 실재가 우리의 내면에 있는 것이 사실이다. 그러나 왜 언제나 우리의 설교는 악의 세력이 횡행하는 이 세상의 사회 정치적 현실 속에서 우리가 저항해서 싸워야 할 악의 역사적 실재에는 침묵하고 우리 자신의 내면 안에서만 악의 실재를 찾아야만 하는 것일까? 바르트가 바르멘 선언의 초안 작성에 중요한 역할을 담당했음에도 불구하고 그 이후의 그의 신학이 역사적 현실 속에서의 사회 정치적인 문제에 대한 관심을 결여하고 있다는 비판은 이와 같은 유형의 그의 설교에 대해서도 제기될 수 있을 것이다.

제7장 틸리히 (Paul Tillich : 1886-1965)

폴 틸리히는 신학의 과제와 설교의 과제를 동일한 것으로 생각하였다.[128] 그는 성서에 증언된 기독교의 메시지를 오늘의 상황 속에서 현대인에게 효과적으로 전달하는 데 관심을 기울였다. 그의 유명한 신학방법론인 상관관계 방법론은 이러한 관심의 결과로 수립되었다. 상관관계 방법론은 실존적이고 철학적인 질문과 신학적인 답변을 상호 관련시킴으로써 기독교 신앙의 내용을 해명한다. 이와 같은 상관관계 방법론은 그의 설교에도 그대로 적용된다. 틸리히의 설교는 상관관계 방법론으로서의 자신의 신학의 형식뿐만 아니라 자신의 신학의 내용을 보여준다. 그는 설교를 통해서 자신의 신학을 보다 실제적인 내용으로 전달하려고 있다.

틸리히는 오늘날 설교의 위기를 전통적인 기독교의 용어와 상징이 현대 사회에서 힘을 잃고 의미를 상실한 데 있는 것으로 진단하였다. 즉 설교의 위기는 궁극적인 것을 세속적인 것과 연결시키는 데 실패하는 것에 있다. 따라서 그는 기독교의 복음의 본질을 상실하지 않으면서 현대인에게 유의미하게 전달할 수 있는 길을 추구하였다. 그는 19세기의 자유주의와 20세기의 신정통주의의 양자의 중도에서 이 길을 찾고자 하였다.

한편으로, 틸리히는 자유주의 신학이 새로운 상황을 진지하게 고려하고 그 상황에 적절한 메시지를 전하기 위해 전통적인 상징을 현대적인 용어와 의

---

128) 틸리히의 신학과 설교의 관계에 대해서는 이문균, "폴 틸리히의 신학과 설교," 『한국기독교신학논총』 59집 (서울: 대한기독교서회, 2008), pp. 175-198을 참고.

미로 새롭게 해석하고 표현한 것을 높이 평가하였다. 그러나 그는 자유주의 신학이 기독교 복음의 초월성을 상실함으로써 세속화, 수평화, 지성화, 도덕화 되었다고 비판하였다. 자유주의 신학에서 기독교의 복음은 세상의 문화의 한 부분이 되었으며, 세상을 심판하고 변혁시키는 힘을 상실하였다.[129]

다른 한편, 틸리히는 신정통주의 신학이 하나님의 자유, 초월성, 통치권을 강조한 것을 긍정적으로 평가하였다. 그러나 그는 신정통주의 신학이 기독교의 초월적 복음을 강조하기 위하여 이 세상으로부터 물러나는 태도를 보였다고 비판하였다. 그 결과 기독교의 전통적인 상징과 메시지는 세속사회에 대한 적절한 관련성을 상실하고 게토화, 화석화 되었다.[130] 바르트가 복음의 본질과 정체성에 더 큰 관심을 기울였다면, 틸리히는 세상에 대한 복음의 관련성에 더 큰 관심을 기울였다.

틸리히에게 있어서, 기독교의 메시지는 인간실존 전체에 관한 질문들과 관계를 갖는 한 의미를 갖는다. 그러나 그 질문에 대한 답변은 인간실존으로부터 주어지지 않고 실존을 넘어서는 초월적인 계시의 영역으로부터 주어진다. 틸리히는 『조직신학』 제1권 서론에서 자신의 신학을 변증신학이라고 정의한 것처럼, 자신의 설교집 『흔들리는 터전』 머리말에서 자신의 설교를 변증적 유형의 설교라고 규정하였다.[131] 변증적 설교는 인간의 실존적 상황에 함축되어 있는 질문에 대하여 기독교의 메시지가 제시하는 답변을 들려줌으로써 스스로 결단하도록 도와주는 설교이다. 그에 따르면 설교란 일방적으로 진리를 전달하는 외침이 아니라 회중 스스로 질문하고 복음을 요청하고 진정으로 결단할 수 있게 만드는 것이다.

틸리히는 세 권의 설교집을 출판하였는데, 『흔들리는 터전』, 『새로운 존재』, 『영원한 지금』[132]이 그것이다. 그는 설교집의 제목을 통해 자신의 신학의

---

129) Hyung Suk Na, *Paul Tillich's Theology of Preaching: Boundary Preaching* (Ph.D. diss. Drew University, 1996), p. 80

130) Ibid., pp. 81-82.

131) Paul Tillich, *Systematic Theology*, vol. 1 (Chicago: The University of Chicago Press, 1951), pp. 6-8; Paul Tillich, 『흔들리는 터전』 (일산: 뉴라이프, 2008), p. 7.

체계와 내용을 나타내고자 하였다. 1947년에 출판된 첫 번째 설교집의 제목인 『흔들리는 터전』은 존재 자체인 하나님을 요청하는 불안한 인간 실존의 상황을 지시한다. 1955년에 출판된 두 번째 설교집인 『새로운 존재』는 "흔들리는 터전"에서 제기된 모든 물음에 대한 기독교의 메시지 안에 있는 답변을 의미한다. 1963년에 출판된 『영원한 지금』은 영원이 현재의 한복판에 현존한다는 사실을 표현한다. "흔들리는 터전"은 불안한 현대의 상황에서 존재의 기반이자 깊이인 하나님을 만나도록 촉구하며, "새로운 현재"는 하나님의 로고스인 예수 그리스도를 통한 구원의 내용을 가리키며, "영원한 지금"은 현실의 한복판에서 경험되는 영적 현존과 힘인 성령을 가리킨다.[133]

틸리히는 회중의 상황에 참여하고 회중의 실존적 문제를 드러내고자 하였다. 그는 기독교의 메시지가 실존적 문제에 따라 달라져야 한다고 생각했다. 고대의 동방정교회에서는 유한한 존재의 불안, 즉 죽음과 운명의 주된 실존적 문제였으며, 이 문제에 대한 교부들의 기독교 메시지는 생명과 빛이었다. 중세기와 종교개혁자들의 시기에는 죄책감과 형벌로 인한 불안이 주된 실존적 문제였으며, 이 문제에 대한 종교개혁자들의 기독교 메시지는 칭의, 즉 믿음으로 의롭게 됨이었다. 틸리히는 오늘날의 현대인들에게는 삶의 무의미성과 공허로 인한 불안이 주된 실존적 문제라고 보았다. 그는 현대인들이 자신들의 삶에서 의미의 상실을 경험하고 있다고 보았다. 따라서 그는 공허, 유한성, 소외 등의 실존철학의 개념들을 통해 회중이 지닌 불안을 드러내고 기독교의 메시지를 통해 답변을 제시하고자 하였다. 그가 답변으로 제시하는 기독교 메시지는 삼위일체적이다. 즉 모든 유한한 "존재의 기반"으로서의 하나님, 우리의 존재를 새롭게 변화시키는 "새로운 존재"(New Being)로서의 예수 그리스도, 우리 가운데 현존하는 "생명의 힘"으로서의 성령이다.

---

132) Paul Tillich, *The Shaking of the Foundations*, 김광남 역, 『흔들리는 터전』; *The New Being*, 김광남 역, 『새로운 존재』 (일산: 뉴라이프, 2008); *The Eternal Now*, 김광남 역, 『영원한 지금』 (일산: 뉴라이프, 2008).

133) 이문균, "폴 틸리히의 신학과 설교," 『한국기독교신학논총』 59집 (서울: 대한기독교서회, 2008), p. 187-188.

1. 흔들리는 터전[134]

1) 성서본문: 이사야 24장 18-20절

2) 주요 내용

땅의 기초가 흔들리고 있다. 이것은 엄연한 현실이며 이 시대의 의미이다. 인간은 땅의 터가 놓일 때 묶였던 힘들을 풀어놓을 열쇠(과학)를 발견했으며, 그 열쇠를 사용하여 묶여 있던 힘들을 해방시켰다. 그리하여 땅의 터들이 요동하고 있다. 하나님은 선지자들을 통해 터전의 흔들림과 재앙을 말씀하신다. 그러나 과학이란 우상을 숭배하는 거짓 선지자들은 거짓된 진보와 평화와 행복을 외친다. 그러나 과학의 승리는 세계의 혼돈과 붕괴와 멸망을 의미할 뿐이다.

오늘의 상황에서 우리는 여전히 "우리는 그 터전을 흔드는 힘(과학)을 창조적인 목적을 위해, 진보를 위해, 평화와 행복을 위해 사용할 수 있다"(20)는 거짓된 선지자들의 음성을 듣는다. 그러나 이 음성은 거짓된 것이다. 우리는 이미 바르샤바, 히로시마, 베를린의 참상을 목도하였다. 오늘의 세계에 있어서 삶의 가장 원초적이고 핵심적인 터전들이 흔들리고 있다. 대중들은 좋은 소식을 듣고 싶어 한다. 시대의 종말을 예언하는 선지자는 사람들로부터 비관주의자란 말을 듣는다. 당신은 선지자의 메시지에 어떻게 반응하는가?

재앙이 일어나고 세상의 터전이 흔들릴 때 냉소주의는 더 이상 불가능하다. 오직 두 가지의 선택만이 가능하다. 절망 또는 믿음이다. 믿음은 영원한 구원에 대한 확신이다. "너희는 하늘로 눈을 들며 그 아래의 땅을 살피라. 하늘이 연기같이 사라지고 땅이 옷같이 헤어지며 거기에 사는 자들이 하루살이 같이 죽으려니와 나의 구원은 영원히 있고 나의 공의는 폐하여지지 아니하리라"(사 51:6). 하나님은 모든 터전들이 그 위에 놓인 터전이시다. "주께서 옛

---

[134] Paul Tillich, 『흔들리는 터전』, pp. 13-30.

적에 땅의 기초를 놓으셨사오며 하늘도 주의 손으로 지으신 바니이다. 천지는 없어지려니와 주는 영존하시겠고 그것들은 다 옷같이 낡으리니 의복같이 바꾸시면 바뀌려니와 주는 한결같으시고 주의 연대는 무궁하리이다"(시 102:25-27). 우리는 선지자들과 같이 일시적인 것의 파멸을 넘어서 영원한 것의 나타남을 보아야 한다. "오히려 우리가 세상의 붕괴를 통해서 영원한 반석과 다함이 없는 구원을 보게 되기를 바랍니다!"(30)

3) 핵심 주제

세상의 터전이 흔들리고 있다. 과학은 우리를 구원할 수 없다. 세상의 터전이 흔들릴 때 우리는 거짓 선지자들의 음성에 귀를 기울이지 말고 오직 모든 터전들의 터전이 되시는 하나님의 구원을 바라보아야 한다.

4) 분석과 비평

틸리히의 설교에서는 대체로 성서의 본문에 대한 주석적 설명이 생략되어 있다. 그는 성서본문의 세부적인 문자적 의미에 관심을 기울이기보다는 상징적 언어로서의 성서본문 전체가 지시하는 상징적 실재와 그 의미에 관심을 집중한다. 그는 성서본문이 지시하는 상징적 실재와 그 의미를 오늘의 상황 안에서 파악하고 새롭게 설명하고자 한다. 『흔들리는 터전』이 출판된 1947년은 제2차 세계대전이 끝난 2년 후이다. 전쟁의 와중 또는 직후의 혼란하고 어려운 상황 속에서 틸리히는 인간의 근본적인 삶의 터전의 흔들림을 경험하고 있는 동시대인들에게 하나님의 말씀을 선포하고자 했다. 그는 대부분 대학 채플에서 설교하였다. 그는 자신이 대학사회의 지성인들, 교회의 전통적이고 고답적인 대답에 실망한 사람들, 삶의 의미를 상실한 사람들, 무관심하고 냉소적인 사람들을 대상으로 설교한다고 생각하였다.

틸리히는 이 설교에서 인간의 삶과 종교와 교회에 대하여 무관심하고 냉소적인 회중에게 도전한다. 그는 예언자들이 기초가 흔들리는 사실을 직면하였던 것처럼, 회중들도 오늘날 삶의 터전이 흔들리고 있음을 스스로 발견하도록 촉구한다. "혹시 다가오는 파멸을 의식하면서도 그것에 무관심하고 냉소적으로 대처하는 것이 가능할까요? 종말을 냉소적으로 직면하는 것이 인간적으로 가능할까요? 확실히 우리 중 어떤 이들은 인간이 만들어내고 찬양하는 것들 대부분에 대해 냉소적입니다… 우리는 신앙에 대해, 교회들에 대해, 교회의 교리와 상징들에 대해, 그리고 교회의 대표자들에 대해 냉소적이 될 수 있습니다… 그러나 우리는 모든 것의 터전이 흔들리는 것에 대해 냉소적이 될 수 없습니다!"(27)

틸리히는 현대인들은 대지의 기초, 즉 존재의 터전이 흔들리는 것을 경험하고 있다고 말하면서, 현대인들이 의지하는 과학과 문화가 인간의 존재를 떠받쳐줄 수 없다고 강조한다. 그는 일찍이 예언자들이 선포한 하나님, 즉 대지의 기초를 놓았고 또 그것을 진동시킬 수 있는 존재 자체, 존재의 기반, 존재의 힘이신 하나님을 바라고 의지할 것을 요청한다. "그분은 모든 터전들이 그 위에 놓인 터전이십니다. 그리고 이 터전은 흔들릴 수 없습니다."(26)

이 설교에는 틸리히의 상관관계 방법론 안에서의 존재론과 신론, 즉 유한한 존재와 하나님의 관계가 잘 드러난다. 유한한 인간존재는 비존재, 즉 죽음의 종말 앞에서 존재론적 불안을 경험한다. 인간의 이 존재론적 불안에 대한 답변은 존재자체, 존재의 힘, 존재의 근거 또는 터전으로서의 하나님으로부터 주어진다. 틸리히는 무한자와 유한자 사이의 무한한 질적 차이를 전제로 하는 존재론적 이원론을 거부한다. 물론 무한한 하나님과 유한한 인간 사이에는 무한한 질적 차이라고 불릴 만한 상이성이 존재한다. 그럼에도 불구하고 유한자는 무한자를 포함할 수 있으며(finitum capax infiniti), 무한자는 유한자의 존재론적 근거, 터전, 모태로서 모든 유한자를 자신 안에 포함한다. 존재의 터전이 흔들리는 현실 속에서, 존재자체, 존재의 힘, 모든 존재의 터전의 터전이 되시는 하나님께서 우리를 붙들고 계시다는 믿음이 우리를 존재론적 불안으로부터 구원한다.

2. 새로운 존재[135]

1) 성서본문: 갈라디아서 6장 15절

2) 주요 내용

우리 시대를 향한 기독교의 메시지는 "새로운 창조"에 대한 메시지이다. "기독교는 '새로운 존재,' 즉 예수님의 출현과 더불어 나타난 '새로운 현실'에 대한 메시지입니다."(33) 새로운 존재는 할례나 무할례가 아니다. 할례는 종교의식으로서 그 의식이 속해 있는 종교를 상징한다. 따라서 우리는 이렇게 말할 수 있다. "그 어떤 종교도 중요하지 않다. 오직 새로운 상태만이 중요하다."(34) 무할례는 비종교적이지만 종교와 다름없이 완전한 헌신을 요구하는 세속적 운동을 의미한다.

우리가 다른 종교인들을 만날 때, 그리고 또한 우리가 파시스트와 공산주의자들 그리고 과학적 휴머니스트와 윤리적 이상주의자들을 만날 때, 우리가 할 일은 그들을 우리의 종교로 개종시키는 것이 아니라, 우리가 경험한 사실, 즉 "새로운 창조가 그리스도라고 불리는 예수 안에서 분명하게 드러났다는 사실"(37)을 전하는 것이다.

기독교의 위대성은 그것이 자신이 얼마나 작은지 알 수 있다는 데 있다. 기독교인이 되는 것이 중요한 것은 기독교가 기독교인이 되는 것이 우리에게 전혀 중요하지 않다는 생각을 견딜 수 있게 해주기 때문이다. "종교적인 사람이 두려움 없이 종교의 허망함을 바라볼 수 있게 하는 것이야말로 종교의 영적 능력입니다."(39) 기독교가 아무 소용이 없다는 사실을 이해하는 것이야말로 기독교적 이해의 가장 성숙한 열매이자 자랑이다. "자랑할 것이 아무것도 없다는 사실에 대한 자랑은 지혜요 성숙입니다."(39)

새로운 존재인 그리스도 안에 나타난 새로운 현실이란 무엇인가? 그것은

---

135) Paul Tillich, 『새로운 존재』, pp. 32-48.

낡은 창조를 새로운 창조로 대체하는 것이 아니라 변화시키는 세 가지 갱신(renewal), 즉 화해(reconciliation), 재연합(reunion), 부활(resurrection)이다. 우리는 하나님과 나 자신과 다른 사람과 화해해야 한다. 이것은 우리가 화해하기 위해 애를 써야 하는 것을 의미하지 않는다. 그것은 오히려 실패로 인한 적대감만을 초래할 뿐이다. 오히려 이것은 우리가 그 안에서 화해를 이룬 어떤 새로운 현실이 나타났음을 알리는 메시지이다.(44) 우리는 그 새로운 존재에 의해 사로잡히기 위해 자신을 열어 두어야 한다.

새로운 현실의 두 번째 징표는 서로 분리된 것들이 그 안에서 재연합되는 현실이다. 재연합으로서의 새로운 존재는 그리스도 안에서 분명하게 드러났다. "왜냐하면 그분 안에서는 분리가 그분과 하나님 사이의, 그분과 인간 사이의, 그리고 그분과 그분 자신 사이의 일치를 넘어서지 못하기 때문입니다." (44) 새로운 현실이 나타나는 그리스도 안에서 인간은 자신의 존재의 근거이자 의미인 하나님과 재연합되며 자신의 자아와 다른 사람들과의 분리가 치유되고 재연합된다. 교회는 이러한 재연합이 선포되고 실현되는 곳이다.

부활은 새로운 상태의 승리, 옛 존재의 죽음으로부터 새로운 존재의 탄생을 의미한다. 부활은 먼 미래의 사건이 아니다. 지금 여기에서 그리고 오늘과 내일 죽음으로부터 생명을 창조하는 새로운 존재의 능력이다. "새로운 존재가 있는 곳에는 부활, 즉 시간의 모든 순간으로부터 영원으로의 창조가 존재합니다."(47) "부활은 지금 발생하거나, 전혀 발생하지 않습니다. 그것은 우리 안에서 그리고 우리 주변에서, 영혼과 역사 안에서, 그리고 자연과 우주 안에서 발생합니다."(48) 기독교의 메시지는 "기독교"가 아니리 새로운 현실인 화해, 재연합, 부활이다. 우리 이 새로운 현실을 받아들이고 그 속으로 들어가고 그것이 우리를 사로잡게 해야 한다.

3) 핵심 주제

종교의식(할례)은 중요하지 않다. 종교가 새로운 현실을 가져오는가 하는 것이 중요하다. 기독교의 메시지는 새로운 존재인 그리스도 안에서 새로운 현실이 나타났다는 것이다. 이 새로운 현실은 화해, 재연합, 부활로 대표된다. 우리는 이 새로운 현실에 참여하도록 부름 받았다.

4) 분석과 비평

오늘날의 현대인들이 경험하는 무의미성과 공허의 불안에 대한 기독교의 메시지는 새 존재인 그리스도 안에서의 새로운 창조이다. 기독교의 복음은 새로운 존재인 예수님의 출현과 더불어 새로운 현실이 나타났다는 것이다. 그리스도는 새로운 상태를 가져오시는 분이다. "새로운 창조 - 그것이 우리의 궁극적 관심이자 우리의 무한한 열정이어야 합니다. 모든 인간의 무한한 열정이 되어야 합니다… 그것만이 궁극적으로 중요합니다."(38)

새로운 존재가 가져오는 구원은 무엇을 의미하는가? 틸리히는 구원의 의미를 화해, 재연합, 부활로 표현한다. 그는 화해의 의미를 칭의론의 관점에서 설명한다. 화해는 인간이 하나님을 위해 어떤 선행이나 업적을 쌓음으로써 이루어지는 것이 아니라 하나님의 은혜로 이루어진다. 또한 존재의 기반이요 의미인 하나님과 재연합되는 것이 기독교가 선포하는 구원이다. 하나님과의 재연합 안에서 인간은 자신을 용납함으로써 자신과 재연합되며 다른 사람과의 분열이 극복되는 것을 경험한다. 틸리히는 부활을 죽은 시체가 다시 소생하는 것이 아니라 낡은 존재에서 새로운 존재가 생겨나는 것으로 이해한다. 부활이란 죽음으로부터 삶을 창조하는 새로운 힘을 의미한다.

이 설교에는 틸리히의 상관관계 방법론 안에서의 인간론과 기독론, 즉 타락으로 인해 본질적 상태로부터 소외된 인간실존과 이에 대한 답변으로서의 그리스도의 관계가 잘 나타난다. 인간은 하나님과 자신과 이웃과 분리되고 소외된 실존의 절망적인 상황 속에서 구원을 요청한다. 이 구원의 요청에 대한 응답으로서 새 존재인 그리스도가 새로운 존재, 새로운 상태, 새로운 현실, 즉 화해, 재연합, 부활을 가져다준다.

틸리히가 자신의 신학과 설교에서 사용하는 존재론적 언어는 성서의 이야기적 언어에 대한 보완적 언어로서, 현대인의 철학적 세계관과 개념과의 소통을 가능케 한다. 이것은 그의 변증적 또는 중재적 신학과 설교의 강점이다. 그러나 또한 그의 약점도 역시 여기에서 발견된다. 그의 설교에는 성서의 본문에 대한 충분한 주석적 설명이 결여되어 있다. 그는 성서의 이야기적 언어에 충분히 머물러 있지 않고 곧바로 그 언어를 상징적, 존재론적 언어로 번역 또는 치환하고자 한다. 이것은 설교 언어의 빈곤을 초래할 수 있다. 새로운 존재에 대한 틸리히의 존재론적 설명은 매우 참신하고 현대인들에게 이해 가능한 것이기는 하지만 성서의 이야기에 나타나는 예수의 구체적인 역사적 현실을 다 담아내기에는 충분치 않은 것처럼 보인다.

3. 사랑의 힘

1) 성서본문: 마태복음 25장 31-40절, 요한1서 4장 16절, 요한복음 13장 34-35절

2) 주요 내용

"사랑 안에 거하는 자는 하나님 안에 거하고 하나님도 그의 안에 거하시느니라." 하나님과 사랑은 두 개의 서로 다른 실재가 아니라 하나이다. 하나님의 존재는 사랑의 존재이며, 하나님의 무한한 존재의 힘은 무한한 사랑의 힘이다. 우리가 하나님께 대한 헌신을 고백해도 사랑 안에 거하지 않는다면 우리는 하나님 안에 거하지 않는 것일 수 있다. 또한 우리가 하나님에 대해 말하지 않을지라도 사랑 안에 거한다면 우리는 사랑 안에 거하는 것일 수 있다. 마태복음의 본문에서 예수님은 자기를 알지 못하는 사람들 중 많은 이들이 자기에게 속해 있으며, 자신에 대한 충성을 고백하는 사람들 중 많은 이들이 자기에게 속해 있지 않다고 말씀하신다. 유일하게 궁극적인 기준은 사랑이다.

하나님의 이름을 말하지 않았지만 사랑이신 하나님 안에서 삶을 산 여인이 있다. 그녀의 이름은 엘사 브랜드스트룀이다. 엘사는 스물네 살 때 독일군

전쟁포로들이 차에 실려 유배되는 모습을 보고 간호사가 되어 포로수용소를 방문하기 시작했다. 그녀는 사랑의 힘으로 모든 어려움과 고난과 싸워 이겨냈다. 그녀는 굶주리는 자들을 방문해 그들에게 먹을 것을 주었으며, 목말라하는 자들에게 마실 것을 주었고, 낯선 이들을 환영했고, 벗은 자들을 입혔으며, 병든 자들을 치료해 주었다. 그녀 자신이 병에 걸리고 감옥에 갇히기도 했다. 그러나 그녀 안에는 하나님의 사랑의 힘이 있었다. 전쟁 후에 그녀는 독일과 러시아 전쟁포로들의 고아들을 위해 헌신했다. 사랑이신 하나님이 그녀 안에 거하고 계셨고 그녀는 그 분 안에 거하고 있었다. "사랑은 정의 이상이며 믿음과 소망보다도 위대합니다. 사랑은 하나님 자신의 현존입니다. 왜냐하면 하나님은 사랑이시기 때문입니다. 그리고 모든 참된 사랑의 순간에 우리는 하나님 안에 거하고 하나님은 우리 안에 거하십니다."(55)

4. 황금률[136]

1) 성서본문: 요한1서 4장 12,16절, 마태복음 7장 12절

2) 주요 내용

"무엇이든지 남에게 대접을 받고자 하는 대로 남을 대접하라"는 황금률은 사랑이 아니다. 그것은 계산적인 정의(calculating justice)이다. 우리가 받게 될 도움과 용서를 기대하면서 다른 사람을 도와주고 용서하는 것은 아직 진정한 의미의 사랑이 아니다. 다른 사람이 우리에게 해줄 일에 대한 기대가 우리가 다른 사람들에게 해줄 일에 대한 기준이 되어서는 안 된다.

사랑은 계산적인 정의를 창조적인 정의로 변화시킨다. 사랑이 없는 정의는 언제나 부정의이다. 사랑은 정의를 가능하게 만든다. 사랑은 다른 사람의

---

136) Paul Tillich, 『새로운 존재』, pp. 56-62.

주장을 인간으로서의 그 자신만큼 인정받아야 할 것으로 존중하고 또 우리 자신의 주장을 인간으로서의 우리 자신만큼 인정받아야 할 것으로 존중한다. "하나님의 사랑은 계산적인 정의를 따를 경우 거부되어야 마땅한 사람을 용납하고 그의 부족함을 채우는 것을 정당화하는 사랑입니다. 불의한 사람을 의롭다고 인정하는 것이야말로 하나님의 창조적인 정의의 또한 그분의 재연합시키는 사랑의 실현입니다."(62)

3) 핵심 주제

하나님의 사랑은 계산적 정의가 아니라 창조적 정의를 실현한다. 다시 말하면, 불의한 사람을 의롭다고 인정하는 하나님의 사랑이 창조적 정의를 실현한다.

4) 분석과 비평

위의 두 편의 설교 "사람의 힘"과 "황금률"은 모두 하나님의 사랑을 주제로 한다. 하나님은 사랑이시다. 사랑이 있는 곳에 하나님이 계시다. 하나님이 계신 곳에 구원이 있다. 따라서 사랑이 있는 곳에 구원이 있다. 이 설교는 "교회밖에는 구원이 없다"는 키프리안의 명제에 대한 틸리히의 재해석을 보여준다고 할 수 있다. 틸리히는 종교제도, 의식, 교리, 교회의 울타리와 한계를 넘어서는 신학을 추구한다. 엘사는 아마도 기독교인이 아닐지도 모른다. 그러나 중요한 것은 그녀가 자기희생적인 사랑의 삶을 삶으로써 사랑이신 하나님 안에 거했다는 사실이며 따라서 하나님이 그녀 안에 거하셨다는 사실이다. 인간은 종교적 교리로 하나님의 주권적 자유 안에서의 구원의 범위를 미리 규정하거나 제한할 수 없다. "너희가 여기 내 형제 중에 지극히 작은 자 하나에게 한 것이 곧 내게 한 것이니라."

이 설교는 다음과 같은 매우 어렵고 또한 논쟁적인 신학적 난제들을 함축하고 있다. 비신앙인이나 무신론자도 참 사랑을 행할 수 있는가? 그리고 그들이 자신의 친구나 이웃을 위해 자신의 목숨을 희생하는 사랑의 행동을 할 경우에 그들도 하나님 안에 거한다고 말할 수 있는가? 이 물음에 대하여 아마도 틸리히는 "그렇다"라고 대답할 것이다. 왜냐하면 그는 하나님의 구원이 교회나 교리의 한계에 갇혀 있지 않다고 생각하기 때문이다. 물론 그는 이 설교에서 인간이 사랑의 행위라는 자신의 공로로 구원을 받을 수 있다는 것을 이야기하려는 것은 아님이 분명하다. 그는 구원이 철저히 하나님의 은혜와 그 은혜에 대한 신앙의 응답에 의해 주어진다는 것을 강조하는 루터교 전통의 신학자이다. 단지 그는 기독교의 복음의 본질과 생명력이 종교적 형식(교회의 제도와 교리를 포함하는)에 있지 않고 자기희생적인 사랑의 능력에 있다는 것을 말하고자 했던 것이라고 할 수 있다.

하나님의 사랑은 계산적 정의가 아니라 창조적 정의를 가져온다. 계산적 정의는 인과응보적이며 율법주의적이다. 그것은 받을 것을 계산하고 주는 교환적 거래행위이다. 그러나 하나님의 사랑은 받을 것을 계산하지 않고 무조건적으로 베푸는 은혜의 행위이다. 사랑의 하나님은 죄인인 인간에게 그 죄를 용서해주는 대가로 어떤 형벌이나 보상을 요구하시기보다는 아무런 대가 없이 죄인을 의롭게 하신다. 이것이 어떻게 가능한가? 하나님의 사랑은 어떻게 정의를 세우는가? 그것은 예수 그리스도 안에 나타난 자기희생적인 사랑을 통해서이다. 하나님의 사랑은 우리의 죄와 그로 인한 저주를 대신 담당하심으로써 우리에게 의를 부여해주고 우리를 구원한다. 하나님의 이 자기희생적 사랑이 창조적 정의를 완성한다. 하나님의 정의는 사랑 안에서 의롭게 하는 의(justifying justice)이다. 예수 그리스도의 십자가에서 하나님의 사랑은 정의를 충족시키고 완성한다.

그러나 인성 기독론 또는 저기독론(low Christology)에 기초한 틸리히의 신학에서 어떻게 하나님의 사랑이 예수 그리스도의 십자가 안에서 양양하게 드러난다고 말할 수 있는지, 그리고 어떻게 예수 그리스도의 십자가에서 하나님의 사랑이 인간의 죄를 용서하고 의롭게 한다고 말할 수 있는지 분명치 않다.

제8장 브룬너 (Emil Brunner : 1889-1966)

에밀 브룬너는 칼 바르트와 더불어 하나님의 말씀의 신학 또는 변증법적 신학이라고도 불리는 신정통주의 신학의 형성에 큰 기여를 하였다. 그러나 그는 이른바 자연신학 논쟁으로 바르트와 결별하였다. 바르트와 달리 그는 개혁교 정통주의를 따라 계시신학 또는 특별계시와 아울러 자연신학 또는 일반계시의 가능성을 인정하였다. 그는 인간 안에 있는 하나님의 형상을 형식적인 것과 실질적인 것으로 구별하고 후자는 죄로 말미암아 완전히 상실되었으나 전자는 손상을 입은 채 여전히 남아 있다고 보았다. 형식적 형상은 인간의 이성적 능력과 주체성을 의미한다. 인간은 자신에게 남아 있는 이성적 능력과 주체성으로 인하여 자신의 판단과 결정에 대하여 책임을 질 수 있다. 또한 인간은 이 형식적 형상으로 말미암아 다른 피조물들과 달리 가정, 사회, 국가와 같은 질서를 이루어 인간다움을 유지하며 살아갈 수 있다. 브룬너는 인간 안에 남아 있는 하나님의 형식적 형상을 하나님의 계시에 대한 인간의 응답의 자리, 즉 접촉점으로 간주하였다.

1. 선택[137]

1) 성서본문: 에베소서 1장 3-6절

---

137) Emil Brunner, "선택," 윤철호 편역 『현대신학자들의 설교』, pp. 45-56. Emil Brunner, *The Great Invitation* (Philadelphia: Westminster Press, 1955), pp. 44-53.

2) 주요 내용

결정론 또는 숙명론에는 두 종류가 있다. 하나는 유물론적 역사 이론인 마르크스 사회주의 세계관이다. 이에 따르면, 모든 세계의 역사는 자연현상과 같은 필연성을 가지고 일종의 자연적 과정에 따라 전개되며, 모든 인간은 자연과학의 유전법칙에 따라 유전된 성향에 의해 존재하도록 운명지워져 있다. 다른 하나의 결정론은 성서의 예정론이다. 브룬너가 이 설교에서 문제 삼는 것은 이 예정론이다.

숙명론적 예정론은 잘못된 것이다. 만일 예정론이 사실이라면 인간을 구원하시기 위한 하나님의 모든 수고와 애쓰심도 아무 의미가 없고 우리의 믿음과 순종의 결정을 기다리는 하나님의 기다림도 아무 의미가 없을 것이다. 그러나 이것은 반대로 인간의 구원이 인간 자신의 결정에게 달려있다는 것을 의미하지도 않는다. 만일 모든 것이 인간에게 달려있다면 하나님도 구원자도 필요 없을 것이며, 하나님은 단지 인간의 투쟁적 삶의 결과에 대하여 보상하는 분배자에 불과하게 될 것이다.

바울은 "찬송하리로다 하나님 곧 우리 주 예수 그리스도의 아버지께서 그리스도 안에서 하늘에 속한 모든 신령한 복을 우리에게 주셨으니"라고 말씀한다. 이 구절에서 가장 중요한 것은 하나님, 하나님의 행동, 하나님의 선물이다. "하늘의 신령한 복"이 하나님으로부터 우리에게 주어진다. 이 신령한 복은 바로 그리스도이다. 여기서 우리가 할 수 있는 일은 하나님께 대한 찬양과 감사이다.

예수 그리스도 안에서 하나님은 진정한 인간의 삶의 의미를 보여주셨으며, 오직 하나님과의 교제를 통해서만 그 의미를 깨달을 수 있다는 사실을 드러내셨다. 또한 예수 그리스도 안에서 하나님은 우리가 파멸의 길로 향하고 있음을 드러내심과 동시에 하나님과 우리의 교제를 회복시키셨다. 이것이 예수 그리스도 안에 나타난 하나님의 은혜이다. 이 은혜를 받아들이는 것이 믿음이다.

우리는 이러한 맥락에서 성서가 말씀하는 영원한 선택을 이해해야 한다.

하나님은 피조물에게 자신의 사랑과 영원한 생명을 주시기 위해 세상을 창조하셨다. 이 하나님의 영원한 계획 안에 개별자인 내가 포함되어 있다. "하나님은 우리 각자에게 '세상이 창조되기 전에 너희는 나의 마음속에서 영원히 생각해왔던 존재다' 라고 말씀하십니다."(52)

하나님의 영원한 계획 안에서 우리는 하나님의 영원한 아들 예수 그리스도의 형상을 가지고 있는 존재이다. 예수 그리스도는 우리의 모델이다. "이 예수 그리스도가 우리 각자를 위한 하나님의 창조 계획입니다. 세상이 창조되기 영원 전부터 하나님에 의해 예비된 이 원형이 오직 하나의 모범인 참된 인간이며 또한 참된 하나님의 계시인 예수 그리스도 안에서 지금까지 실현되어 오고 있습니다."(53) 브룬너는 예정론의 진정한 의미를 이렇게 설명한다. "그분(하나님)은 창세 전에 우리를 보셨던 것처럼 지금도 우리를 보고 계시며 앞으로도 보실 것이라는 것을, 우리를 그분의 아들처럼 되도록 예정된 참된 인간으로 보실 것을 예수 그리스도 안에서 선언하십니다."(53) 이것이 창세 전에 선택되었다는 말씀의 의미이다.

선택되었다는 것은 하나님의 아들 예수 그리스도 안에서 영원히 하나님의 사랑을 받는 자가 되었다는 의미이다.(54) 성서는 이중예정이라는 끔찍한 교리에 대해서 말하지 않는다. 생명의 길로의 하나님의 초대는 아무도 배제하지 않는다. 그러나 이 초대는 또한 우리의 결단을 요구한다. 믿지 않는 사람들의 최후의 운명은 우리가 관여할 일이 아니다. 우리는 언제나 그들도 그리스도를 향해 결단할 수 있다는 희망을 가져야 한다. 우리는 그 이상의 것을 생각하지 말아야 한다. 끔찍한 이중예정 사상은 왜 하나님께서 은혜를 한 사람에게는 주시고 다른 사람에게는 주시지 않는지를 알고자 할 때 생겨나는 것이다.

마지막으로, 예수 그리스도 안에서 우리는 우리 자신의 길이 아니라 그분의 길을 걷도록, 우리 자신의 뜻을 행하는 것이 아니라 그분께 순종하도록 선택되었다. 하나님은 우리에게 사랑을 주시고 우리도 다른 사람들을 사랑하기를 기대하신다. 그리스도께 속한 사람은 그분의 마음과 조화를 이루어 살아야 한다. 예수님은 우리가 더 이상 자신을 위해서가 아니라 우리를 위해서 죽으신 분을 위해 살도록 우리 모두를 대신하여 죽으셨다.(56) 하나님의 명령에 순종하기 위한 노력이 우리가 생명의 길이신 예수 그리스도의 길에 들어섰음을 드러낼 것이다.

3) 핵심 주제

브룬너는 이 설교에서 하나님께서 창세 전에 하나님의 영원하신 아들이며 참된 인간인 예수 그리스도를 모델로 하여 우리에게 사랑과 영원한 생명을 주시기 위해 우리를 선택하셨다고 말한다. 하나님의 선택은 아무도 배제하지 않는다. 이중예정은 잘못된 교리이다. 그러나 또한 우리는 예수 그리스도 안에서 그분께 순종함으로써 우리가 하나님의 선택을 받았음을 드러내야 한다.

4) 분석과 비평

선택(예정)에 대한 브룬너의 사고는 바르트와 유사하다. 이 두 사람은 공통적으로 칼빈의 이중예정 교리를 거부한다. 어떤 사람은 영원한 생명으로 다른 사람은 영원한 형벌로 창세 전부터 예정되었다는 교리는 끔찍하다. 왜냐하면 이와 같은 하나님은 사랑의 하나님이 아닐 뿐 아니라 정의의 하나님도 아니다. 또한 만일 인간의 운명이 창세 전부터 영원히 예정되어 있다면 인간은 자신의 운명에 대한 아무런 책임도 없다. 왜냐하면 인간은 자신의 운명을 스스로 결정할 수 있는 자유를 전혀 갖고 있지 않기 때문이다.

그러나 브룬너는 인간의 자신의 운명을 스스로 결정할 수 있는 자유를 가지고 있음을 강조하기 위해서 이중예정 교리를 거부하는 것은 아니다. 오히려 그 반대로 그는 하나님의 행동, 선물, 신령한 복을 강조한다. 이 신령한 복은 곧 그리스도이다. 따라서 브룬너는 바르트처럼 예정론을 기독론적으로 재해석한다. 하나님의 예정은 예수 그리스도 안에서의 예정이며, 이 예정은 결코 저주와 심판으로의 예정이 아니라 사랑과 영원한 생명으로의 예정이다. 그러나 브룬너와 바르트의 그리스도 중심적 예정 이해에는 차이점도 발견된다. 바르트의 예정론은 구속론적이다. 즉 그는 예정론을 예수 그리스도의 십자가에서 일어난 사건 안에서 재해석한다. 십자가에서 우리의 죄는 그리스도에게 전가되고 그리스도의 의가 우리에게 전가된다. 십자가에서 그리스도는 우리의 모든 '아니오'(no), 즉 죄를 스스로 걸머지고 우리에게는 '예'(yes), 즉 의를 전해준다. 따라서 십자가에서 우리에게 '아니오'는 없고 오직 '예'만 있다. 이런 의미에서 예정론은 복음의 총화이다. 브룬너의 예정 이해도 그리스도 중심적이지만, 브룬너는 예정을 바르트처럼 십자가 사건과 연관시키기보다는 영원한 하나님의 아들이며 참 인간으로서 우리의 모델 또는 원형인 그리스도와 연관시킨다. 참 인간의 원형인 예수 그리스도 안에서 우리는 창세 전부터 영원한 생명으로 예정되었다는 것이다.

이 설교에서는 직설법이 압도적이다. 왜냐하면 이 설교는 하나님의 행동, 선물, 신령한 복을 강조하며, 우리가 예수 그리스도 안에서 하나님의 사랑과 영원한 생명으로 예정되었음을 강조하기 때문이다. 따라서 우리가 할 일은 무엇보다 하나님께 대한 찬양과 감사이다. 그러나 브룬너는 설교의 말미에 또한 명령법을 제시함으로써, 일방적인 직설법이 초래할 수 있는 결정론을 피하고 하나님의 은혜 안에서 인간의 순종의 행위를 말하고자 한다. 즉 그는 우리가 하나님의 명령에 순종하도록 선택되었으며, 순종이 우리가 예수 그리스도 안에 있음, 즉 하나님의 사랑과 영원한 생명으로 예정되었음을 드러낼 것이라고 말한다.

2. 십자가의 어리석음과 스캔들[138]

1) 성서본문: 고린도전서 1장 18-24절

2) 주요 내용

---

138) Emil Brunner, "십자가의 어리석음과 스캔들," 윤철호 편역 『현대신학자들의 설교』, pp. 83-92. Emil Brunner, *The Great Invitation*, pp. 54-61.

오늘날 과학은 인간의 삶의 핵심적인 문제들을 해결하지 못하고 있다. 우리는 지식 외에 다른 무엇, 십자가에 못 박힌 예수 그리스도의 복음이 필요하다. 왜 그런가? 바울은 십자가의 복음을 어리석음과 스캔들로 묘사한다. 십자가는 선언한다. "너는 죄인이다." "네가 행하는 모든 것, 심지어 가장 최상의 것일지라도, 이 유죄판결 아래 있다."(86) 십자가의 복음은 우리의 악의 근원으로 향하며, 이 복음만이 우리의 악을 근본적으로 치유할 수 있다. 바로 이 이유 때문에 십자가는 어리석음과 스캔들을 의미한다.

십자가의 복음은 인간 자신의 행위에 관한 것이 아니라, 하나님의 오심과 긍휼의 행위에 관한 것이다. "이 하나님의 종이 우리를 위해 고난당하시고 우리의 죄를 지시고 그 죄를 도말하셨기 때문에 죄가 더 이상 하나님과 인간 사이에 장벽을 세울 수 없습니다. 그분이 당신의 빚을 지불하셨습니다… 당신을 위해 그리고 당신의 자리에서 그분은 범죄자의 죽음, 당신이 받아야 하는 저주받은 죽음을 당하셨습니다."(88) 이 모든 것을 하나님 자신이 행하셨다. 우리는 하나님의 순수한 선물에 의해 모든 것을 용서받게 된다. 이것이 십자가의 메시지의 어리석음과 스캔들이다.

십자가의 복음은 사고, 철학, 문화적 발전을 통한 깨달음의 말이 없기 때문에 헬라인들에게 어리석게 보인다. 그것은 우리의 이성의 능력과 문화적 계발에 대한 자부심과 충돌한다. 그러나 우리는 우리의 지적 자기만족을 내려놓고 어린아이의 신실한 마음으로 그것을 하나님의 선물로 받아들여야 한다.

십자가는 또한 선한 행위로 하나님의 호의를 얻고자 하는 유대인들에게 스캔들이다. 십자가는 우리의 도덕적 성취 능력에 대한 자부심과 배치된다. 그러나 우리는 우리 자신이 하는 모든 일이 거짓되고 기만적인 마음의 동기에서 행해짐을 인정하고 하나님이 베푸시는 선을 받아들여야 한다.

십자가의 복음을 받아들이는 것이 믿음의 길이다. 이 믿음의 길에서 모든 이성에 대한 자부심은 사라지고 모든 도덕적 자랑은 멈추게 된다. 이 믿음의 맥락 안에서, 즉 자신의 자리와 한계 안에서 지식은 바르고, 선하고 필요하다. 이 믿음의 맥락 안에서, 우리 자신의 노력과 책임적 태도가 요청된다. 우리는 교만과 자기의를 버리고 믿음 안에서 겸손하게 우리 자신을 십자가에 나타난 하나님의 은혜에 개방하여야 한다.

3) 핵심 주제

우리는 십자가를 어리석은 것(미련한 것)으로 만드는 이방인(헬라인)의 이성적 교만과 십자가를 스캔들(거리끼는 것)로 만드는 유대인의 도덕적 자기의를 버리고, 십자가의 복음을 믿음으로 받아들여야 한다. 이성과 도덕의 온당한 자리는 이 믿음 안에 있다.

4) 분석과 비평

이 설교에서 브룬너는 십자가를 한편으로 이방인(헬라인)의 이성적 지혜와 대립시키며, 다른 한편으로 유대인의 도덕적 율법주의와 대립시킨다. 전자의 경우 십자가는 어리석음(미련한 것)으로 나타나며, 후자의 경우 십자가는 스캔들(거리끼는 것)로 나타난다. 십자가의 어리석음과 스캔들을 받아들이는 것이 믿음이다.

브룬너는 십자가가 유대인들에게 스캔들, 즉 거리끼는 것이 되는 이유를 그것이 그들이 추구했던 율법적인 도덕적 성취와 배치되기 때문이라고 설명한다. 그러나 이것이 본문에서 바울이 의도하고 있는 의미인지는 의문이다. 사실 유대인들이 추구했던 도덕적 성취능력 때문에 그들에게 십자가가 스캔들(거리끼는 것)이 된 것은 아니다. 유대 종교지도자들은 예수님이 자신들이 가르쳤던 율법주의를 비판했기 때문에 예수님을 핍박하고 결국 십자가에 못 박았다. 따라서 십자가는 율법주의자들에게 스캔들이 된다기보다는 그들에 의해 초래된 것이다.

본문에서 바울은 십자가가 표적을 구하는 유대인에게는 거리끼는 것(스캔들)이요 지혜를 찾는 헬라인에게는 미련한 것(어리석음)이라고 말하면서, 그리스도는 하나님의 능력이요 하나님의 지혜라고 말했다. 이 말에 따르면 십자가가 유대인에게 거리끼는 스캔들이 되는 까닭은 (그들의 율법주의 때문이 아니고) 십자가가 그들이 기다리는 표적과 배치되기 때문이다. 유대인들은 다윗과 같은 왕으로서의 권세나 초자연적인 기적을 행하는 권능을 메시아의 표적으로 여기고, 예수님에게서 그러한 메시아의 표적을 기대했다. 그러나 예수는 무력하게 십자가에 죽음을 당함으로써 그들의 기대를 저버렸다. 따라서 십자가는 표적을 구하는 유대인들에게 거리끼는 것(스캔들)이 되었다.

바울은 십자가가 미련한 것, 어리석은 것, 거리끼는 것, 스캔들, 수치스러운 것, 부끄러운 것임에도 불구하고 이 십자가의 도가 인간을 구원하는 하나님의 능력이라고 선언한다(고전 1:18). 이것이 바울이 전하고자 하는 십자가의 복음이다.

이 설교는 전통적인 구속교리를 보여준다. 브룬너는 십자가를 철저히 인간의 죄와 연관시킨다. 십자가는 인간을 죄로부터 구원하기 위한 하나님의 사건이다. 하나님의 종 예수 그리스도가 우리를 위해 고난당하심으로써 우리의 죄를 도말하셨다. 그분이 우리의 빚을 지불하셨다. 우리를 위해 우리의 자리에서 우리가 당해야 할 죽음을 당하셨다. 여기서 고전적인 속전(贖錢)사상과 대리적 고난 사상이 나타난다.

이 설교는 전형적인 직설법적 설교이다. 여기서는 죄인된 인간의 절망이 강조되며 이와 동시에 인간을 위한 하나님의 구원의 행위가 강조된다. 십자가의 복음은 하나님의 오심과 긍휼의 행위에 관한 복음이다. 인간에게는 이 십자가의 복음을 믿음으로 받아들이는 것 외에 다른 길이 없다. 인간의 도덕적 실천을 위한 명령법의 자리는 오직 이 믿음 안에 있다, 따라서 이 설교에는 신학적 접촉점과 같은 것은 보이지 않는다. 여기서 십자가와 믿음은 이방인의 이성이나 유대인의 율법적 도덕성과 연속선상에 있지 않고 오히려 대립구도를 형성한다. 브룬너는 이성과 도덕이 십자가와 믿음 안에서만 본래적인 올바른 기능을 수행할 수 있다고 강조한다.

3. 하나님, 우리의 피난처[139]

1) 성서본문: 시편 90장 1-4절

2) 주요 내용

우리가 하나님을 주님, 당신으로 부를 수 있다는 것은 놀라운 축복이다. 우리가 하나님을 주님, 당신으로 부를 수 없다면 우리는 죽음으로 끝나는 일차원의 삶만을 가질 수밖에 없게 된다. 그렇게 되면 삶은 무의미, 절망, 허무주의만이 남게 된다. 그러나 내가 기도할 수 있고 주님, 당신이라고 부를 수 있게 되면 절망은 사라지고 수직적 차원이 회복되며, 우리의 삶은 영원한 의미를 얻는다.

"주여, 당신은 대대에 우리의 거처가 되셨습니다." 하나님은 시간의 흐름을 넘어서 있는 흔들리지 않는 피난처요 터전이다. 이 피난처는 평안의 장소이다. "하나님을 찾음으로써 피난처를 찾은 사람들 안에는 영원의 평화가 통치합니다." 우리가 영원한 반석이신 하나님 안에 서 있다면 안전하다. 하나님은 만물의 창조주이시다. "나는 너를 창조하고, 너에게 이름을 지어준 하나님이다. 그러므로 너는 내게 도움을 청할 수 있다."

하나님의 존재는 시간의 양태와 범주를 초월하며, 과거도 미래도 없는 영원한 현재, 영원한 현존이다. "그분은 아직 당신이 존재하지 않았을 때 당신을 보셨으며, 당신을 당신이 죽을 때 도달하게 될 존재로서 보십니다. 그러므로 하나님께는 회상이 없는 것처럼 망각도 없습니다. 즉 그분께는 과거와 미래는 모두 영원한 '현재' 속에 현존합니다." 하나님께는 시간의 길이가 없다. 천년도 어제와 같고 백만 년도 순간과 같다.

영원하신 하나님께 우리가 슬픔 중에 기도하면 우리의 고통이 변화된다.

---

[139] Emil Brunner, "하나님, 우리의 피난처," 윤철호 편역 『현대신학자들의 설교』, pp. 237-246. Emil Brunner, *The Great Invitation*, pp. 112-118.

마찬가지로 그분 안에서 우리의 덧없는 기쁨도 변화된다. "영원한 평화와 축복의 광선이 당신의 고통스런 슬픔과 눈물의 밤 안으로 소리 없이 들어옵니다. 영원한 거룩함의 빛이 당신의 짧은 행복의 날에 새로운 의미를 부여합니다. 당신은 더 이상 단지 시간에 대한 인간적 의식의 희생자가 아닙니다. 당신은 값없이 하나님의 영원에 참여하도록 비밀스런 초대를 받았습니다."

"주께서 사람을 티끌로 돌아가게 하시고 말씀하시기를, 너희 인생들은 돌아가라 하셨사오니." 이 시편의 말씀은 계시의 전체가 아니라 부분이다. 계시의 전체는 그리스도 안에 나타났다. 그리스도 안에서 이 말씀은 "나, 너희들의 하늘 아버지가, (죄와 죽음 그리고 슬픔에 굴복당한) 너희를 창조한 내가, 너희를 비참함에서 불러내어 죄와 죽음과 슬픔이 더 이상 없는 나의 영원으로 회복시킨다."는 것을 의미한다. 영원하신 하나님이 시간적 피조물인 우리에게 영원을 주시기 위해서 사람이 되셨다. 그리스도는 "나를 믿는 자는 죽어도 살 것이다"라고 말씀하셨다. 그러므로 우리는 이 세상의 시간 속에서 죽음이 아니라 영원한 삶을 향해 나아가고 있다.

3) 핵심 주제

죽고 사멸할 수밖에 없는 시간적인 존재인 인간에게 영원하신 하나님만이 흔들리지 않는 영원한 피난처가 되신다. 하나님의 사랑은 계산적 정의가 아니라 창조적 정의를 실현한다. 다시 말하면, 불의한 사람을 의롭다고 인정하는 하나님의 사랑이 창조적 정의를 실현한다.

4) 분석과 비평

이 설교에서 브룬너는 죽을 수밖에 없는 유한한 인간에게 영원한 하나님만이 참된 피난처와 평안의 터전이 된다고 강조한다. 그는 세상의 시간과 하나님의 영원을 대조시키며 하나님의 존재를 시간의 범주를 초월하는 '영원한 현재'로 표현한다. "영원한 현재"란 개념은 어거스틴 이래로 사용되어온 신학적 개념이다. 이 개념은 과거와 미래를 통합하는 영원 속에서의 하나님의 현재를 의미한다. 그런데 이 영원한 현재란 개념이 단지 과거, 현재, 미래라는 시간성(temporality)의 범주를 초월하는 무시간적, 정태적, 불변적인 영원성(eternity)의 범주를 의미하는 것인지에 대해서는 오늘날 많은 신학자들이 의문을 제기한다. 왜냐하면 만일 영원성의 범주가 시간성의 범주와 이원론적인 단절의 관계에 있다면 시간 안에서 우리가 창조해내는 모든 진, 선, 미의 가치와 하나님 나라를 위한 우리의 모든 사역은 종말론적으로 무의미하게 될 것이기 때문이다.

이 설교는 새해 첫날에 신자들에게 흔들리지 않는 터전인 영원한 하나님에 대한 확신을 준다는 점에서 적절한 상황 적합성을 보여준다. 따라서 이 설교는 직설법적이다. 인간에게 요청되는 것은 오직 "주님, 당신은 우리의 피난처이십니다"라는 고백과 하나님께 대한 신뢰이다. 그러나 이 시편 90편은 죽음 이후의 영원한 삶을 주제로 하는 글이 아니다. 이 시편은 순식간에 지나가는 덧없는 인생 속에서 참된 거처가 되시는 하나님만의 긍휼과 은총을 구하는 기도이다. 브룬너는 "주께서 사람을 티끌로 돌아가게 하시고 말씀하시기를, 너희 인생들은 돌아가라 하셨사오니."라는 시편 본문의 구절을 기독론적으로 재해석하여, 그리스도 안에서 이 구절이 "나, 너희들의 하늘 아버지가, (죄와 죽음 그리고 슬픔에 굴복당한) 너희를 창조한 내가, 너희를 비참함에서 불러내어 죄와 죽음과 슬픔이 더 이상 없는 나의 영원으로 회복시킨다."는 것을 의미하는 것으로 해석한다. 이와 같은 해석이 정당한 유형론적 해석인지에 대하여는 논란이 있을 수 있다. 왜냐하면 이 경우에 시편 본문의 본래적 주제가 폭력을 당하기 때문이다.

제9장 니버 (Reinhold Niebuhr : 1892-1971)

라인홀드 니버는 20세기 초의 유럽의 신정통주의 신학의 현실주의를 미국에서 독자적으로 발전시킨 목회자이자 신학자이다. 그는 1915년부터 포드회사의 자동차 공장이 있던 디트로이트의 교회에서 목회를 하면서 부당한 대우를 받는 노동자들의 비참한 생활상을 체험하고 자신의 현실주의적 신학을 형성하였다. 그의 현실주의적 인간 이해는 인간의 죄에 대한 깊은 통찰을 보여주었으며, 특히 사회적 차원의 죄에 대한 깊은 관심을 보여주었다.

니버는 자신의 『인간의 본성과 운명』에서 인간의 본성을 영적 자유와 육체적 제한성의 두 가지 관점에서 이해했다. 그는 이 두 가지 본성의 모순과 갈등으로 말미암아 인간은 '필연적이지는 않지만 불가피하게'(not necessary but inevitable) 죄를 짓게 된다고 보았다. 즉 인간은 육체적 제한성을 무시하고 스스로의 영적 자유를 무한한 것으로 오해할 때 자만(pride)의 죄에 빠지며, 반대로 영적 자유를 무시하고 육체적 제한성에 사로잡힐 때 정욕(sensuality)의 죄에 빠진다. 인간의 구원은 예수 그리스도 안에서의 구속으로 말미암아 은혜로 주어지는 두 본성의 조화에 있다. 그럼에도 불구하고 니버는 기독교인을 포함한 모든 인간의 실존이 선과 악의 이중적 모호성 가운데 있다고 보았다. 이것이 그의 현실주의적 기독교 인간학이다.

니버의 주된 관심사는 기독교 신앙에 기초하여 책임적인 사회를 건설하는 것에 있었다. 그는 자신의 『도덕적 인간과 비도덕적 사회』에서 인간은 개인적으로 어느 정도 도덕적일 수 있으나 개인이 집단화되면 비도덕적이 될 가능성이 훨씬 증대된다고 보았다. 또한 도덕적인 인간으로 구성된 사회라 할지라도 그 사회는 전체적으로 비도덕적일 수 있다. 그는 십자가에 나타난 예수 그리스도의 사랑이 기독교 사회윤리의 궁극적 원리라고 보았다. 그러나 또한 현실적으로는 정의가 요청된다. 사랑과 정의의 관계는 변증법적이다. 사랑과 정의의 관계에 있어서 사랑은 정의적 규범의 원천, 정의의 확립을 위한 동력, 정의가 최종적으로 지향하는 목적이다. 그러나 사랑이 궁극적인 원리이지만 현실적으로는 정의에 의한 지배가 필요하다. 정의는 사랑의 도덕적 요청을 사회적으로 제도화하려는 현실적 시도로서, 이웃의 필요에 대한 이성적인 분별에 기초하여 서로 경쟁하는 집단들 사이의 균형을 모색하기 위한 원칙이 된다.

따라서 니버의 신학사상은 매우 사회 지향적이며 실천 지향적이다. 그는 현대의 세속 사회의 문제들과 관련해 기독교 신앙의 적절성을 확립하고자 한다. 그는 자유주의 신학이 개인적 삶의 위기들을 적절하게 다루지 못했을 뿐만 아니라 사회의 문제들에 적절하게 대응하는 데도 실패했다고 비판한다. 그는 20세기의 변화하는 사회적 상황에 적절하게 대응하는 실천적인 기독교를 지향한다. 그는 이렇게 기도한다. "하나님, 우리에게 변화될 수 없는 것에 대해서는 침착한 마음으로 받아들일 수 있는 은혜를 주시고, 변화되어야 할 것에 대해서는 변화시킬 용기를, 그리고 전자와 후자를 구분할 수 있는 지혜를 주옵소서." 인간의 상황을 완전히 변화시키는 것은 불가능한 일이지만 그럼에도 불구하고 인간은 무한한 가능성 아래에서 존재의 총체성과 관련되어 있다. 완전은 불가능한 목표이지만 그럼에도 불구하고 그것은 현재의 우리를 추동하는 '불가능한 가능성'(impossible possibility)이다.

1. 하나님의 섭리[140]

1) 성서본문: 마태복음 5장 43-48절

---

140) Reinhold Niebuhr, "하나님의 섭리," 윤철호 편역 『현대신학자들의 설교』, pp. 57-67. 1952년 2월 3일 뉴욕 유니온신학교 설교. Reinhold Niebuhr, *Justice and Mercy* (New York: Harper & Row, 1974), pp. 14-22.

2) 주요 내용

하나님의 사랑은 선과 악을 넘어서는 공평한 선이다. "하나님의 섭리는 모든 사람에 대한 공평한 관심이며 그 안에 어떤 특별한 특권층은 없습니다."(58) 그리스도의 복음은 삶의 모든 불안전성에 대항하는 특별한 안전성에 의해 나의 삶에 의미가 주어지기를 요구하는 종교의 본능과는 관계가 없다. 하나님의 특별한 섭리에 대한 믿음이란 "하나님은 다른 사람에 대항하여 나에게 특별한 특권, 특별한 안전을 주신다는 믿음이 아니라, 선이 보상받고 악이 처벌받는 것이 확실하지 않는 우연적인 세상에서 하나님이 그 모든 것을 올바르게 하실 것이라는 믿음"(60)이다.

다음 두 종류의 믿음은 잘못된 것이다. 첫째는 내가 열렬하게 기도한다면 하나님께서 다른 사람의 안전에 대항하여 나를 위한 특별한 안전을 제공하실 것이라는 믿음이다. 기독교가 전능하신 분의 법정에서 특별한 호의를 얻어내기 위해 로비운동을 하는 종교가 된다면 차라리 세속주의가 우리에게 이롭다(윌리엄 제임스). 우리는 신이 나를 위해 특별히 심사숙고하지 않는다고 할지라도 일반적인 심사숙고의 결과로서 발생하는 것들을 기꺼이 받아들여야 한다(스토아 철학).

둘째는 자연이나 역사의 거대한 과정과 인간의 미덕 사이에 단순한 도덕적 상관관계가 있다는 믿음이다. 삶은 단순한 도덕적 의미와 쉽사리 연관될 수 없다. 우리는 악인이 세상에서 형통함을 본다(시 73). 삶에는 분명히 선에 대한 보상과 악에 대한 처벌이 있다. 그러나 절대적이지는 않다. 범죄자를 처벌하는 동일한 법이 구원자를 처벌한다.

"기독교 신앙은 역사의 비극과 모순 안에서 그리고 그것을 넘어서 우리가 사랑하는 마음(하나님)을 붙잡고 있다는 것을 믿습니다. 그분의 사랑의 증거는 첫째는 모든 그분의 자녀들을 향한 공평함이고, 둘째는 선과 악을 초월하는 자비입니다."(64)

삶은 세 차원으로 구성된다. 첫째는 자연의 차원이다. 자연적 악과 재난을 곧바로 도덕적이고 영적인 의미와 연관시키려고 해서는 안 된다. 오히려 우리는 이 재난에 하나님의 은혜를 위한 어떤 궁극적인 용도와 최종적인 목적이 있는지 물어야 한다(요 9:3).

둘째는 역사의 차원이다. 이 차원은 인간의 자유와 행동의 영역이다. 이 영역에서 선과 보상, 악과 징벌 사이의 단순한 상관관계는 없다. 그러나 이것은 중보기도가 필요 없음을 의미하지는 않는다. 우리는 다른 사람의 건강과 치유를 위해 기도해야 한다.

셋째는 은혜의 차원이다. 그리스도인은 이 은혜와 자유의 영역에서 살아간다. 이것은 하나님의 자유이며 나의 몸의 구조를 넘어서는 나의 자유이다. 이것은 내가 하나님을 알고 납득하는 은혜의 영역이자, 하나님이 나를 아시는 은혜의 영역이다. "이 영역에서 마침내 직접적인 상관관계와 일관성 그리고 의미에 대한 모든 관심은 사라집니다… 우리는 하나님이 다른 사람들에 대항하신다는 의미에서가 아니라 이러한 궁극적 의미에서 우리의 편이시라는 것을 납득하게 될 것입니다."(66)

3) 핵심 주제

이 설교의 핵심적 주제는 하나님의 섭리가 선과 악의 도덕적 상관관계를 초월하며, 자연과 역사의 차원을 넘어서는 은혜와 자유의 차원에서 이루어진다는 사실에 있다.

4) 분석과 비평

이 세상(자연, 역사)에 선과 보상, 악과 형벌 사이에 단순한 도덕적 상관관계는 존재하지 않는다는 니버의 말은 그의 현실주의적 사고를 잘 보여준다. 즉 이 세상에서 기독교인의 특권적 안전성이란 현실적으로 존재하지 않는다. 이 세상에서는 선과 악이 혼란스럽게 뒤섞여 있으며, 선과 악에 대한 보상과 형벌의 상관관계가 성립되지 않으며, 때때로 악이 더 우세하고 형통한 것처럼 보인다. 하나님의 섭리는 선과 악의 단순한 상관관계를 넘어선 궁극적인 차원에서 이루어진다. 이 차원이 은혜와 자유의 차원이다. 우리의 신앙은 이 차원에서 살아야 한다. 우리는 자연과 역사의 차원을 넘어서는 은혜와 자유의 차원에서의 하나님의 섭리에 대한 신앙을 가져야 한다.

자연과 역사의 차원과 은혜와 자유의 차원에 대한 니버의 구별은 자연(본성)과 영(자유)을 구별하는 그의 인간론에 기초한다. 한편으로, 죄란 인간의 자연적 본성에 속박되는 것이다. 이것은 정욕(sensuality)의 죄이다. 영은 자연적 본성을 자유롭게 초월하는 능력을 의미한다. 이 자기초월(self-transcendence)이 인간 안에 주어진 하나님의 형상이다. 우리는 자연적 본성의 속박을 극복하고 초월하는 정도에 비례하여 영적인 존재가 된다. 그러나 다른 한편, 자연적 본성으로 인한 자신의 유한성을 망각하거나 부인하고 자신을 무한히 초월적인 존재로 착각하는 것은 영적 교만(pride)의 죄이다. 기독교 신앙은 자연(본성)의 유한성과 영(자유)의 초월성 사이의 조화와 통일을 가능케 한다.

이 세상에 선과 보상, 악과 형벌 사이에 단순한 도덕적 상관관계는 존재하지 않는다는 말은 분명 옳다. 그러나 하나님은 이 자연과 역사 안에서의 상관관계를 넘어선 궁극적인 차원에서만 섭리하실까? 만일 그렇다면 은혜, 자유, 신앙의 차원은 자연과 역사의 차원과 분리될 것이다. 물론 하나님의 섭리는 자연과 역사 안에서의 단순한 도덕적 상관관계 안에서 이루어지지는 않는다. 그러나 '그럼에도 불구하고' 하나님의 섭리는 단지 자연과 역사의 차원을 '넘어서'가 아니라 그 '안에서' 그리고 그것을 '통하여' 이루어져가야 하지 않는가?

니버는 기독교의 복음은 인간의 자연적인 종교적 본성과 구별되어야 하며, 기독교인은 하나님의 특별한 호의에 의한 특권적 안전성을 보장받으려고 하지 말고 보편적 사랑의 하나님의 공평하신 섭리를 받아들여야 한다고 강조한다. 그렇다면 우리는 전통적인 섭리와 예정 교리를 어떻게 이해해야 할까? 하나님의 섭리는 일반적, 추상적인 것이 아니라 각 개인을 향한 특수하고 구체적인 것이다. 예정교리는 이에 대한 실존적 신앙고백의 표현이다. 나를 향한 하나님의 특별한 사랑과 섭리를 믿는 믿음과 모든 사람을 향한 하나님의 보편적 사랑과 공평하신 섭리에 대한 믿음은 어떻게 조화될 수 있을까? 하나님의 보편적 사랑과 섭리를 믿으면서도 나를 위한 하나님의 특별한 사랑과 섭리를 간구하는 기도는 어떻게 가능할까? 그리고 이러한 기도는 하나님의 특별한 호의에 의한 특권적 안정성을 보장받으려고 하는 기도와 어떻게 구별될 수 있을까?

2. 인자가 반드시 고난을 당하리라[141]

1) 성서본문: 마태복음 21장 1-11절

2) 주요 내용

예수님을 승리의 메시아로 환호했던 군중들은 예수님이 고난 받는 종의 역할을 선택하셨다는 것을 몰랐다. 고난주간의 사건들은 옛 히브리 종교와 새로운 종교의 차이를 드러낸다. 옛 종교는 역사적 과정에 있는 도덕적 모호성의 문제를 모든 모호성이 불의에 대한 정의의 승리에 의해 제거되는 메시아의 시대를 투사함으로써 해결하려고 시도한 반면, 새로운 종교는 고난 받는 메시아라는 사상에도 불구하고, 또한 많은 승리적인 메시아적 분위기와 운동들을 가지고 있었다.(94) 인간과 국가 안에 있는 선과 악의 혼합이 역사 속에서 악에 대한 선의 최종적 승리에 의해 제거될 것이라는 생각은 잘못된 것이다. 예수님은 "고난 받는 종의 명백한 의미는 역사가 악에 대한 선의 승리 안에서가 아니라, 모든 인간, 선과 악이 하나님과 화해되어야 한다는 참회의 인식 안에서 클라이막스에 도달한다"고 가르치셨다.(95) 부버는 유대교와 기독교의 차이에 대하여 이렇게 말했다. "그리스도인들에게, 유대인은 구속되지 않은 세

---

141) Reinhold Niebuhr, "인자가 반드시 고난을 당하리라," 윤철호 편역 『현대신학자들의 설교』, pp. 93-105. 1962년 4월 15일 종려주일, 하버드대학교, 기념교회 설교. Reinhold Niebuhr, *Justice and Mercy*, pp. 85-95.

상에서 여전히 메시아를 기다리고 있는 완고한 사람들이다. 유대인들에게, 그리스도인들은 구속되지 않은 세상에서 구속이 어떻게든지 일어났다고 확신하는 부주의한 사람들이다."(95)

예수의 십자가 죽음의 의미는 두 가지로 해석될 수 있다. 한편, 십자가의 죽음은 모든 역사적 악의 뿌리인 자기사랑과 자기관심을 자기망각과 "희생적인 사랑" 또는 이웃에 대한 사랑으로 변화시키는 영웅적 노력을 의미한다.(96) 다른 한편, 십자가는 선인과 악인의 삶에는 불가피하게 자신에 대한 관심과 다른 사람에 대한 관심이 혼합되어 있다는 것 그리고 이러한 선과 악의 혼합이 악에 대한 선의 승리를 확보하기 위해 더 영웅적인 노력을 기울임으로써 극복될 수 없다는 것을 의미한다.(96) 십자가는 한 고상한 사람의 패배 속에서의 승리가 아니라, 선과 악이 혼합된 우리를 용서하시는 하나님의 자비로운 행동의 상징이다.(96-97) 모든 인간과 하나님 사이의 화해가 메시아의 고난과 죽음 안에서 발생했다. 이 사건은 선인과 악인에게 그들의 혼합된 동기와 궁극적인 사랑의 요구 사이의 불일치를 회개 가운데 인식하도록 도전한다. 모든 인간의 마음 안에 있는 선과 악의 당혹스러운 혼합에 대한 적절한 자기인식은 자기를 희생하는 영웅적 노력보다 공감적 사랑을 창조한다.

물론 영웅적인 자기 내어줌의 상징으로서의 십자가는 삶 속에서의 자기를 내어주는 모든 영웅적인 행동을 위한 의미의 틀이다. 그러나 인간의 마음 안에는 "자기기만의 리바이어던적 심층"(조나단 에드워즈)이 있다. 우리는 "의식적 비이기성"(99)에 몰두함으로써 오히려 우리 마음 안에 있는 혼합된 동기를 인식 못하고 자기기만에 빠질 수 있다. 의식적 비이기성에 대한 열정은 중세의 금욕주의에 잘 나타난다. 그러나 성 프란시스 같은 성자조차도 자신의 뜻을 인간실존의 궁극적 규범과 동일시하는 경향을 보여준다. 우리의 이상주의는 저급한 충동을 은폐하는 차단막의 역할을 할 수 있다. 의식적 비이기성에의 모험은 또한 19세기 자유주의 개신교에도 나타난다. 여기서는 그리스도 안에 있으면 새로운 피조물이 된다는 급진적 기독교 전통과 동료 인간에 대한 이성적 도덕성의 보편성을 주장하는 합리주의 계몽주의 전통이 함께 어우러져, 힘의 경연장인 현실을 외면하는 감상주의적 허세를 확산시켰다.

그리스도의 십자가 죽음의 주제는 "십자가의 드라마 안에서 하나님의 심판을 통하여 계시되는 하나님의 자비는 인간이 소유할 수 없는 순수한 덕을 표방하는 허세를 버리고 그 대신 인간 마음의 교활함을 인정하는 사람들에 의해서만 전유(轉有)될 수 있다"(101)는 것이다. 그리고 "모든 사람의 창조성 안에는 사랑과 자기사랑의 끝없는 혼합이 있다는 것을 알고 이해하는 사람만이 자신의 동료인간을 공감적 사랑과 용서로 대할 수 있습니다."(101) 자신이 부정하며 자신의 부정함이 용서받았다는 것을 아는 사람만이 자신의 친구를 공감적 사랑으로 대할 수 있다(바리새인과 세리의 비유와 무정한 종의 비유의 주제).

개신교의 역사는 엄격한 형태의 도덕적 이상주의가 엄격한 형태의 자기지식보다 더 일반적임을 보여준다. 전자는 선한 사람의 특권을 높이는 반면, 후자는 선한 사람과 악한 사람의 구별에 도전한다. 선과 악, 정의와 불의의 구별은 잠정적인 것이다. "악은 악한 사람에 의해서보다 자기 자신을 알지 못하는 선한 사람에 의해 더 많이 행해집니다."(102) 크롬웰은 장로교 성직자들에게 "그리스도의 심정으로, 당신이 잘못되었을 수 있다는 것을 생각하라"라고 충고했는데, 그 자신은 아일랜드를 침공하여 복음적 신앙의 이름으로 잔혹한 전쟁을 감행했다.(103) 예수님의 마지막 심판 이야기는 정의와 불의, 덕과 악에 대한 날카로운 구별을 재해석한다. 의인은 자기가 선을 행했다는 것에 이의를 제기하며, 불의한 자는 자기가 악을 행했다는 것을 알지 못한다. 파스칼은 "세상은 자신이 죄인임을 아는 성자와 자신이 성자라고 상상하는 죄인으로 나누어진다"고 말했다.(102) 마틴 부버는 어떤 사실이나 있을 법하지 않은 명제들에 대한 믿음을 '구속되지 못한 세상 속에서의 구속의 보증으로 만드는 신앙을 비판했다.

선과 악의 궁극적 신비는 우리의 잠정적인 구별을 부정한다. 우리가 참회하는 자기인식 안에서 이 신비를 받아들일 때에만 우리는 동료인간들을 공감적 사랑을 가지고 대할 수 있다. 따라서 십자가의 주제는 도덕적 완전성에 대한 추구를 부정하지 않고 오히려 이웃을 향한 도덕적 태도를 더욱 가능하게 만들고 우리를 허세로부터 자유롭게 만든다. "오직 하나님과 죄인, 즉 자신의 죄를 깨닫는 사람만이 동료인간을 용서할 수 있다." 이것이 용서에 대한 예수님의 가르침이며 또한 무정한 종의 비유의 요점이다.(104) 동료인간을 향한 사랑, 공감적 사랑은 정직한 자기관찰과 자기인식에 의해서만 성취될 수 있다. 이것은 개인의 삶뿐만 아니라 자신들의 자연적 힘의 충동을 메시아적 대의명분의 베일 뒤에 은폐하려는 경향이 있는 집단적 삶과 국가 간의 관계에도 적용된다.

3) 핵심 주제

십자가는 한 고상한 사람의 패배 속에서의 승리가 아니라 선과 악이 혼합된 우리를 용서하시는 하나님의 자비로운 행동의 상징이다. 십자가에서 계시되는 하나님의 자비는 인간이 소유할 수 없는 순수한 선을 표방하는 허세를 버리고 인간 마음의 악함을 인정하는 사람들에 의해서만 전유(轉有)될 수 있다. 그리고 모든 인간의 마음 안에 있는 선과 악의 혼합에 대한 자기인식은 자기를 희생하는 영웅적 노력보다 이웃에 대한 공감적 사랑을 창조한다.

4) 분석과 비평

이 설교는 종려주일 설교이다. 이 설교에서 니버는 예수님의 십자가 죽음의 진정한 의미가 무엇인지를 말하고자 한다. 예수님이 우리의 죄를 용서하기 위해 죽음을 당했다는 말의 의미는 무엇인가? 니버에 따르면, 우리의 죄는 선과 악의 이분법적 구조 안에 있는 것이 아니라 선과 악의 혼합과 모호성 안에 있으며, 무엇보다도 우리의 내면에 있는 이러한 혼합과 모호성에 대한 깊은 자기인식 없이 이상적 선과 대의명분을 표방하는 데 있다. '우리의 내면에 있는 선과 악의 혼합과 모호성'은 우리가 벗어날 수 없는 실존적인 현실성을 의미한다.

이 설교에서 니버는 역사 속에 지속적으로 나타나는 기독교의 허세를 고발한다. 그의 고발은 이 한마디로 압축된다. "악은 악한 사람에 의해서보다 자기 자신을 알지 못하는 선한 사람에 의해서 더 많이 행해집니다." 여기서 "자기 자신을 알지 못하는 선한 사람"은 아마도 가장 경건한 그러나 승리주의적인 기독교인들일 것이다. 니버는 자신 안의 이중적 모호성에 대한 자기분석이 결여된 모든 승리주의적 메시아니즘을 비판한다. 이 승리적 메시아니즘은 예수를 믿음으로써 우리가 새로운 존재가 되었으며 역사 속에 (아마도 교회에?) 이미 새로운 메시아 왕국이 도래했다는 기독교의 교리적 이상주의를 포함한다.

따라서 이 설교는 기본적으로 명령법적이 아니라 직설법적이다. 이 설교는 우리를 위해 자신을 내어주신 예수님의 십자가 죽음에 기초하여 자기를 내어주는 인간의 영웅적 행동의 중요성을 강조하고 고취하기 위한 설교가 결코 아니다. 반대로 이 설교는 선과 악이 혼합된 모든 인간이 죄인으로서 예수 그리스도 안에 나타난 하나님의 사죄의 은총을 받아야 한다는 사실을 강조하는 설교이다. 이 설교에서 명령법, 즉 실천적 과제는 이러한 사실에 대한 자기인식으로부터 나오는 것이다. 즉 그것은 영웅적 행동보다는 자신과 같은 (선과 악이 혼합된) 죄인인 이웃에 대한 공감적 사랑과 용서로 나타난다.

3. 율법, 양심, 그리고 은혜[142]

1) 성서본문: 로마서 2장 1-16절

2) 주요 내용

성서본문의 요점은 불편한 양심이 우리 실존의 본성에 속한다는 것이다. 율법이 없는 이방인들도 "본성으로 율법이 요구하는 것을 행하며" "양심이 증

---

[142] Reinhold Niebuhr, "인자가 반드시 고난을 당하리라," 윤철호 편역 『현대신학자들의 설교』, pp. 174-183. 1961년 2월 19일 뉴욕에서의 설교. Reinhold Niebuhr, *Justice and Mercy*, pp. 38-45.

거가 되어 고발 또는 변명한다." 양심은 본성에 새겨진 것이다. 그런데 자아의 본성은 양면적이다. 자아는 자신으로부터 나오고 또 자신으로 돌아간다. 자아는 전자를 창조적인 선으로, 후자를 파괴적인 악으로 느낀다. 그러므로 우리의 인격 안에는 양면감정이 있다. 자기망각과 자기관심은 교호적이다. 자신으로부터 나오는 것과 자신으로 돌아가는 것은 변증법적이다. 이러한 양면성 가운데서 우리의 양심은 우리를 고발 또는 변명한다.

자녀에 대한 부모의 사랑(자신으로부터 나오는 것)은 소유욕(자신으로 돌아가는 것)과 혼합되어 있다. 인간에게 창조성과 야심은 혼합되어 있다. 집단적 삶에 있어서는 변명할 것보다 고발할 것이 더 많다. 집단적으로 우리는 더욱 이기적이다. 어떤 국가가 자기이익이 아니라 정의와 자유를 대표하는 선한 국가가 되는 것은 불가능하다. 단지 한 국가의 이익과 더 큰 세계의 이익이 일치하는 지점을 발견하는 상대적 정의의 덕이 있을 뿐이다. "이것이 인간 본성의 상황입니다. 가족에서든지 국가에서든지 간에 항상 선과 악, 자기관심과 자기희생, 자기집착과 자기망각이 뒤섞여 있습니다."(179)

이러한 상황에 대한 우리의 가능한 응답은 네 가지이다. 첫 번째는 본성의 이중성과 싸우려고 하지 않고 자기만족적으로 있는 그대로 사는 것이다. 그런데 이 경우는 자기관심에 의해 지배받게 된다. 두 번째는 자신이 아니라 다른 사람에게 관심 있는 체함으로써 자기와 다른 사람을 기만하는 것이다. 세 번째는 자기관심을 극복하기 위한 금욕주의적 삶을 사는 것이다. 네 번째는 건강한 현실주의다. 루터는 "만약 당신이 큰 믿음을 가지고 있다면, 용감하게 죄를 지으라"고 말했다. 이 말의 의미는 "당신이 이기적이라는 사실에 관해 너무 병적으로 생각하지 말라. 당신이 자기관심적이라는 사실을 부정하지는 말되, 살아 있는 동안에 일을 하고 당신이 은혜에 의해 구원을 받을 것을 소망하라. 은혜에 의해!"라는 것이다.(180)

하나님의 은혜 가운데 우리를 우리 자신으로부터 이끌어내 참된 우리 자신이 되게 만드는 힘이 있는데, 이것이 일반은총 또는 선행적 은총이다. "은혜는 나의 자기관심의 이끎에 대항하여 작용하는 모든 추진력이나 능력입니다. 은혜는 나 자신을 잊어버리게 도와줌으로써 참된 나로 만듭니다."(181)

정의는 이러한 일반은총 가운데 하나이다. 정의는 한편으로는 우리의 정치적 상호관계에 의존하며 다른 한편으로는 우리의 자기관심을 방지하는 미묘한 힘의 균형에 의존한다.(181) "나 자신이 옳다고 생각하는 것이 나 자신의 자기관심에 의해 오염될 수 있다는 통찰"이 민주주의의 기초이며, 이러한 통찰을 위해서 다른 사람의 비판이 요구된다.

용서는 또 다른 형태의 일반은총이다. 우리는 다른 사람들을 비판하는 것처럼 자신을 비판하는 데에도 엄격해야 한다. 그러나 우리는 자신을 비판하는 데 엄격하지 못하다. 그러므로 우리는 우리가 얼마나 선한지 이기적인지 따지지 말고 우리 모두가 용서를 필요로 한다는 것을 인식해야 한다. 자신이 용서하는 사람처럼 자신도 똑같은 자기 관심으로 더럽혀져 있음을 아는 사람이 진정으로 용서할 수 있다. 사도신경은 "나는 죄의 용서와 영생을 믿는다"고 고백한다. 서로에 대한 죄 용서가 없다면 영생이 무엇이겠는가?

3) 핵심 주제

우리의 본성 안에 있는 양심이 우리 자신을 고발 또는 변명하는 율법의 기능을 한다. 우리의 본성은 양면적, 혼합적이다. 즉 자신으로부터 나옴과 자신에게로 돌아감(자기관심) 두 가지 운동이 혼합되어 있다. 이와 같은 우리의 양면적 모습은 하나님의 은혜 안에서 용납된다. 우리에게는 자신의 자기관심에 대한 타자의 비판을 수용하는 정의와 자신이 자기관심으로 더럽혀져 있음에 대한 깨달음에 기초한 서로 간의 용서가 필요하다.

4) 분석과 비평

이 설교는 사순절 첫 번째 주일에 행한 자기성찰에 관한 설교이다. 이 자기 성찰은 인간 본성의 양면성(자신으로부터 나옴과 자신으로 돌아감)을 보여준다. 인간은 한편으로는 이상적 가치를 추구하면서 다른 한편으로는 자신의 유익을 추구한다. 특히 집단적 차원에서의 인간의 이기성은 매우 지독하다.

아프리카에서 행한 백인 문명의 악행을 생각해 보라. 인간 본성의 양면적 모호성의 상황 속에서 니버는 루터의 견해를 따라 "건강한 현실주의"를 대안으로 제시한다. 그것은 자신의 이기적인 자기관심을 인정하되 그것에 사로잡혀 있지 말고 우리를 용납하시는 하나님의 은혜를 믿고 담대하게 살라는 것이다.

그러나 니버의 현실주의는 자신의 양면성을 받아들이고 단지 용납하시는 하나님의 은혜만을 바라보는 것만을 의미하지는 않는다. 건강한 현실주의는 현실적인 대안들을 모색한다. 이 현실적인 대안들이 그가 일반은총의 범주 안에서 발견하는 것들이다. 즉 그는 일반은총을 정의와 용서라는 두 가지 관점에서 새롭게 해석한다. 이 두 가지는 모두 건강한 현실주의적 삶을 위한 중요한 요소들이다. 정의와 용서가 왜 중요한가? 정의는 타자의 비판을 통해 내 안에 있는 자기관심을 깨닫고 그것을 제어하고 공동체 안에서 공동의 선을 함께 추구하는 것이기 때문에 중요하다. 용서가 중요한 것은 나 자신의 본성이 자기관심으로부터 벗어나지 못하는 혼합적인 것이라는 사실에 대한 인식이나 자신과 같은 본성을 가진 타자를 이해하고 용납할 수 있도록 하기 때문이다. 우리는 모두 양면적 모호성을 가진 모순적인 인간으로서 하나님 앞에서 죄인이며 그러나 동시에 하나님의 은혜로 믿음 안에서 용서를 받는다. 그러므로 우리도 서로를 용서해야 한다.

4. 염려하지 말라[143]

1) 성서본문: 마태복음 6장 19-34절

2) 주요 내용

성서본문은 미래에 몰두하는 것을 경고하고 현재의 중요성을 강조한다.

---

[143] Reinhold Niebuhr, "염려하지 말라," 윤철호 편역 『현대신학자들의 설교』, pp. 247-256. Reinhold Niebuhr, *Justice and Mercy*, pp. 76-84.

이러한 경고와 강조는 성서적 믿음과 서양문명 둘 다의 특성이 아니며, 또한 그것은 핵 시대와 관련이 있다.

성서적 믿음은 메시아 시대에 대한 희망을 포함하였다. 이사야에 나타나는 메시아적 희망은 두 가지 주제를 포함한다. 하나는 다윗 가문의 왕으로서의 메시아가 정치적 체계의 도덕적 모호성을 해결하고 정의를 실현할 것이라는 희망이다. 다른 하나는 본성의 변화를 통한 역사의 구속에 대한 희망이다.

자유의 성장은 우리를 새로운 미덕의 시대로 인도하기보다 오히려 타락으로 인도한다. 인간은 미래에 대한 희망이 실현 가능성이 없어 보임에도 불구하고 미래에 대한 희망을 버리지 않았다. 학문 공동체는 합리성의 기술의 발전에 의한 진보를 희망했고, 종교 공동체는 성장하는 신앙에 의한 진보를 희망했다. 스펜서와 사회 다원주의자들은 산업문명의 풍요에 의한 진보를 희망했다. 콩트는 역사가 인간의 합리성과 천재성에 의해 변혁될 것을 희망했다. 공산주의자들은 혁명에 의해 정의로운 나라를 세울 것을 희망했다.

그러나 제1차 세계대전은 유럽에서 유토피아주의와 메시아니즘을 붕괴시켰으며, 미국에서는 대공황으로 인해 미래의 희망이 어두워졌다. 그리고 제2차 세계대전, 냉전, 핵의 재앙 앞에 우리 시대는 영적 차원의 위기에 직면하고 있다. 우리가 배워야 할 심각한 영적인 사실은 "서구 문명의 전체 양식과 태도가 근본적으로 변해야만 하고 역사 그 자체가 역사의 문제들에 대한 해결책이 아니라는 것"이다. 이제 우리는 두 가지 사실을 깨닫게 되었다. 첫째는 기술적 진보는 창조성과 파괴성 양쪽의 잠재력을 가지고 있다는 사실이다. 둘째는 인간의 합리성의 진보는 절대적이 아니라는 사실이다.

이 시대는 문화적으로, 영적으로 새로운 시대이다. 본문은 미래에 몰두하는 것을 경고한다. "우리는 우리에게 부딪쳐 오는 직접적인 문제들을 해결하려고 노력할 때에만 살 수 있습니다. 왜냐하면 '한 날의 괴로움은 그날로 충분하기' 때문입니다. 내일에 관해 꿈꾸는 것은 오늘 직접적인 책임과 기회를 회피하는 것이 될 수 있습니다." 우리는 미래에 대한 환상 대신 이 시대의 짐을 짊어지고자 하는 태도를 가져야 한다.

이를 위한 몇 가지 제안들이 가능하다. 첫째, 우리는 세계정부와 같은 절대주의적 해결방안이 아니라, 직접적인 문제들(자유와 평등과 같이 부분적으로 모순적이고 부분적으로 보완적인 문제들)을 해결하기 위한 근사치적인 해결방안을 찾아야 한다. 둘째 우리는 어떤 행위나 정책의 도구적 차원이 아니라 본질적 차원을 강조해야 한다.

현재의 책임에의 몰두에도 두 가지 위험이 있다. 첫 번째는 미래에 대한 전망이 상실됨에 따르는 무책임성의 위험이다. 이 무책임성은 "각각의 현재는 미래를 내포하고 있기 때문에, 현재의 과제를 완수하는 것은 이상적 미래에 대해 꿈꾸는 것보다 더 책임 있는 것"이라는 성찰에 의해 극복될 수 있다. 핵의 재앙으로부터 세계를 구하기 위해서 책임을 가지고 협력하는 것이 "인류의 국회나 세계 연방"과 같은 이상을 구상하는 것보다 덜 사변적이다.

둘째 위험은 자기연민이다. 이 어려운 역사의 시기에 우리는 즐거워할 수는 없다고 할지라도 자기연민에 빠져서는 안 된다. 세 번째 유혹은 신비주의다. 이 어려운 시기에 역사적 책임을 회피하고 곧장 열반으로 가고자 하는 것은 우리의 길이 아니다.

3) 핵심 주제

미래에 대한 환상을 추구하기보다는 현재 우리가 직면하는 직접적인 문제들을 해결하기 위한 책임적인 삶을 살아야 한다. 오늘날 핵의 시대에 우리는 핵 문제를 어떻게 해결할 것인가?

4) 분석과 비평

이 설교는 니버의 기독교 현실주의를 잘 보여준다. 이 설교에 나타나는 니버의 기독교 현실주의는 다음 세 가지로 요약될 수 있다. 첫째, 미래에 희망을 투사시키는 종교적 메시아니즘이나 세속적 유토피아니즘에 빠지지 말고 오늘의 현실에 대한 책임적인 태도를 가져야 한다. 둘째, 오늘날의 현실은 곤경의 상황이며, 특히 핵으로 인한 위기의 시기이다. 이 핵의 문제를 어떻게 해결할 것인가 하는 것이 매우 중요한 현실적 문제이다. 셋째, 오늘날의 곤경 속에서 이상적이지만 실현 불가능한 해결방안이 아니라 현실적이면서 실현 가능한 해결방안을 찾아야 한다.

이 설교는 "내일 일을 위하여 염려하지 말라. 내일 일은 내일이 염려할 것이요 한 날의 괴로움은 그 날로 족하니라"는 구절에 집중적으로 의존한다. 이 설교가 성서본문에 적합한 충실성을 보여주고 있는지는 의문스럽다. 왜냐하면 본문 마태복음 6장 19-34절에 나타나는 예수님의 말씀은 사회 정치적 차원에서의 거대담론이라기보다는 소박한 일반 대중들의 개인적이고 일상적인 삶에의 적용을 위한 지혜전통의 가르침이기 때문이다. 또한 이 설교의 제목은 "염려하지 말라"이지만 역설적으로 하나님으로부터 오는 평안과 평화에 대한 직설법적 선언은 거의 보이지 않고 인간의 실천을 위한 명령법적 과제가 설교를 지배한다.

다른 한편, 이 설교는 하버드대학교의 회중을 대상으로 한 설교로서 상황 적합성을 보여준다. 즉 이 설교는 개인적 차원에서의 일반 대중의 삶을 위한 설교라기보다는 국가적, 세계적 차원에서 이 시대를 이끌어가는 또는 이끌어 갈 현재와 미래의 글로벌 리더들을 위한 설교이다. 개인적 차원에서의 구원, 칭의, 성화, 내세의 영생복락 등에 관한 설교에 익숙해 있는 일반 교회의 대중적 신자들, 특히 한국교회의 신자들에게 이와 같은 유형의 설교는 매우 낯설게 느껴질 수도 있다.

제10장 몰트만 (Jürgen Moltmann : 1926-   )

위르겐 몰트만의 신학의 출발점은 제2차 세계대전 당시 동료들이 비참하게 죽음을 당하는 전장에서 기적적으로 살아남고 이듬해 전쟁 포로가 되어 3년간 수용소에 갇혀 있었던 고통의 경험이다. 그는 인간의 역사적 현실 속에서의 고통의 문제를 자신의 신학의 주된 주제로 삼았다. 여기서 그의 희망의 신학으로서의 정치신학이 출현하였다. 그러나 몰트만의 신학은 한 주제에 머물러 있지 않고 끊임없이 새로운 주제들을 향하여 나아갔다. 몰트만의 신학의 주요 주제들은 정치신학, 십자가 신학, 삼위일체 신학, 생태학적 창조신학, 영의 신학, 종말론적 만유재신론 등으로 요약될 수 있다.

이와 같은 신학의 주제들은 몰트만의 신학 여정 가운데 나타난 변화의 단계들을 반영한다. 먼저 그의 신학은 희망의 신학으로 시작되었다. 그에게 세계적 명성을 안겨 준 『희망의 신학』(1964년)은 그 당시 활발히 논의되던 약속과 역사의 주제에 대하여 쓴 것이다. 이 책에는 블로흐(E. Bloch)의 『희망의 원리』(1960년)의 영향이 반영되어 있다. 몰트만은 처형당한 그리스도를 살려내어 세계의 미래의 주님으로 삼으신 하나님에 대한 신앙에 기초하여 부활과 영생과 역사의 미래에 대한 희망을 선포했다. 희망에 사로잡힌 신앙은 불의한 현실에 저항한다. 종말론적 하나님 나라의 완성은 악한 세상으로부터의 영혼의 구원과 고난당하는 양심의 위로만이 아니라 종말론적 정의의 실현, 인간의 인간화, 모든 피조물의 평화를 가져온다.

몰트만은 『십자가에 달리신 하나님』(1972년)에서 부활한 그리스도는 바로 십자가에 달리셨던 분임을 회상적으로 기술하였다. 그는 루터의 십자가 신학을 따라, 우상화된 정치적 권력, 율법주의적 교권체계, 하나님 없는 인간의 버림받음을 폭로하고 죽어간 그리스도 안에서 함께 고난 받으시는 하나님을 발견하였다. 그는 그리스 철학의 영향을 받은 서구신학 전통의 무감정한 하나님 대신에 성서에 나타나는 열정과 고난의 하나님을 강조하였다. 그는 본회퍼처럼 "오직 고난당하시는 하나님만이 우리를 도와주실 수 있다"고 확신하고, 아들의 고난을 통해 인류의 고난에 참여하시고 이에 항거하시는 사랑의 하나님만이 성서적 하나님이라고 주장했다.

몰트만은 십자가의 신학에서 해명된 삼위일체론에서 성령의 역할이 적절히 강조되지 못했음을 깨닫고 『성령의 능력 안에 있는 교회』(1975년)에서 성령론을 교회 갱신의 실천이념과 결합시켰다. 교회의 전통과 제도가 점점 더 그 적합성을 상실하는 위기 속에서 그는 새로운 성령 체험이 없으면 교회 갱신이 이루어질 수 없음을 확신하고, 성령론의 관점에서 성례론, 예배론, 기독교인의 삶의 양식을 새롭게 제시했다.

몰트만은 『삼위일체와 하나님의 나라』(1980년)에서 서구 신학의 군주론적, 양태론적 유일신론을 거부하고 세 위격의 상호 교통과 상호 내주 안에 있는 사회적 삼위일체론을 제시하였다. 이러한 사회적 삼위일체론의 모델 안에서 그는 일방적인 지배가 아닌 자유로운 인간과의 상호적인 대화의 관계성 안에 계신 하나님의 통치를 강조했다.

몰트만은 『창조세계 안에 계신 하나님』(1985년)에서 생태학적 창조론을 전개하였다. 여기서 그는 영원한 영을 통하여 피조물 속에 내주하시면서 교제하시는 삼위일체 하나님, 이에 상응하는 인간의 하나님 형상 이해, 모든 지배와 종속의 구조를 상호 대화의 구조로 변화시키는 신학적 인간학을 제시했다.

1. 그리스도의 십자가로부터의 희망의 탄생[144]

1) 성서본문: 마태복음 27장 46절

2) 주요 내용

십자가는 좌절된 희망, 배신당한 사랑, 고문당한 육체, 하나님으로부터 버림받은 죽음을 의미한다. 그러나 이 십자가가 우리의 유일한 희망이다. 기독교 신앙의 핵심은 그리스도의 'passion'의 역사이다. 이 역사는 한편으로 열정과 희망의 역사이며, 다른 한편으로 고난과 죽음의 역사이다. 그리스도의 고난은 하나님 나라를 위한 그분의 열정이 제사장과 로마의 권력과 충돌함으로써 초래되었다.

겟세마네에서 예수님은 고민하고 슬퍼하셨으며, 제자들에게 함께 깨어 있으라고 청하였으며, "아버지여, 이 잔을 내게서 옮기시옵소서"(막 14:36)라고 기도했다. 그러나 예수님은 "그러나 나의 뜻대로 마옵시고 아버지의 뜻대로 되기를 원하나이다"라고 기도함으로써 하나님과의 연합을 굳게 지켰다. 겟세마네에서의 그리스도의 진정한 고난과 두려움은 하나님의 침묵에 의해 거부당함에 있었다. "이 하나님 자신으로부터 오는 고통은 그리스도의 열정 속에 있는 진정한 고뇌입니다. 이 하나님으로부터 버림받음은 그분에게 면제되지 않은 잔입니다."(112) 겟세마네에서의 투쟁은 죽음과의 투쟁이 아니라 하나님과의 투쟁이었다. 예수님은 이 고통을 자기를 내어주심으로써 극복했다. 이것이 예수님의 승리였고 우리의 희망이다.

골고다에서 예수님은 "나의 하나님, 어찌하여 나를 버리셨나이까?"라고 외쳤다. 이것은 곤경에 처한 그를 내버리신 하나님을 향한 외침이다. 십자가에서 예수님은 하나님으로부터 버림을 받으셨다. "아버지는 아들을 버렸으며, 하나님은 침묵하십니다. 아들은 아버지에 의해 버림받고, 거부당하고, 저주받았습니다."(115)

그분이 우리 죄를 대속하기 위해 우리를 대신하여 고난당하시고 희생제물로 죽으셨다는 교리는 하나님을 향해 절규하면서 죽어가는 그리스도에게 주

---

144) Jürgen Moltmann, "그리스도의 십자가로부터 희망의 탄생," 윤철호 편역 『현대신학자들의 설교』, pp. 106-119. Jürgen Moltmann, *The Power of the Power of the Powerless* (San Francisco: Harper & Row, 1982), pp. 113-121.

어지는 대답으로는 부적절한 것이다. "나의 하나님, 어찌하여 나를 버리셨나이까?"에 대한 이론적인 대답은 불가능하다. 이에 대한 유일한 대답은 부활이다(고전 15:55).

기독교 신앙의 핵심에 그리스도의 고난의 역사가 있다. 이것이 진정한 희망의 시작이다. 왜냐하면 그것은 죽음을 이긴 삶, 지옥이 더 이상 두렵지 않은 삶의 시작이기 때문이다. 삶에 대한 우리의 희망, 우리의 활동, 삶에 대한 우리의 사랑 속에서 우리는 그리스도의 열정에 참여한다. 우리의 좌절, 외로움, 패배는 우리를 그분으로부터 분리시키지 않는다. 오히려 그것들은 그분과의 더 깊은 연합으로 이끈다. 우리는 그분과 함께 부활을 기다린다. 성금요일은 그리스도가 모든 인간들과 갖는 친교의 가장 포괄적이고 심오한 표현이다. 우리 때문에 우리를 위해 버림받은 그리스도가 우리의 참된 희망이다. 그리스도의 십자가 밑에서 희망은 깊은 곳으로부터 다시 태어난다. "십자가를 찬양하라. 우리의 유일한 희망."(117)

3) 핵심 주제

그리스도의 십자가로부터 우리의 희망이 태어난다.

4) 분석과 비평

이 설교에는 몰트만의 신학이 가장 중요한 두 신학적 주제인 '희망의 신학'과 '십자가 신학'이 잘 나타난다. 그의 신학은 십자가에 기초한 희망의 신학이다. 산다는 것은 희망하는 것이다. 희망은 고난과 좌절 속에서 다시 태어난다. 어떻게 희망이 고난과 좌절 속에서 다시 태어날 수 있는가? 그것은 그리스도의 십자가와 부활을 통해서이다. 그리스도의 고난은 죽음과 지옥의 두려움을 극복한 삶의 시작이다.

몰트만은 십자가를 예수 그리스도의 한 인격 안에서의 신성과 인성의 관계에서 파악되어야 할 사건이 아니라 아들 예수와 아버지 하나님 사이의 관계에서 파악되어야 할 삼위일체적 사건으로 이해한다. 십자가에서 예수(아들)는 하나님(아버지)로부터 버림을 당한다. 그러나 아버지에 대한 순종 안에서 아들은 아버지와 하나가 된다. 그리고 이로부터 성령이 나온다. 십자가 안에 나타난 삼위일체 하나님의 고통은 세계를 향해 열려 있으며 모든 역사의 고통을 그 안에 포괄하며 극복한다. 그러므로 그리스도의 십자가의 고난이 우리의 희망의 근거이다.

이와 같이 이 설교는 몰트만의 십자가 신학 안에 나타난 희망의 신학의 정수를 잘 보여준다. 그러나 몰트만의 십자가 신학에 있어서 전통적 구속교리를 위한 자리는 따로 마련되어 있지 않다. 그의 십자가 신학은 인간의 죄의 문제에 대한 응답이라기보다는 인간의 고통의 문제에 대한 응답이다. 그런데 문제는 "그리스도의 고난과 십자가가 어떻게 인간의 고통의 문제에 대한 해답이 되며 어떻게 우리의 유일한 희망이 되는가?" 하는 것이다. 몰트만은 "하나님으로부터 버림받고 저주받은 그리스도가 견디어낸 하나님 경험"이 진정한 희망의 시작이라고 말한다. 왜냐하면 그것이 "죽음을 이긴 삶, 지옥이 더 이상 두렵지 않는 삶의 시작"이기 때문이다. 그는 고난을 겪은 사람만이 고통 받는 다른 사람을 도울 수 있으며, 그리스도가 바로 그러한 분이라고 말한다. 그리스도는 우리가 모든 것을 털어놓을 수 있는 형제나 친구와 같다. 그분은 모든 것을 알고 계시고 우리에게 일어날 수 있는 모든 것, 그리고 그 이상을 겪으셨기 때문이다. 그러나 (몰트만이 전통적인 구속교리에는 별 관심이 없다는 점을 고려하더라도) 이와 같은 그의 설명에도 불구하고 여전히 왜 그리스도의 십자가가 고통당하는 인간을 위한 희망이 되는지 여전히 이해하지 못하는 사람들이 있을 수 있다.

그러나 기독교의 희망의 궁극적인 이유는 몰트만의 '하나님의 고통'의 신학에서 발견된다. 그리스도의 십자가가 우리의 유일한 희망인 이유는 그것이 하나님의 자기희생적인 사랑의 표현이기 때문이다. 십자가는 함께 고통당하는 하나님의 공감적 사랑(sympathetic, compassionate love)의 역사적 현현이다. 예수 그리스도의 십자가에서 하나님은 인간과의 동일성과 연대성 안에서 인간의 고통을 끌어안고 대신 죽음을 당함으로써 인간을 고통과 죽음으로부터 해방시키신다. 고통당하는 하나님만이 우리를 구원하신다(본회퍼). 하나님의 자기희생적인 사랑이 고통 가운데 있는 인간의 희망이 되는 까닭은 인간의 모든 고통이 하나님의 고통이 되었기 때문이며 하나님의 고통당하는 사랑은 곧 인간의 고통과 죽음을 극복하고 새로운 생명을 잉태하는 부활의 능력이기 때문이다.

2. 바리새인과 세리[145]

1) 성서본문: 누가복음 18장 10-14절

2) 주요 내용

예수님은 자신을 의롭다고 믿고 다른 사람을 멸시하는 사람들에게 이 비유를 말씀하셨다. 우리 자신이 바로 이와 같은 사람들이다. 우리 안에는 바리새인과 세리가 혼합되어 있다. 하나님 앞에서 바리새인은 자신의 의로움을 인정받으려고 했으며, 세리는 자신의 죄에 대하여 자비를 구했다. 우리도 한편으로는 하나님 앞에서 인정을 받으려고 하며, 다른 한편으로는 자비를 구한다.

바리새인은 부정적이고 공격적인 정체성을 보여준다. 그는 다른 사람(세리)을 비난함으로써 자신의 정당성을 인정받고자 한다. 그는 내적으로 불안하고 불안정하다. 그의 부정적인 인격적 정체성은 진정으로 자신의 인격으로부터 보여줄 것이 없기 때문에 자신의 선한 행위들을 자랑한다. 그는 위험한 사람이다.

세리는 하나님 앞에서 "나는 죄인입니다"라고 고백함으로써 그 자신에 대

---

145) Jürgen Moltmann, "바리새인과 세리," 윤철호 편역 『현대신학자들의 설교』, pp. 184-198. Jürgen Moltmann, *The Power of the Power of the Powerless*, pp. 88-97.

한 진실에 도달한다. 그는 하나님 앞에 자기 자신을 내어놓고 자신을 하나님의 자비에 전적으로 의탁한다. 그는 자신의 고백과 더불어 긍정적인 인격적 정체성을 얻게 된다. 그는 다른 사람을 비방하지 않는다. 그는 정직한 사람이다.

바리새인과 세리는 하나의 동일한 사회의 상반되는 양극단이다. 바리새인은 불결한 죄인들, 타자, 세리를 비난하고 억압함으로써 바리새인이다. 바리새인은 높은 사람, 지도자이며, 선과 악을 결정한다. 바리새인은 선을 독점하며, 세리는 악으로 규정된다. 바리새인과 세리는 사회적 간격, 즉 선한 사람과 나쁜 사람, 의로운 사람과 불의한 사람 사이의 간격을 보여주는 지수이다. 이 간격이 고정화될 때 두 집단 사이에 투쟁에 일어나며 이 투쟁은 '나쁜' 사람들에 대한 절멸로 끝난다. "산업적 투쟁이나 재산과 사회적 권력을 위한 투쟁, 또는 교회 안에서의 믿음의 차이에 의한 갈등이 선과 악 사이의 이러한 간격과 결합될 때마다(그러지 않은 때가 있을까요?) 불행하게 문자 그대로 지옥의 문이 열립니다."

예수님은 이 선과 악의 구도를 뒤집는다. 하나님 앞에서 의롭다하심을 받은 사람은 바리새인이 아니라 죄인인 세리이다. 하나님께서는 우리 안에 있는 세리의 영혼을 받아주시고 바리새인의 영혼을 거부하신다. "하나님 죄인인 저를 불쌍히 여겨 주십시오" 이것이 우리 안에 있는 진실의 전부이다. "이 사람이 의롭다 하심을 받고 그의 집으로 내려갔다." 이것은 해방적 판결이다. 여기에 하나님의 더욱 위대한 진리가 있다.

3) 핵심 주제

우리는 바리새인처럼 자신이 의롭다고 믿고 다른 사람을 멸시하는 사람이 되지 말고 우리 자신이 죄인됨을 하나님 앞에 고백하여야 한다. 그리할 때에 우리는 하나님 앞에서 의롭다 하심을 받을 수 있다. 이 하나님의 판결은 단지 개인적 차원에서의 판결이 아니라, 사회적 차원에서 두 집단을 대표하는 바리새인과 세리에 대한 판결로서, 압제와 저주의 악순환을 끊는 해방적 판결이다.

4) 분석과 비평

이 설교는 단지 개인을 위한 실존론적 성서해석이 아닌 공동체를 위한 사회 정치학적 성서해석을 보여준다. 이러한 성서해석은 특히 다음 구절에 분명하게 나타난다. "만약 우리가 바리새인과 세리를 각각 개인으로서의 그 자신들로서 보면, 예수님의 판결은 정말로 이해할 수 없고 실로 부당합니다. 그러나 우리가 바리새인이 자신과 세리 사이에 열어놓은 악마적 간격을 인식할 때, 바리새인이 자신을 위해 선을 움켜잡고 다른 사람을 악으로 몰아버릴 때, 예수님의 의롭게 하시는 판결은 해방시키는 판결입니다…. 궁극적으로 문제가 되는 것은 그 이야기에 등장하는 개인들이 아닙니다. 궁극적으로 문제가 되는 것은, 한 사람이 다른 사람을 판단하는 방식 때문에 그 사람이 죄를 짓게 되고, 사회적, 심리적 죽음이 자기의와 타자에 대한 저주를 통해 확산되는 악순환입니다."(196)

몰트만은 바리새인과 세리를 사회적 간격을 구성하는 양 극단을 대표하는 인물로 이해한다. 하나님의 판결은 단지 서로 관계없는 두 개인이 각기 하나님과 갖는 수직적인 관계로부터 주어지는 것이 아니라, 두 개인이 대표하는 두 집단의 수평적 관계에 대한 하나님의 판결이다. 이 하나님의 판결은 선과 악, 의와 불의, 신앙과 불신앙을 결정하는 지배적 집단(바리새인)의 선과 의와 신앙을 거부하고, 억압당하고 소외되고 정죄당하는 집단(세리)의 악과 불의와 불신앙을 용납한다. 세리를 의롭다고 변호하는 이 하나님의 판결은 해방적 판결이다. 이 해방적 판결은 사회적 간격으로 인한 자기의와 타자에 대한 저주의 악순환을 종식시킨다.

이와 같은 이해는 예수님 당시의 유대 법정에서의 판결의 성격을 잘 반영한다고 할 수 있다. 즉 유대 법정에서의 판결은 본래 단지 하나님과의 수직적인 관계에서의 개인의 죄에 대한 판결이라기보다 공동체 안에서의 수평적 관계에서의 가해자와 피해자에 대한 판결로서, 강자가 아닌 약자, 압제자가 아닌 피압제자를 의롭다고 선언함으로써 사회적 정의를 구현하고자 하는 판결이다.

몰트만은 "만약 우리가 바리새인과 세리를 각각 개인으로서의 그 자신들로서 보면, 예수님의 판결은 정말로 이해할 수 없고 실로 부당합니다."라고 말한다. 이 말은 본문에 대한 루터적인 해석과 모순되는 것처럼 보인다. 왜냐하면 루터적인 해석은 바리새인과 세리가 각각 하나님 앞에서 의인과 죄인이 아니라 죄인과 의인으로 판결받아야 하는 이유를 이신칭의 교리를 통해 설명하기 때문이다. 루터적인 이신칭의의 관점에 따르면 하나님 앞에 각기 개인적 실존으로 서 있는 두 사람에 대한 판결은 부당하지 않다. 왜냐하면 개인으로서 우리는 하나님 앞에서 언제나 죄인으로 서야 의롭다고 인정을 받으며, 의인으로 서는 한 여전히 죄인으로 남아있기 때문이다. 루터는 이것을 "죄인이면서 동시에 의인"(simul justus et peccator)이란 명제로 표현했다. 그에 따르면 우리는 여전히 죄인이지만 우리의 죄를 고백할 때, 하나님께서는 우리에게 예수 그리스도의 의의 옷을 입혀주시고 우리를 의롭다고 인정하신다(imputation). 주님은 겸손한 자에게 은혜를 주신다(잠 3:34).

이와 같은 개인적 차원의 실존적 해석(루터, 불트만)과 공동체적 차원의 사회 정치학적 해석(몰트만)은 반드시 모순될 필요가 없다. 우리에게는 이 두 관점의 해석이 모두 필요하다. 이 둘은 서로를 풍요하게 하는 상호보완적인 해석들이 될 수 있다.

3. 화평케 하는 자는 복이 있나니[146)]

1) 성서본문: 마태복음 5장 9절

2) 주요 내용

우리는 군비경쟁을 계속해야 하는가, 아니면 군비를 없애야 하는가? 전쟁에 대한 태도에는 두 가지가 있다. 한편의 사람들은 모든 형태의 폭력을 거부한다. 다른 편의 사람들은 전쟁을 예방하기 위한 수단으로 재무장을 지지한다. 이들은 정의의 기준에 부합하는 이른바 정당한 전쟁이란 이론을 내세운다. 그러나 핵무기의 소유가 핵무기 없는 평화를 위한 시간을 확보하기 위한 지렛대가 될 수 있다는 생각은 환상이다.

오늘날 사람들은 군비 경쟁이 불가피하게 전 세계적 종말을 초래할 것이라고 말한다. 무장해제를 위한 재무장은 가능하지 않다. 우리는 군비경쟁에서 손을 떼야 한다. 비무장에는 두 가지 차원이 있다. 첫째는 모든 형태의 폭력을 포기하되 그것을 자신의 개인적 결단의 차원에만 적용시키는 것이다(재세례주의자). 둘째는 일방적인 양보를 통한 군비축소와 비무장을 정치적 공리로 만드는 것이다. 이러한 두 가지 차원의 비무장은 탄압과 죽음과 포로 됨의 상황을 각오해야 한다.

여기서 나는 군비경쟁과 비무장 사이의 양자택일이 아닌 새로운 방향을 제시하고자 한다. 이것은 우리가 하나님의 자녀라는 사실로부터 나온다. 우리가 하나님의 자녀라는 사실이 우리를 보복의 악순환으로부터 해방시킨다. "우리가 우리의 적으로부터 우리의 위치를 확인하는 것을 멈출 때에만, 그리고 다른 사람이 우리에게 더 중요해질 때에만 우리는 이와 같은 악순환으로부터 자유롭게 됩니다."(264) 우리가 하나님의 자녀라면 우리는 적이 아니라 하나님으로부터 우리의 위치를 확인해야 한다.

하나님의 자녀로서 우리는 아들이신 예수님을 보아야 한다. 예수님은 하나님을 아버지라고 부르셨고, 죄인과 세리의 친구가 되셨고, 자신을 죽이려는 사람들을 위해 기도하시면서 돌아가셨다.(265) 예수님은 자신을 모욕하고 죽음에 이르게 하는 사람들을 위해 자신의 생명을 주셨다.(265) 예수님의 제자도에서 우리는 무장해제시키는 사랑, 해방하는 사랑의 힘을 경험한다. "예수님께서 보복의 장소에 가져오신 사랑은 우리의 원수에 대한 사랑입니다."(265) 원수에 대한 사랑은 보답으로서의 사랑이 아니라 선행적인 창조적 사랑이다.

---

146) Jürgen Moltmann, "화평케 하는 자는 복이 있나니," 윤철호 편역 『현대신학자들의 설교』, pp. 257-268. Jürgen Moltmann, *The Power of the Power of the Powerless*, pp. 47-54.

"너희 하늘 아버지께서 온전하신 것처럼 너희도 온전하라." 하나님의 온전함은 어떤 것인가? "하나님은 원수들을 사랑하시고, 그들을 축복하시며, 그들에게 선을 행하시고, 악을 악으로 갚지 않으십니다. 이것이 하나님의 온전함입니다. 하나님의 온전함으로부터 우리 모두가 살아갑니다. 비록 세상이 이를 알지 못해도 하나님의 온전함으로부터 온 세상이 살아갑니다. 하나님은 모든 것을 지탱하시고 보존하십니다. 왜냐하면 하나님은 모든 사람을 위한 희망을 가지고 계시기 때문입니다. 하나님의 온전하심은 고통에 대한 무한한 능력에 있습니다. 하나님은 모든 것을 견디시기에 전능하십니다. 하나님의 독특성은 측량할 수 없는 창조적인 사랑의 능력에 있습니다."(266)

하나님께서는 우리가 여전히 그분의 원수였을 때 우리를 사랑하셨다. 우리가 하나님을 믿지 않았을 때, 그리스도가 우리를 위해 죽으셨다. "그리스도의 영은 우리가 다른 사람들의 적이 되고 싶어할 때 우리를 무장해제 시킵니다. 하나님의 자녀들, 이들은 하나님이 극복하신 적들을 의미합니다. 그들은 무장해제 되었습니다. 그들은 창조적이 되었습니다. 그들은 더 이상 악을 악으로 갚지 않을 수 있습니다. 그들은 그들에게 행해진 악에 대해 선으로 갚는 길을 항상 발견해야 합니다. 우리는 상호 제지의 악순환에서 벗어나서 다른 법, 창조적 하나님의 법을 따릅니다."(266)

"당신의 원수들을 사랑하라. 당신을 미워하는 자에게 선을 행하고, 당신을 박해하는 자들을 위해 기도하라." 군비 경쟁을 계속할 것인가? 또는 무기 없이 살 것인가? 지금까지 우리는 단지 다음과 같이 질문을 해왔다. 무엇이 우리의 안전을 위해 유익하고, 무엇이 우리의 생존을 위해 유익한가? 그러나 이제 질문은 다음과 같다. "무엇이 우리의 적에게 유익한가? 그리고 어떻게 그를 가장 잘 도울 수 있을까? 우리를 저주하는 자들을 어떻게 우리가 가장 잘 축복할 수 있을까? 우리를 미워하는 자들에게 우리가 어떻게 선을 행할 수 있을까?"(267) 우리는 이것에 대해 실제적으로 생각해야 한다.

우리의 안전정책은 대개 두려움의 정책이며, 두려움의 정책은 자기의 유익을 구하는 정책이다. 반면에 창조적인 사랑, 우리의 원수들에 대한 사랑은 오직 자유로부터, 즉 영원하신 하나님의 자녀가 되는 영광스러운 자유로부터,

죽음의 공포에서 해방되는 자유로부터 나온다.(267-268) 마틴 루터 킹은 악에 대한 비폭력 저항은 겁쟁이들의 방법이 아니라 강한 자들의 길이라고 말했다. 백인의 영혼은 고통을 받아왔다. 그리고 오직 그의 흑인 형제들의 사랑을 통해서 백인은 자신의 자기억압, 불안전, 불안을 극복할 수 있었다.

3) 핵심 주제

오늘날의 군비경쟁의 세계 속에서 우리는 적과의 대립적 관계 안에서 우리 자신의 위치를 확인하지 말고 하나님의 자녀로서 우리 자신을 발견해야 한다. 우리는 하나님의 자녀로서 하나님처럼 온전하게 됨으로써 화평케 하는 자가 되어야 한다. 하나님처럼 온전하게 되는 길은 아들 예수님처럼 원수를 사랑하고 선으로 악을 갚는 것이다.

4) 분석과 비평

이 설교에 나타난 몰트만의 입장은 군비경쟁의 악순환을 끊기 위해서 군비축소 또는 폐지와 무장해제를 해야 한다고 주장하는 평화주의자에 가깝다. 단 그는 이와 같은 평화의 원리를 적들과의 대립적 관계에서가 아니라 우리의 하나님의 자녀됨으로부터, 그리고 하나님의 아들 예수 그리스도로부터 이끌어온다. 이 원리는 원수를 사랑하고 선으로 악을 갚는 것이다. 이와 같은 몰트만의 평화주의는 정의 개념에 기초한 정당전쟁의 정당성을 주장하는 입장과 대조적일 뿐만 아니라, 국가 간의 관계에 있어서 정의의 유지를 위해서 힘의 균형이 필요하다고 보는 라인홀드 니버의 현실주의와 달리 매우 이상주의적이다. 물론 니버도 사랑이 가장 궁극적인 평화의 원리라고 본다. 그러나 현실적으로 그리고 무엇보다도 국가적인 관계에 있어서 정의를 지키기 위한 힘의 균형이 필요하다고 본다.

우리는 과연 예수님처럼 진정으로 원수를 사랑할 수 있을까? 우리는 참으로 선으로 악을 갚을 수 있을까? 더욱이 국가 간의 관계에 있어서 이와 같은 사랑의 원리가 실제적인 효력을 발휘할 수 있을까? 과연 이타적이고 자기희생적인 국가가 이 세상에 존재할 수 있을까? 그러한 국가는 하늘에만 있는 것이 아닐까? 보다 현실적인 정의의 개념에 기초해서 단계적인 군비축소의 과정을 거쳐 군비경쟁의 악순환을 점차적으로 극복해 나아가는 것이 보다 실현가능성 있는 대안은 아닐까? 다시 말하면, 니버의 기독교 현실주의적 정의가 보다 현실적인 기독교적 대안이 아닐까?

그럼에도 불구하고, 몰트만이 역설하는 하나님의 자녀로서의 평화의 길은, 그것이 비록 불가능한 가능성이라고 하더라도, 하나님 나라를 이 땅에 구현하기 위해 자기희생적인 십자가의 길을 가셨던 예수님의 제자로서 우리들이 실천하고 지향해야 할 삶의 방향과 궁극적인 목표를 상기시켜준다.

4. 죽음에 대한 저항의 축제[147]

1) 성서본문: 고린도전서 15장 54-57절

2) 주요 내용

우리는 죽음의 현실 가운데 살고 있다. 경제 위기 속에서 증가하는 실업과 실질 임금 감소, 서구의 번영과 대조되는 제3세계의 비참함, 체제 전복적 폭력과 이에 대한 억압적 대응으로 인한 희생자 속출 등이 우리가 경험하는 죽음의 현실이다. 이러한 죽음의 현실은 그리스도의 부활과 모순되는 것처럼 보인다. 죽음의 힘은 붕괴되지 않았기 때문이다. 죽음의 현실 가운데에서 우리는 삶을 경축할 수 있을까?

그러나 우리는 그리스도의 부활의 관점에서 고통의 일상적 역사를 보는

---

147) Jürgen Moltmann, "죽음에 대한 저항의 축제," 윤철호 편역 『현대신학자들의 설교』, pp. 310-316. Jürgen Moltmann, *The Power of the Power of the Powerless*, pp. 122-126.

것을 배워야 한다. 그리하면 폭력과 죽음은 불가피하지도 않으며 용납될 수도 없다. 믿음은 단지 그리스도의 부활이 사실이라고 간주하는 것과, 죽음 후의 삶을 희망하는 것을 의미하지 않는다. 믿음은 하나님의 창조적 능력에 참여하는 것을 의미한다. 하나님은 불가능한 것을 가능케 하시며, 없는 것을 있는 것으로 부르신다(롬 4:17). "부활절 믿음은 십자가에 달리신 그리스도의 부활이 이 죽음의 세상에 위대한 대안을 제공하는 것을 인식합니다. 이 믿음은 그리스도의 부활을 죽음에 대한 하나님의 저항, 죽음을 위해 일하는 모든 사람들에 대한 하나님의 저항으로 여깁니다."(312)

죽음은 삶의 한 가운데 있는 악마적 힘들이다. 부활의 힘은 비판적이고 자유케 하는 능력이다. 부활에 대한 믿음은 "지금 여기에서, 혁명을 위한 용기, 죽음의 힘에 대한 저항, 그리고 생명의 승리를 위해 자신을 내어놓음을 통해" 증명된다.(313) 부활의 희망은 십자가 아래에서만, 즉 죽음에 저항하는 사랑 안에서만 의미가 있는 희망이다. 그리스도의 부활은 하나님의 저항의 시작이다. 부활의 희망은 죽음과 죽음의 노예들에 저항하는 사람들 속에 살아 있다. 부활은 하나님의 미래의 충만함으로부터, 그리고 삶에 대한 모든 부정에 대한 저항과 항거 속에서 살아 있다.(314)

부활은 자유의, 그리고 자유케 하는 축제이다. 부활은 성만찬과 더불어 경축되어야 한다. 이 식사에는 모든 사람들, 특히 굶주리고 목마른 사람들이 초대된다. 죽음, 죄, 무의미한 고통과 같은 인생의 어두운 면에도 불구하고 축제가 가능한가? 그렇다. "일단 우리가 이 축제를 주시는 분이 버림받고 고통당하시고 십자가에 달리신 나사렛의 인지라는 사실을 깨닫기만 하면, 모든 '아니오(부정)'는 이 심오한 '예(긍정)' 속에 흡수되고, 이 '예'의 승리 안으로 삼켜집니다."(315)

3) 핵심 주제

그리스도의 부활은 죽음에 대한 하나님의 저항을 의미한다. 부활은 죽음의 현실에 대한 저항의 축제이다. 부활의 믿음으로 이 저항의 축제에 참여하자.

4) 분석과 비평

이 설교의 초점은 과거나 내세에 있지 않고 현재에 있다. 다시 말하면, 몰트만은 그리스도의 부활을 과거의 역사적 사실에 대한 확신이나 내세에 대한 희망으로 환원시키지 않고 현재의 죽음의 현실들에 대한 저항의 힘과 원리로 이해한다. 이것은 정치신학자로서의 몰트만다운 관점의 이해이다. 그는 단지 죽음을 생물학적 차원에서의 개인의 생명의 멎음으로 이해하지 않고 사회적, 정치적 차원에서의 모든 악과 고통의 현실로 이해한다. 그리스도의 부활은 바로 이러한 악과 고통의 현실에 대한 저항의 축제이다. 부활이 축제인 까닭은 이미 그리스도의 부활 안에서 모든 죽음의 세력이 정복되었기 때문일 것이다. 그런데 몰트만은 이 설교에서 그리스도의 부활과 우리의 부활을 명확하게 구별해 말하고 있지 않다. 그러나 정확하게 말하자면, 과거의 역사적 사실로서의 예수 그리스도의 부활에 대한 믿음이 우리가 내세에서 누릴 부활에 대한 희망의 근거이며 동시에 현재의 죽음의 현실들에 대한 저항과 힘과 원리가 된다고 말하는 것이 옳을 것이다.

그런데 부활이 '저항의 축제'란 말의 의미는 과연 무엇인가? 저항과 축제는 서로 어울리지 않는 단어처럼 보인다. 왜 부활이 '축제'인가? 몰트만에게 예수 그리스도의 부활이 축제인 것은 그것이 종말론적 미래의 부활의 역사적 선취이기 때문이다. 종말론적 미래의 부활은 하나님의 궁극적 승리와 인간(그리고 창조세계)의 구원의 최종적 완성을 의미한다. 몰트만에 따르면 종말론적 미래는 도래하는 미래(advent)이다. 그 미래가 예수 그리스도 안에서 특히 예수 그리스도의 부활 안에서 이미 도래하였다. 그러므로 부활은 축제이다. 왜 부활이 '저항'인가? 부활이 저항인 까닭은 아직 이 세상에 모든 불의, 악, 고통, 죽음의 현실이 팽배해 있기 때문이며, 부활은 이러한 모든 죽음의 현실에 대한 항거와 십자가의 고난을 요구하기 때문이다. 왜 부활이 '저항의 축제'인가? 그것은 이 저항이 이미 승리가 보장된 저항이기 때문이다. 그것은 예수의 십자가가 부활하신 자의 십자가이기 때문이다. 그리고 종말론적 미래의 선취 사건인 예수 그리스도의 부활이 우리의 종말론적 승리를 보증하기 때문이다.

그런데 고린도전서 15장 본문에서 바울이 말하고 있는 부활은 죽음 이후의 내세의 삶을 의미한다. 그렇다면 몰트만이 이 본문에 의거해서 어떻게 "부활이(이 설교에서는 부활이 그리스도의 부활인지 우리의 부활인지 분명치 않다) 현재의 죽음의 현실에 대한 저항의 원리이다"라는 주장을 할 수 있는지 그 근거를 주석학적으로 보다 분명하게 제시할 필요가 있다. 이 설교는 성서본문에 대한 최소한도의 주석이나 해석도 제시하지 않는다. 텍스트의 주제와 관계없이 설교자의 관심과 의도가 텍스트를 지배하고 있다.

제11장 판넨베르그 (Wolfhart Pannenberg : 1928-   )

볼프하르트 판넨베르그는 합리주의적인 철학적 신학을 추구하는 금세기의 대표적인 신학자들 가운데 한 사람이다. 대부분의 다른 신학자들과 달리, 그는 기독교 가정에서 성장하지 않았으며 따라서 기독교 신앙은 그에게 당연한 것이 아니었다. 또한 대부분의 다른 기독교인들과 달리, 그는 종교적인 체험에 의해 기독교 신앙을 갖게 된 것이 아니라 지성적인 사색과 이성적인 성찰을 통해 기독교 신앙을 갖게 되었다고 고백한다. 그는 냉철한 이성적 신앙인이자 신학자였다. 적어도 그에게 있어서는 신앙이 이해를 추구하는 것(fides quaerens intellectum)이 아니라 이해가 신앙을 추구한다고 할 수 있다. 사실상 그에게 있어서 이해와 신앙은 단지 일방적 관계가 아니라 상호적인 순환관계에 있다. 그러나 그럼에도 불구하고 그는 신앙이 느낌이나 권위에 의존해서는 안 되고 가장 합리적이고 개연적인 것에 기초해야 한다고 믿는다.

판넨베르그는 1961년에 출판된 『역사로서의 계시』를 통해 서구 신학계의 새로운 리더로 등장하였다. 그는 20세기 전반부의 바르트와 불트만으로 대표되는 변증법적 신학과 실존주의 신학에 대한 대안으로 역사와 종말을 주된 신학의 범주와 지평으로 삼는 새로운 신학의 패러다임을 제시하였다. 계시는 소수의 선택된 사람들에게만 주어지는 것이 아니다. 하나님은 역사 또는 실재 전체를 통해서 계시되며, 하나님의 계시는 이성에 의해 인식될 수 있다. 물론 시공간적인 제한으로 인하여, 아무도 역사 전체를 알 수 없다. 더욱이 역사는 아직 완성되지 않았으며, 따라서 완전히 이해될 수 없다. 그러나 예수의 삶과 죽음과 부활 안에서 보편적 역사의 의미와 목표를 이해하기 위한 열쇠를 이성으로 분별해내는 것은 가능하다.

판넨베르그는 일찍이 역사와 종말론적 미래에 대한 그의 관심으로 인하여 "희망의 신학"을 주도하는 신학자로 알려졌다. 그러나 그는 희망의 신학자들이 예수의 부활보다 에른스트 블로흐나 사회주의 이념에 더욱 의존한다고 느끼고 그들의 대열에서 이탈했다. 하지만 그는 신학의 보편적 성격을 강조하였으며, 역사에 대한 과학적, 이성적 연구가 보편적 신학의 토대를 세우기 위해 필요하다고 주장하였다. 따라서 그는 제도적 교회가 아니라 대학을 자신의 주된 신학의 장으로 여겼다. 신학자의 명제는 합리적으로 변호되거나 수정되어야 하며, 단순히 주장되어서는 안 된다. 반면 교회는 신학적 논증의 장이라기보다는 영성과 공동체의 장이다. 판넨베르그의 설교에는 이와 같은 그의 신학적 특징들이 잘 드러난다. 이성, 역사, 미래, 약속, 희망, 부활, 보편사, 종말과 같은 그의 주된 신학적 주제들이 그의 설교에도 나타난다. 물론 이 모든 주제들의 중심에는 예수 그리스도와 삼위일체 하나님이 있다.

판넨베르그는 두 권의 설교집을 출판했다. 첫 번째 설교집은 『여기 계신 하나님』(Gegenwart Gottes)이란 이름으로 1973년에 출판되었다. 이 제목의 의미는 복음이 선포되는 곳에 하나님이 성령을 통해 지금 우리와 함께 하신다는 것이다. 두 번째 설교집은 『믿음의 기쁨』(Freude des Glaubens)이란 제목으로 2001년 출판되었다. 이 제목은 기독교가 선포되는 곳에는 반드시 기쁨이 있다는 의미를 표현한다.

판넨베르그의 설교는 교회력을 따르는 독일교회의 전통을 보여준다. 그의 설교집에는 부활절, 대강절, 성탄절, 현현절, 삼위일체주일 등의 절기에 따른 설교들이 많이 나타난다. 교회력을 따른다는 것은 공동성서일과를 사용한다는 것을 의미하며, 이것은 성서 전체를 설교를 위한 본문으로 사용할 수 있는 기회를 제공한다. 그의 설교는 대부분 성서본문에 대한 심도 있는 주석에 기초한다. 하지만 그의 설교유형은 강해설교가 아니라 철저하게 조직신학적인 관점에서의 주제설교 또는 교리설교라고 할 수 있다. 그의 설교는 성서주석과 조직신학적 해석 양자를 모두 아우르는 깊이 있는 내용들로 채워져 있다. 그러나 상황적 적용이 약하다는 것이 그의 설교에 대한 일반적인 평가이다.

1. 너의 하나님은 왕이시다![148]

1) 성서본문: 이사야 52장 7-10절

2) 주요 내용

대강절(Advent)은 하나님께서 이 세상에 오시는 것을 준비하는 절기이다. 하나님은 베들레헴의 아기로서 은폐된 방식으로 이 세상에 오셨다. 그러나 여전히 우리는 하나님께서 이 세상에 오셔서 이 세상과 우리를 변화시켜 하나님의 빛에 참여할 수 있게 해주시기를 기다리고 있다. 우리는 하나님께서 왕으로서 이 세상을 통치하실 것을 기다리고 있다.

예수님이 선포하신 복음 메시지의 중심 내용은 하나님의 왕적 통치가 가까이 이르렀다는 것이다. 하나님의 왕적 통치가 가까이 이르렀다는 기쁜 소식, 이것이 구원의 복음이다. 하나님의 왕적 통치는 하나님께 속한 모든 사람에게 어둠과 죄와 죽음의 세력으로부터 해방을 의미한다. 그러므로 우리는 하나님을 향해 돌아서야 한다. 대강절은 회심하고 돌아서는 것과 연결되어 있다.

하나님의 통치가 시작되었다는 예수님의 선포는 기원전 6세기 바벨론 포로기에 활동했던 제2이사야의 말씀인 이사야 52장 7-10절에 기초한다. 이 본문에서 바벨론으로부터 달려온 사자는 바벨론 제국이 멸망했다는 기쁜 소식을 예루살렘 주민에게 전한다. 바벨론은 페르시아의 왕 키로스에게 정복되었다. 그러나 사자는 키로스가 아니라 이스라엘의 하나님이 왕이 되셨다고 선포한다. "너희 하나님께서 왕권을 잡으셨다." 그러나 제2이사야의 희망과는 달리, 페르시아 왕 키로스는 그의 제국을 유대 하나님의 이름으로 세우지는 않았다. 세계의 통치는 다른 제국의 손에 넘어갔다. 새로운 억압이 발생함으

---

148) Wolfhart Pannenberg, *Freude des Glaubens*, 정용섭 역, 『믿음의 기쁨』 (경산: 대구성서아카데미, 2007), pp. 39-43. 1998년 대강절 첫째 주일, 뮌헨, 마태우스교회.

로써 자유를 향한 열망은 계속되었다.

예수님은 이사야의 메시지를 새롭게 선포하신다. "왕이신 하나님의 통치가 가까이 이르렀다." 하나님의 왕적 통치는 인간의 구원을 의미한다. 이것이 복음의 핵심이다. 그러나 예수님에게 있어서 하나님의 왕권의 시작은 제2이사야에게서와 달리 세계사적 변혁과 연결되지 않았다. 그것은 예수님이 말씀하신 믿음에서 일어난다. "완전히 하나님의 왕권에 모든 것을 맡기는 사람에게는, 즉 자기가 살아가는 모든 삶의 문제를 그 왕권 밑에 굴복시키는 사람에게는 하나님의 통치가 현재(現在)합니다. 예수님의 부르심에 따라서 완전하고 철저하게 하나님을 신뢰하는 사람의 삶에는 하나님의 통치가 이미 함께 하십니다."(42)

하나님의 통치는 은폐된 방식으로, 즉 믿음을 통해서 이루어진다. "오늘 우리 기독교인들이 하나님과 그의 왕권의 도래를 다시 믿기만 한다면 우리의 마음에서 그 통치는 시작될 것입니다."(42) 우리의 마음에 믿음을 불러일으키시는 예수님에게는 이미 하나님의 왕권이 현존한다. 스가랴가 예언한 바와 같이, 예수님이 나귀를 타고 예루살렘에 입성하신 것은 하나님의 왕적 통치의 도래에 대한 상징행위였다. "보아라, 네 임금이 폭력 없이 너를 찾아오신다. 그는 나귀를 타고 오신다"(슥 9:9). 나귀를 타신 예수님의 예루살렘 입성은 자신의 사역에서 하나님의 통치가 시작되었음을 극적으로 표현한 것이다. 또한 예수님의 예루살렘 입성은 하나님의 왕권이 예수님의 인격에서 시작되었다는 사실을 가리킨다. "예수님을 통해서, 즉 그가 사람들의 마음에 새긴 신앙을 통해서 예수님이 선포한 하나님의 왕권이 이미 현재합니다"(43). 하나님의 왕권은 은폐의 방식으로 시작된다.

대강절은 성탄절을 기다리며 준비하는 시간이다. 이 절기에 우리는 왕권의 시작을 위해서 하나님께서 오신다는 사실을 우리가 마음속 깊이 준비하도록 초대를 받는다. 예수님의 인격 안에서 우리를 구원하시려는 하나님의 왕권의 미래가 이미 열렸다.

3) 핵심 주제

예수님이 선포하신 복음은 하나님의 왕적 통치가 가까이 이르렀다는 것이다. 하나님의 통치는 은폐된 방식으로, 즉 믿음을 통해서 이루어진다. "오늘 우리 기독교인들이 하나님과 그의 왕권의 도래를 다시 믿기만 한다면 우리의 마음에서 그 통치는 시작될 것입니다." 예수님의 부르심에 따라서 완전하고 철저하게 하나님을 신뢰하는 사람의 삶에는 하나님의 통치가 이미 현존한다.

4) 분석과 비평

이 설교는 1998년 대강절 첫째 주일에 마태우스교회에서 행해진 설교이다. 이 설교에서 판넨베르그는 성탄절의 주님의 오심을 기다리는 대강절의 의미를 설명한다. 그에 따르면 대강절은 하나님의 오심과 통치를 기다리며 준비하는 절기이다. "우리는 왕권을 시작하기 위해 하나님이 오신다는 사실을 우리가 마음속 깊이 준비하도록 초대받았습니다."[149]

판넨베르그는 이 설교에서 성서본문에 대한 충실한 역사적 주석에 기초하여 메시지를 이끌어낸다. 본문의 제2이사야의 예언은 예수님의 하나님 나라 선포를 이해하기 위한 역사적 맥락을 제공한다. 제2이사야에게서와 마찬가지로 예수님에게서도 하나님의 왕적 통치가 가까이 이르렀다는 것이 복음의 핵심이다. 하나님의 왕적 통치는 바로 인간의 해방과 구원을 의미하기 때문이다. 그러나 제2이사야에게 하나님의 왕적 통치는 세계사적 차원에서 실현되어야 할 정치적 변혁을 의미하지만(이 점에서 그의 예언은 현실화되지 않았다), 예수님에게 하나님의 통치는 은폐되어 있으며 오직 믿음 안에서만 현실화된다. 하나님의 통치는 예수의 사역과 인격을 통해서 이미 시작되었으며 그를 믿는 사람들의 신앙 안에 지금 현존한다.

이 설교에는 판넨베르그의 전승사 신학의 특징이 잘 드러난다. 하나님의

---

149) Wolfhart Pannenberg, 『믿음의 기쁨』, p. 43.

계시로서의 역사적 사건은 느닷없이 발생하는 것이 아니라 이미 지나간 것과 앞으로 올 것과 연관된다. 그것은 과거를 새로운 빛 안에서 조명하며 미래를 향한 새로운 물음을 개방한다. 따라서 역사는 새로운 사건이 경험되는 맥락을 제공하는 전통을 형성한다. 이 전통의 역사가 전승사이다. 이 전승사에서 사실과 해석은 분리되지 않고 결합되어 있다. 판넨베르그는 전승사적 관점에서 예수의 복음사역을 구약의 제2이사야의 예언의 맥락에서 이해한다. 그러나 그의 전승사 신학은 단순히 일직선적인 예언과 성취의 도식 안에서 전개되지는 않는다. 왜냐하면 과거의 예언은 종말론적 미래로부터 개방되는 새로움의 요소에 의해 수정되고 재해석된 형태로 현재에 실현되며, 현재는 다시금 미래의 성취를 예기하는 선취(prolepsis)로서 기능하기 때문이다. 미래는 종말(전체)의 빛 안에서 현재와 과거(부분)에 대한 새로운 의미를 부여하며 도래한다. 이와 같이 판넨베르그의 전승사 신학은 과거에 대한 미래 또는 부분에 대한 전체의 존재론적 우위에 기초한 해석학적 역사신학의 성격을 갖는다.

    그런데 이 설교는 이와 같은 그의 역사 해석학의 틀 안에서 쉽사리 설명되기 힘든 내용을 담고 있는 것처럼 보인다. 하나님의 왕적 통치가 은폐성 안에서 믿음을 가진 사람들에게만 현존한다는 그의 말은 불트만의 실존론적 설교를 연상케 한다. 즉 이 말은 하나님 나라가 단지 개인의 실존성(Geschichtlich-keit)의 영역에 도래한다는 것을 의미하는 것처럼 느껴진다. 이와 같은 그의 설교는 하나님의 계시가 정상적인 합리적 사고를 할 수 있는 이성을 가진 모든 사람에게 열려있으며 하나님의 통치가 세계의 보편사적 지평에서 종말론적으로 완성된다는 그 자신의 신학과 어떻게 조화될 수 있을까?

2. 그리스도의 십자가와 기독교인의 십자가[150]

1) 성서본문: 마태복음 16장 24-25절

---

150) Ibid., pp. 72-79. 1972년 2월 20일 투트징(Tutzing).

2) 주요 내용

오늘부터 수난절이 시작된다. 바울은 기독교의 복음을 "십자가에 대한 말씀"으로 요약했다. 예수님은 십자가를 지고 따르라고 명령하신다. 십자가의 원리는 자기를 포기하는 것이다. 자기를 지키려는 노력은 자기를 잃어버리게 만들고 자기를 포기함으로써만 참된 생명을 얻게 된다.

예수님의 십자가와 기독교인의 십자가는 구별된다. 예수님은 인간의 죄로 인해 야기된 십자가를 우리를 위해 우리 때문에 지셨다. 예수님은 십자가의 고난을 통해 모든 인류를 죄에서 해방하셨다. 이 그리스도의 십자가는 다음 두 가지 의미를 갖는다. 첫째는 모든 성공을 향한 강박으로부터의 해방이다. 인간의 행위를 통한 자기실현에의 강박은 십자가 앞에서 해체된다. 예수님의 십자가는 세상에서의 실패가 곧 무로의 전락이 아니며, 인간의 모든 불확실성과 허약함과 실패가 곧 완전한 실패로 귀결되지 않음을 보여준다. 둘째 그리스도의 십자가는 하나님과의 완전한 연합을 확증한다. 예수님의 십자가는 이 세상의 질병, 궁핍, 사회적 고립, 박해, 사형, 국가의 폭력, 그 어떤 것도 기독교인의 양심을 억압할 수 없음을 나타낸다. 예수님께 가해진 십자가의 형벌은 그분을 하나님으로부터 갈라놓지 못했을 뿐만 아니라 오히려 하나님과의 완전한 연합을 확증했다. 그 무엇도 예수님의 제자로서 자기 십자가를 지는 삶을 사는 사람을 예수님으로부터 갈라놓을 수 없다. 이런 사람은 부활의 약속 가운데 세상에 대하여 자유로운 삶을 살 수 있다.

초기교회에서는 기독교인들이 그리스도에 대한 신앙을 지키기 위해 순교를 당해야 했지만 오늘날에는 그렇지 않다. 오늘날의 기독교인의 길이 예수님의 길이나 초기교회의 기독교인의 길과 똑같을 필요는 없다. 그러면 십자가를 지라는 예수님의 말씀은 무엇을 의미하는가? 예수님은 우리가 예수님의 십자가를 지라고 말씀하시지 않고, "자기 십자가"를 지라고 말씀하신다. 예수님의 십자가는 우리가 져야 할 십자가와 다르다. 예수님은 우리의 죄에 의해 초래된 십자가를 우리를 위해 지심으로써 우리를 죄로부터 해방시키셨다.

그리스도의 십자가는 우리를 성공해야 한다는 강박으로부터 해방시킨다.

우리의 행위를 통해 우리 자신을 실현할 수 있는 가능성은 우리에게는 전혀 없다. 예수의 십자가는 세상에서의 실패가 무로의 몰락을 의미하지 않는다는 사실을 말해준다. "우리는 예수님의 십자가 앞에서 모든 자기실현의 잠정성과 허약성을 견뎌낼 수 있으며, 우리의 노력이 실패로 끝나는 모든 것들을 유효한 것으로 돌려놓을 수 있습니다."(75-76) 또한 그리스도의 십자가에 근거해서 예수님과 연합한 이들은 하나님과의 일치를 확신할 수 있으며, 이로써 모든 지상의 권위와 모든 생명의 성쇠에 전혀 매달리지 않고 살아갈 수 있는 능력을 받게 된다.

그렇다면 우리 각자가 져야 할 "자기 십자가"는 무엇인가? 그것은 우리 각자가 자신의 사명과 연관된 모험을 받아들이고 자기를 포기하는 것이다. 십자가는 인간이 자기를 실현해 보려다가 부딪치게 된 한계로 이해되면 안 된다. "십자가는 자기실현이 아니라 자기사명과 관련됩니다."(77) 그러나 잘못된 대상을 위한 사명에 대한 헌신 역시 우리가 져야 할 "자기 십자가"가 아니다. 우리는 "예수 그리스도를 위한" 그리고 "복음을 위한" 사명에 헌신하여야 한다.

오늘날 우리는 어떻게 예수님의 사명에 헌신해야 하는가? 우리의 사명의 핵심은 어떤 사회적 이슈에 참여하는 데 있는 것이 아니라, 하나님이 가까이 임하셨다는 사실에 있다. 이 사명을 위해서 우리는 모든 각자의 삶의 영역을 하나님이 가까이 계시다는 생각으로 집중시켜야 한다. 예수님이 제정하신 공동식사(성만찬)는 우리를 예수님의 죽음에 대한 기억과 그의 재림에 대한 희망 안에서 일치시킨다. 우리는 역사적 유산인 분열의 울타리를 넘어 성만찬에 참여함으로써 인류에게 이루어져야 할 진정한 일치의 상징인 교회의 종교직 일치를 회복하여야 한다.

3) 핵심 주제

예수님은 우리에게 "자기를 버리고 자기 십자가를 지고 따르라"고 말씀하신다. 우리가 져야 할 십자가는 자아실현이 아니라 그리스도와 복음을 위한 사명에 헌신하는 것이다. 그것은 우리가 그리스도로부터 받은 사명을 감당하기 위해 세상에서 모험을 감행하다 당하는 고난이다. 이 십자가를 질 때 우리는 예수님과 온전한 연합을 이루어 궁극적인 부활의 약속 가운에 세상에 대해 자유로운 능력의 삶을 살 수 있다. 이를 위해 성만찬의 참여를 통한 교회의 일치의 회복이 중요하다.

4) 분석과 비평

이 설교는 판넨베르그가 1972년 2월 29일 수난절이 시작되는 시점에 투트징에서 한 설교이다. 이 설교에서 그는 기독교인의 십자가의 의미를 설명한다. 십자가에 대한 판넨베르그의 원리적 설명은 탁월하다. 그는 기독교인의 십자가와 구별되는 그리스도의 십자가의 독특성을 잘 설명하였다. 또한 그는 우리가 져야 할 십자가는 인간적인 자아실현을 위한 십자가가 아니라 그리스도의 복음을 위한 십자가여야 한다는 점을 잘 지적하였다. 그러나 그는 오늘의 상황에서 우리가 져야 할 십자가의 구체적인 내용에 대해서는 언급을 하지 않는다. 그는 단지 "모든 이들이 각자 자신의 고유한 인간적 삶의 과제를 심사숙고하는 가운데 답변되어야 한다."고 말한다.

기독교인의 사명의 핵심이 하나님이 가까이 임했다는 사실에 놓여 있으며, 자신의 삶에서 그 사명이 역동적으로 추진되려면 모든 삶의 영역을 하나님이 가까이 계시다는 생각으로 집중시켜야 한다는 그의 설교는 회중에게 다소 추상적으로 들릴 수 있다. "하나님이 가까이 계시다"는 말은 종말론적 미래의 힘이 현재에 작용하고 있다는 것을 의미하는가? 그리고 이 미래의 힘이 기독교인의 사명의 수행을 위한 추동력이 된다는 의미인가?

판넨베르그는 종교적 일치를 언급하면서 교회의 공동식사, 즉 성만찬의 중요성을 강조한다. 이 표현은 교회와 한 교회가 세속세계에서 차지하는 위치의 일치를 지향하는 그의 에큐메니컬 정신을 보여준다. 그는 일치만이 교회가 현대의 세속사회에서 신뢰성을 가지고 말할 수 있는 유일한 길이라고 믿는다. 일치에 대한 그의 관심은 교회에만 머물지 않고 인류의 미래를 포함한다. 그는 교회가 특히 성만찬에서 인간 상호간, 그리고 인간과 하나님 사이의 교제를 표현하고 있기 때문에 이 세상의 희망인 종말론적 하나님 나라의 전조가 된다고 본다.[151] 그는 에큐메니컬 운동을 적극적으로 지지하지만 세계교회협의회가 보여주는 정치참여적 경향은 지지하지 않는다. 그는 에큐메니칼 운동의 과제가 정치참여에 있는 것이 아니라 성만찬적 교제를 통한 교회의 일치에 있다고 주장한다.

그러나 그리스도로부터 받은 복음의 사명을 수행하기 위해 기독교인이 져야 할 십자가가 교회의 일치를 위한 성만찬과 어떻게 직접적으로 관련되는지는 확실하지 않다. 이 설교에서 우리는 판넨베르그의 사변적이고 이론적인 신학의 한계를 엿볼 수 있다. 그는 "이 사명은 사회적인 이슈에 참여하는 데서만, 즉 사회에서 권리를 박탈당한 이들이나 버려진 이들과 연대하는 데서만 발생하는 것은 아닙니다"라고 말함으로써 기독교인의 사회참여적 행동에 대한 부정적이거나 적어도 소극적인 입장을 드러낸다. 그는 남미의 해방신학이나 유럽의 정치신학의 현실참여에 대해서 부정적인 입장을 취하는 것으로 알려져 있다.

바로 이 점에서 판넨베르그와 몰트만은 대조적이다. 판넨베르그와 달리 몰트만은 오늘날의 제3세계의 사회 정치적 상황에 깊은 관심을 기울인 정치신학자로 알려져 있다. 그는 기독교인이 져야 할 십자가와 사명을 불의하고 억압적인 사회 정치적 상황을 변혁시키기 위한 투쟁과 연관시켰다. 판넨베르그가 하나님에 대한 학문으로서의 신학을 "전체와 부분을 아우르는 실재의 전체성에 대한 연구"로 정의하고 전체로서의 역사(실재)와 그것의 종말론적 완성으로서의 하나님 나라에 대한 형이상학적 이론체계의 수립을 목표로 한다면, 몰트만은 기독교인들이 불의하고 부조리한 역사의 현실을 변혁시키기 위한 해방적 실천에 참여함으로써 이 세계의 역사 속에 종말론적 하나님 나라를 선취적으로 실현할 것을 목표로 한다.

기독교인이 져야 할 우리 자신의 십자가의 형태와 내용은 물론 각자의 삶

---

151) 스탠리 그랜츠, 로저 올슨, 『20세기 신학』, 신재구 옮김 (서울: 한국기독학생회출판부, 1997), pp. 302-303.

의 자리마다 다를 것이다. 그러나 그것은 궁극적으로 하나님 나라의 평화와 생명이라는 공통된 목표를 지향한다. 이 목표를 위해서 어쩌면 오늘날 기독교인은 각자 자신이 처한 역사적 현실 속에서 단지 예수 그리스도의 고난의 십자가와는 구별되는 자신의 십자가를 지는 것이 아니라 때로는 바로 예수 그리스도의 고난의 십자가의 길을 뒤따르는 십자가를 져야 할지도 모른다.

끝으로, 기독교인이 자신이 속한 삶의 자리와 역사적 현실 속에서의 져야 할 자신의 십자가에 대한 구체적인 한 예증사례가 제시된다면 그것은 추상적이고 개념적인 설교에 살아 있는 생명력을 불어넣어줄 것이다.

3. 자유와 이성[152]

1) 성서본문: 마가복음 5장 1-20절

2) 주요 내용

이 본문은 어떤 사건을 정확하게 재현하는 보도라기보다는 어떤 의도, 즉 귀신을 제압하는 예수님의 능력을 보여주고자 하는 의도로 쓰여진 이야기이다. 이 사건의 핵심은 예수님이 인간을 귀신의 지배에서 해방시킨다는 사실이다. 이 이야기에는 독자의 기분을 유쾌하게 하는 통속적인 익살(귀신들이 돼지 떼에 들어간 후 그 돼지 떼가 바다에 빠져죽는 것)이 포함된다. 이 이야기의 주제는 자유, 즉 귀신으로부터의 해방이다. 이 이야기에 나오는 귀신들린 사람은 자유와 해방을 요구하는 인간의 보편적 속성의 상징으로 이해될 수 있다.

인간의 행동은 종종 자기가 대항할 수 없는 어떤 익명의 세력에 의해 규정되곤 한다. 예를 들면, 프로이트가 말하는 죽음의 충동, 마르크스가 말하는 자

---

152) Wolfhart Pannenberg, 『믿음의 기쁨』, pp. 87-98. 1970년 4월 19일 뮌헨, 마르쿠스교회 대학 개강예배.

본의 힘, 민족주의적 망상, 인종적 열광주의 등이 그런 세력이다. 본문의 귀신 들린 사람은 이와 같이 자신을 소외시키는 어떤 세력(귀신)의 지배부터의 해방을 갈망했던 사람일 수 있다. 이렇게 본다면 귀신 들린 사람과 다른 거라사 주민들은 모두 어떤 불가항력적인 힘의 지배를 받고 있다는 점에서 별 차이가 없을 것이다. 오히려 귀신들린 이 사람은 다른 거라사 주민들보다 자유를 향한 더 강한 열망을 가지고 있었다고 할 수 있다. 그가 다른 사람에게 돌을 던지지 않고 자신을 돌로 쳤다는 것은 자기의 삶의 방식 또는 거라사 지역의 전반적인 상황에서 불행을 느꼈기 때문일 수 있다.

이 본문에서 예수님은 초능력적인 엑소시스트로 등장한다. 그러나 오늘의 시대의 귀신은 성서에 등장하는 귀신과 달리 그렇게 간단히 처리될 수 없는 막강한 힘을 자랑한다. 바울이 말한 바와 같이 죄에 물든 육체는 죽음을 당하게 된다. 어떤 엑소시즘도 우리를 죽음의 세력으로부터 해방시키지 못한다. 죽음으로부터의 해방은 오직 부활하신 예수 그리스도에 대한 믿음으로부터만 가능하다. 이 믿음은 희망의 방식으로 우리를 해방시킨다.

본문의 이야기에서 자유를 갈구하던 사람은 예수를 만나서 참된 자유를 발견했다. 그가 바른 정신으로 돌아왔다는 것은 단지 거라사의 다른 사람들과 똑같이 되었다는 것을 의미하지 않는다. 그들은 이성적인 사람들이 아니다. 그들은 예수님이 귀신들린 사람을 고쳐 올바른 이성을 찾아준 것에 대해 고마워하지도 기뻐하지도 않았다. 오히려 그들은 예수님에게 속히 그 지역에서 떠나주기를 요구했다. 이것이 이성적인 반응인가? 그러나 우리의 친구는 이성적인 인간으로 돌아왔다.

이성과 사랑은 모두 자라기 힘든 풀과 같아서 이성과 사랑으로 행동한 사람은 그 지방에서 추방당할 각오를 해야 한다. 예수님도 자기 고향에서 부당하게 취급당했다. 유감스럽게도 대학에서도 항상 이성이 작용하고 있지는 않다. 대학에서 이성이 작용하지 않는다면 어디서 그런 일이 가능하겠는가?

치유되어 이성을 되찾은 이 사람은 예수의 제자가 되기를 원했지만 예수님은 이를 허락하지 않았다. 그 까닭은 그가 이성이 작용하지 않는 거라사에서 자신의 경험을 통해서 인간이 자유와 이성을 만날 수 있는 길을 알려주어야 했기 때문이다. 하지만 거라사 사람들은 귀신들렸다가 자유와 이성을 찾은 이 사람의 말을 충분히 이해하지 못했을 것이다. 자유와 이성은 기독교 복음의 핵심적 요소로서 인간의 이해를 넘어서며 올바른 판단을 위한 근거가 된다.

3) 핵심 주제

본문의 이야기에서 귀신들린 사람은 인간을 소외시키는 힘의 지배로부터의 자유를 열망했던 사람으로서, 예수님을 만남으로써 자유와 이성을 찾았다. 그러나 스스로 정상적이라고 자부하는 거라사의 주민들은 이성적인 사람들이 아니었다. 기독교의 복음에서 자유와 이성은 핵심적 요소이다.

4) 분석과 비평

이 설교는 판넨베르그가 1970년 4월 19일 부활절 후 3번째 주일(유빌라테)에 뮌헨의 마르쿠스교회에서의 대학 개강예배 때 행한 설교이다. 판넨베르그는 본문의 이야기를 역사적 사실에 대한 보도로 보지 않고 귀신을 제압하는 예수님의 능력을 보여주려는 의도로 쓰여진 이야기로 간주한다. 따라서 그는 본문의 사실적 내용의 문자적 의미를 밝혀내려고 하기보다는 상상력을 통해 이야기의 내용을 재구성한다. 그는 귀신들린 사람을 몹쓸 병에 걸린 사람으로 취급하지 않고 인간의 보편적 속성을 들여다볼 수 있는 사람으로, 즉 자유와 해방을 원하는 인간의 본성을 보여주는 사람으로 재해석한다. 이와 같은 그의 성서해석은 불트만의 실존론적 해석이나 틸리히의 상징적 해석과 크게 다르지 않다. 판넨베르그의 설명에 따르면 귀신들린 사람은 다른 거라사의 주민들보다 오히려 정상적이다. 왜냐하면 그는 자기를 소외시키는 세력으로부터의 해방에 대한 강렬한 열망을 가지고 있었기 때문이다. 그는 마침내 예수님을 만남으로써 그토록 갈구하던 자유와 이성을 찾았다.

이와 같은 본문의 재구성은 판넨베르그의 탁월한 신학적, 인간학적 통찰력과 상상력을 보여준다. 사실상 성서본문에 대한 이와 같은 재구성은 사회심리학적으로 볼 때 전혀 근거 없는 것은 아니다. 힘없는 약자가 사회의 지배적인 세력에 의해 죄인이나 비정상적인 인간으로 낙인찍히는 일들을 역사적 현실 속에서 찾아보는 것은 그리 어려운 일이 아니다. 예수님의 시대에 가난하고 힘없는 사람들은 당시 유대교의 율법주의 이데올로기에 의해 죄인으로 정죄되고 소외당했다. 예수님은 이와 같이 사회에서 정죄되고 소외된 사람들을 찾아가 하나님 나라가 그들의 것이라고 선포하셨다. 이와 같은 맥락에서, 본문의 귀신들린 사람에 대한 판넨베르그가 보여주는 바와 같은 재해석은 얼마든지 가능하다.

하지만 이 설교는 결론 부분에서 전달하고자 하는 메시지의 초점을 분명하게 보여주지 못하고 있다. 우선 번역상의 모호성의 문제가 심각하다. 설교의 마지막 두 페이지는 다시 번역해야 할 것이다. 그러나 번역상의 모호성을 감안하더라도 이 설교의 결론부분은 분명한 초점이 결여되어 있다. 판넨베르그는 인간을 억압하고 소외시키는 귀신의 세력으로서 죽음의 충동(프로이트), 자본의 힘(마르크스), 민족주의적 망상, 인종적 열광주의, 마녀사냥, 이단박해, 종교전쟁 등을 언급한 바 있다. 그렇다면 그는 왜 오늘날 기독교인들이 맞서 싸워야 할, 아니면 적어도 그것으로부터 해방되기를 열망해야 할 이 시대의 귀신들에 대하여 보다 구체적으로 언급하지 않는 것일까?

판넨베르그는 오늘 이 시대의 귀신은 성서본문에 등장하는 귀신과 달리 그렇게 간단히 처리될 수 없는 막강한 힘을 가지고 있다고 말한 후에 곧이어 바울의 생각을 빌어 "죄에 물든 우리의 육체는 죽음으로 연결된다는 것입니다."[153]라고 말한다. 그리고 그는 곧이어 우리가 죽음의 세력으로부터 해방을 받으려면 예수님의 십자가 죽음과 부활이 더욱 절실하게 필요하다고 말한다. "부활한 분에 대한 믿음은 우리를 죽음의 세력으로부터 해방시키십니다."[154] 이와 같은 결론은 너무 고답적이며 상투적인 것처럼 느껴진다. 그는 이 시대의 귀

---

153) Ibid., 92.
154) Ibid., 93.

신의 정체를 규명하지도 않으며, 우리가 어떻게 귀신의 세력으로부터 자유롭게 될 수 있는지도 설명하지 않으며, 또한 그 귀신의 세력이 지배하고 있는 이 세상에서 어떻게 살아야 할지도 제시하지도 않는다. 그는 오늘의 구체적인 현실 속에서 인간을 지배하고 억압하는 귀신의 세력과의 투쟁을 위해 부름 받은 기독교인의 소명에 관해 말하지 않고, 추상적인 죄와 죽음의 문제로 돌아가서 예수님의 부활에 호소하고 자유와 이성이라는 형이상학적 관념만을 제시할 뿐이다. 이와 같은 설교가 회중의 마음에 감동을 주고 변화를 불러일으키기는 매우 어려울 것이 분명하다.

이와 같은 맥락에서, 우리는 설교의 결론 부분에서 다음의 여섯 가지 핵심 논지에 관심을 집중할 필요가 있다. 첫째, 우리는 모두 거라사의 귀신들린 사람과 같이 우리를 억누르고 소외시키는 세력에 사로잡힌 존재이다(또는 존재였다). 둘째, 우리는 아직도 우리를 속박하는 귀신의 세력을 직시하고 그 속박으로부터의 자유를 진정으로 갈망하는 사람들이 되어야 한다. 셋째, 우리가 바라는 자유는 오직 예수 그리스도와의 만남을 통하여 하나님의 은혜로 주어진다. 넷째, 예수님에 의해 고침 받고 자유케 된 우리 기독교인들은 귀신의 세력이 지배하는 거라사라는 우리의 삶의 세계에서 귀신의 세력을 몰아내기 위하여 주님으로부터 파송 받은 사명자들이다. 다섯째, 우리는 기독교인들은 이 시대의 귀신들의 정체를 올바로 꿰뚫어 보아야 하며, 귀신의 세력과의 영적 싸움에서 승리하기 위해 그리스도의 영인 성령의 도우심에 의지해야 한다. 여섯째, 이를 위한 새로운 영적 각성과 신앙의 결단이 요구된다.

II. 한국 목회자들의 설교

제1장 한경직 (1902- 2000)

한경직 목사는 1902년 12월 29일 평안남도 평원군 공덕면 간리에서 출생했다. 그는 선교사가 세운 진광소학교에서 공부했으며, 정주의 오산학교에 진학하여 10회로 졸업했다. 1919년 평양 영성소학교 교사로 재직하다가, 숭실전문학교를 졸업하고 1926년 미국으로 유학하여 1929년 프린스턴신학교를 졸업하였다. 그는 유학생활 중 결핵에 걸려 투병하다가 1932년 귀국하였다. 귀국 후 그는 평양 숭인상업학교 교목 겸 교사, 평양 숭실대학에서 강사로 일했으며, 1933년 신의주에서 신의주 제2교회 전도사로 부임하고, 의산노회에서 목사 안수를 받았다. 그는 1939년 5월 보린원을 설립하고, 1945년 해방을 맞이하면서 한병직, 윤하영 목사와 함께 신의주자치회와 기독교사회민주당을 조직하였으나 공산당 탄압으로 38선 이남 지역으로 월남하였다.

한 목사는 월남 후에 일본 천리교 경성교구본부 터를 매입하여 베다니 전도교회를 설립하였다. 그는 1946년 베다니 전도교회를 영락교회로 개명하고, 1947년 한국에서 최초로 2부제 예배를 실시하고, 일본 가마쿠라 고아원을 인수하여 영락보린원을 창설하고, 대광중고등학교를 설립하였다.

한 목사는 뛰어난 설교자이자 한국의 개신교를 대표하는 상징적인 지도자로서 모범적인 목회활동을 통해서 영락교회를 세계적인 장로교회로 성장시켰을 뿐만 아니라, 애국, 교육, 사회복지, 민족복음화, 군선교, 교회연합 등 다방면에서의 활동을 통해 커다란 업적을 남겼다. 그는 2000년 4월 19일 영락교회 사택에서 소천하였다. 그의 학력, 상훈, 저서는 다음과 같다.

학력

1916 평안남도 평원군 공덕면 진광소학교 졸업

1919 평안북도 정주 오산학교 졸업

1925 평양 숭실대학교 이과 졸업 (자연과학 전공)

1926 미국 엠포리아대학교(College of Emporia) 졸업 (인문과학 전공)

1929 미국 프린스턴신학교(Princeton Theological Seminary) 졸업

1948 미국 엠포리아대학교 명예 신학박사 학위

1955 연세대학교 명예 신학박사 학위

1977 숭실대학교 명예 철학박사 학위

상훈

1970 대한민국 국민훈장 무궁화장 수훈

1985 미국 프린스턴신학교 '모교를 빛낸 영예의 동문상' 수상

1986 세계도덕재무장(MRA) 대상 수상

1992 템플턴상(Templeton Prize) 수상

1998 대한민국 건국공로장 수훈

저서

『원자탄 시대와 신앙생활』, 『사도 바울에게 배운다』, 『건국과 기독교 신자의 사회적 사명』, 『창조적 생활의 비결』, 『팔복』, 『민주국가의 정신적 기초』, 『기독교란 무엇인가』, 『내일을 사는 인생』, 『예수를 바라보자』, 『한경직 목사 설교집(12권)』, 『병상에서의 묵상』

1. 나는 누구인가?[155]

1) 성서본문: 시편 8장 4-5절

2) 주요 내용

올바른 인간관과 인생관을 정립해야 한다. 인간에 대한 잘못된 두 견해가 있다. 하나는 '인간은 신이다' 라는 범신론적 인간관이고, 다른 하나는 '인간은 그저 동물이다' 라는 유물론적 인간관이다. 전자는 인간의 죄성을 설명하지 못하고 후자는 인간의 이성, 양심, 영혼을 설명하지 못한다.

성경은 인간에 대하여 어떻게 가르치는가? 첫째, 성경은 인간은 피조물이라고 가르친다(창 1:27). 피조물로서 인간의 존재 목적은 인간 자신에게 있지 않고 인간을 만든 하나님께 있다. 요리문답의 첫째 물음 "사람의 제일 되는 목적이 무엇인가?"에 대한 대답은 "하나님께 영광 돌리고 영원히 그를 즐거워하는 것"이다.

둘째, 인간은 하나님의 형상으로 지음을 받은 피조물이다(창 1:27). 하나님의 형상은 무엇을 의미하는가? 첫째, 오직 인간에게만 이성과 창조성이 부여되었다는 것이다. 인간만이 이성을 가지고 새로운 것을 창조한다. 둘째, 오직 인간에게만 양심이 부여되었다는 것이다. 양심은 마음속에 새겨진 하나님의 율법이다. 셋째 오직 인간에게만 불멸의 영혼이 있다는 것이다. 보이지 않는 영적 자아, 참사람, 속사람이 영혼이다. 인간의 육체도 죽으면 없어지는 것이 아니라 화학적 변화를 일으켜 다른 형태로 변할 뿐이지 물질 자체가 없어지는 것은 아니다. 영혼 역시 불멸한다. 악한 영혼은 지옥에서, 선한 영혼은 천당에서 불멸한다.

셋째, 성경은 인간이 죄인이라고 가르친다. 인간은 악마의 유혹과 자기의 욕심으로 말미암아 죄를 범하였고 타락하여 인간성이 부패해졌다. 불교는 인간이 깨달음으로 의인이 될 수 있다고 주장하지만, 진정한 깨달음은 인간이 죄인이라는 사실을 아는 것이다. 선인 줄 알면서 그대로 행하지 못하는 것이 타락한 인간의 본성이다.

인간성의 부패와 죄의 문제는 인간 스스로 해결할 수 없다. 이 문제는 하

---

155) 한경직, 『한경직 목사의 구원설교 모음집』(서울: 두란노서원, 2011), pp. 180-187.

나님만이 해결하실 수 있으며 하나님이 하셨다. 이것이 십자가에 담긴 기쁜 소식이다(롬 3:21-24). "하나님은 사랑이시므로 죄인을 불쌍히 여기셔서 독생자 예수 그리스도를 세상에 보내 우리의 죄를 대신 지고 고난을 받게 하심으로 우리의 죄를 사하여 주셨다는 것입니다."(176) 죄 많은 인간의 소망이 여기에 있다.

인간은 무상하다. 잠깐 왔다가 가는 것이다(약 4:14). 잠깐인 인생을 올바르게 살려면 젊었을 때 방향을 옳게 잡고 오직 진리와 생명의 길이 되시는 예수님을 따라야 한다. 사람은 언제 세상을 떠날지 모른다. 그러므로 뒤로 미루지 말고 지금 회개하고 구원을 받아야 한다(고후 6:2).

3) 핵심 주제

인간은 하나님의 형상으로 지음을 받은 피조물이면서 동시에 타락한 죄인이다. 하나님은 예수 그리스도의 십자가를 통해 인간의 죄를 사하셨다. 지금 곧 예수 그리스도 앞에 나아와 회개하고 구원을 받아야 한다.

4) 분석과 비평

이 설교는 세 가지 소주제로 구성되는 대지설교의 전형적인 형식을 보여준다. 이러한 고전적인 대지설교 형식은 설교자의 일관된 설교형식의 특징이기도 한다. 설교자는 세 가지 대지, 즉 피조물, 하나님의 형상, 타락한 죄인에 대하여 말하지만, 실제로는 네 가지 대지를 보여준다. 네 번째 대지는 예수 그리스도 안에서의 구원이다. 이 네 가지 소주제들의 중심은 세 번째와 네 번째 주제 즉 인간의 죄인 됨과 예수 그리스도 안에서의 구원에 있다. 상대적으로 첫 번째와 두 번째 주제는 설교의 전체 구조 안에서 그리 중요한 위치에 있지 않다. 그러나 시편 본문은 인간의 죄성을 말하는 본문이 아니라 하나님의 형상으로서의 인간의 영광과 존엄성을 말하는 본문이다. 이 본문을 텍스트로 하여 인간의 죄성을 강조하는 설교를 하는 것은 본문의 본래적 의미에 적합지 않아 보인다.

또한 예수 그리스도 안에서의 구원은 단지 죄 용서의 관점만이 아니라 상실되었던 하나님의 형상의 회복과 완성의 관점에서 설명될 필요가 있다. 그렇게 될 때, 앞의 두 주제가 뒤의 두 주제와 단절되지 않고 유기적인 관계 안에서 설교의 대단원을 지시하는 지시자의 기능을 할 수 있게 될 것이다.

설교자는 인간의 하나님의 형상을 창조적 이성, 양심, 불멸의 영혼, 세 가지로 설명한다. 이와 같은 인간론은 서구 기독교 전통에서 형성된 고전적인 인간이해를 반영한다. 특히, 이성을 하나님의 형상으로 보는 것은 헬레니즘 시대 이래로의 서구의 주지주의적 인간 이해를 보여주며, 영혼을 불멸의 실재로(설교자는 육체도 불멸이라고 한다.) 이해하는 것은 헬레니즘의 영혼불멸사상의 영향을 받은 서구 기독교의 인간 이해(예를 들면, 칼빈의 인간 이해)를 보여준다.

2. 부활은 영원한 생명의 승리[156]

1) 성서본문: 마가복음 16장 1-8절

2) 주요 내용

그리스도의 부활은 믿을 수밖에 없는 사건이다. 여기에는 세 가지 근거가 있다. 첫째, 모든 것이 가능하신 하나님께는 부활도 가능하다. 둘째, 하나님의 아들인 예수에게는 부활의 개연성이 있다. 셋째, 바울의 증언(고전 15장)을 부정할 수 없으며, 기독교의 존재 자체가 부활을 증거한다.

그리스도의 부활의 뜻은 무엇인가? 그리스도의 부활은 첫째 진리의 부활과 승리를 의미한다. 둘째 정의와 부활과 승리를 의미한다. 셋째 사랑의 부활

---

156) 한경직, 『한경직 목사의 구원 설교 모음집』, pp. 39-75.

과 승리를 의미한다. 넷째 생명의 부활과 승리를 의미한다. 인생의 마지막은 죽음이 아니라 부활이다. 부활주일은 진리와 정의와 사랑과 생명의 최후 승리를 선포하는 날이다. 우리는 이 부활의 기쁜 소식을 전파해야 한다.

3) 핵심 주제

그리스도의 부활은 역사적으로 의심할 수 없는 사실이다. 부활의 의미는 진리와 정의와 사랑과 생명의 승리에 있다.

4) 분석과 비평

이 설교는 부활주일 설교이다. 설교자는 전반부에서 그리스도의 부활의 역사적 사실성을 3가지 근거에 기초해서 논증하며, 후반부에서는 부활의 의미를 4가지로 제시한다. 이 설교에서 성서본문에 대한 자세한 주석은 나타나지 않는다. 설교자는 몇 가지의 요점과 개념들을 중심으로 그리스도의 부활의 역사성과 의미를 단순명료하게 제시한다.

이 설교에서 진리, 정의, 사랑, 생명이란 단어들은 다소 구체성이 결여된 추상적인 개념들처럼 들린다. 오늘의 상황 속에서 이 단어들이 갖는 의미들을 찾아내어 그리스도의 부활의 의미를 오늘의 구체적인 상황 속에서 새롭게 이해하고 적용할 필요가 있다. 그리고 "부활은 영원한 생명의 승리"라는 제목에 맞게 그리스도의 부활이 영원한 생명을 가져온 승리라는 사실에 보다 더 집중할 필요가 있어 보인다.

3. 오직 예수[157]

1) 성서본문: 마태복음 17장 1-8절

2) 주요 내용

변화산 이야기를 읽을 때 주의할 점이 있다. ① 변화산 사건은 그리스도의 본체의 영광이 어떠한 것인가를 보여준다. ② 모세와 엘리야가 그리스도의 장차 죽으실 일에 대해서 이야기를 했다는 것은 모세와 엘리야가 지금도 살아있다고 하는 사실을 보여주며, 또한 그리스도가 율법과 예언서의 완성을 의미함을 보여준다.

베드로가 장막 셋을 짓자고 말할 때 "이는 내 사랑하는 아들이요 내 기뻐하는 자니 너희들은 저희 말을 들으라."는 음성이 들려오고, 얼마 후에 눈을 들고 보니 예수님만 남아 계셨다. 이것은 이제 모세와 엘리야의 시대는 지나가고 오직 예수님만 바라봐야 한다는 뜻이다.

첫째, 예수님만 참된 계시자이다(히 1:1). 예수님이 곧 말씀이다(요 1:1, 14). 예수님을 통해서만 하나님께 나아갈 수 있다(요 14:6). 예수님을 통해 하나님을 볼 수 있다(요 14:9). 모세와 엘리야도 부분적으로 하나님의 모습을 보여주었지만 그들은 밤하늘의 별과 같다.

둘째, 인간의 죄를 대신해서 대속하신 분은 예수님뿐이다.

셋째, 현재에도 우리와 동행하시고 도와주시는 분은 오직 예수님뿐이다. 우리가 마음 문을 열고 살아계신 주님을 영접하면 주님은 우리와 함께 계신다(계 3:20).

넷째 최후의 소망은 오직 예수뿐이다(요 14:1-3). 오직 예수만 의지해야한다.

나라가 혼란한 것은 각기 나만 생각하기 때문이다. 마음이 변해야 한다.(마 20:28, 막 10:45) 예수님의 마음 없이는 소망이 없다. 오직 예수님만이 우리나라에도 소망이 되신다.

---

157) 한경직,『한경직 목사 설교전집』(서울: 한경직 목사 기념사업회, 2009), Vol. 4, pp. 501-509. 1960년 10월 2일 주일설교.

3) 핵심 주제

오직 예수님께만 소망이 있다. 예수님만 바라보고 의지해야 한다.

4) 분석과 비평

이 설교는 매우 고전적인 설교의 유형을 보여준다. 이 설교는 네 가지 소주제로 구성된 대지설교로서, 네 가지 소주제를 말함에 있어서 설교자는 많은 성경구절을 근거로 제시하며 인용한다. 이 설교는 1960년 10월 2일 한 설교이다. 설교 말미에 10월 1일에 새 공화국이 설립되었다고 밝히고 있다. 3.15 부정선거로 촉발된 4.19혁명 직후 이승만 대통령이 4월 26일 대통령직을 물러나고 10월 1일 윤보선 씨가 대통령으로 취임하였다. 설교자는 4.19혁명 등으로 혼란스러운 시기에 성도들에게 오직 예수만을 바라보고 믿어야 하며 예수의 마음으로 살아야 한다고 설교한다. 이 설교는 복음적인 설교지만 예언자적인 설교는 아니라고 할 수 있다. 즉 이 설교는 당시의 사회 현실에 대하여 언급하지만 그 현실에 대한 예언자적인 분석과 구체적인 방향을 제시하고 있지는 않다.

4. 너희 믿음대로 되라[158]

1) 성서본문: 마태복음 9장 18-31절

2) 주요 내용

두 소경이 예수님께 "다윗의 자손이여, 우리를 불쌍히 여기소서!"라고 외

---

158) 한경직, 『한경직 목사 설교전집』, Vol. 2, pp. 172-180. 1962년 9월 2일 설교.

쳤다. 예수님은 그들에게 질문하신다. "내가 능히 이 일을 할 줄을 너희는 믿느냐?" 예수님은 오늘도 어떤 소원을 가지고 나오는 모든 사람들에게 이와 같은 질문을 하신다. 예수님은 과거의 죄를 묻지 않으신다. 과거의 죄는 문제가 되지 않는다. 지금 믿느냐가 문제이다. 믿음 자체에 무슨 마술적인 능력이 있는 것은 아니다. 믿음은 깊은 우물에서 물을 길을 때 쓰는 두레박이다. 믿음은 발전소에서 전기를 끌어 쓸 수 있는 전선이다. 믿음은 저수지의 물을 끌어올 수 있는 수도관이다. 생명의 저수지에 아무리 생명수가 많아도 믿음의 줄이 없으면 그 생명수가 우리 심령 속에 들어올 수 없기 때문에 예수님께서는 "네가 믿느냐?"고 물으신다.

믿는 것이 귀하지만 제일 중요한 것은 누구를 믿느냐 하는 것이다. 믿음에는 예수님을 믿는 믿음과 우상을 믿는 믿음이 있다. 잘못된 믿음은 안 믿는 것만 못하다. 예수님만을 믿어야 한다. "하나님이 세상을 이처럼 사랑하사 독생자를 주셨으니 이는 그를 믿는 자마다 멸망하지 않고 영생을 얻게 하려 하심이라"(요 3:16). "내가 곧 길이요 진리요 생명이니 나로 말미암지 않고는 아버지께로 올 자가 없느니라"(요 14:6). "나는 부활이요 생명이니 나를 믿는 자는 죽어도 살겠고"(요 11:25).

여러분은 우리의 구주가 되시는 예수 그리스도를 믿는가? 여러분은 주님이 능히 이 일을 할 수 있는 줄을 믿는가? 큰 염려, 큰 근심, 많은 짐, 절망을 가지고 예배 자리로 나온 여러분의 문제들을 예수님께서 해결해 주실 줄 믿는가? 예수님이 "내가 능히 이 일을 할 수 있는 줄 네가 믿느냐?"고 물으셨을 때 소경들은 "믿습니다"라고 대답했다. 그때 예수님께서는 "너희 믿음대로 되라"고 말씀하셨다. 우리가 온전히 믿을 수만 있다고 하면, 믿는 대로 주님께서는 우리에게 축복을 하여 주실 것이다. 예수님께서는 믿는 대로 이루어 주신다. 청년들의 장래도 믿는 것만큼 될 것이다. 교회도 소경과 같이 대답한다면 믿는 대로 될 것이다. 우리 민족의 장래도 마찬가지이다. 우리가 주님의 이 권능을 믿는가? 예수님께서 과연 우리 민족을 구원해 낼 수 있는 줄 우리가 믿는가? 믿으면 그대로 될 것이다.

3) 핵심 주제

믿음대로 된다. 그러므로 우리는 믿음을 가져야 한다.

4) 분석과 비평

믿음대로 된다는 진리는 구복적이고 미신적인 신앙형태로 오해될 소지가 많음에도 불구하고 기독교 진리의 핵심적 요소이다. 설교자는 박영선 목사처럼 믿음 자체에 마술적인 능력이 있지 않다는 점을 분명히 한다. 능력은 오직 주님으로부터만 나온다. 그러나 설교자는 박영선 목사와는 달리 그럼에도 불구하고 믿음이 매우 중요하다는 점을 강조한다. 설교자는 능력이 예수님으로부터 나오지만 우리의 믿음이 없이는 그것이 우리에게 전달되고 효력을 발휘할 수 없다는 사실을 강조한다. 두레박, 전선, 수도관은 믿음에 대한 매우 적절하고 탁월한 비유이다. 그런데 설교자는 예수 그리스도를 생명의 구주로 믿는 믿음, 즉 구원을 가져오는 믿음과 예수 그리스도를 믿는 믿음 안에서 무엇이든지 할 수 있다는 믿음을 구별하지 않고 있다. 이 두 가지는 분리될 수는 없지만 구별될 필요가 있다. 이 설교의 관심은 전자보다는 후자에 집중된다.

설교자는 믿음의 대표적인 사례로 삭개오("나 같은 사람이라도 주님께서 구원하실 줄 꼭 믿습니다.")와 어거스틴(주님 앞에 나가면 주님께서는 자기를 변화시켜서 새 사람이 될 수 있게 하시리라 믿었습니다)을 들었는데, 이 사례들은 그렇게 적절한 믿음의 사례들로 보이지 않는다. 특히 어거스틴이 이 설교에서 강조하는 바와 같은 자신의 믿음대로 될 것이라는 그런 종류의 확고한 믿음을 가지고 있었는지는 분명치 않다.

이 설교는 1962년 9월 2일에 행한 설교이다. 1961년 5.16 쿠테타가 일어난 지 1년 후인 당시의 한국의 사회 정치적 현실에 대한 언급은 나타나지 않는다. 단지 교인배가 운동에 대한 언급과 민족의 장래에 대한 언급이 나타난다. 설교자는 교인배가가 믿는가 안 믿는가에 달려 있다고 말하며, 또한 주님이 우리 민족을 구원해낼 줄을 믿으면 믿는 대로 될 것이라고 말한다.

제2장 옥한흠 (1938-2010)

옥한흠 목사는 1938년에 거제도에서 출생하여 그곳에서 어린 시절을 보냈다. 성균관대 문리대학 영문학과를 졸업하였으며, 총신대학교 신대원을 나와 미국 칼빈신학교에서 신학석사, 웨스트민스터신학교 목회학 박사학위 및 명예신학박사학위를 받았다. 1978년 사랑의 교회를 개척하여 2003년까지 시무하였으며, 2004년부터 사랑의교회 원로목사, 국제제자훈련원 원장으로 있었다. 옥 목사는 사랑의교회를 통하여 평신도를 깨워서 주님의 제자로 양육하는 제자훈련의 목회철학을 구현하고자 하였다. 제자훈련의 목적은 평신도를 훈련시켜서 그 인격이 예수님을 닮도록 하는 것과 예수님의 사역을 계승하는 소명자로 만드는 데 있다. 그는 웨스트민스터에서 공부하던 중에 한스 큉의 교회론을 접하고 이로부터 제자훈련의 성서적 신학적 근거를 발견했다고 한다.

옥한흠 목사는 종교개혁의 전통을 계승하는 정통주의 및 경건주의의 교리적 입장에 서 있는 복음주의적 설교자이다. 그는 영감된 하나님의 말씀으로서 이 성서의 권위를 믿으며, 그리스도 중심적인 성서해석과 성서이해를 위한 성령의 감동의 중요성을 강조한다. 옥 목사는 자신의 설교 형태가 세 단계에 걸쳐서 발전했다고 말한다.[159] 첫 단계는 교회 개척 때부터 교회가 든든히 설 때까지로서, 이 시기에 그는 주로 요약된 형태나 짧은 메모를 가지고 설교했다. 두 번째 단계는 교회 건물이 봉헌된 후 5-6년의 기간으로서, 이 시기에는 완

---

159) 권성수, "성경해석학으로 본 옥한흠 목사의 설교 분석" 부록 옥한흠 목사와의 인터뷰, 『목회와 신학』, 통권 113호 (1998년 11월), pp. 69-70.

성된 원고를 가지고 설교했다. 세 번째 단계는 그가 병을 앓게 된 1991년 이후의 기간으로서, 이 시기에 그는 성서 가운데 한 권을 택하여 일련의 강해설교를 했다. 심도 있는 말씀연구와 성실한 준비를 통해 빚어낸 옥 목사의 강해설교는 많은 사람들의 마음을 감동시키고 변화시키는 하나님의 말씀으로 육화되었다.

옥한흠 목사의 설교는 좋은 설교에 왕도나 특별한 비법이란 없다는 사실을 잘 보여준다. 그의 설교에는 성서본문에 대한 깊은 명상과 자신의 사고에 기초한 성실하고 철저한 설교원고 작성이 선행되어 있음을 누구나 느낄 수 있다. 그의 설교에서 회중의 취향에 영합하기 위한 반짝이는 기교나 웃기는 예화 같은 것은 찾아보기 어렵다. 그러나 이것은 그의 설교가 회중의 상황에 대한 부합성을 결여하고 있다는 것을 의미하지 않는다. 그는 성서본문과 회중의 상황을 연결하는 설교를 하기 위해서 누구보다도 많은 노력을 하는 설교자이다. 이것이 그의 설교를 회중에게 감동을 주는 설교로 만드는 주된 요인이다. 그는 자신의 설교를 들리는 설교라고 표현했다.[160] 그의 설교가 들리는 설교인 까닭은 단지 그가 회중의 감각에 호소하는 감각적인 설교를 하기 때문이 아니라, 그가 성서 연구를 통하여 본문의 핵심적 주제를 찾고 그 성서의 세계를 회중의 삶의 자리와 연결하고자 부단히 노력하기 때문이다.

50대 초반에 발병하여 72세의 일기로 생을 마감할 때까지 그를 괴롭혔던 육체의 질병은 그로 하여금 더욱 하나님의 말씀에 집중하도록 만들었다. 그는 우리 시대에 가장 탁월한 성서해석자요 강해설교가의 한 사람으로 기억되고 있다. 그는 2010년 9월 2일 72세를 일기로 하나님의 부름을 받았다. 옥 목사가 생전에 집필한 교회 중심의 제자훈련 교과서인 『평신도를 깨운다』는 100쇄를 넘긴 스테디셀러로, 영어, 중국어, 일본어 등 11개 언어로 번역 출간되었다. 그 외 대표 저서로 『고통에는 뜻이 있다』, 『안아주심』, 성경 강해 시리즈 『로마서 1,2,3』, 『요한이 전한 복음 1,2,3』 등 다수가 있다.

---

160) 류응렬, "보화를 담은 질그릇 - 옥한흠 목사의 설교세계," 『그 말씀』, 통권 215호 (2007년 5월), pp. 208-215.

1. 독생자의 영광을 보라[161]

1) 성서본문: 요한복음 1장 1-18절

2) 주요 내용

나에게는 주의 영광을 보고자 하는 소망이 있다. 모세도 어려운 상황에서 "원컨대 주의 영광을 내게 보이소서"(출 33:18)라고 기도했다. 하나님은 내 기도에 대한 응답으로 요한복음을 답으로 주셨다. 요한복음에는 하나님의 영광을 본 성도들과 그들이 받은 은혜가 기록되어 있다.

"말씀이 육신이 되어 우리 가운데 거하시매 우리가 그 영광을 보니 아버지의 독생자의 영광이요 은혜와 진리가 충만하더라."(1:14) 이 구절에서 "독생자의 영광"이란 무엇인가? 그것은 말씀이 육신이 된 영광이다. 말씀은 로고스이다. 헬라철학에서 로고스는 온 우주를 통제하는 하나의 능력이자 사람들의 생각을 지배하는 초월적 존재이다. 요한은 나사렛 예수 그리스도가 바로 로고스라고 이야기한다.

요한이 소개하는 말씀, 즉 로고스는 어떠한 분인가? "태초에 말씀이 계시니라 이 말씀이 하나님과 함께 계셨으니 이 말씀은 곧 하나님이시니라"(1:1). 로고스는 태초, 즉 시간 이전의 영원부터 하나님과 함께 하신 분이다. 하나님과 함께 계셨기 때문에 말씀은 하나님이라고 한다. 말씀은 태초에 천지를 창조하고 모든 존재를 존재하게 하신다(1:3). 말씀은 또한 생명의 원천과 빛이 되신다(1;4). 말씀이 가시는 곳에 생명이 태어나고 어둠이 물러간다.

그런데 정말 놀랍고 신비스러운 사실은 "말씀이 육신이 되어 우리 가운데 거하신다."(1:14)는 사실이다. 태초부터 계신 하나님이 흙으로 빚어진 육신을 입고 세상에 오셨다. "아버지의 품 속에 있는 독생하신 하나님"(1:18)이 세상에 오셨다. 이분이 곧 예수님이다. 예수님은 자신이 아브라함이 나기 전부터

---

[161] 옥한흠, 『요한이 전한 복음 상』(서울: 두란노, 2000), pp. 9-23.

있었다고 말씀하였다(요 8:58). 유대에서 자기를 하나님의 아들이라고 말하거나 하나님을 아버지라고 부르는 행위는 신성모독죄로 간주되었다. 그것은 자기를 하나님과 똑같다고 말하는 것이나 다름없는 말이기 때문이다. 주님은 끝까지 자신이 하나님의 아들이요, 하나님은 자기의 아버지라는 주장을 양보하지 않으셨다. 만일 그가 조금이라도 양보했다면 십자가에서 죽지 않으셨을 것이다.

우리는 둘 중 하나를 선택해야 한다. "예수님을 진짜 하나님의 아들로, 하나님으로 받아들이든지, 아니면 과대망상증에 걸린 정신병자나 사기꾼으로 취급하든지 해야 합니다. 중간은 없습니다."(18) 누구든지 그분의 영광을 보기를 원한다면 그분이 하나님이신 것을 고백해야 한다.

누가 예수님에게서 하나님의 영광을 볼 수 있는가? 믿는 자이다. "영접하는 자 곧 그 이름을 믿는 자들에게는 하나님의 자녀가 되는 권세를 주셨으니 이는 혈통으로나 육정으로나 사람의 뜻으로 나지 아니하고 오직 하나님께로서 난 자들이니라"(1:12-13). 예수를 따라다녔어도 그분을 초라한 목수 이상으로 보지 못했던 자들은 그분에게서 하나님의 영광을 보지 못했다. 그러나 하나님께로부터 난 자들은 그의 모습 뒤에 감추어져 있는 하나님의 영광을 보았다. 17세기의 영국의 목사이자 탁월한 고전학자로서 옥스퍼드대학 교수를 지낸 유니우스는 요한복음 1장을 읽고 예수님을 하나님으로 고백하고 신학공부를 시작하여 목사가 되고 교수가 되었다.

하나님께로부터 난 사람은 예수의 초라한 모습에서도 하나님을 보며, 그분 안에 하나님의 영광이 있는 것을 본다. 우리 모두 "주여, 주님의 영광을 보여 주옵소서. 내 눈을 열어 하나님의 영광을 다시 보여 주옵소서"라고 기도하자. "그 영광을 보기만 하면 우리 영혼의 질병이 모두 사라질 것입니다. 그 영광을 볼 때마다 세상의 헛된 영광에 취해 있던 우리 마음이 하늘의 영광의 빛으로 가득하게 될 것입니다… 주의 영광을 보는 사람은 그분 앞에 무릎 꿇고 생을 주님 앞에 기쁨으로 드릴 것입니다."(23)

3) 핵심 주제

나는 하나님의 영광을 보기를 소망한다. 하나님의 영광을 보기 위해서는 독생자의 영광을 보아야 한다. 독생자는 나사렛 예수 그리스도이다. 예수 그리스도는 육신이 되신 하나님이다. 하나님께로부터 난 자, 즉 믿는 자라야 그분 안에서 하나님의 영광을 볼 수 있다. 우리는 주님의 영광, 하나님의 영광을 보여 달라고 기도해야 한다.

4) 분석과 비평

이 설교는 전형적인 복음주의 설교이다. 이 설교는 두 종류의 회중을 전제한다. 즉 이 설교는 예수를 믿지 않거나 아직 믿음이 매우 약한 사람들을 위한 설교이기도 하면서, 동시에 비교적 성숙한 믿음을 가지고 있지만 더욱 깊은 믿음의 경지에 들어가기를 소원하는 회중을 위한 설교라고 할 수 있다. "독생자의 영광"을 보라는 말은 예수 그리스도가 육신이 되신 하나님 또는 하나님의 아들임을 보라는 말이다. 예수 그리스도 안에서 하나님의 영광을 보는 것은 오직 믿음으로만 가능하다. 따라서 이 설교의 일차적인 메시지는 나사렛 예수 그리스도가 육신이 되신 하나님이며 또한 하나님의 아들임을 믿으라는 데 있다. 설교자가 예화로 소개하는 유니우스의 경우는 바로 예수님이 하나님이 되심을 처음 믿고 고백함으로써 변화된 인생을 살게 된 사례이다.

하지만 설교자 자신이 주의 영광을 보여 달라고 하나님께 기도한다고 할 때, 이것은 설교자가 예수 그리스도가 하나님의 아들임을 믿지 않기 때문에 하는 말은 물론 아니다. 이 말은 설교자가 더욱 깊은 믿음의 경지에 들어가기를 원한다는 것을 의미할 것이다. 이런 의미에서 설교자는 이 설교를 듣는 회중도 설교자처럼 더욱 깊은 믿음의 경지에 들어가서 주님의 영광을 볼 수 있게 해달라고 기도해야 한다고 말한다. "우리 모두 다시 한 번 이렇게 기도합시다. '주여 주님의 영광을 보여주옵소서. 내 눈을 열어 하나님의 영광을 다시 보여 주옵소서.'"(23) 그러나 설교자가 이 두 종류의 회중과 이에 상응하는 두 종류의 "독생자의 영광을 봄"의 의미의 구별에 대한 인식을 갖고 설교를 하고 있는 것 같지는 않다.

설교자의 진정한 의도는 어쩌면 이 요한복음 본문의 신학적 의미를 복음주의적 관점에서 설명하는 데 있는지도 모른다. 이 본문은 매우 중요한 기독론적 주제를 다루고 있다. 즉 이 본문에는 공관복음서에는 나타나지 않는 로고스 기독론이 나타난다. 말하자면, 이 설교는 요한복음의 로고스 기독론에 대한 강해설교라고 할 수 있다. 따라서 설교의 초점은 보잘것없이 보이는 나사렛 예수가 바로 성육신하신 하나님이자 하나님의 아들임을 성서의 증언에 기초하여 입증하는 데 모아진다. 그리고 설교자는 C. S. 루이스의 말을 빌려 양자택일의 선택을 요구한다. "이제 당신은 스스로 선택해야 합니다. 예수님이 과거와 현재에 하나님의 아들이라고 믿든지, 아니면 미친 사람이나 그보다 더 상태가 나쁜 어떤 존재로 보든지 둘 중의 하나입니다."(18)

이 설교는 성서본문의 문자적 의미에 기초한 복음주의적 설교로서, 불신자들의 결단을 촉구하거나 초신자들의 믿음을 더욱 강화하는데 매우 효과적인 설교라고 할 수 있다. 그러나 이 설교는 성서에 대한 충실한 역사적 주석에 기초한 설교는 아니다. 왜냐하면 근대시기 이후의 역사적 주석에 기초한 오늘날의 기독론 논의는 그와 같은 양자택일의 요구를 불가능하게 만들기 때문이다. 오늘날의 역사적 주석에 있어서의 다양한 견해들은 그러한 양자택일적 요구의 비역사성을 드러낸다. 이 말은 단순히 예수가 성육신하신 하나님 또는 하나님의 아들임이 부인되거나 의심될 수 있다는 것을 의미하는 것이 아니라, 예수를 성육신하신 하나님 또는 하나님의 아들이라고 고백하는 초기교회에서의 기독론의 형성과정이 이 설교가 보여주는 신약성서에 대한 비역사적, 문자주의적 접근보다 훨씬 더 복잡한 역사적, 해석학적 접근을 요구한다는 사실을 의미한다. 다시 말하면, 이 문제는 이른바 역사적 예수와 신앙의 그리스도의 관계에 대한 문제로서, 이 문제는 C.S. 루이스나 설교자가 제시하는 양자택일의 관점에서 쉽사리 해결되지 않는다.

성서의 본문에 대한 소박한 문자주의적 해석에 기초한 이 설교의 내용 가운데 특별히 다음과 같은 말들은 보다 심도 있는 역사적 연구와 논의가 요구된다. "유대 나라에서 자기를 하나님의 아들이라고 말하거나 하나님을 감히 아버지라고 부르는 행위는 신성모독죄로 간주되었습니다. 자기를 하나님과 똑같다고 말하는 것이나 다름없는 말이기 때문입니다."(18) "주님은 끝까지 자신이 하나님의 아들이요, 하나님은 자기의 아버지라는 주장을 양보하지 않으셨습니다. 만일 그가 조금이라도 양보했더라면 십자가에서 죽지 않으셨을 것입니다."(18) 하나님의 아들 개념이 이스라엘의 역사 속에서 그리고 예수님 당시의 유대사회에서 어떻게 사용되고 이해되었는지(특히 인성과 신성의 관점에서)에 대해서는 학자들 사이에 다양한 견해가 존재한다.

또한 이 설교가 신학적인 주제를 제대로 다루고자 했다면 하나님과 하나님의 아들의 관계에 대한 이해 가능한 설명을 시도했어야 한다. 설교자는 독생자, 즉 하나님의 아들 또는 말씀과 하나님 사이를 명확히 구별하지 않는다. 어떻게 나사렛 예수가 성육신하신 하나님이며 동시에 독생자 즉 말씀인가? 설교자는 하나님과 말씀의 관계에 대하여 이렇게 말한다. "이처럼 태초부터 계신 말씀은 하나님과 함께 하신 분입니다. 하나님과 함께 계셨기 때문에 말씀은 하나님이라고 합니다."(14) 그러나 이 설명은 매우 비논리적이다. 왜냐하면 말씀이 하나님과 "함께" 계셨다는 것은 하나님과의 동등성을 나타낼지는 몰라도 하나님과의 동일성이 아니라 반대로 구별을 표현하는 말이기 때문이다. 이 구절은 후대의 교회의 삼위일체론의 형성과정에 있어서 세 위격의 구별을 위한 성서적 전거로 사용되는 구절이다.

2. 주를 위해 핍박 받으면[162]

1) 성서본문: 마태복음 5장 1-12절

2) 주요 내용

---

162) 옥한흠, 『빈 마음 가득한 행복』 (서울: 국제제자훈련원, 2005), pp. 183-200.

지금 북한에서는 수만 명의 성도가 예수님을 믿는다는 이유로 혹독한 핍박을 받고 있다. 우리는 그들이 당하는 핍박에 직접 동참할 수는 없지만 그들을 위한 기도만은 해야 한다.

본문에서 "의를 위하여"란 "나를 인하여", 즉 "예수님 때문에"라는 뜻이다. 의를 위하여 핍박을 받는다는 말은 예수님 때문에 핍박받는다는 것을 의미한다. 그러나 주님이 말씀하시는 핍박은 반드시 순교하는 것만을 의미하지 않는다. 예수님 때문에 욕을 먹고, 모욕을 당하고, 중상모략을 당하고, 손해를 보는 것도 핍박이라고 말씀한다.

자유와 평화가 보장되는 나라에 사는 우리는 지금 핍박당하고 있는 지구상의 수많은 성도에게 뒤지지 않는 신앙생활을 해야겠다는 각오를 해야 한다. 그리고 우리도 언제 핍박을 당할지 모르기 때문에 그때를 대비하여 준비해야 한다. 그리고 핍박이 없는 사회에서 신앙생활을 하는 우리는 좀 더 즐겁고 기쁜 모습이 되어야 한다.

예수님을 믿는 사람에게 핍박은 정상이다. "너희가 세상에 속하였으면 세상이 자기의 것을 사랑할 것이나 너희는 세상에 속한 자가 아니요 도리어 세상에서 나의 택함을 입은 자인고로 세상이 너희를 미워하느니라"(요 15:19). 예수님의 제자들은 복음을 전하다가 모두 순교했다.

로마시대에 초대교회 성도들은 예수님을 안 믿겠다는 말 한마디를 못해서 참혹하게 순교를 당했다. 공산주의 국가들과 북한에서 수많은 성도들이 예수님을 모른다는 말 한마디를 못해서 사지로 유배되어 고통을 당하고 있다. 일제시대에 주기철 목사는 "천황에게 절하라"는 명령을 거부하다가 결국 순교를 당했다.

지금도 전 세계적으로 핍박은 계속된다. 리더스 다이제스트 1997년 10월호에 따르면 1990년대, 즉 20세기에 전 세계적으로 2억-2억 5천만 명이 넘는 사람들이 예수님을 믿는다는 이유 때문에 혹독한 핍박을 당했거나 현재 당하고 있다고 한다. 아프리카의 수단에서는 인구의 5분의 1인 그리스도인이 인구의 5분의 4에 해당하는 회교도들에게 극심한 박해를 받고 있다. '누바'라는 곳에서는 지난 10년 동안 청장년 남자들만 50만 명이 끌려가서 순교를 당했다.

하나님께서는 핍박당하는 성도에게 최고의 상과 복을 약속하셨다. "천국이 저희 것이니라" "하늘에서 상이 큼이니라"라고 약속하셨다. 여기서 천국은 우리의 마음에 임하는 하나님의 임재를 가리킨다. 우리가 혹독한 핍박을 받으면 모든 것을 버리고 오직 한 분 예수 그리스도만을 붙들게 된다. 우리가 예수 그리스도만을 붙들기 위해 모든 것을 버리고 빈 마음이 될 때 천국이 임하는 것이다.

우리가 핍박을 당할 때, 그리하여 우리의 심령이 가난해질 때, 천국이 임한다. "세상 즐거움 다 버리고 세상 자랑 다 버렸네. 주 예수보다 더 귀한 것은 없네 예수밖에는 없네." 이 찬송을 부르는 사람의 심령이 천국이다. 세상의 모든 것이 포기되고 우리의 심령에 주님만 남게 되는 곳, 그곳이 천국이다. 마크 갈리에 의하면 순교자들의 공통점은 죽음의 순간에 하나님의 임재를 경험했다는 것이다. 순교자의 심령에 바로 천국이 임하여 있는 것이다. 스데반 집사는 순교의 순간에 자기와 함께 계시는 하나님과 그리스도를 보았다. 그의 심령에 천국이 임하였다. "보라 하늘이 열리고 인자가 하나님 우편에 서신 것을 보노라"(행 7:56).

하나님께서는 핍박당하는 자에게 상급을 약속하셨다. "하늘에서 너희의 상이 큼이라"(마 5:12). 하나님께서 약속하신 상급은 두 가지이다. 첫째는 생명의 면류관이 주어질 것이다. "… 네가 죽도록 충성하라. 그리하면 내가 생명의 면류관을 네게 주리라"(계 2:10). 둘째는 그리스도와 함께 왕노릇할 것이다. 이러한 상급은 편안하게 예수님을 믿다가 천국에 가는 사람들에게 약속된 것이 아니라 주님 때문에 핍박당하고 주님을 위해 모든 것을 희생한 사람들에게 약속된 것이다. 우리 중에 예수님 때문에 핍박당하는 사람이 있다면, 기뻐하고 즐거워해야 한다. 왜냐하면 하나님의 상급이 엄청나게 크기 때문이다.

우리는 비록 핍박이 없는 세상에 살지라도 올바른 자세를 가져야 한다. 첫째, 우리는 핍박당하는 자들의 고통을 같이 나눌 수 있어야 한다. 우리는 매일 그들을 위해 기도해야 한다. 북녘의 성도들을 위해 기도해야 한다. 우리는 기도를 할 뿐만 아니라 실제로 도와줄 길을 찾아야 한다. 그들에게 양식과 옷을 보내고 그들의 인권을 위해 노력해야 한다.

둘째, 우리는 핍박받는 성도의 심정으로 신앙생활을 해야 한다. 오직 예수님만을 바라보아야 한다. "죽으면 죽으리라" 하는 순교자적 자세를 가지고 신앙생활을 하고 복음을 전해야 한다.

3) 핵심 주제

예수님을 따라가기 위해서는 핍박을 받을 각오를 해야 한다. 예수님을 믿는 사람에게 핍박은 정상이다. 혹독한 핍박에 모든 것을 포기한 빈 마음에 천국이 임한다. 지금 핍박당하고 있는 자들을 위해 기도하라. 그리고 그들의 실제적인 필요를 채우기 위해 노력하라. 무엇보다 그들의 심정으로 예수님만 바라보고 살아가라. 그러면 항상 천국이 함께 할 것이다.

4) 분석과 비평

옥한흠 목사는 한글 개역성서에서 '핍박을 받은 자'로 번역된 원어의 구절이 '핍박을 받는 자'로도 번역이 가능함을 말한다. '핍박하다' 라는 동사가 원어에서 완료분사 수동형으로 사용되었기 때문에 지금까지 핍박이 계속되어 오는 상황을 나타낸다고 볼 수 있다. 따라서 이 구절은 '핍박을 받은 자'와 '핍박을 받는 자' 모두를 의미할 수 있다. 이에 기초하여 옥 목사는 과거의 성서 시대와 기독교 역사 속에서 뿐만 아니라 오늘날에도 핍박 받는 그리스도인에 대하여 말하고자 한다.

옥한흠 목사의 설교의 훌륭한 특징들 가운데 하나는 설교를 구성하는 몇 가지의 대지(大旨)들이 서로 분리되지 않고 유기적으로 연결되어 하나의 큰 주제 또는 메시지를 형성한다는 점이다. 또한 옥한흠 목사의 설교는 정형화된 서론, 본론, 결론 또는 기승전결의 구조를 보여주지는 않지만, 서론, 본론, 결론, 또는 기승전결이 자연스러운 흐름 안에서 전개된다는 점이다. 하나의 흐름으로 전개되는 설교는 회중들의 마음에 효과적으로 하나의 분명한 이미지와 상을 형성하며, 기승전결이 자연스런 흐름 안에서 전개되는 설교는 마지막 부분에서 설교의 절정에 도달함으로써 회중에게 큰 감동을 줄 수 있다.

이 설교의 제목이기도 한 "주를 위한 핍박"이란 주제는 다음과 같은 대지들로 구성된다. ① 예수를 믿는 사람은 핍박을 받는 것이 정상이기 때문에 핍박을 받을 각오를 해야 한다. ② 혹독한 핍박을 받을 때 빈 마음을 갖게 되고 그 빈 마음에 천국이 임한다. ③ 지금 핍박당하지 않는 상황에 있는 우리는 핍박받는 자들을 위해 기도하며 그들을 도와주어야 하며, 핍박받는 심정으로 살아가야 한다.

이 설교의 내용 가운데 특이한 점은 10절에서의 "의를 위하여 박해를 받은 자"에게 약속된 천국을 내세에서의 영원한 생명으로 설명하지 않고 "우리의 마음에 임하는 하나님의 임재"로 설명한다는 점이다. "주님이 다스리시는 세계가 내 마음에, 내 심령에 임하는 것입니다… 이것이 천국입니다."(193) 설교자는 순교를 당하는 순간에 임하는 천국을 경험한 대표적인 사람으로 스데반을 제시한다. 그러나 설교자는 곧 이어 12절 "하늘에서 너희의 상이 큼이라"를 설명하면서, 핍박을 당하는 자에게 약속된 두 가지 상급이 생명의 면류관을 받는 것과 그리스도와 함께 하는 왕노릇하는 것이라고 말한다. 12절과 이에 대한 설교자의 설명에 따르면, 박해를 받는 자에게 약속된 천국은 내세에서의 영원한 생명인 셈이다. 그렇다면 10절에서의 천국의 의미와 12절에서의 천국의 의미는 어떻게 조화될 수 있는가? 물론 이 두 가지 천국의 의미는 반드시 모순될 것일 필요가 없다. 왜냐하면 죽음의 순간에 임하는 천국을 경험한 자가 영원한 천국의 생명을 누리게 될 것이며, 역으로 영원한 천국의 생명을 누리게 될 자는 죽음의 순간에 임하는 천국을 경험한다고 할 수 있기 때문이다. 그러나 이 설교에서는 두 가지 천국개념 사이의 연결을 위한 설명이 제시되고 있지 않다.

설교자는 "의를 위하여" 받는 핍박을 "예수님 때문에" 받는 핍박과 동일시한다.(186) 이것은 궁극적으로 틀린 설명은 아니다. 왜냐하면 예수님은 모든 의의 원천이며 완성이기 때문이다. 그러나 의를 위하여 당하는 핍박을 단지 예수님을 믿는 신앙의 정절을 지키기 위해 당하는 것으로만 이해할 때, 의를 위하여 당하는 핍박의 의미가 축소화될 위험이 있다. 순교의 유형에는 신앙의 순수성과 정절을 지키기 위해 죽음을 당하는 고대교회의 종교적 순교의 유형도 있지만, 악하고 불의한 권력에 저항하다가 죽음을 당하는 정치적 순교의 유형도 있으며, 가난하고 소외된 이웃들을 위해 헌신적인 봉사의 삶을 살다가 죽음을 당하는 사회적 섬김의 순교의 유형도 있다. 오늘날에도 첫 번째 유형의 순교가 없지는 않지만, 두 번째와 세 번째 유형의 순교가 더 일반적이라고 할 수 있다. 전통적인 복음주의 신학과 설교의 순교 이해의 특징은 순교의 범주를 순수한 종교적 순교의 유형으로 국한시키는 경향을 보여준다는 점에 있다. 설교자가 결론 부분에서 "우리가 핍박이 있는 세상에서 살고 있지 않으며, 이변이 없는 이상 앞으로도 예수님 때문에 핍박받을 확률은 거의 없다"라고 말할 때, 그는 이러한 유형의 핍박만을 생각하고 있는 것처럼 보인다. 이것은 복음주의 신학과 설교가 정치적, 사회적 차원에서의 기독교인의 실천적 참여와 책임의 중요성에 대한 충분한 관심을 기울이지 못하는 일반적인 경향과 관계가 있다.

핍박이 없는 세상에 사는 우리가 핍박당하는 북한의 그리스도인들을 위해서 기도하고 도와주어야 하며, 또한 우리도 핍박 받는 자처럼 근신하여 살아야 한다는 메시지는 물론 매우 중요하다. 그러나 이와 아울러 우리가 살아가는 오늘의 현실에서 우리 그리스도인들이 이 땅에 하나님의 의의 통치가 이루어지도록 하기 위하여 받아야 할 고난과 핍박이 무엇이며, 우리의 구체적인 사회적 현실 속에서 그 고난과 핍박을 우리가 어떻게 인내하고 믿음으로 승리해야 할지를 말하는 것이 보다 중요한 설교의 주제가 될 수 있을 것이다.

3. 안아주심[163]

1) 성서본문: 신명기 1장 29-33절

---

[163] 옥한흠, 『안아주심』 (서울: 국제제자훈련원, 2007), pp. 238-259.

2) 주요 내용

얼마 전, 병으로 수술을 받고 투병생활을 하던 때에 신명기 1장의 31절이 마음에 깊이 와 닿았다. "광야에서도 너희가 당하였거니와 사람이 자기의 아들을 안는 것같이 너희의 하나님 여호와께서 너희가 걸어온 길에서 너희를 안으사 이곳까지 이르게 하셨느니라." 이 말씀은 밤낮없이 나를 안고 계시는 하나님 아버지를 깊이 묵상하게 해주었다.

이 말씀은 이스라엘 백성이 출애굽한 이후 시내 산 광야에서의 첫 1년간의 생활을 회고하면서 모세가 한 말이다. 그 광야는 많은 위험과 엄청난 공포가 도사리고 있는 "그 크고 두려운 광야"(신 1:19)였다. 광야에서의 생활은 매우 험난하고 고달프고 힘든 여정이었다. 그럼에도 불구하고 모세는 백성들과 달리 광야의 여정을 하나님의 품에 안겨서 걷는 은혜의 통로로 보았다. "백성들은 숨 막히는 환경만 쳐다보며 절망했습니다. 그러나 모세는 전능하시고 자비로우신 하나님 아버지를 향해 눈을 고정했습니다. 백성들은 아래의 것, 곧 눈앞의 현실을 쳐다보고 있는 반면, 모세는 위의 것, 곧 하나님의 약속을 쳐다보았습니다."(241-242)

"너희를 안으사 이곳까지 이르게 하셨느니라."는 말씀은 세 가지 사실을 지적한다. 첫째는 하나님께서 지금까지 이스라엘을 대신해서 싸우셨다는 사실이다. "이제도 너희를 위하여 싸우실 것이며"(신 1:30) 둘째는 하나님께서 필요한 모든 것을 공급해 주셨다는 사실이다. "이곳까지 이르게 하셨느니라"(신 1:31) 셋째는 하나님께서 이스라엘 백성의 길은 인도하셨다는 사실이다. "너희가 갈 길을 지시하신 자"(신 1:33).

39년이 흐른 뒤 신명기 32장에서 모세는 죽음을 앞두고 한 마지막 설교에서 하나님의 아버지 되심을 강조한다. "그는 네 아버지시요"(신 32:6). 그는 임종을 앞두고 "영원하신 하나님이 네 처소가 되시니 그의 영원한 팔이 네 아래에 있도다"(신 33:27)라고 말한다. 우리는 지금 이스라엘 백성이 통과했던 시내 산 광야보다 더 크고 무서운 세상에 살고 있다. 우리는 모세처럼 우리가 하나님의 품에 안겨 사랑받는 자녀임을 고백할 수 있어야 한다.

예수님은 우리에게 하나님이 아버지 되심을 가르쳐 주셨다. 예수님은 하나님을 아빠, 아버지라고 부르셨다. 요한복음 17장의 고별사와 제자들을 위한 기도에서 예수님은 하나님을 서른아홉 번이나 아버지라고 불렀다. 예수님은 하나님이 아버지 되심을 몸소 삶으로 보여 주셨다. "나를 본 자는 아버지를 보았거늘"(요 14:9) "하나님은 가난하고 병든 자를 가까이 하시는 자비로운 아버지십니다. 죄인을 가까이 하시고, 용서하시고 품어 주시는 아버지십니다. 좋은 것을 우리에게 주시는 아버지십니다."(246)

예수를 믿는 우리는 하나님의 자녀의 권세를 가진 사람들이다. "영접하는 자 곧 그 이름을 믿는 자들에게는 하나님의 자녀가 되는 권세를 주셨으니"(요 1:12). 하나님은 성령을 보내주셔서서 우리로 하여금 하나님을 아버지라고 부르도록 감동하신다. "너희는 다시 무서워하는 종의 영을 받지 아니하고 양자의 영을 받았으므로 우리가 아빠 아버지라고 부르짖느니라"(롬 8:15). 우리는 사도신경과 주기도문에서 하나님을 아버지라고 부른다.

우리는 과연 이 무서운 세상에서 나를 안고 걸어가시는 아버지를 믿을 수 있는가? 어떻게 하면 하나님을 나를 안아 주시는 아버지로 경험할 수 있을까? "바로 하나님이 나를 안아 주고 계시는 아버지라는 강한 확신을 갖는 것입니다. 모세처럼, 아무도 흔들 수 없을 만큼 내 마음에 그 믿음이 꽉 차 있다면 나는 하나님 품에 안겨 있는 사람입니다."(251-252)

하나님이 나를 안아 주시는 은혜를 매일 누리며 살기 위해서는 두 가지를 실천해야 한다. 첫째는 하나님이 아버지가 되신다는 말씀을 찾아서 자주 묵상해야 한다. 신명기 1장을 묵상할 때, 우리는 모세의 자리에 나를 놓고 생각하고 고백하고 기도하는 것이다. "이런 묵상을 통해서 오늘의 모세가 되는 것입니다. 모세처럼 느껴보고, 모세처럼 행복한 사람이 되어 봅니다."(253) 묵상을 위해서는 적절한 환경을 만들어야 한다.

둘째로 안아주심의 은혜를 체험하려면 아버지의 품에 안겨 있는 자녀처럼 행동해야 한다. 여기서 중요한 것은 "처럼"이란 말이다. "예수의 제자가 되고 싶으면 예수의 제자처럼 행동하라. 하나님의 품에 안겨 있는 자녀가 되고 싶으면 안겨 있는 자녀처럼 행동하라."(256-257) 믿는다는 것은 마치 그렇게 된 줄로 알고 행동하는 것이다. 필립 얀시는 "신앙생활이란 마치 하나님의 모든 말씀이 사실인 것처럼 믿고 행동하는 것이다."라고 말했다. 우리는 하나님의 품에 안긴 자녀처럼 행동할 때 행복해진다. 하나님의 자녀는 하나님의 넓은 품에 안겨서 광야를 가는 사람들이다. 자신을 향해서 "나는 하나님의 품에 안겨 있는 사람이야!"라고 말할 때 반석의 생수와 하늘의 만나와 불기둥과 구름 기둥의 기적을 경험하게 될 것이다.

3) 핵심 주제

거칠고 험한 광야와 같은 어려운 상황 속에서도 우리를 품에 안고 걸어가시는 하나님을 묵상하며 확신하자.

4) 분석과 비평

옥한흠 목사는 성서본문에 집중하는 설교자이다. 그는 주어진 본문의 문법적, 역사적 문맥에 깊은 주의를 기울인다. 그는 본문으로부터 설교의 주제를 이끌어내며, 그 주제를 본문에 대한 묵상을 통해 더욱 심화시킨다. 이 설교도 옥한흠 목사가 성서본문에 충실한 설교자임을 잘 보여준다.

옥한흠 목사는 성서본문에 충실하고자 노력할 뿐만 아니라 성서본문을 오늘의 상황에 연결하고자 애를 쓰는 설교자이다. 그는 이것이 설교의 가장 어려운 과제라고 말한다.[164] 이것은 그기 이 과제를 그만큼 중요하게 여긴다는 말이다. 그는 말한다. "적절성을 중요하게 생각하는 설교자는 '무엇'을 전할 것인가도 중요하게 생각하지만, 설교를 들은 청중이 어느 자리에 있는 사람인지를 깊이 고찰하는 눈을 갖고 있습니다. 그래야 그 사람들의 형편을 알 수 있기 때문입니다. 그 사람들의 형편을 알면 그들에게 맞는 설교를 찾을 수 있습

---

164) 권성수, "성경해석학으로 본 옥한흠 목사의 설교분석," 『목회와 신학』, 통권 113호 (1998년 11월), pp. 61-62.

니다."¹⁶⁵⁾ 이 설교에서도 회중에 대한 설교자의 이해가 잘 나타나고 있다. 특히 "내 몸이 아파도 나는 하나님의 품에 안겨 있는 사람이야, 가난해도 나는 하나님의 품에 안겨 있는 사람이야. 비록 직장을 구하지 못하고 앞이 캄캄하다 해도 나는 하나님 품에 안겨서 광야를 지나가는 중이야"란 대목은 회중의 구체적인 삶의 정황에 대한 설교자의 이해를 잘 보여준다.

자신이 성경을 묵상하다가 받은 은혜를 회중들과 나누는 이 설교는 회중들을 위한 공감적 설득력을 잘 보여준다. 이 설교가 자신의 삶 속에서 깊이 체험된 하나님의 은혜를 전하고 있기 때문이다. 또한 이 설교는 제자훈련에 투철한 목회자로서의 옥한흠 목사의 모습을 잘 보여준다. 그의 설교는 회중들이 추상적이고 이론적인 차원에 머물지 않고 무엇을 어떻게 실천해야 할지를 구체적으로 제시한다. 이 설교에서도 설교자는 하나님의 안아주심을 경험하기 위한 두 가지의 구체적인 방법을 제시한다. 실천사항에 대한 구체적 제시는 설교의 효과를 배가할 수 있다는 점에서 매우 고무적이다.

그러나 이 설교에서 제시되는 몇 가지의 실천적 제시는 문제점을 드러낸다. 설교자는 "어떻게 하면 하나님을 나를 안아 주시는 아버지로 경험할 수 있을까요?"라고 묻고 이에 대한 답변으로 "바로 하나님이 나를 안아 주고 계시는 아버지라는 강한 확신을 갖는 것입니다."(251)라고 말한다. 그러나 이것은 제대로 된 답변이라고 보기 어렵다. 나를 안아주는 아버지를 느낄 수 없는 험하고 거친 광야에서 어떻게 하나님을 나를 안아 주시는 아버지로 경험할 수 있는가 하는 물음에 대한 답변이 바로 하나님이 나를 안아 주고 계시는 아버지라는 강한 확신을 가지라는 것이라면 이것은 동의 반복에 불과하다. 이것은 하나님을 아버지로 믿을 수 없는 사람이 어떻게 하나님을 아버지로 믿을 수 있는가라는 물음에 대하여, 하나님이 아버지라는 강한 믿음을 가지면 된다고 답변하는 것과 다르지 않다.

설교자는 하나님이 나를 안아 주시는 은혜를 매일 누리며 살기 위해서 두

---

165) 류응렬, "설교가 하나님의 말씀으로 들리게 하십시오,"『그 말씀』, 통권 215호 (2007년 5월), pp. 7-8.

가지의 실천을 제안한다. 하나는 묵상하는 것이며 다른 하나는 아버지의 품에 안겨 있는 것 '처럼' 행동하는 것이다. 설교자는 돈키호테의 예를 들면서 기사가 되고 싶으면 기사 '처럼' 행동하듯이 하나님의 안아주심을 체험하려면 하나님의 품에 안겨 있는 자녀 '처럼' 행동하라고 조언한다. 설교자가 이렇게 말하는 의도는 충분히 이해할 수 있음에도 불구하고 이 '처럼'은 부적절한 단어일 수 있다. '처럼'은 사실이 아닌 것이 사실인 것처럼 모방 또는 위장할 때 쓰는 단어이기 때문이다. 우리는 하나님의 자녀 '처럼' 행동하는 것이 아니라 하나님의 자녀 '로서' 행동해야 한다. 우리는 하나님의 품에 안겨 있는 것 '처럼' 행동하는 것이 아니라 하나님의 품에 안겨 있는 자 '로서' 행동해야 한다. 우리는 기사가 아닌데 기사처럼 행동하는 돈키호테가 아니다. 믿음이란 사실이 아닌 것을 사실 '처럼' 여기는 것이 아니라 전에는 사실 '로서' 받아들이지 못하던 것을 이제 사실 '로서' 받아들이는 것이다. 그리스도인은 믿음 안에서 하나님의 자녀 '로서' 자녀 '답게' 사는 것이지 하나님의 자녀 '처럼' 사는 것은 아니다. 우리가 가는 광야의 여정이 아무리 험하고 거칠고 절망스러워도 하나님의 자녀 '로서'의 우리의 신분은 결코 흔들림이 없다.

믿음은 절망스러운 역경 속에서도 하나님의 자녀에게 주시는 다음과 같은 하나님의 말씀을 의심하지 않고 믿는 것이다. "자기 아들을 아끼지 아니하시고 우리 모든 사람을 위하여 내주신 이가 어찌 그 아들과 함께 모든 것을 우리에게 주시지 아니하겠느냐? 누가 능히 하나님께서 택하신 자들을 고발하리요 의롭다 하신 이는 하나님이시니 누가 정죄하리요…"(롬 8:31-34) "내가 확신하노니 사망이나 생명이나 천사들이나 권세자들이나 현재 일이나 장래 일이나 능력이나 높음이나 깊음이나 다른 어떤 피조물이라도 우리를 우리 주 예수 그리스도 안에 있는 하나님의 사랑에서 끊을 수 없으리라"(롬 8:38-39). 그리고 우리는 다음과 같이 기도하지 않을 수 없다. "내가 믿나이다. 나의 믿음 없는 것을 도와주소서"(막 9:24).

4. 죽음을 이기신 예수[166]

1) 성서본문: 고린도전서 15장 1-26절

2) 주요 내용

죽음을 자기의 것으로 받아들이는 겸허한 자세가 있을 때 예수님이 다시 사셨다는 것이 큰 기쁨과 소망의 메시지가 될 수 있다. 죽음은 밤이 되면 자는 것과 같이 자연스러운 것이다. 예수님의 부활사건이 우리의 관심사가 되는 인간적인 이유는 죽은 자가 다시 살아난다는 것이 사실이었으면 좋겠다는 바람 때문이다.

사도 바울은 본문에서 먼저 예수님의 부활이 사실이라고 이야기한다. "성경대로 그리스도께서 죽으시고 살아나셨다"(3절). 시편에서의 다윗의 예언대로(시 16:10), 요나 비유를 통한 예수님의 예언대로(마 12:40) 예수님은 부활하셨다. 500명이나 되는 제자들이 부활하신 예수님을 보았다(5절 이후). 바울 자신이 부활하신 예수님을 보았다고 간증한다. 예수님의 부활은 부인할 수 없는 역사적 진실이다. 그분은 오늘도 살아계신다.

예수님의 부활이 가져다준 혜택은 무엇인가? 첫째, 예수님의 부활은 죽은 자가 다시 살 수 있다는 가능성을 우리로 하여금 믿게 했다. 죽은 자 가운데서 부활이 없다고 주장하는 것(12절)은 헬라사상이다. 그러나 예수님의 부활은 죽은 자의 부활의 가능성을 입증한다. 죽은 자가 다시 살 수 없다면 하나님께서 예수님도 절대 살리시지 못하셨을 것이다. 예수님의 부활은 우리에게 다시 살아난다는 소망을 주셨다.

두 번째, 예수님의 부활은 우리의 믿음과 구원을 확실하게 보장해 준다. 예수님이 부활하시지 못했다면 우리의 믿음도 헛되고 우리의 죄도 그대로 남아 있을 것이다.(17-18절). 예수님의 부활이 없었다면 우리는 가장 불쌍한 자가

---

[166] 옥한흠, 2000년 4월 23일 사랑의교회 부활주일 설교. http://johnoak.sarang.org

된다(19절). 부활이 있음으로 우리의 믿음이 있고, 우리의 구원이 보장되고, 우리가 소망이 있고, 우리가 불쌍한 자가 아니라 영광스런 자, 가장 복 받은 자가 된다.

세 번째 예수님의 부활이 주는 축복은 그것이 우리의 부활을 보장해 준다는 것이다. 예수님의 부활은 내 부활이다. "그러나 이제 그리스도께서 죽은 자 가운데서 다시 살아 잠자는 자들의 첫 열매가 되셨도다"(20절). 예수님이 우리에게 주시는 구원은 완전 구원, 즉 영과 육의 구원이다. 죽으면 우리의 영은 하나님 나라로 간다. 그러나 그것은 대기소에 머문다. 완전 구원이 아니다. 하나님 나라에서 우리의 영혼은 땅에 묻힌 육신이 예수님이 부활하실 때 입었던 영광스런 몸을 입고 부활하여 우리의 영과 결합하는 영화로운 때를 기다린다. 우리의 영혼만이 아니라 육신도 구원받는다.

우리는 두 개의 부활절, 즉 예수님의 부활과 우리의 부활 사이에 살고 있다. "그러므로 우리는 예수님의 부활이 주는 믿음의 능력을 가지고 우리의 부활을 향해 달려가는 사람들이다"(에릭 사우어). 죽음은 생의 종지부를 찍는 것이지만 마침표는 아니다. 따라서 우리는 죽음 자체를 부정할 수 있다. 예수님은 죽은 자를 보고 잔다고 말씀하셨다. "죽음은 영원한 하나님 나라 궁전의 문을 여는 열쇠다"(밀턴). "예수의 부활을 생각하며 그 부활을 바라볼 때마다 '그날이 되면 나는 예수님처럼 완전한 몸을 입고 영원토록 사는 하나님의 백성이 될 것이다' 하는 소망을 가지지 아니할 수가 없습니다."

우리 자신이 부활할 그 날을 늘 생각하는 습관을 가지자. 그러면 죽음 앞에서도 담대할 수 있다. 우리는 예수의 부활을 생각하고 더욱 헌신하는 그리스도인이 되어야 한다. "그러므로 내 사랑하는 형제들아 견고하며 흔들리지 말며 항상 주의 일에 더욱 힘쓰는 자들이 되라"(57절).

3) 핵심 주제

예수님의 부활은 역사적 사실이며, 예수님의 부활은 우리의 부활의 첫 열매로서 우리의 부활을 보장한다.

4) 분석과 비평

설교자의 다른 설교들처럼 이 설교는 전형적으로 성서본문에 충실한 강해설교이면서 동시에 세 가지의 소주제로 구성된 대지설교이다. 이 설교는 직설법적 설교이다. 즉 이 설교는 예수의 부활이 우리의 부활을 보장한다고 선언한다. 이 설교는 무엇보다 죽음 앞에서 두려움에 떠는 인간(그리스도인)에게 부활의 확신을 새롭게 함으로써 두려움을 떨쳐 버리고 소망을 가지고 살도록 힘과 용기를 주는 설교이다.

대부분의 복음주의적 설교자들의 성서해석은 대체적으로 오늘날의 탈근대적인 해석학의 한 유형인 실재론적 해석과 유사한 성서해석을 보여준다고 할 수 있다. 린드벡, 프라이에 의해 대표되는 텍스트 실재론에 따르면, 은유, 비유, 상징을 포함하는 모든 텍스트의 언어는 문자적으로 실재(reality)를 지시한다. 이들에 의하면 이 실재는 역사 같은(history-like), 텍스트 세계 안의 실재이다. 텍스트가 지시하는 실재는 텍스트 뒤나 앞에 있지 않고 텍스트 안에 있다. 이와 같은 텍스트 내재적(intratextuality) 해석학은 한편으로는 텍스트 뒤의 역사적 상황 속의 실물적 지시체에 접근하기 위한 역사비평적 과제를 불필요한 것으로 간주하고, 다른 한편으로는 텍스트의 의미를 이해하기 위해서 텍스트의 언어를 텍스트 밖에 있는 독자의 세계의 언어로 번역하고자 하는 중재적인 과제의 필요성도 인정하지 않는다. 왜냐하면 텍스트의 의미를 이해하기 위해서는 오직 텍스트의 세계 안으로 들어가야 하기 때문이다. 말하자면, 텍스트는 우주의 모든 것을 자체 안으로 빨아들이는 블랙홀처럼 기능한다.

예수님의 부활사건이 우리의 관심사가 되는 인간적인 이유 가운데 죽은 자가 다시 살아난다는 것이 사실이었으면 좋겠다는 바람이 있는 것은 사실이지만, 기독교의 부활신앙은 그러한 인간적인 바람으로 환원될 수 없다. 만일 기독교의 부활신앙이 그러한 인간적인 바람으로 환원된다면, 불트만에게서처럼 예수님의 부활사건은 그리스도인의 부활신앙 자체와 동일시되고 부활의 객관적 사실성은 주관적 실존성 안으로 해소될 것이다. 따라서 설교자는 무엇보다 먼저 예수님의 부활의 역사성을 구약성서의 예언, 예수님 자신의 예언, 신약성서의 증언 등에 기초하여 확증하고자 한다. 그리고 예수님의 부활이 가져다준 혜택, 즉 구원론적 의미를 세 가지로 설명한다. 이 세 가지 가운데 가장 중요한 것은 예수님의 부활이 우리의 부활을 보장해 준다는 것이다. 그러므로 우리는 부활의 소망을 가지고 더욱 헌신하는 그리스도인이 되어야 할 것을 권면 받는다.

설교자는 예수님의 부활의 역사성이 이미 성서적 예언자 증언을 통해 확증된 것으로 전제한다. 그러나 예수님의 부활의 역사적 현실성의 문제는 그렇게 단순하지 않다. 예수님의 부활은 과연 어떤 것일까? 그것은 사체에 다시 생명이 돌아와 잠에서 깨어나듯 일어나는 것일까? 아니면 사체와 관계없이 신령한 몸을 지닌 영적 생명으로 부활하는 것일까? 부활하신 예수님의 현현은 근처를 지나가던 아무라도 눈을 가진 사람은 다 볼 수 있는 그런 것일까? 아니면 다메섹 도상의 바울의 경우처럼 예수님의 제자들 같은 특수한 사람들만 경험할 수 있는 것일까?

예수님의 부활이 우리의 부활의 첫 열매라면, 예수님의 부활은 우리의 부활의 원형이기도 할 것이다. 기독교 신앙이 고백하는 것처럼 우리의 부활이 영과 몸의 부활이라면 그것은 예수님의 부활이 영과 몸의 부활이었기 때문일 것이다. 그런데 부활의 몸은 어떤 것일까? 바울은 부활의 몸이 신령한 몸, 즉 영의 몸이라고 말한다. "육의 몸으로 심고 신령한 몸으로 다시 살아나나니 육의 몸이 있은 즉 또 영의 몸이 있느니라"(고전 15:44). 우리의 부활한 몸이 영의 몸이라면 부활한 예수님의 몸도 영의 몸일 것이다. 그렇다면 육의 몸과 영의 몸은 어떤 관계가 있을까? 특히 예수님의 부활 때에 육의 몸과 영의 몸은 어떤 관계였을까? 그리고 부활한 예수님의 영적 몸은 실제로 어떠한 것이었을까?

설교자는 죽으면 우리의 영은 하나님 나라의 대기소에 머문다고 말한다. 대기소란 어떤 곳인가? 이에 대한 성서적 근거는 무엇인가? 예수님은 십자가의 강도에게 "네가 오늘 나와 함께 낙원에 있으리라"고 말씀하셨다. 여기서 말씀된 낙원이 대기소인가? 대기소란 죽음과 미래의 부활 사이의 중간상태를 말하는가? 이 대기소에서 우리의 영은 아직 몸의 부활을 경험하지 못하고 홀로 있는 것인가?

5. 풍랑 속의 평안[167]

1) 성서본문: 이사야 26장 3-4절

2) 주요 내용

우리 주변에는 많은 불안과 공포의 요소들이 있다. 이것들은 에덴동산에서 아담이 범죄한 때부터 들어왔다. 즉 인간은 죄악 때문에 본질적으로 불안을 느낄 수밖에 없다. 불안과 걱정은 내적인 마음에서 오는 것이다. 환경과 여건이 좋아질수록 인간은 더 불안과 공포에 사로잡힌다.

불안과 공포를 어떻게 해결할 수 있는가? 첫째, 평안을 주시는 분은 하나님이라는 사실을 알아야 한다. 진정한 평안은 성삼위 하나님으로부터 온다(빌 4:7, 요 14:27, 갈 5:22). 인간은 하나님과의 관계가 정상화 되어야 평안을 누릴 수 있다. 그런데 하나님이 주시는 평안은 잔잔한 호수같은 평안이 아니라 폭포와 같이 요란한 상황 속에서도 유지될 수 있는 평안이다. 풍랑으로 요동하는 배에서도 깊이 잠이 드신 주님의 모습처럼 성도가 받는 평안도 그런 것이다. 우리가 받는 평안은 십자가의 죽음 앞에서도 자신의 평안을 제자들에게 주시는 그런 주님의 평안이다.

둘째, 이 평안을 체험하기 위해서는 "심지가 견고한"(3절) 흔들리지 않는 신앙으로 영원한 반석, 만세반석이신 하나님을 의뢰해야 한다(4절). 어디에 반석같이 변함이 없으신 하나님이 가장 잘 나타나는가? 그것은 그분의 사랑이다(요일 4:18). 하나님의 평안을 소유하기 위해서는 어떤 상황 속에서도 나

---

167) 옥한흠, 『고통에는 뜻이 있다』 (서울: 국제제자훈련원, 2010), pp. 129-142.

를 사랑하시는 하나님을 믿어야 한다. "어떤 상황 속에서도 하나님께서 나를 사랑하신다는 이 놀라운 사실 앞에 마음의 문을 활짝 여는 사람은 두려움과 공포를 쫓아냅니다." "이제 만세반석이 되시는 사랑의 하나님을 완전히 의뢰하고 조금도 요동치 맙시다. 그분 안에서 영원한 평안을 누립시다."

3) 핵심 주제

진정한 평안은 하나님으로부터만 온다. 어떠한 상황 속에서도 만세반석이 되시는 사랑의 하나님을 의뢰하고 평안을 누리자.

4) 분석과 비평

이 설교의 성서본문 이사야 26장은 순례자의 노래이다. 이 본문은 이스라엘 백성들이 경험한 끊임없는 고통과 죽음의 현실 속에서 하나님을 향한 신뢰를 노래하고 있다. 설교자는 본문에 나타나는 "심지가 견고한" "평강" "주를 의뢰함" "영원한 반석"과 같은 핵심 단어들을 중심으로 설교의 내용을 구성하였다. 그러나 영원한 반석과 같은 하나님이 그분의 사랑에 나타난다는 것은 본문에는 나타나지 않는 설교자 자신의 해석이다. 이 해석을 위하여 설교자는 요한일서 4장 18절의 "사랑 안에는 두려움이 없고 온전한 사랑이 두려움을 내어쫓는다"는 구절을 인용하였다. 이것은 상호 텍스트성의 한 사례이다.

사랑 안에는 두려움이 없다는 것은 하나님의 사랑과 인간의 사랑 모두를 포함하는 사랑의 존재론이라고 할 수 있다. 그러나 요한일서 4장의 전체 맥락에서 볼 때 4장 18절에서의 사랑은 하나님의 사랑이라기보다는 하나님 안에 있는 우리의 사랑을 의미한다고 할 수 있다. "우리가 서로 사랑하면 하나님이 우리 안에 거하시고 그의 사랑이 우리 안에서 온전히 이루어지기"(12절) 때문에 사랑 안에는 두려움이 없는 것이다. 물론 우리가 (서로) 사랑함은 하나님이 먼저 우리를 사랑하셨기 때문이다(19절). 이와 같은 맥락에서, 본문을 포함하고 있는 요한일서 4장은 "우리가 이 계명을 주께 받았으니 하나님을 사랑하는 자는 또한 그 형제를 사랑할지니라"로 끝맺고 있다.

이 설교의 주된 요점은 풍랑 속에서도 하나님만을 바라보고 하나님의 사랑을 확고하게 신뢰할 때에 평안을 누릴 수 있다는 것이다. 불안과 공포의 늪에서, 실패하고 병들고 절망적인 상황 속에서, 하나님만을 바라보고 하나님의 사랑을 신뢰하는 것 외에 우리가 할 수 있는 일이 무엇이 있겠는가? 따라서 이 설교는 기본적으로 직설법적 설교이다. 영원한 만세반석이신 하나님, 우리를 사랑하시는 하나님께서 우리를 평안하도록 지켜주신다. 그러나 이 직설법은 조건을 동반한다. 즉 우리는 하나님을 신뢰하여야 하며 우리의 심지가 견고해야 한다. 하나님을 신뢰하고 견고한 심지를 가져야 하는 것은 우리에게 주어지는 명령이다. 그러나 하나님에 대한 신뢰와 견고한 심지는 우리를 사랑하시는 하나님께서 우리를 지켜주신다는 선언에 의해 가능성과 힘을 부여받는다.

심리학에서 불안과 공포는 구별된다. 불안은 특정한 대상이 없는 반면, 공포는 특정한 대상으로부터 기인한다. 불안에는 두 가지 종류가 있다. 존재론적 유한성으로 말미암는 불안은 그 자체가 죄의 결과는 아니다. 이 존재론적 불안은 인간이 하나님을 의지하게 만드는 동인(動因)이 될 수 있다. 다시 말하면 우리는 존재론적으로 유한하며 따라서 불안하기 때문에 무한자인 하나님을 의지한다. 존재론적 유한성 앞에서 인간이 하나님을 의지하지 않고 자신을 의지할 때, 즉 불신앙에 빠질 때 존재론적 불안은 병적인 불안으로 타락한다. 이 병적인 불안은 불신앙의 죄의 결과이다.

본문 "주께서 심지가 견고한 자를 평강하고 평강하도록 지키시리니 이는 그가 주를 신뢰함이니이다"(사 26:3)에 나오는 "심지가 견고한" "신뢰"이란 어구와 단어는 신앙의 본질을 보여준다. 이러한 신앙의 본질은 바로 하박국의 말씀 "의인은 그의 믿음으로 말미암아 살리라"(합 2:4)에 나타나는 믿음의 내용과 일치한다. 이 하박국 본문은 불의한 유다 사회와 국제 사회의 현실 앞에서 하나님께 불만을 쏟아놓으며 호소하는 예언자에게 하나님께서 주신 답변이다. 이 본문에서 "믿음"으로 번역된 "에무나"의 정확한 번역은 "성실함"이다. 따라서 이 본문의 정확한 번역은 "의인은 자신의 성실함으로 살아남으리라"이다. "에무나"는 진실하고 성실하고 믿을만하고 한결같은 생활태도를 의미한다. 다시 말하면 이 단어는 하나님에 대한 전적인 신뢰를 가지고 흔들리지 않고 끝까지 인내하며 하나님의 약속이 이루어지기를 기다리는 견고한 심지와 같은 삶의 태도를 의미한다. 그러므로 이 본문이 의미하는 바는 다음과 같다. "하나님으로부터 받은 권고를 따라 조급해 하지 않고 끝까지 하나님의 말씀이 이루어질 때까지 하나님을 의지하고 참으며 기다리라. 그렇게 하는 것만이 이 위기에서 살아남는 길이다. 또한 그렇게 하나님의 말씀을 따라 사는 사람이야말로 '의인'이다."[168]

6. 하나님이 멀리 계시는 것처럼 보일 때[169]

1) 성서본문: 시편 13장 1-6절

2) 주요 내용

아무리 믿음으로 산다고 하는 사람이라도 가끔 하나님으로부터 버림을 받은 것 같은 처절한 상황에 빠질 수 있다. 시편 13편은 이러한 상황에 빠진 다윗의 모습을 보여준다. 이 시는 탄식, 기도, 찬양의 세 단계를 보여준다. 즉 깊은 좌절 속에서 탄식하던 사람이 기도하고 마침내 찬양의 단계로 나아간다. 고통과 절망이 없는 인생을 사는 자는 한 사람도 없다. 우리는 지금 어떤 위치에 있는가?

1, 2절에서 다윗은 절규와 탄식을 반복한다. 2절의 "내 원수"는 죽음을 의

---

168) 바울이 예수 그리스도를 믿는 믿음으로만 의롭게 된다는 사실을 표현하기 위하여 이 하박국 본문을 인용한 것(롬 1:17; 갈 3:11; 히 10:38)은 하박국 본문의 본래적 의미와는 별 관계가 없는 것이다. 이것은 당시의 유대적 해석학의 유형들 가운데, 텍스트에는 낯선 외적인 관점을 텍스트 안으로 투사하는 미드라쉬적인 해석의 한 사례라고 할 수 있다.

169) 옥한흠, 『무엇을 기도할까』 (서울: 두란노, 2002), pp. 141-156.

미한다. 3절의 "사망의 잠을 잘까 하오며"가 이를 뒷받침한다. 이를 미루어 볼 때 다윗은 병상에서 큰 병과 씨름을 하고 있었던 것이 틀림없다.

하나님은 어떤 분이신가? 하나님은 자기의 자녀를 잊어버리거나 어려움을 당하는 자녀를 먼 곳에서 구경만 하고 계시는 분이 아니다. 그러나 하나님은 멀리 계시지 않지만 우리는 하나님이 멀리 계신 것처럼 느껴지는 순간들이 있다. C. S. 루이스 교수가 아내를 잃고 쓴 "가혹한 자비"라는 제목의 글이 있다. 루이스 부부는 서로 너무 깊이 사랑한 나머지 둘만의 울타리를 치고 이기적인 사랑에 빠져 살았었다. 그런 까닭으로 루이스가 아내를 지나치게 사랑함으로 이 세상에서 가치 없는 인생을 사느니 차라리 아내를 하나님 편에 불러 감으로써 그 이기적인 사랑에서 눈을 뜨게 하셨다는 것이다.(150) 아내를 잃은 인간적인 입장에서 볼 때 그것은 너무 무자비하게 보이는 일이라 그는 하나님의 처사를 가혹한 자비라고 표현했다. 물론 이와 같은 해석을 모든 사람에게 적용할 수는 없다. 하나님 앞에서 끝까지 인내하고 기다리는 것만이 가장 확실한 대답을 얻을 수 있는 길이다.

다윗은 절망 속에서 탄식하다가 드디어 3, 4절에서 두 번째 단계인 기도의 단계로 들어섰다. 그의 기도의 핵심은 무엇인가? 그것은 자기의 눈을 밝혀달라는 것이다. "나의 눈을 밝히소서"(시 13:3). 다윗은 오랜 병상생활을 통해 눈빛이 흐려져 있었기 때문에 눈을 밝혀달라, 즉 건강을 회복시켜 달라고 기도했다. 또한 이 기도는 육신뿐만 아니라 영혼의 눈도 밝게 해달라는 기도이다. 눈을 밝혀 달라고 기도한 이유는 그가 죽음에 정복당하지 않기를 바랐기 때문이다.

다윗이 기도함으로 드디어 세 번째 단계, 즉 하나님을 찬양하는 단계로 나아간다. "나는 오직 주의 인자하심을 의뢰하였사오니 내 마음은 주의 구원을 기뻐하리이다. 내가 여호와를 찬송하리니 이는 나를 후대하심이로다"(시 13:5, 6). "의뢰하였사오니"는 현재완료로서 과거로부터 지금까지 주의 인자하심을 의지해 왔다는 의미가 담겨 있다. 다윗은 지난 과거를 돌아보고 자신이 지금까지 살아온 것이 하나님의 인자하심 때문이었음을 깨닫게 되었다. 바울도 "오늘의 나된 것은 하나님의 은혜로라"고 말했다. 다윗은 과거에도 인도해 주신 하나님이 앞으로도 꼭 인도해 주실 것이라고 믿게 되었다. 이러한 믿음과 더불어 찬양이 터지기 시작했다. 현실은 조금도 바뀌지 않았지만 문제를 보는 눈이 달라졌다. 깊은 절망과 슬픔의 한 가운데에서 터져 나오는 이 찬송은 성령이 대신 부르는 신비한 찬송이다.

하나님이 가끔 우리를 외면하시는 것처럼 행동하시는 것은 순수하고 아름다운 믿음을 갖게 하는데 그 목적이 있다. "어떤 환경에서도 하나님을 찬송하지 않고는 견딜 수 없는 순수한 믿음을 갖도록 하나님이 우리를 그렇게 다루시는 것입니다."(155) 하나님의 인자하심을 생각할 때마다 절망의 자리에서도 하나님을 찬송하는 믿음을 하나님은 좋아하신다. 이 믿음은 도저히 찬송할 수 없는 절망의 골짜기에서도 하나님의 구원과 인자하심을 찬송하는 능력이다. 이 믿음의 경지가 하나님의 자녀가 가질 수 있는 최고의 경지이다.

3) 핵심 주제

하나님이 때로 우리를 절망 속으로 몰아넣으시는 것은 우리가 하나님의 인자하심을 기억하고 절망 가운데에서도 하나님을 찬송하는 순수한 믿음을 갖도록 하시기 위함이다. 그러므로 하나님이 멀리 계시는 것처럼 보이는 절망 중에서도 기도하고 찬송하는 믿음을 갖자.

4) 분석과 비평

이 설교는 전통적인 신학적 주제인 신정론의 문제와 관련이 있다. 신정론의 문제는 왜 이 땅에 악과 고통이 있으며, 의인이 고난을 당하는가 하는 것이다. 이 신정론에 대한 최종적 답은 우리 인간에게 주어져 있지 않다. 신학은 단지 그것을 여러 가지 관점에서 이해 가능한 방식으로 설명하고자 노력할 뿐이다. 신학과 달리 설교에 있어서 역경과 절망 가운데 있는 사람들에게 위로와 힘을 줄 수 있다면 그것이 가장 적절한 신정론의 모델일 것이다. 하나님이 멀리 계시는 것처럼 보이는 절망과 역경과 슬픔 가운데 있는 그리스도인들에게 이 설교보다 더 큰 위로와 힘을 주는 설교는 없을 것이다. 우리가 지나온 날의 삶 속에서 경험한 하나님의 인자하심을 의뢰하고 현재의 절망적인 상황 속에서도 끝까지 인내하고 기도하며 하나님의 영광을 찬양하는 것, 이것이 최고의 경지의 믿음이요 하나님께서 우리에게 원하시는 믿음이다.

그런데 2절의 "내 원수"를 사망으로 해석하는 것이 적절한지는 불확실하다. 3절의 "사망의 잠"이란 병상에서 나온 말이라기보다는 다윗의 목숨을 빼앗으려는 대적자들(아마도 사울 왕의 무리들)에 의해 당하게 될지도 모를 죽음을 의미하는 것으로 보는 것이 더 자연스러워 보인다. 마찬가지로 3절의 눈을 밝혀달라는 기도도 육신의 건강을 회복시켜달라는 기도라기보다는 대적자의 궤계나 함정에 빠지지 않도록 상황을 올바로 판단하고 대처할 수 있는 눈과 지혜를 달라는 기도로 이해하는 것이 더 적절해 보인다.

이 설교는 직설법에 기초한 명령법의 설교이다. 그러나 직설법, 즉 하나님의 인자하심이 명령법, 즉 하나님께 기도하고 찬송함의 근거이며 동시에 원동력이다. 더욱이 절망 가운데에서 우리가 부르는 찬송은 우리 자신의 힘으로 하는 찬송이 아니라 성령이 대신 부르는 찬송이다. 따라서 이 찬송은 인간의 과제가 아니라 궁극적으로 하나님의 은혜이다. 절망적인 상황 속에서 우리는 우리 자신의 힘과 의지가 아니라 하나님의 은혜로 찬송을 부른다. 믿음이란 이 하나님의 은혜 안에 사로잡히는 것이다.

7. 죄 없는 자가 돌로 치라[170]

1) 성서본문: 요한복음 8장 1-11절

2) 주요 내용

---

170) 옥한흠, 『요한이 전한 복음 2』 (서울: 국제제자훈련원, 2012), pp. 383-399.

본문의 이야기에서 바리새인과 서기관들의 목적은 여자의 죄를 다루는 데 있는 것이 아니라 예수님을 함정에 빠뜨리는 데 있었다. 이들은 예수님에게 올가미를 씌우기 위해서 간음 현장에서 여인을 붙잡는 상황을 조작했을 가능성이 있다. 예수님은 딜레마의 상황에 몰렸다. 만일 예수님이 "간음 현장에서 잡혔으면 돌로 치시오"라고 말한다면, 죄인의 친구라고 알려져 있었던 예수님에게 많은 사람들이 실망을 하고 예수님을 떠날 것이다. 반대로 예수님이 "돌을 던지지 마시오"라고 말한다면 그들은 예수님을 율법을 어긴 죄로 고발할 수 있었다. 우리는 바리새인과 서기관을 통해 사람이 근본적으로 악한 존재임을 다시 확인할 수 있다. 인간이 내세우는 선을 의지하지 마라. 오히려 겉으로 선하게 보이는 사람일수록 조심하라. 악한 자가 세상에 너무 많다. 사람을 하나님 믿듯이 믿으면 안 된다.

예수님은 "나도 너를 정죄하지 아니하노라. 그러니 평안히 돌아가라"고 말씀하셨다. 예수님은 죄를 너무 가볍게 보시는 것이 아닌가? 그렇지 않다. 예수님은 "너희 중에 죄 없는 자가 먼저 돌로 치라"(7)고 말씀하셨다. 여기서 "죄 없는 자"란 "간음죄를 범하지 않은 자"를 의미한다. 왜 그들이 예수님의 이 말에 꼼짝을 못했는가? 그 이유는 예수님에게서 하나님의 영광과 권위를 보았기 때문이다. 그 한마디 말이 주변에 서 있는 사람들의 양심을 찌르고 깊이 들어왔다. 그들 모두 가책을 받았다. 하나님 앞에서 나는 죄가 없다고 말할 수 있는 사람은 아무도 없다.

한 사람도 남지 않고 다 도망갔다는 것은 하나님의 말씀 앞에서는 인간의 양심이 작동한다는 사실을 보여준다. 하나님의 말씀 앞에서는 양심이 공포를 이기지 못하고 소리를 지른다. 하나님의 말씀이 바로 들리는 곳이면 가룟 유다와 같은 사람의 양심도 되살아난다. 교회가 해야 될 중요한 사명은 세상을 향해서 하나님의 말씀이 들리도록 하는 것이다. 교회는 하나님의 음성 앞에서 자기 양심의 소리를 듣는 곳이다. 하나님의 음성 앞에서 자기 양심의 소리를 듣는 교인들은 서로를 향해 돌을 던지지 않는다. 손에서 돌을 내려놓고 모두가 서로를 용서하고 감싸준다. 이것이 아름다운 교회이다. 우리는 모두 주님의 음성 앞에서 내 양심의 소리를 듣는 하나님의 자녀가 되어야 한다. 우리가 양심의 가책을 느낀다면 우리에게는 소망이 있다. 왜냐하면 그것은 주님의 음성을 듣고 있는 증거이기 때문이다.

예수님은 "나도 너를 정죄하지 아니하노니"(11)라고 말씀하셨다. 이 말씀은 십자가의 죽음을 생각하면서 하신 말씀이다. "내가 너를 대신해서 돌에 맞으마. 내가 너의 죄를 짊어지고 죽어주마. 그러나 딸아 안심하라. 내가 너를 용서하노라."(396) 예수님의 용서는 자신의 생명을 담보로 한 용서이다. 우리 편에는 손쉽게 받는 용서이지만, 하나님 편에서는 자기 아들을 희생시키면서 하시는 용서이다.

예수님은 "가서 다시는 죄를 범치 말라"(11)고 말씀하셨다. 사실상 우리는 또 다시 죄를 지을 수밖에 없는 인간들이다. 예수님이 이렇게 말씀하신 까닭은 이 여자가 예수님의 십자가를 볼 것을 아셨기 때문이다. 십자가의 은혜가 그 여자를 사로잡으면 그는 죄짓는 생활을 계속하지 못할 것이다. "죄가 너희를 주관치 못하리니 이는 너희가 법 아래 있지 아니하고 은혜 아래 있음이니라"(롬 6:14). "십자가의 은혜가 이 여자를 붙드는 이상 더 이상 죄짓는 곳으로 다시 돌아가지 못합니다."(398)

우리가 사는 길은 오직 십자가의 은혜에 붙들려 사는 것이다. "항상 십자가를 가까이 하십시오. 그리고 그 십자가가 나를 대신한 십자가라는 것을 고백하십시오. 그 죽음이 나의 죽음을 대신한 것이고 내가 돌에 맞아 죽어야 될 것을 대신 돌에 맞아 죽으신 죽음이라는 것을 인정하십시오. 그리고 그 십자가를 꼭 붙드십시오. 그러면 세상이 아무리 소돔과 고모라처럼 악해지고 음란해져도 우리는 승리할 수 있습니다."(399)

3) 핵심 주제

"죄 없는 자가 돌로 치라"는 예수님의 말씀은 바로 하나님의 말씀이다. 이 말씀 앞에서 인간은 양심의 가책을 받지 않을 수 없다. 교회는 이러한 하나님의 말씀이 들려지는 곳이 되어야 한다. "나도 너를 정죄하지 아니하노니"(11)라는 예수님의 용서는 자신의 생명을 담보로 한 용서이다. "가서 다시는 죄를 범치 말라"는 예수님의 말씀은 십자가의 은혜에 사로잡힌 자는 죄를 지을 수 없다는 말씀이다. 십자가의 은혜에 붙들려 살 때 우리는 죄에 대하여 승리할 수 있다.

4) 분석과 비평

이 설교는 강해설교로서 각 구절들에 대한 주석에 치중하고 있기 때문에 하나의 중심적 주제를 찾기 어렵다. 그러나 결론은 예수님의 십자가의 죽음을 통한 인간의 죄 용서에 초점이 맞추어지고 있다. 이 설교의 독특성은 "너희 중에 죄 없는 자가 먼저 돌로 치라"라는 구절과 "나도 너를 정죄하지 아니하노니"라는 구절에 대한 해석에 있다. "너희 중에 죄 없는 자가 먼저 돌로 치라"는 말씀은 예수님이 직면한 딜레마적인 상황에서 율법을 위반하지 않고 여인을 살려내시기 위한 말씀이라고 할 수 있다. 이 상황에서 예수님의 관심의 초점은 죄인으로 정죄당하고 돌에 맞아 죽음을 당할 위기에 놓인 한 여인의 죄를 용서하고 구원하시는 데 있다. 그런데 설교자는 "너희 중에 죄 없는 자가 먼저 돌로 치라"는 구절이 인간의 양심에 가책을 가져오는 하나님의 말씀이라고 설명한다. 그리고 교회는 이러한 하나님의 말씀을 들어야 하며 또한 들려줌으로써 양심을 일깨우는 책임을 수행해야 한다고 강조한다. 이 구절에 나타나는 예수님의 말씀의 목적이 과연 모든 인간의 죄를 드러내고 정죄하는 데 있었을까?

설교자는 "나도 너를 정죄하지 아니하노니"라는 구절을 대속교리의 관점에서, 즉 예수의 십자가의 죽음의 관점에서 해석한다. 본문의 사건이 일어난 현장에서 예수님이 그 여인에게 하신 말씀이 과연 자신의 십자가의 죽음을 생각하면서 하신 말씀일까? 이 본문을 본래적 상황과 별 관계가 없어 보이는 십자가 대속의 관점에서 읽는 것은 영적 해석으로 볼 수도 있지만 알레고리적인 해석에 더 가까운 것처럼 보인다. 물론 영적 해석과 알레고리 해석이 언제가 분명하게 구별되는 것은 아니지만, 이러한 해석이 해석학적으로 타당한지에 대해서는 논란의 여지가 있을 수 있다. 우리는 이 본문을 십자가의 대속과 직접 연결시키기보다는 그 구체적인 상황 속에서의 예수님의 사랑과 용서의 행위 자체에 좀 더 집중해야 할 필요가 있다. 왜냐하면 예수님이 세상에 오신 목적이 바로 죄인을 불러서 구원하기 위함이며, 실제로 예수님은 세리, 창기와 같은 죄인들의 친구가 되셨기 때문이다. 예수님의 관심의 초점은 모든 사람이 죄인임을 깨닫도록 하는 데 있는 것이 아니라, 세상에서 죄인이라고 정죄받는 사람들을 더욱 불쌍히 여기시고, 그 어떤 죄인이라도 불러서 구원하시려는 데 있었다.

제3장 이동원(1945-)

    이동원 목사는 가난과 질병과 가정의 문제 등으로 힘들고 어려운 젊은 시기를 보냈다. 그는 20세가 되던 해인 1965년 8월에 갈라디아서 2장 21절을 통해 십자가의 복음을 깨닫고 자신이 "다메섹의 경험"이라고 부르는 거듭남의 경험을 했다고 한다. 그는 복음적이고 열정적인 스펄젼의 설교에 깊은 감동을 받고 그를 영적 멘토로 삼아 그와 같은 복음적이고 열정적인 설교와 목회사역의 비전을 키웠다. 그는 1971년 미국 디트로이트 성경학교에 입학하여 공부하였으며, 1975년 미국에서 침례교회 목사가 되었다. 그리고 그는 1984년에 사우스이스턴뱁티스트신학교에서 석사학위를, 1993년에 트리니티 신학교에서 선교학박사 학위를 받았다. 그는 자신의 어렵고 힘들었던 젊은 시절의 경험으로 인해 젊은이들을 위한 복음사역에 헌신하고자 결심한 바 있다.

    이동원 목사는 "설교는 인간의 죄에 대한 하나님의 용서의 선포이고, 인간의 필요에 대한 하나님의 도우심의 선포이며, 인간의 질문에 대한 하나님의 대답의 선포이다."라고 설교를 정의한다.[171] 그는 설교사역을 최고의 보람된 일로 여기며, 웨슬리를 따라 "나는 설교하기 위해서 살고 있습니다."라고 말한다.[172] 그는 설교를 통해 세 가지 목적을 지향한다고 한다. 첫째는 구원이다. 예수님을 믿지 않는 사람들, 교회에 나와도 구원을 경험하지 못하는 사람들이 예수님을 분명히 알고 구원을 경험하는 것이다. 둘째, 구원을 받았는데 영적

---

171) 이동원, 『청중을 깨우는 강해설교』 (서울: 요단출판사, 1991), p. 301.
172) Ibid., pp. 301-302.

으로 자라지 못하는 성도, 성숙하지 못하는 성도를 영적 성숙의 단계로 인도하는 것이다. 셋째, 하나님 나라의 가치관에 있어서 필요한 내용을 잘 전달하는 것이다.

이동원 목사의 설교는 삶의 구체적인 상황에서 시작하는 귀납법적 강해설교의 특징을 보여준다. 그는 성서의 본문을 회중의 삶의 정황과 연결시키는 데 뛰어난 능력을 발휘한다. 그에 따르면 귀납법적 접근은 성서적으로 감격과 상상력을 주는 방법이며, 시각적으로 감각적인 현대인에게 부응하는 설교전달 수단이며 생리학적으로 인간의 두뇌에 가장 창의적인 호소력을 줄 수 있는 방법이다.[173] 그의 초기 설교들은 전형적인 강해설교로서 비교적 성서의 본문에 대한 충실성을 보여준다. 그는 어떤 신학적 또는 교리적 관점에서 설교하기보다는 성서본문에 귀납적으로 접근하여 성경공부를 하듯이 한 구절씩 설명해 나가는 강해설교의 형식을 늘 사용한다. 그러나 후기의 설교들로 갈수록 그는 자신이 설교하고자 하는 주제를 전달할 수 있는 성서의 본문을 택하여 그 본문으로부터 몇 가지의 주제를 이끌어내어 설교하는 경향을 보여준다. 주제설교와 강해설교가 혼용된 이러한 유형의 설교는 이른바 주제강해설교라고 불린다. 그의 설교는 대부분 세 개의 대지로 구성되며 때에 따라 네 개 또는 두 개의 대지로 구성되기도 한다.

이동원 목사가 1993년 11월 분당에서 개척한 지구촌교회는 2008년 현재 출석교인이 2만 명에 이르는 대형교회로 성장하였다. 지구촌교회의 놀라운 성장은 전적으로 이동원 목사의 열정적이고 감동적인 설교의 힘에 의한 것이라고 해도 과언이 아니다.

1. 눈물의 골짜기를 지나갈 때에[174]

1) 성서본문: 시편 84장 5-7절

---

173) Ibid., pp. 136-140.

2) 주요 내용

이승복은 『기적은 당신 안에 있습니다』라는 자서전에서 자기의 인생 이야기를 들려준다. 그는 어린 나이에 미국에 이민 간 교포로서 체조 선수로서의 꿈을 키우다 연습도중 사고를 당해 사지가 마비되는 장애인이 되었다. 그러나 그는 절망을 이기고 의학을 공부하여 존스 홉킨스 병원의 재활 의학 수석 전문의가 되었다.

시편 84편은 순례자의 시편이라 불린다. 이 시편은 순례자가 눈물의 골짜기라고 불리는 메마른 골짜기를 지나 마침내 시온에 도달하게 되는 것을 노래한다. 눈물의 골짜기를 지날 때 우리가 할 일은 무엇인가? 첫째, 하나님의 비전을 잉태해야 한다. "기적의 사람들은 모든 희망이 사라진 상황에서도 그 마음속에서 희망을 버리지 않습니다. 아니 하나의 희망이 사라진 자리에서 새로운 희망을 꿈꾸는 것입니다."(230) "주께 힘을 얻고 그 마음에 시온의 대로가 있는 자는 복이 있나이다"(시 84:5). 이것이 비전이다. 이승복은 『돌봐야 할 세상』이란 책을 읽고 새로운 꿈을 꾸기 시작했다. 또한 그는 친구로부터 성서 이야기를 전해 듣고 주님을 영접하고 거듭난 후에 하나님이 자신을 위한 완벽한 계획을 갖고 계심을 믿게 되었으며 하나님의 비전을 갖게 되었다.

둘째, 하나님의 위로를 경험해야 한다. 이승복은 절망스런 시기에 성서를 통하여 하나님의 위로를 경험하였다. 그리고 엘런 로젠필드 컬럼비아공중보건대학원 원장의 위로와 격려를 통해 의대에 합격하게 된다. "그들이 눈물 골짜기로 지나갈 때에 그곳에 많은 샘이 있을 깃이며 이른 비가 복을 채워주나이다"(시 84:6). 메마른 골짜기에도 샘이 솟는 곳들이 있다. 그리고 초막절 순례자들의 여행 계절인 10월-11월에도 이른 비가 계곡을 적시는 기적이 일어난다. 기적은 일어난다. 기적은 기적을 믿은 사람들에게만 일어난다. "기적은 당신 안에 있습니다."

---

174) 이동원, 2006년 7월 9일 지구촌교회 설교.『그 말씀』, 통권 211호 (2007년 1월), pp. 229-235.

셋째, 하나님의 능력을 힘입어야 한다. "그들은 힘을 얻고 더 얻어 나아가 시온에서 하나님 앞에 각기 나타나리이다"(시 84:7). 하나님의 백성이 인생 순례의 여정에 절망스런 골짜기가 있는 이유는 하나님의 능력만 의뢰하게 하기 위함이다. 고린도후서 1장 8-9절에서 바울은 살 소망이 끊어지는 상황을 경험하고 이렇게 고백했다. "이는 우리로 자기를 의뢰하지 말고 오직 죽은 자를 다시 살리시는 하나님만 의뢰하게 하심이라." 비밀은 하나님의 능력에 있다. 이승복을 다시 일으킨 것도 동일한 하나님의 능력이었다. 『기적은 당신 안에 있습니다』 첫 장에 이승복이 좋아하는 글로리아 게이노의 노래 가사가 소개되어 있다. "무너지지 않기 위해 안간힘을 썼지. 부서진 마음의 조각들을 붙이느라 정말 힘들었어. 나 자신을 불쌍해하며 많은 밤을 보냈어. 나는 울곤 했지. 하지만 이제 나는 고개를 높이 들고 있어 보여? 나는 이제 새로운 사람이야 난 이겨낼거야 난 이겨낼거야."(235)

하나님은 골짜기에 임재하신다. 지금 눈물의 골짜기를 지나고 있는가? 이 골짜기에 임재하시는 하나님을 만나라.

3) 핵심 주제

우리는 눈물의 골짜기를 지날 때, 하나님의 비전을 가져야 하며, 하나님의 위로를 경험해야 하며, 하나님의 능력을 힘입어야 한다. 우리는 이 골짜기에서 이곳에 임재하시는 하나님을 만나야 한다. 그러면 이승복에게 일어났던 기적이 우리의 인생에도 일어날 수 있다.

4) 분석과 비평

이 설교는 강해설교와 주제설교가 결합된 이른바 주제강해설교의 형식을 보여준다. 즉 이 설교는 성서본문을 세 개의 대지 아래에서 차례대로 설명한다. 이동원 목사는 설교의 대지를 구성할 때, 본문 순서형, 논리 순서형, 점진적 개요형으로 구분하여 구성한다고 한다. 이 설교는 첫 번째에 해당하는 본문 순서형에 해당한다고 할 수 있다.[175] 본문 순서형이란 설교 본문의 성경구절의 순서를 따라 개요를 작성하는 것을 말한다.

이 설교는 시편 84편 5-7절에 기초해서 본문의 순서에 따라 세 개의 대지를 말한다. 5절 "주께 힘을 얻고 그 마음에 시온의 대로가 있는 자는 복이 있나이다."로부터 첫째 대지인 "하나님의 비전을 잉태하십시오."가 제시된다. 5절 "그들이 눈물 골짜기로 지나갈 때에 그 곳에 많은 샘이 있을 것이며 이른 비가 복을 채워 주나이다."로부터 두 번째 대지인 "하나님의 위로를 경험하십시오"가 제시된다. 그리고 7절 "그들은 힘을 얻고 더 얻어 나아가 시온에서 하나님 앞에 각기 나타나리이다."로부터 셋째 대지인 "하나님의 능력을 힘입으십시오"가 제시된다.

그런데 이 설교에는 성서본문 외에 또 하나의 텍스트가 나타난다. 그것은 『기적은 당신 안에 있습니다』라는 텍스트이다. 이 설교에서 이승복의 이야기는 단순한 예화가 아니다. 이 설교 내용의 반 이상이 이승복의 이야기로 채워져 있다. 말하자면, 이 설교는 성서 텍스트와 더불어 이승복의 『기적은 당신 안에 있습니다』이라는 또 하나의 텍스트에 의해 전개된다. 이 설교에서 성서본문과 이승복의 인생이라는 두 텍스트 사이의 이야기의 합류 또는 지평융합이 이루어지고 있다고도 할 수 있다. 지평융합이란 해석학적으로 바람직한 것이다. 하지만 이 설교에서는 사실상 이승복 텍스트가 성서 텍스트보다 더 지배적인 영향력을 발휘하고 있으며, 성서는 이승복의 기적의 가능성을 입증하기 위한 보조 텍스트로서 기능하는 것처럼 보인다. 따라서 이 설교에서 성서 텍스트에 대한 올바른 이해로서의 해석학적 지평융합이 이루어지고 있는지 의문이 든다.

설교자의 주제는 분명하다. 그것은 고단하고 어두운 삶 속에서도 꿈을 가져야 한다는 것이다. 그는 이 꿈을 하나님의 비전이란 이름으로 제시함으로써 꿈의 실현 가능성에 대한 확신을 가져다준다. 왜냐하면 하나님의 비전은 하나님의 임재와 위로와 능력에 의해 반드시 이루어질 것이기 때문이다.(따라서

---

175) 이동원, 『설교클리닉』, 2006년 8월 21-24일, 설교 세미나 교재, pp. 11-12.

이 설교의 두 번째 대지[하나님의 위로], 세 번째 대지[하나님의 능력]는 첫 번째 대지[하나님의 비전]를 위한 보조적 기능에 머문다.)

역경과 고난 가운데 있는 사람들에게 미래에 대한 희망의 메시지를 전하는 것은 매우 좋은 일이다. 기독교 복음의 본질이 미래에 대한 개방성과 희망에 있지 않은가? 그러나 어느 특정한 한 사람의 경우를 예증사례로 제시하면서 마치 모든 사람이 그와 같이 될 수 있다는 착각을 불러일으키는 설교는 바람직하지 않다. 간증설교의 문제점은 그것이 어떤 특수한 경우를 일반화시키는 경향이 있다는 점이다. 명문 다트머스 의대를 가고 하버드 의대 인턴과정을 수석으로 졸업하고 세계 최고의 병원인 존스 홉킨스 의대를 졸업하는 것은 아주 예외적이고 독특한 경우이다. 이러한 예화는 평범한 보통 사람들(여기에는 나도 포함된다)에게 실현 가능성 없는 허황된 환상을 불러일으키든지 아니면 심각한 위화감이나 열등감을 불러일으켜 그들의 소박한 꿈조차 꺾어 버릴 수 있다.

이 설교가 성서 텍스트에 대한 올바른 이해를 가능하게 하는 해석학적 지평융합을 구현하고 있다고 보기 어렵게 만드는 본질적인 문제는 이것이다. 설교자가 말하는 꿈, 또는 하나님의 비전이란 무엇인가? 그것은 이승복처럼 역경을 딛고 일어나 명문 다트머스 의대를 거쳐 하버드대학교 의대 인턴과정을 수석으로 졸업하고 세계 최고의 병원인 존스 홉킨스의 의사가 되는 것을 말하는가? 이것이 순례자가 눈물의 골짜기를 지나 마침내 도달해야 할 시온인가? 이승복이 눈물의 골짜기에서 성서를 통해 만난 하나님은 이와 같은 세상에서의 성공을 위한 "완벽한 계획"을 가지고 계신 분인가? 성서본문의 시온이 상징하는 구원론적 의미가 과연 그런 것인가?

마지막으로 한 가지만 더 첨언하자면, 하나님의 비전은 우리가 잉태하는 것이 아니다. 하나님의 비전이란 하나님이 우리를 위하여 가지신 신비하고 놀라운 계획을 의미한다. 물론 하나님의 비전을 나의 비전으로 만들고 그것을 실현하기 위한 나의 노력도 중요하다. 그러나 근본적으로 하나님의 비전은 인간 내면의 주관성 안에서 잉태되는 것이 아니라, 성령의 내적 조명을 통하여 발견되고 깨달아지고 받아들여져야 하는 것이며, 본질적으로 세상에서의 성공신화와는 아무 관계가 없는 것일 수 있다.

2. 마리아의 찬가[176]

1) 성서본문: 누가복음 1장 46-55절

2) 주요 내용

본문은 마리아의 찬가(Magnificat)라고 불리는 찬양구절이다. 이 본문은 하나님이 누구시며 어떻게 큰일을 하셨는가를 노래한다. 마리아가 예수님을 잉태하는 과정에서 경험한 하나님은 한마디로 긍휼의 하나님이다(1:50, 54). 긍휼이란 죄의 결과로 빚어진 비참한 인생을 향해서 베풀어지는 하나님의 사랑을 나타낸다.

마리아가 경험한 하나님의 긍휼은 어떤 긍휼인가? 첫째, 그것은 마리아의 선택에 나타난 하나님의 긍휼이다. "긍휼하심이 두려워하는 자에게 대대로 이르는도다"(1:50). 마리아는 자신을 비천한 존재로 표현한다. "그의 여종의 비천함을 돌보셨음이라"(1:49). 이 단어는 낮은 신분을 나타내며, 이 단어에는 열등감이 배어 있다. 이 단어는 나사렛에 사는 가난한 소녀가 다른 사람들과 비교하면서 가지고 있었던 열등감을 표현한다. 또한 마리아는 두려움에 사로잡혀 있었다. 결혼하지 않은 처녀가 임신을 했다는 것은 죽음을 각오해야 하는 사건이었다. 이 마리아에게 하나님이 천사를 보내신다. "천사가 이르되 마리아여 무서워하지 말라 네가 하나님께 은혜를 입었느니라"(1:30). 하나님의 긍휼을 표현하는 히브리어 단어는 '엘 라훔'이다. 라훔이란 단어는 레켐이린 단어에서 유래했다. 레켐은 어머니의 자궁이란 뜻이다. 하나님의 긍휼은 생명을 품고 생명을 낳는 여인의 자궁과도 같은 것이다. 하나님의 긍휼은 열등감과 두려움을 넘어설 수 있게 한다. 오늘 우리의 열등감과 두려움은 무엇인가? 우리는 마리아에게 부어주셨던 그 하나님의 긍휼을 구해야 한다.

둘째, 이스라엘의 선택 속에 나타난 하나님의 긍휼을 생각해 보자. 이 당

---

176) 이동원, 2000년 12월 17일 지구촌교회 주일설교.

시 이스라엘 민족은 로마의 식민지로서 노예생활을 하고 있었다. 마리아를 통해서 이스라엘 민족이 기다려 왔던 메시아, 그들에게 자유과 해방과 구원을 가져올 메시아가 탄생한다. 이것은 이스라엘 민족에게 찾아오신 하나님의 긍휼을 의미한다. 오늘 우리 민족에게도 하나님의 긍휼이 필요하다. 이 어려운 경제난국의 시기에 우리 민족은 또 한 번 낮아져야 한다. 낮아지고 겸손해져서 하나님의 긍휼을 구하여야 한다.

교만한 사람은 두 가지 특징이 있는데, 첫째는 자기의 잘못을 인정하지 않는 것이며, 둘째는 용서나 도움을 정직하게 구하지 않는 것이다. 한국 사람은 미국사람과는 달리 'I am sorry' 'Thank you'라는 말을 잘 하지 않는다. 이것은 잘못을 정직하게 인정하는 겸손함이 한국 사람의 문화나 라이프 스타일이 되지 못하고 있기 때문이다. 우리는 다시 낮아질 줄 알아야 한다. 우리는 겸허의 자리에서 하나님의 긍휼을 구해야 한다.

세 번째로 우리는 우리의 선택에 나타난 하나님의 긍휼을 생각해 보아야 한다. 에베소서 2장 8절에 "너희는 그 은혜에 의해서 믿음으로 말미암아 구원을 받았으니 이것은 너희에게서 난 것이 아니요 하나님의 선물이라"라 말씀한다. 우리의 구원은 우리의 행위가 아니라 하나님의 은혜의 선물이다. 그런데 앞에 있는 구절인 에베소서 2장 4절에 "긍휼이 풍성하신 하나님이 우리를 사랑하신 그 큰 사랑을 인하여 허물로 죽은 우리를 그리스도와 함께 살리셨고"라고 말씀함으로써 긍휼을 은혜보다 앞서서 강조한다. 우리는 하나님의 긍휼 때문에 구원받고 여기까지 올 수 있었다.

크리스마스 사건은 하나님이 우리를 긍휼히 여겨주셔서 아기 예수를 보내주신 사건이다. 예수님은 무리를 보실 때 그들을 불쌍히 여기셨다. 영어로는 'compassion'이란 단어이다. 같이 느낀다는 말이다. 우리의 주님은 우리의 아픔, 좌절, 낙심, 절망을 같이 느끼고 아파하시고 불쌍히 여기시는 분이다. 우리는 이 시점에 다시 한 번 그분 앞에 나아와 긍휼을 빌어야 한다. 교만한 바리새인이 아니라 세리처럼 우리는 자신을 낮추고 하나님께 "저를 불쌍히 여겨주세요." 하고 기도해야 한다. 비천하고 두려움 많은 소녀가 하나님의 긍휼을 체험하고 찬양을 시작한 것과 동일한 하나님의 긍휼을 체험하는 크리스마스가 되기를 축원한다.

3) 핵심 주제

본문의 마리아 찬가에는 하나님의 긍휼이 나타난다. 이 긍휼은 어떤 긍휼인가? 첫째, 그것은 비천하고 두려워하는 마리아의 선택에 나타난 하나님의 긍휼이다. 우리는 마리아에게 부어주셨던 그 하나님의 긍휼을 구해야 한다. 둘째, 이 긍휼은 이스라엘의 선택과 찾아오심 속에 나타나는 하나님의 긍휼이다. 우리 민족은 낮아지고 겸손해져서 하나님의 긍휼을 구하여야 한다. 셋째, 우리는 우리의 선택에 나타난 하나님의 긍휼을 기억해야 하며, 자신을 낮추고 겸손하게 하나님의 긍휼을 구하여야 한다. 크리스마스는 하나님의 긍휼을 새롭게 경험하는 절기가 되어야 한다.

4) 분석과 비평

설교자는 마리아가 처녀의 몸으로서 임신을 한 것은 당시의 봉건적 사회구조 속에서 큰 스캔들이었으며 따라서 마리아는 엄청난 두려움에 사로잡혀 있었다고 말한다. 그리고 설교자는 마리아가 두려움을 갖고 있었음에도 불구하고 주님이 마리아에게 다가오셨다고 말한다. 설교자는 이를 뒷받침하기 위하여 누가복음 1장 30절을 인용한다. "마리아여 무서워하지 말라 네가 하나님의 은혜를 얻었느니라." 그러나 이러한 설명은 본문에 대한 정확한 이해에 기초한 것이 아니다. 누가복음 1장 30절의 천사의 말은 마리아가 처녀의 몸으로서 임신을 하고 두려워하고 있을 때 주어진 말이 아니다. 이 말은 앞으로 마리아가 임신을 하게 될 것을 예고하는 말이다. 이 사실은 바로 그 다음절에 분명히 나타난다. "마리아여 무서워하지 말라 네가 하나님께 은혜를 입었느니라. 보라 네가 잉태하여 아들을 낳으리니 그 이름을 예수라 하라"(눅 1:30-31).

따라서 본문에서 마리아가 무서워한 이유는 (임신을 했기 때문이 아니라)

바로 천사가 그녀에게 나타났다는 사실 자체에 있다. 이것은 이 본문의 앞부분에 기록되어 있는 사가랴의 경우도 마찬가지이다(눅 1:11-13). 그러므로 본문에 나타난 상황을 정확하게 표현하자면 마리아의 두려움에도 불구하고 주님이 오신 것이 아니라 마리아가 천사가 자신에게 나타난 두려움의 사건 속에서 주님의 말씀에 순종한 것이다. "주의 여종이오니 말씀대로 내게 이루어지이다"(1:38). 여기서 두려움이란 하나님의 임재 앞에서 경험하는 떨림과 경외의 감정을 의미한다. 본문 1장 50절 "긍휼하심이 두려워하는 자에게 대대로 이르리로다"에서 두려워하는 자는 하나님이 없는 어둠 속에서 두려워하는 자라기보다는 하나님을 경외하고 하나님의 현존 앞에서 두려워하는 자란 의미로 이해되는 것이 옳다. 따라서 이 본문의 의미를 올바로 표현하자면 하나님은 하나님을 두려워함에도 불구하고 긍휼을 베푸시는 것이 아니라 바로 두려워하기 때문에 긍휼을 베푸시는 것이다.

설교자는 자신을 비천한 계집종이라고 표현하는 마리아의 내면에는 다른 사람들과의 비교에서 오는 열등감이 배어 있다고 말한다. 과연 그러한가? "내 마음이 하나님 내 구조를 기뻐하였음은 그의 여종의 비천함을 돌보셨음이라"(1:47-48)라는 본문에서 비천함의 의미가 다른 사람과의 비교에서 오는 열등감을 의미하는가? 설교자의 주장처럼 마리아가 열등감과 싸우고 있었던 소녀인가? 이것은 매우 자의적(恣意的) 해석이며 성서의 문맥과도 조화되지 않는다. 하나님을 두려움으로 경외하고 하나님의 말씀에 절대적으로 순종하는 마리아의 모습을 고려해 볼 때, 마리아의 비천함의 고백은 다른 사람들과의 비교에서 오는 열등감의 표현이라기보다 절대자이신 하나님 앞에서 경험하는 경외, 두려움, 겸비함에 대한 표현이라고 이해하는 것이 옳을 것이다. 성서본문의 본래적 의미는 메시아가 (열등감에 사로잡혀 있던 소녀의 몸이 아니라) 하나님의 말씀에 절대적으로 순종하는 소녀의 몸에서 태어나셨다는 사실을 증언하는 데 있을 것이다.

한편, "이스라엘의 선택 속에 나타난 하나님의 긍휼"이라는 소제목 아래의 설교내용은 매우 공허하다. 무엇이 이스라엘의 선택 속에 나타난 하나님의 긍휼인가? 로마의 노예생활을 하고 있던 이스라엘 민족에게 그들이 오랫동안 기다려왔던 메시아를 보내서 그들이 그토록 바라던 자유와 해방을 가져오게 하셨다는 의미인가? 아니면 무엇인가? 우리가 알다시피 이스라엘 민족은 예수를 메시아로 받아들이지 않고 오히려 십자가에 죽였다. 하나님의 긍휼이 이스라엘에게 도대체 어떻게 나타났다는 말인가? 설교자는 이에 대하여 아무런 설명도 하지 않는다.

설교자는 "이스라엘 민족의 선택 속에 나타난 하나님의 긍휼"이란 개념을 공백상태로 남겨놓고 곧장 우리 민족으로 관심의 초점을 옮긴다. 그리고 우리 민족이 낮아져야 하며 낮아져서 하나님의 긍휼을 구해야 한다고 말한다. 설교자는 우리 민족이 교만한 증거로서 자기 잘못을 인정하지 않는 것과 용서와 도움을 정직하게 구하지 않는 것을 든다. "I am sorry." 와 "Thank you."를 미국사람들처럼 잘하지 못하는 것이 교만의 증거인가? 우리 민족의 정신이나 가치관이 이 두 마디의 영어표현에 의해 분석되고 단적으로 규정될 수 있다고 생각하는 것은 매우 유아적인 사고이다. 언어 사용의 관습은 사회심리학적으로 분석되어야 할 성격의 문제이지 단순히 도덕적 또는 종교적 관점에서 단정되거나 단죄될 수 있는 성격의 문제가 아니다.

마리아의 찬가로부터 하나님의 긍휼이란 주제를 설교하고자 한다면 성서본문에 보다 더 집중할 필요가 있다. 세 개의 대지가 나온다면 그것은 마리아의 선택, 이스라엘의 선택, 우리의 선택이라는 자의적 관점에서가 아니라 모두 성서본문으로부터 나와야 한다. 그러기 위해서는 성서본문에 대한 보다 충실한 주석적 숙고가 요구된다. 마리아의 찬가는 46-50절과 51-55절의 두 연으로 구분되는 찬송시의 형식으로 이루어져 있다. 46-50절은 주로 미리이 개인에게 베푸신 하나님의 능력과 은혜를 찬양하고 있으며, 51-55절에서는 그러한 구원의 소망이 사회적 영역까지 확장되고 있다.[177] 첫째 연과 둘째 연은 모두 결론 부분에서 하나님의 긍휼을 말하고 있다. 따라서 마리아 찬가의 주제는 하나님의 긍휼의 언약이라고 할 수 있다.

그런데 설교자는 본문 1장 46-55절 가운데에서 단지 한 두 구절에 나타나

---

177) 김득중, 대한기독교서회 창립 100주년 기념주석, 『누가복음 1』, p. 143.

는 몇 개의 단어에 의존하여 대지를 세우고 설교를 전개한다. 이것은 올바른 강해설교의 자세가 아니다. 무엇보다 설교자는 둘째 연의 52-53절 "권세 있는 자를 그 위에서 내리치셨으며 비천한 자를 높이셨고 주리는 자를 좋은 것으로 배불리셨으며 부자는 빈손으로 보내셨도다."에 나타나는 사회, 정치, 경제적 차원에서의 현실의 역전을 가져오는 하나님의 긍휼에 관해서는 침묵한다. 마리아의 찬가 둘째 연에 나타나는 하나님의 긍휼은 54-55절에서 나타나는 것처럼 조상에게 말씀하신 것, 아브라함과 그 자손에게 영원히 행하시는 것으로서의 구약의 언약의 맥락 안에 있다. 구약에서 이러한 하나님의 언약적 긍휼은 '헤세드'로 표현되는데, 이것은 사회적 약자들에 대한 하나님의 신실한 행동의 의미를 담고 있다.

마리아의 찬가의 둘째 연에 나타나는 하나님의 사회적 변혁과 역전에 대한 언급은 누가복음 4장의 예수님의 취임설교에 나타나는 것과 동일하게 사회적 약자를 위한 하나님 나라의 급진적 비전을 담고 있다고 할 수 있다. 설교자는 구약과 신약 특히 누가복음을 관통하여 흐르는 "사회적 약자를 위한 하나님의 긍휼"이라는 핵심적 주제를 철저히 외면한다. 그는 2000년 12월에 누가복음 1장의 마리아 찬가를 세 주일에 걸쳐 설교했는데, 본 설교 외의 다른 두 설교에서는 더욱 마리아 찬가를 사회적 차원과 동떨어진 개인적인 실존적 차원에서만 다루고 있다. 이것은 교회의 놀라운 성장과 부흥을 가져오는 보수적인 복음주의 설교의 한계인가?

3. 아름다운 선택 - 전도[178]

1) 성서본문: 고린도전서 9장 16-17절

2) 주요 내용

---

178) 이동원, 2009년 9월 27일 지구촌교회 설교.

태어남(birth)과 죽음(death) 사이에 있는 인생은 선택(choice)이다. 인생은 선택으로 만들어진다. 가장 중요한 선택은 신앙의 선택이다. 예수 그리스도를 주님으로 선택하는 것이 가장 중요하다. 신앙생활의 선택 중의 하나가 전도이다. 한미준(한국교회의 미래를 준비하는 모임)의 설문조사에 의하면 한국교회 개신교 교인들의 73.6%가 1년에 한 사람도 전도하지 않는다. 우리는 전도하는 선택을 할 것인가 전도하지 않고 살아가는 교인의 삶을 선택할 것인가?

본문에서 바울은 전도를 의무라고 말한다. "내가 복음을 전할지라도 자랑할 것이 없음은 내가 부득불 할 일임이라. 만일 내가 복음을 전하지 아니하면 내게 화가 있을 것이로다"(9:16). "부득불 할 일"이란 의무를 의미한다. 복음전도는 해도 좋고 안 해도 좋은 옵션(option)이 아니라 주님의 명령이다. 사복음서의 결론은 모두 한결같이 복음을 전하라는 것이다. 사도행전 1장도 복음전파를 명령한다.

바울은 또한 전도를 특권이라고 말한다. "내가 내 자의로 이것을 행하면 상을 얻으려니와"(9:17). 전도를 자의로 즐거워서 한다면 상이 따라올 것이다. 상급이 약속되어 있기 때문에 전도는 즐거운 특권이다. 그런데 상급은 어떤 것인가? 바울은 말한다. "그런즉 내 상이 무엇이냐 내가 복음을 전할 때에 값없이 전하고 복음으로 말미암아 내게 있는 권리를 다 쓰지 아니하는 이것이로다"(9:18). 역설적으로 바울은 전도할 때에 대가를 바라지 않고 전도하는 것 자체가 상급이라고 말한다.

병원에서 십년 이상 환자들을 돌보는 자원봉사를 하는 권사님이 있었다. 어느 해 추석에 원장이 권사님에게 200만원을 넣은 봉투를 전달했는데, 그 봉투를 받은 권사님이 원장에게 달려와서 이렇게 말했다고 한다. "원장님 어째서 제 상급을 빼앗아 가려고 하십니까? 제가 이것을 받으면 저는 여기서 더 이상 기쁨으로 일을 할 수가 없습니다. 제가 상급을 받을 수 있도록 다시 이것을 돌려받아 주십시오." 기쁨으로 전도하는 것 자체가 상급이다.

바울은 전도가 사명이라고 말한다. "내가 자의로 아니한다 할지라도 나는 사명을 받았노라"(9:17). 사명은 희랍어 'oikonomian'으로서 집을 의미하는

'oikos'와 율법을 의미하는 'nomos'의 합성어이다. 이 말은 원래 집안일을 위해 맡겨진 청지기적 사명을 뜻한다. 집주인이 집안일을 믿을 만한 청지기에게 맡길 때 그 직분을 'oikonomos'라고 한다.

전도의 사명은 하나님이 천사에게도 맡기지 않고 오직 자녀들에게만 맡겨 주신 사명이다. '주 내게 부탁하신 일 천사도 흠모하겠네'라는 찬송가의 작시자는 엘라이져 캐슬이다. 이 분은 복음을 전하는 일이 너무 좋아서 60세가 넘어 목사가 되어 덴버의 한 작은 침례교회 목사가 되었다. 그가 교회로 부임한 지 한 달이 되지 못하여 부인이 교통사고로 세상을 떠났다. 그 부인의 장례식에서 온 교인이 이 찬송을 불렀다. "우리가 지금은 나그네 되어도 화려한 천국에 머잖아 가리니 이 세상 있을 때 주 예수 위하여 우리가 힘써 일하세 화목케 하라신 구주의 말씀을 온 세상 널리 전하세."

여러분은 어떤 선택을 하겠는가? 사명자로 살겠는가? 방랑자로 살겠는가? 전도자, 사명자의 생애를 선택하시길 바란다.

3) 핵심 주제

복음전도는 그리스도인의 의무요 특권이요 사명이다. 우리는 복음을 전하는 전도자의 생애를 선택해야 한다.

4) 분석과 비평

이 설교는 복음 전도의 당위성과 필요성을 고린도전서 9장 16-17절에 의거하여 강조하는 설교이다. 설교자는 성서의 본문을 따라가면서 세 개의 대지, 즉 전도의 의무, 전도의 특권, 전도의 사명이란 주제를 추출해 내었다. 성서본문과 세 개의 대지 그리고 두 개의 예화가 적절하게 조화를 이룬 설교이다. 아마도 회중은 마지막 부분의 예화에서 감동을 받았을 것이다.

전도의 중요성을 강조하는 설교에 대해서는 어떤 이견도 있을 수 없을 것이다. 그러나 예수 그리스도의 복음을 전하는 것이 전도라고 한다면, 그리스도의 복음의 핵심에 대하여 보다 깊이 있는 설명이 있어야 할 것이다. 정용섭 목사는 설교자가 "인간을 분석하고 처방을 내리는 수준에서만 구체적이지 실제로 설교의 중심에 뚜렷이 드러나야 할 하나님에 대해서는 일반론, 규범론, 또는 추상성에 빠져 있다"고 비판하였는데,[179] 이 비판은 적어도 이 설교에 적용 가능하다. 이 설교에는 그리스도인의 전도의 의무, 특권, 사명은 나타나 있지만 하나님과 예수 그리스도 그리고 복음의 내용에 대한 통찰력 있는 제시는 나타나 있지 않다.

아울러, 신앙을 인생의 선택의 문제로 표현하는 것은 신학적으로 부적절하고, 전도를 인생의 선택의 문제로 표현하는 것은 논리적으로 부적합하다. 선택으로서의 신앙에 대한 이해가 신학적으로 부적절한 까닭은 신앙이 무엇보다도 인간의 선택과 결단이기 이전에 하나님의 선택과 은총의 결과이기 때문이다. 물론 설교자가 이 점을 부인하는지는 확실치 않으며, 신앙에 있어서 인간의 역할이 불필요한 것도 아니다. 그럼에도 불구하고 신앙을 인간의 선택의 문제로 정의하는 것은 신학적으로 적절하다고 할 수 없다. 또한 전도를 선택의 문제로 이해하는 것이 논리적으로 부적합한 이유는 전도가 주님으로부터 받은 사명이라면, 그것은 선택의 문제라기보다는 믿음의 순종의 문제이기 때문이다. 매우 뛰어난 수사적 언어구사 능력을 자랑하는 설교자의 설교에서 이와 같은 부적절한 언어와 개념들이 종종 발견된다는 것은 다소 놀라운 일이다.

---

179) 정용섭, 『설교와 선동 사이에서』 (서울: 대한기독교서회, 2007), p. 143.

제4장 박영선 (1948-   )

　박영선 목사가 시무하는 남포교회는 철저히 설교 중심적인 예배를 보여준다. 50분 정도의 예배시간 가운데 거의 30분이 설교에 할애된다. 예배순서는 매우 단조롭고 전통적이다. 요즘 젊은 세대들이 좋아하는 경배와 찬양은 고사하고 중장년층이 좋아할 법도 한 1980년대의 복음성가도 불려지지 않는다. 따라서 예배의 분위기는 매우 보수적이고 고답적이다. 그러나 남포교회의 회중의 숫자는 이러한 예배 분위기를 좋아하는 회중이 의외로 많음을 보여준다. 물론 이 교회의 교인들이 단지 예배 분위기에 이끌려서 이 교회에 나오는 것은 아닐 것이다.
　박영선 목사의 설교에는 서론이나 도입부도 없고 결론이나 맺는 말 같은 것도 없다. 그의 설교는 곧바로 성서에 대한 주석적 설명으로부터 시작되어 한 흐름으로 전개된다. 설교의 도중에 예화는 거의 없다. 특히 예화자료집 같은 데서 가져오는 예화는 아예 없다. 그는 회중의 즐거움을 위해 예화자료를 찾아다니는 설교자가 아니다. 그의 설교는 한국교회의 전형적인 대지설교처럼 서로 다른 주제를 전하는 몇 개의(대개 3가지) 분리된 대지로 이루어지지 않고, 시종일관 하나의 주제와 논지를 전달하는 하나의 몸통으로 이루어진다.
　박영선 목사의 설교의 가장 중요한 특징은 철저히 성서 중심적이라는 데 있다. 그는 철저하게 성서의 본문으로부터 출발하는 강해설교의 형식을 고수한다. 그는 어떤 주제와 논지를 전달하기 위해 신구약성서의 여러 텍스트들에서 다양한 구절들을 인용한다. 그는 종종 성서 안에서의 간텍스트성의 해석에 의해 새로운 의미를 찾아내기도 한다. 그러나 이것은 그의 설교가 성서 텍스트가 씌어진 역사적 상황 속에서 본문의 본래적 의미에 충실하다는 것을 의미하지는 않는다. 대체로 그의 설교는 성서본문에 대한 충실한 주석을 위해 충분한 시간을 사용하기보다는 매우 신속하게 자신이 전달하고자 하는 신학적 주제로 옮겨간다.

박영선 목사는 자신의 일관된 신학적 관점을 가지고 성서의 모든 본문을 읽어낸다. 그의 성서해석과 설교의 일관된 신학적 관점은 하나님의 주권적 섭리 안에서 시작되고 완성되는 인간의 칭의와 성화이다. 그가 이와 같은 자신의 신학적 관점을 가지고 성서의 모든 본문을 해석한다는 사실에 바로 그의 성서해석과 설교의 강점과 약점이 있다. 어떤 특정한 신학적 관점에 기초한 해석학적 원리에 의해 성서 전체를 해석해내는 것은 성서 전체를 하나의 포괄적이고 통일적인 관점 안에서 이해하고자 한다는 점에서는 고무적인 일이지만, 성서의 다양한 문학적 장르와 다양한 주제들을 어떤 특정한 신학적 원리에 의해 해석함으로써 다양한 성서 텍스트들 안의 다원적 의미들을 일의적 의미로 환원함으로써 성서본문의 본래적 의미에 폭력을 가할 수 있다는 점에서는 경계해야 할 일이다.

일부 설교비평가의 분석처럼 박영선 목사가 칭의와 성화를 이분법적으로 구분하고 있는지는 분명치 않다. 그러나 그가 칭의는 하나님의 일방적인 은혜의 선택에 의한 것이며 성화는 인간 자신의 노력으로 성취해야 할 책임이라고 주장한다는 분석이나 비판은 적어도 필자가 수년간 그의 설교를 직접 들어본 바로는 사실이 아니다. 박 목사에게 있어서 성화도 하나님의 주권적 섭리 안에 있다. 그는 성화의 신비가 우리가 성화의 과정에서 항상 실패함에도 불구하고 하나님께서 결국 우리의 구원을 완성하시고 하나님의 영광의 자리에 이르게 하신다는 사실에 있다고 강조한다. 그에게 있어서 성화는 인간의 노력으로 이루어가는 것이라기보다 하나님께서 이루어가는 구원의 완성이라고 할 수 있다.

1. 성화의 신비[180]

1) 성서본문: 로마서 6장 1-4절

2) 주요 내용

하나님께서 우리를 은혜로 값없이 구원해 주셨다면 우리의 할 일은 무엇인가? 구원의 내용에는 칭의, 중생, 성화, 영화가 있다. 신분의 구원, 즉 하나님의 자녀라는 신분으로의 구원은 단번에 영원히 일어난다. 그러나 하나님의 자녀로서 성화를 통해 구원을 완성해 가는 과정은 지속적으로 일어나며, 구원의 최종적 완성, 영화된 구원의 완성은 부활의 몸으로서의 천국의 삶에서만 가능하게 될 것이다.

그러므로 은혜로 구원을 받았다는 것은 하나님의 자녀로 출생했다는 것을 의미하며, 이제 푯대를 향해 좇아가는 삶, 즉 성화의 과정이 시작되었다는 것을 의미한다. 그러므로 우리는 "은혜를 더하게 하려고 죄에 거할 수" 없다. 우리는 "그리스도를 죽은 자 가운데서 살리심과 같이" 또한 "새 생명 가운데 행하여야" 한다. 이런 의미에서 빌립보서 2장 12절에 "그러므로… 항상 복종하여 두렵고 떨림으로 너희 구원을 이루라."라고 말씀한다. 우리는 하나님의 자녀로서 신분의 구원을 얻은 자들로서 그 신분에 걸맞은 수준의 구원을 이루어 가야 하며, 영광된 완성을 지향하여야 한다.

로마서 5장 10절에서는 "우리가… 그의 아들의 죽으심으로 말미암아 하나님과 화목하게 되었은 즉 화목하게 된 자로서는 더욱 그의 살아나심으로 말미암아 구원을 받을 것이니라."라고 말씀한다. 이 구절은 부활하신 예수님이 이미 하나님과 화목하게 된 자녀를 영광의 자리에 이르게 하기 위하여 제사장 사역을 계속하심을 의미한다. 에베소서 4장 13, 15-16절은 다음과 같이 말씀한다. "우리가 다 하나님의 아들을 믿는 것과 아는 일에 하나가 되어 온전한

---

180) 박영선, 2005년 4월 27일 남포교회 주일설교.

사람을 이루어 그리스도의 장성한 분량이 충만한 데까지 이르니", "오직 사랑 안에서 참된 것을 하여 범사에 그에게까지 자랄지라. 그는 머리니 곧 그리스도라. 그에게서 온 몸이 각 마디를 통하여 도움을 받음으로 연결되고 결합되어 각 지체의 분량대로 역사하여 그 몸을 자라게 하며 사랑 안에서 스스로 세우느니라." 우리는 그리스도의 충만한 자리까지 자라가야 한다. 그리고 이것은 몸을 자라게 하는 머리가 되시는 그리스도에 의해 이루어진다. 우리의 구원이 하나님의 영광으로 채워지는 영광스런 목적지를 향해 가고 있기 때문에 우리는 "하나님의 영광을 바라고 즐거워한다."(롬 5:2)고 말할 수 있다.

현실적으로 우리는 기쁨보다는 고통을 더 많이 경험한다. 그러나 "환난은 인내를 인내는 연단을 연단은 소망을 이루는 것"(롬 5:4)이다. 우리의 소망은 하나님의 영광의 목적지에 이르는 것이다. 하나님께서 시작하신 구원과 그 구원의 영광된 완성을 하나님께서 친히 이루실 것이다. 우리가 그것을 어떻게 확인할 수 있는가? 이에 대한 답이 로마서 5장 8절에 있다. "우리가 아직 죄인 되었을 때에 그리스도께서 우리를 위하여 죽으심으로 하나님께서 우리에 대한 자기의 사랑을 확증하셨느니라." 하나님은 자신의 아들을 주시고 우리의 구원을 시작하셨다. 어떻게 하나님께서 자신의 아들을 주시고 시작하신 구원을 완성하지 않으시겠는가? 로마서 8장 30절은 이렇게 말씀한다. "또 미리 정하신 그들을 또한 부르시고 부르신 그들을 또한 의롭다 하시고 의롭다 하신 그들을 또한 영화롭게 하셨느니라." 영화롭게 되는 것은 미래의 일임에도 불구하고 완료형으로 이미 이루어진 것처럼 표현하였다. 이것은 예언적 완료로서 우리의 구원의 영광된 완성이 하나님께서 예정하신 일이기 때문에 이루어질 수밖에 없는 사실임을 강조한다. "그의 아들을 보내사 십자가에 못 박으시고 우리와 묶고 우리의 머리로 그의 몸으로 묶으신 이 사실 때문에, 우리는 우리의 구원을 중생에서 뿐 아니라, 출생과 시작에서 뿐만 아니라, 그 내용의 충만과 완성과 승리에서 믿는 것입니다."

3) 핵심 주제

구원에는 하나님의 자녀로 출생하는 신분구원과 성화의 과정으로서의 수준구원이 있다. 구원의 최종 목적지는 하나님의 영광에 이르는 것이다. 우리를 위하여 그 아들을 내어주신 하나님께서 이 구원의 완성을 이루실 것이다. 그러므로 우리는 고통과 환난 가운데에서도 영광의 완성에 대한 믿음과 소망을 가지고 앞으로 나아가자.

4) 분석과 비평

박영선 목사는 대학시절부터 인간 실존의 문제를 안고 성서를 읽었다고 한다. 그는 성서를 깊이 묵상하고 연구하는 설교자이다. 이 설교에서 그는 자신의 논지를 전개하기 위하여 11개의 성서구절을 인용한다. 그는 설교를 예화에서 예화로 이어가는 설교자와는 대조적으로 한 성서의 구절에서 다른 성서의 구절로 이어가는 설교자이다.

이 설교는 박영선 목사의 모든 설교들을 관통하는 일관된 주제이자 핵심적인 내용을 가장 잘 보여주는 대표적인 설교라고 할 수 있다. 그가 평생토록 천착해온 설교의 핵심적 주제는 칭의와 성화이다. 그는 신약성서뿐만 아니라 구약성서의 모든 본문들까지도 예외 없이 바울의 서신에 나타나는 이신칭의와 성화의 관점에서 해석한다. 개관에서 이미 언급한 바와 같이 어떤 특정한 개념에 기초한 해석학적 원리에 의해 성서 전체를 해석해내는 것은 성서의 다양한 문학적 장르와 주제들을 어떤 특정한 관점에 의해 해석함으로써 성서 텍스트의 다원적인 의미들을 환원하거나 왜곡할 위험이 있다. 성서의 모든 텍스트가 하나님의 주권 사상 안에서의 칭의와 성화의 관점에서 이해되어야 하거나 이해될 수 있는 것은 아니다.

박영선 목사는 칭의와 성화를 칼빈의 하나님의 절대주권사상의 틀 안에서 설명한다. 즉 인간이 믿음으로 의롭게 되고 구원받는 것이 인간의 선택이 아니라 전적으로 하나님의 은혜에 의한 것이듯이, 성화와 그 완성도 하나님의 주권적 섭리에 의해 이루어진다. 믿음으로 하나님의 자녀가 됨으로써 신분의 구원으로서의 구원은 이미 확정되었다. 그러나 출생된 하나님의 자녀의 삶은 이제 시작되는 것이다. 이것이 성화의 과정이다. 이 성화의 과정에 대한 박영선 목사의 설명은 매우 역설적이다. 한편으로 성화의 과정에는 "죄에 거할 수 없는" 인간의 책임성이 요청된다. 그러나 인간은 언제나 실패한다. 다른 한편, 그럼에도 불구하고 이 과정은 근본적으로 하나님에 의해 완성될 것이다. 하나님께서 우리의 구원의 영광된 완성을 친히 이루실 것이다. 그러므로 우리는 현재 실패하는 삶의 자리에 있을지라도 낙심하지 말고 약속된 영광의 완성을 바라보고 앞으로 나아가야 한다.

이와 같은 박영선 목사의 설교는 기독교인의 개인적인 신앙생활에 위로와 용기와 소망을 불어넣어준다. 그는 매우 인간적이다. 그의 설교에는 영웅의 이야기가 없다. 왜냐하면 인간은 다 실패하는 자들이기 때문이다. 성서는 영웅이나 신앙의 위인들에 관한 이야기가 아니다. 성서는 항상 실패할 수밖에 없는 우리와 같은 인간들을 통하여 하나님이 어떻게 위대한 일을 이루셨는가에 대한 증언이다. 성서가 증언하는 주제는 언제나 인간의 노력과 행동이 아니라 하나님의 주권적 행동이다. 박영선 목사의 설교가 우리에게 위로와 힘을 주는 까닭은 그의 설교가 우리에게 영웅이 될 것을 요구하지 않고 현재의 실패(그가 즐겨 사용하는 표현을 빌면 "실력 없음")를 겸손히 인정할 것을 요구하며, 이와 동시에 그럼에도 불구하고 우리의 미래가 하나님의 주권적 섭리에 의해 영화롭게 완성되어질 것이라는 사실을 누구보다도 확고하게 증언하기 때문이다.

박영선 목사의 설교에서는 기독교인의 사회적 참여나 정치적 책임성에 관한 메시지를 찾아보기 힘들다. 그의 설교의 초점은 오직 개인적 인격의 칭의, 성화, 영화에 집중되어 있다. 이것은 그가 기독교인의 사회적 참여나 정치적 책임성이 필요 없다고 생각한다는 것을 의미하지는 않는다. 단지 그는 그런 것들은 설교의 주제나 내용이 될 수 없다고 생각할 뿐이다. 따라서 박영선 목사의 설교에서의 성화의 개념에는 사회적 성화의 차원이 결여되어 있다. 그러나 개인적 인격의 성화란 결코 사회적 책임성과 분리되어 생각될 수 없다. 히틀러나 김정일 같은 독재자가 통치하는 상황에서, 그리고 사회 정치적인 구조악에 의해 많은 사람들이 억압당하고 고통당하는 상황에서, 교회의 설교자는 오직 개인의 내적 칭의와 성화만을 이야기해야 하는가? 기독교인의 성화가 완성되는 종말론적인 하나님 나라란 하나님의 사랑과 의의 통치가 사회 정치 영역을 포함한 모든 인간의 삶의 영역에서 이루어지는 나라가 아닌가?

2. 하나님의 의[181]

1) 성서본문: 로마서 1장 16-17절

2) 주요 내용

본문 16절에서 중요한 사실은 복음이 믿는 자에게 구원을 주시는 능력일 뿐 아니라 복음에 하나님의 하나님 되심, 즉 의의 하나님이 나타나신다는 사실이다. 하나님의 의는 "예수 그리스도를 믿음으로 말미암아 모든 믿는 자에게 미치는 하나님의 의"(롬 3:22)이다. 복음은 하나의 방법이나 조건이 아니라 그 자체에 믿음으로 믿음에 이르게 하는 하나님의 의가 나타난다. 복음은 하나님의 아들 예수 그리스도에 관한 것이다(롬 1:2). 복음은 "그 아들이 우리를 위하여 이 땅에 오시사 십자가를 지고 죽으신 것과 부활하사 우리를 위하여 하늘 보좌 우편에서 아직도 제사장 직분을 수행하시는 것입니다."(86) 복음은 하나님이 누구신지를 설명한다. 즉 복음에는 하나님의 의가 나타난다. 이 의는 'justice'가 아니라 'righteousness', 즉 '하나님의 옳으심' 또는 '하나님의 하나님다우심'이다. 하나님의 하나님다우심은 믿음으로 믿음에 이르게 하는 것이다.

믿음은 우리의 선택, 결정도 아니고 우리의 조건도 아니다. 왜냐하면 믿음

---

181) 박영선, 『구원의 영광』(서울: 엠마오, 2003), pp. 85-98.

은 우리가 자력으로 만들어낼 수 있는 것이 아니기 때문이다. 믿음의 핵심은 하나님의 존재와 주권을 인정하는 것(히 11:6)이다. 그러나 인간은 아담 이후 영적 죽음으로 인하여 하나님과 단절되었다. 인간은 하나님을 전혀 알 수 없다. "자연인이 하나님에 대하여 상상할 수 있는 가능성은 연체류인 지렁이가 매니큐어를 생각하는 가능성보다도 더 없다는 것입니다."(89) 인간은 믿음을 가질 수 있는 존재가 아니다.

믿음을 가질 것에 대한 요구와 믿음을 자력으로 가질 수 없는 상태를 어떻게 연결시킬 수 있는가? 이에 대한 대답의 힌트가 "오직 의인은 믿음으로 말미암아 살리라"는 구절에 나타난다. 이 구절은 하박국 2장 4절에 나오는 말씀이다. 여기서 하나님은 "왜 하나님을 의지하여 살고 의롭게 사는 자들이 세상을 의지하여 사는 자들에게 늘 당함에도 불구하고 하나님은 가만히 계십니까?"라는 하박국의 질문에 대하여 "의인은 믿음으로 산다"는 답을 주시는 하나님은 세상은 지금보다 더 악해질 것이며 그래도 의인은 믿음으로 살아야 한다고 말씀하신다.

하박국이 이해한 믿음과 하나님이 믿음으로 살아야 한다고 하신 답변에는 차이점이 있다. "하박국식의 믿음은 하나님을 믿는다 하면 그 표가 어디에 있어야 하는 믿음입니다. 하나님을 믿은 표가 하나님을 믿은 보답이 이 세상에 있어야 된다는 것입니다. 하나님의 답은 나를 믿고 사는 것에 대한 보답이 이 세상에 없다는 것입니다."(93) 그러나 하나님을 믿고 산 표나 보상이 없다는 것이 하나님이 그를 방치했다는 뜻은 결코 아니다. 또한 믿음으로 산다는 것은 이 흉포하고 악한 세상에서 단지 믿음으로 하나님을 의지해 견딘다는 뜻도 아니다. "세상이 흉포해지고 악해지지만 의인이 믿음으로 산다는 것은 흉포하고 행악자들이 날뛴다고 해서 하나님의 보호와 간섭과 하나님의 뜻이 세상에 의해 방해되거나 세상에 의해 구부러질 수 없다고 선언하는 믿음인 것입니다."(93) "그러니까 의인은 하나님을 믿는 믿음으로 산다가 아니라 의인은 하나님이 보호하고 지키고, 세상에 악한 자들이 일어나고 더 나쁜 나라가 일어나고 더 나쁜 식으로 역사가 진행되더라도 하나님의 계획이 방해받거나 하나님의 백성이 하나님의 손 안에서 뺏겨지는 일 같은 것은 일어나지 않는다는

것입니다."(93)

세상에는 행악자들이 들끓고 그들이 승리하는 것 같고 우리가 늘 당하는 것 같지만 모든 것은 하나님의 손 안에 있다. "우리가 주를 믿어서라는 의미가 아니라 하나님이 의인을 지키는 힘, 그 힘, 그 믿음입니다."(94) 그러므로 우리의 믿음은 "하나님을 믿었으면 믿는 보상이 이 세상에 있을 것이다"는 믿음으로부터 "그 백성을 지키시며 우리를 영화롭게 하시며 우리에게 은혜를 베푸시는 하나님이 그의 일을, 그의 지혜와 그의 깊은 뜻과 능력으로 이루시고야 말며 그 일을 모든 역사와 모든 장소에서 이루시고야 만다는 것을 아는"(94) 믿음으로 전환되어야 한다. 하나님은 하나님의 뜻을 이루실 것이다. 의인은 믿음으로 산다는 말씀이 의미하는 바는 믿음이 내가 꺼내 놓아야 되는 조건, 하나님에 대한 나의 신뢰도를 의미하는 것이 아니라, 그 믿음이란 우리를 우리의 손과 힘에만 맡겨 주시지 않는 하나님의 간섭을 의미하는 것이다.

하나님을 찾을 수도 없는 우리에게 믿음이 생겨난 것은 하나님의 간섭에 의한 것이다. 즉 우리의 믿음은 우리의 영혼 속에 하신 하나님의 간섭으로 말미암아 생긴 결과이다. "하나님이 죽을 수밖에 없고 하나님을 알지 못하고 이 복음을 믿을 조건이나 능력이나 관심이 없는 우리에게 어떻게 오셔서 우리를 구원해 내시고야 말았는가가 복음 안에 들어 있다는 의미에서 복음에는 하나님의 의가 나타났다고 이야기하는 것입니다."(96)

복음에 나타난 하나님은 희생을 감수하시면서 불쌍한 우리를 위하여 사랑과 구원을 베푸시는 하나님이다. "내가 믿어서 구원을 획득한 것이 아니라 예수를 죽여서 나를 살리신 것입니다."(97) 그 결과 우리에게 하나님을 찾는 믿음이 생성되었다. 이 믿음은 하나님께서 예수 그리스도 안에서 행하신 간섭에 의하여 우리에게 나타난 첫 번째 결과이다. 복음이 무엇인가? "하나님의 존재와 그 하나님이 우리를 위하여 가지신 사랑과 열심과 그리고 그것이 그리스도 예수 안에서 이미 시작됐고 역사적으로 시행하셨고 그리고 지금도 우리를 보호하고 계시는 그의 사랑계신 간섭에 있다는 것을 잊지 않으셔야 됩니다."(98) 의인이 믿음으로 사는 것은 자신의 힘이 아니라 하나님이 간섭하심, 하나님이 지키시는 그 힘으로 산다는 것을 의미한다.

3) 핵심 주제

복음에는 하나님의 의, 즉 하나님의 하나님 되심 또는 하나님의 하나님다우심이 나타난다. 하나님의 하나님다우심은 믿음으로 믿음에 이르게 하는 것이다. 믿음은 인간의 자력에 의한 선택, 결정, 조건이 아니다. 믿음의 핵심은 하나님의 존재와 주권의 인정에 있다. 믿음의 본질은 믿음에 대한 세상에서의 보상을 바라는 것이 아니라 하나님의 뜻이 좌절되지 않고 반드시 이루어지는 것을 아는 것이다. 믿음은 하나님의 주권적 간섭을 의미하며 이 간섭에 의해 생겨난다. 이 간섭은 예수 그리스도 사건이다. 이 예수 그리스도 사건이 복음이며 이 복음 안에 하나님의 의가 나타났다. 우리의 믿음은 예수 그리스도 안에서 행하신 하나님의 간섭의 첫 번째 결과이다. 의인이 믿음으로 산다는 것은 자신의 힘이 아니라 하나님의 간섭하시고 지키시는 힘으로 산다는 것을 의미한다.

4) 분석과 비평

바울은 본문에서 복음의 본질을 하나님의 의라는 관점에서 정의한다. 하나님의 의는 예수 그리스도를 믿는 모든 사람에게 구원을 주시는 것이다. 그리고 바로 이것이 기독교의 복음이다. 복음은 하나님의 의에 근거한다. 구원은 예수 그리스도를 믿는 믿음을 가진 사람에게 주어진다. 그러므로 믿음이 중요하다. 우리는 오직 믿음으로만 구원을 얻는다. 그러나 보다 중요한 것은 우리의 구원이 하나님의 의에 근거한다는 사실이다. 사실상 바울에게 있어서 하나님의 의는 하나님의 은혜와 동의어이다. 왜냐하면 하나님의 의는 예수 그리스도를 믿는 모든 사람에게 거저 구원을 베푸시는 것이기 때문이다.

박영선 목사는 이 설교에서 믿음의 본질이 인간의 자력에 의한 결단이나 주관적 태도에 있지 않고 하나님의 주권적 행위에 있다는 점을 강조한다. 그는 믿음의 본질이 인간의 주관이 아닌 하나님의 주권에 있음을 두 가지로 설명한다. 하나는 하나님의 뜻은 하나님 자신의 주권적 섭리에 의해 반드시 성취된다는 것이다. 하나님의 뜻이 반드시 이루어질 것을 아는 믿음이 믿음의 본질이다. 다른 하나는 믿음은 하나님의 간섭에 의해 생긴다는 것이다. 우리에게 믿음이 생겨난 것은 하나님의 간섭, 무엇보다 예수 그리스도 사건의 결과이다.

믿음이 단지 인간의 주관적 능력에 의한 선택이나 그것으로 인해 하나님의 보상을 요청할 수 있는 어떤 조건이 될 수 없음을 강조하는 설교자의 설교는 성서적이며 동시에 개혁주의적(Reformed)이다. 믿음은 믿음의 주체가 아니라 믿음의 대상을 지시한다. 믿음이 단지 믿음의 주체인 인간을 지시하고 인간의 내적 상태를 기술하는 술어가 될 경우, 따라서 믿음이 있느냐 없느냐 하는 것이 구원을 위한 판단의 척도가 될 경우, 믿음은 또 하나의 인간적 공로나 조건이 될 위험이 있다. 믿음은 믿음의 대상인 예수 그리스도 안에 나타난 하나님의 의를 지시하고 바라보아야 한다. 달을 가리키는 손가락을 보지 말고 손가락이 가리키는 달을 보아야 한다. 믿음은 오직 하나님의 의, 하나님의 은혜, 하나님의 자기희생적인 사랑, 예수 그리스도 사건을 지시하고 바라보아야 한다. 설교자는 이와 같은 점을 강조하는 것으로 보인다. 이것은 바로 신앙의 본질을 인간의 주관성으로부터 하나님의 주권성의 관점에서 재정의하고자 했던 바르트가 강조한 바이기도 하다.

그러나 이 설교에서 믿음을 정의하는 몇 몇 표현들에는 문법적인 문제점들이 보인다. 예들 들면, "우리가 주를 믿어서라는 의미가 아니라 하나님이 의인을 지키는 힘, 그 힘, 그 믿음입니다." "믿음이란 우리를 우리의 손과 힘에만 맡겨 주시지 않는 하나님의 간섭을 의미하는 것입니다."와 같은 표현들이다. 이 구절들은 믿음을 하나님의 힘, 하나님의 간섭과 동일시한다. 이것은 단순히 문법적인 오류일 뿐만 아니라, 믿음을 지나치게 탈인간화하는 표현이다. 믿음은 하나님의 힘을 믿는 것이며, 하나님의 간섭에 의해 생겨나는 것이지 하나님의 힘과 간섭 자체는 결코 아니다. 설교자는 믿음을 "하나님이 그의 일을, 그의 지혜와 그의 깊은 뜻과 능력으로 이루시고야 말며 그 일을 모든 역사와 모든 장소에서 이루시고야 만다는 것을 아는 것"(94)이라고 표현하기도 한다. 여기서 아는 것은 믿음으로 아는 것을 의미할 것이다. 물론 믿음은 단지 인간의 자력에 의한 것이거나 자생적인 것이 아니다. 설교자의 말을 빌면 그것은 하나님의 간섭에 의해 생겨난다. 칼빈의 표현을 따르면, 믿음은 성령의 내적 조명의 산물이다. 그러나 이러한 표현들은 믿음의 주체로서의 인간의 인격성 자체를 무시하거나 약화시키는 것이 되어서는 안 된다. 하나님의 간섭이나 성령의 조명은 일방적이고 강제적인 힘이 아니라 설득적이고 감화적인 사랑의 힘에 의해 인간의 인격적 결정에 영향을 주는 것으로 이해되어야 한다. 그럴 경우에만 인간은 자신이 결정한 신앙과 불신앙에 대하여 스스로 책임을 질 수 있다.

3. 구원의 확실성의 근거인 하나님의 사랑[182]

1) 성서본문: 로마서 5장 6-11절

2) 주요 내용

우리의 구원은 하나님의 계획에 근거한 것이지 나의 구원 경험과 인식에 근거한 것이 아니다. 구속의 원인은 나의 믿음에 있지 않고 예수 그리스도에게 있다. 믿음은 구속의 결과가 우리에게 허락되는 방법이다. 우리의 구원은 하나님께서 시작하셨고 인도하시며 완성하실 것이다.
① 십자가와 하나님의 사랑
이 설교에서 가장 핵심적인 중요성을 지닌 성서본문은 다음 두 구절이다. "우리가 아직 죄인 되었을 때에 그리스도께서 우리를 위해 죽으심으로 하나님께서 우리에 대한 자기의 사랑을 확증하셨느니라"(8절). "곧 우리가 원수 되었을 때에 그의 아들의 죽으심으로 말미암아 하나님과 화목하게 되었은즉 화목하게 된 자로서는 더욱 그의 살아나심으로 말미암아 구원을 받을 것이니라"

---

182) 박영선, 『하나님의 설복』 (서울: 새순출판사, 1984), pp. 100-118.

(10절). 예수님을 죽인 것은 로마병정이나 유대인들이 아니라 하나님이다. 하나님께서 자기 아들을 죽이시는 희생을 치르셨다. 하나님께서 죄인인 우리를 위하여 아들을 죽음으로 내어주셨으니 의인이 된 우리의 구원을 더욱 완성하시지 않으시겠느냐?

② 인간의 상태와 하나님의 사랑

우리가 회개를 해서 구원을 받은 것이 아니라 "우리가 아직 연약할 때에" "우리가 원수 되었을 때에" 하나님께서 자기 아들을 내어 주심으로써 우리가 의롭다 함을 받고 하나님의 자녀가 되었다. 우리는 이미 주어진 구원을 후에 믿음으로 깨닫고 감격할 뿐이다.

십자가를 통해 우리가 의롭게 된다는 것은 하나님이 우리의 편이 된다는 것이지 우리가 죄가 없는 완성된 존재라는 것이 아니다. "신분에 있어서 달라진 것이 있다면, 옛날에는 하나님의 사랑을 받기로 작정되어 있었고 지금은 받은 자라는 차이입니다." 하나님께서 우리를 변호하시기 때문에 사탄의 정죄와 고소는 아무 소용이 없다. "자기 아들을 아끼지 아니하시고 우리 모든 사람을 위하여 내주신 이가 어찌 그 아들과 함께 모든 것을 우리에게 주시지 아니하겠느냐"(롬 8:32). 여전히 우리는 연약하지만 그 무엇도 우리를 예수 그리스도 안에 있는 하나님의 사랑에서 끊을 수 없다(롬 8:39).

③ 우리를 향한 하나님의 열심

칭의는 하나님의 선물이지만 성화는 우리의 책임이다. 하나님은 우리를 일방적으로 끌고 가시지 않는다. 그러나 하나님은 우리가 영광스런 자녀의 위치에 이르도록 하시기 위하여 우리를 때리시고 연단하셔서 마침내 목적지에 도달하도록 만드신다. 이것이 하나님의 열심이다. 우리가 이 과정에서 순종을 하면서 가면 많은 열매를 맺고 그만큼 상급을 받을 것이다.

④ 구원의 역사적 사실성에 근거한 믿음

a. 믿음-그 확신의 근거

우리의 믿음은 경험에 의한 감동이 아니라 사실로 인한 감동에 근거하여야 한다. 믿음은 '내 손에 쥐어진 선물 보따리'에 대한 감격이 아니고, 하나님이 누구시며 그분이 무엇을 했느냐에 관한 신뢰이다. 신앙의 성장은 내 경험이 아니라 하나님을 아는 지식에 비례한다. 사도신경의 고백에는 내가 경험한 것이 거의 없다. "(우리는) 하나님의 하나님 되심을 선포하고 있는 이 객관적인 사실에 대해 우리의 시선을 돌려야만 합니다." 믿음은 생각하는 것이다. 우리는 경험된 것과 선언된 것을 잘 엮어서 생각할 줄 알아야 한다.

b. 믿음-그 신뢰성

믿음은 대상에 대한 신뢰이다. 신뢰는 대상에 대한 이해, 지성이 없으면 생겨나지 않는다. "우리가 생각한다는 것은 이러한 신뢰가 마땅히 나오도록 하는 하나의 지성체계를 갖추는 것입니다. 따라서 믿음은 생각하는 것입니다" 성경은 "어린아이같이 믿으라"(마 18:3)고 한다. 이것은 어린아이는 할 수 없으니까 해줄 수 있는 대상에게 매어달릴 수밖에 없다는 뜻이지 순진하다는 뜻이 아니다.

우리는 실생활에서 믿음을 활용해야 한다. 예를 들어, 무엇을 먹을까 무엇을 입을까 무엇을 마실까 염려하는 것이나, 풍랑이 이는 바다에서 두려움에 떠는 것은 실생활에서 믿음을 활용하지 못하기 때문이다.

우리는 계시, 경험, 객관적 사실들을 통해 하나님이 어떤 분인지를 알아야 한다. "그분의 성격, 성향을 아는 것이 믿음의 가장 중요한 부분입니다." 여기서 신뢰가 생긴다. 우리가 벤허의 작가처럼 하나님께 항복하지 않는 것은 생각하지 않기 때문이다. 우리의 문제는 하나님이 어떤 분이신가를 알고 생각하기보다는 경험된 감동으로 훈련되어 있는 데 있다. "하나님이 나를 구원하셨고, 예수 그리스도를 십자가에 달아 매셨다는 구원의 객관적 사실에 대하여 주먹을 꽉 쥘 수밖에 없는 감동이 있으십니까?"

요약하면, 하나님께서 우리를 회복시키기 위하여 그의 아들을 죽이면서까지 화목시켰다면, 화목시킨 후에는 더 좋은 것을 주시지 않겠는가? 우리는 하나님의 그 크신 열심과 사랑을 생각해 봄으로써 하나님을 신뢰할 수 있게 된다. 우리는 그분이 시작하신 일을 끝까지 이루시리라는 사실을 바라보며 즐거워하게 된다. 우리의 믿음의 근거는 우리의 경험이 아니라 하나님의 약속이다. 우리는 경험한 감동이 아니라 당연한 감동을 가져야 한다. 그러기 위해서는 우리의 신앙 연령도 자라가야 한다.

3) 핵심 주제

예수 그리스도를 죽이시면서까지 죄인 된 우리를 구원하신 하나님께서 의롭게 된 우리의 구원을 반드시 완성하실 것이다.

4) 분석과 비평

설교자의 다른 설교들과 마찬가지로 이 설교는 기본적으로 강해설교의 구조를 보여줌과 동시에 설교자의 신학적 관점에 의해 조직화되어 있다. 또한 이 설교는 설교자의 전형적인 특징인 어떤 주제를 기술적(descriptive)으로 논증하는 강의식 설교 형태를 보여준다. 이 설교가 실린 『하나님의 설복』은 설교자가 남서울교회 부목사로 사역하던 1983년 가을에 강의한 내용을 모아 만든 설교집(1984년 출판)이다. 이 책에서 설교자는 로마서 1장부터 8장까지에 나오는 교리적인 문제(믿음, 구원, 율법과 은혜, 예정론 등)을 다루고 있다. 이 설교는 한 편의 설교라고 하기에는 너무 많은 내용들을 담고 있다. 이 설교를 실제로 교회에서 했다면, 회중들은 설교의 내용 가운데 반도 제대로 이해하지 못했을 것이다. 아마도 이 설교는 편집의 과정을 거쳐서 증보되었을 것이다. 이 글의 핵심적인 논지와 내용을 파악하기 어려운 까닭은 단지 이 글이 다양한 주제들을 다루고 있기 때문만이 아니라 적어도 부분적으로는 부적절하거나 모호한 언어와 개념들로 인한 표현의 불명료성 때문이다.

설교자는 ① "십자가와 하나님의 사랑"에서 십자가는 하나님의 사랑의 사건이라고 말한다. 우리가 아직 죄인 되었을 때에 예수 그리스도의 죽음을 통하여 하나님께서 우리를 구원하셨다. 하나님께서 시작하신 구원을 하나님께서 완성하실 것이다. ② "인간의 상태와 하나님의 사랑"에서는 칭의에 관해서 말한다. 우리는 여전히 부족한 죄인임에도 불구하고 하나님께서는 우리를 사랑으로 용납하시고 의롭다고 인정하신다. ③ "우리를 향한 하나님의 열심"에서는 성화에 관해서 말한다. 우리를 향한 하나님의 열심이 우리의 성화의 과정을 인도하여 영화에 이르도록 하신다.

그리고 설교자는 ④ "구원의 역사적 사실성에 근거한 믿음"에서는 우리의 믿음이 구원의 역사적 사실성에 근거한다고 말한다. 그러나 이 부분 즉 "믿음-그 확신의 근거"와 "믿음-그 신뢰성"의 내용은 다소 불분명하고 혼란스럽다. 설교자는 우리의 믿음이 "하나님의 하나님 됨을 선포하고 있는 (사도신경에서 고백되는) 객관적 사실"에 근거한다고 말한다. 여기서 객관적 사실이란 무엇을 의미하는가? 설교자는 이것을 하나님의 하나님 되심, 하나님의 말씀, 하나님의 약속 등으로 표현한다. 말하자면 우리의 믿음과 확신의 근거는 우리의 경험이 아니라 하나님이라는 것이다. 또한 설교자는 우리가 대상(하나님)에 대한 신뢰를 가져야 하며, 이 신뢰는 하나님의 성격, 성향에 대한 이해, 지성, 생각으로부터 생겨난다고 주장한다. 우리는 경험한 감동이 아니라 당연한 감동, 즉 지성적 감동을 가져야 한다는 것이다.

이와 같은 주장에 대하여 다음과 같은 몇 가지의 비평적 진술이 가능하다.

첫째, 설교자는 우리의 믿음과 확신의 근거는 우리의 경험이 아니라 객관적 사실로서의 하나님이라고 강조한다. 설교자가 말하는 경험이란 실제로 주관적 감정을 의미하는 것으로 보인다. 그러나 주관적 감정과 경험은 혼동되어서는 안 된다. 설교자가 단지 주관적인 경험이 아닌 객관적 사실, 우리에게 주어진 "선물 보따리"가 아닌 하나님의 어떠하심과 행하심에 대한 이해, 지성, 생각을 강조하는 것은 우리의 믿음이 변화무쌍한 주관적 감정에 의해 좌우되는 것을 경계하기 위해 정당하다고 할 수 있다. (그리고 본인은 개인적으로 신앙에서의 지성적 요소를 누구 못지않게 강조하는 입장이다.) 그러나 하나님이 어떠하심에 대한 우리의 믿음이 이렇게 경험에 근거하지 않고 고백될 수 있을까? 사도신경에 나타나는 하나님에 관한 그 "객관적 사실성"이란 것이 초기교회와 그 이후 시대의 그리스도인의 종교적 경험에 기초한 신앙고백이 아닌가? 우리가 객관적 실재 또는 사실이라고 믿는 그 대상에 대한 우리의 신앙은 우리의 실존적인 경험과 그에 대한 이해와 해석의 과정과 불가분리하게 연결되어 있다.

둘째, 설교자처럼 하나님에 대한 신뢰가 이해, 지성, 생각에 기초한다고 말한다면, 그것은 "신앙이 이해를 추구한다"(fides quaerens intellectum)는 안셀름의 명제를 뒤집는 것이 된다. 이러한 생각은 이성을 신앙보다 우선하는 판넨베르그의 견해에 가깝다. 우리의 믿음(또는 신뢰)와 이해, 지성, 생각은 변증법적 관계 또는 해석학적 순환관계에 있다. 우리는 믿음으로써 이해하고 또한 이해함으로써 믿는다. 그러나 전통적으로 기독교에서 이 둘 사이의 관계의 출발점은 "이해함으로써 믿는 것"이 아닌 "믿음으로써 이해하는 것"으로 간주되어 왔다.

셋째, 설교자는 믿음은 대상에 대한 신뢰이며 이 신뢰는 대상에 대한 이해, 지성이 있어야 생겨난다고 말하고, 곧이어 "어린아이같이 믿으라"는 성경 구절을 제시하였다. 설교자는 어린아이의 특징이 자신의 연약함으로 인하여 대상에게 매어달리는 것이라고 말한다. 그렇다면 설교자는 이러한 어린아이의 특징이 이해와 지성에 기초하여 믿음을 갖는 데 있다고 말하는 것인가? 어린아이야말로 누구보다 더 주관적인 감정에 좌우될 수 있지 않을까?

넷째, 설교자는 실생활에서 믿음을 활용하지 못하는 예로서 무엇을 먹을까 무엇을 입을까 무엇을 마실까 염려하는 것과 제자들이 풍랑이 이는 바다에서 두려움에 떠는 것을 들었는데, 이것들이 과연 단지 믿음을 활용하지 못하기 때문에 생겨나는 것들인가? 염려하고 두려워하는 것 자체가 믿음이 연약하기 때문에 생겨나는 것이 아닌가? 우리는 하나님의 인격과 객관적 행동을 지성적으로 이해하고 있음에도 불구하고 그 이해가 살아 있는 믿음으로 체화되지 못하고 여전히 연약한 믿음 가운데 있음으로 인하여 실존적인 어려운 상황 속에서 염려하고 두려워하는 것이 아닌가? 풍랑이 이는 배에서 과연 예수님의 제자들은 믿음이 있었지만 그것을 활용할 수 있는 사고력이 부족해서 두려워했는가? 우리는 "내가 믿나이다 나의 믿음 없는 것을 도와주소서"(막 9:24)라고 기도할 수밖에 없는 연약한 믿음의 소유자임을 늘 고백할 수밖에 없는 존재들이 아닌가?

4. 모세: 위인(偉人)이 아닌 범인(凡人)[183]

1) 성서본문: 출애굽기 3장 1-8절

2) 주요 내용

우리는 모세를 너무 위인화시키지 말아야 한다. 모세가 믿음이 충만하고 담력을 가진 지도자이기 때문에 하나님께서 그를 이스라엘 민족의 지도자로 삼으신 것이 아니다. 모세는 위인이 아니다. 하나님께서 불타는 떨기나무 가운데 모세에게 나타나셔서 그를 바로에게 보내어 이스라엘 백성을 출애굽시키겠다고 하셨을 때(3:10), 모세는 "내가 누구이기에 바로에게 가며 이스라엘 자손을 애굽에서 인도하여 내리이까"(11)라고 대답한다. 하나님께서 불이 붙었어도 타지 않는 떨기나무 가운데 나타나셔서 명령하시는데, 모세가 이렇게 말을 막하는 것은 기가 막히는 일이다.

그럼에도 불구하고 하나님은 이 말대답을 받아 주신다. "내가 반드시 너와 함께 있으리라 네가 그 백성을 애굽에서 인도하여 낸 후에 너희가 이 산에서 하나님을 섬기리니 이것이 내가 너를 보낸 증거니라"(12). 그러자 모세는 또 이렇게 말한다. "내가 이스라엘 자손에게 가서 이르기를 너희의 조상의 하나님이 나를 너희에게 보내셨다 하면 그들이 내게 묻기를 그의 이름이 무엇이냐 하리니 내가 무엇이라고 그들에게 말하리이까"(13).

히브리서 11장에는 모세가 하나님의 백성과 함께 고난을 받는 것을 더 즐거워했다고 기록되어 있다. 그러나 출애굽기에는 그가 자기 목숨을 위하여 도망갔다고 되어 있다. 모세는 자기가 하나님을 위하여 일할 때에는 하나님께서 가만히 계시다가 80세가 돼서야 부르시는 것에 대하여 원통한 마음을 가졌으며, 11절과 13절의 그의 말대답과 질문은 그의 반발심에 의한 것이다.

그러나 하나님은 화를 내시지 않는다. "나는 스스로 있는 자니라 너는 이

---

183) 박영선, 『하나님의 열심』 (서울: 새순출판사, 1992), pp. 190-204.

스라엘 자손에게 이같이 이르기를 스스로 있는 자가 나를 너희에게 보내셨다 하라"(14). "나는 스스로 있는 자라"는 말은 "나는 내 마음대로 하는 자라"는 말이다. 하나님의 권위는 하나님 마음대로 하시는 것이다. 그러나 지금 모세는 이 권위에 승복하지 않고 있는 것이다. 그는 또 이렇게 대답한다. "그러나 그들이 나를 믿지 아니하며 내 말을 듣지 아니하고 이르기를 여호와께서 네게 나타나지 아니하셨다 하리이다"(4:1). 그러자 하나님은 세 가지 기적을 보이신다(지팡이가 뱀이 됨, 손이 문둥병에 걸림, 나일 강에서 떠온 물이 피가 됨).

그러나 모세는 여전히 이렇게 말대답을 한다. "오 주여 나는 본래 말을 잘하지 못하는 자니이다 주께서 주의 종에게 명령하신 후에도 역시 그러하니 나는 입이 뻣뻣하고 혀가 둔한 자니이다"(4:10). 이 말을 직역하면 이렇다. "그래도 나는 가기 싫습니다. 가고 싶은 마음이 조금도 없습니다."

이러고도 모세가 벼락을 맞지 않는 것을 보면 구약시대에도 이미 은혜가 꽉 찼다는 것을 알 수 있다. 하나님은 마침내 모세에게 노를 발하시며 말씀하신다. "레위 사람 네 형 아론이 있지 아니하냐 그가 말 잘하는 것을 내가 아노라… 너는 그에게 말하고 그의 입에 할 말을 주라 내가 네 입과 그의 입에 함께 있어서 너희들이 행할 길을 가르치리라"(14-15). 모세는 기쁜 마음이나 감격에 의해서가 아니라 할 수 없이 간다. 이러한 모세의 모습은 그 이후에도 계속 나타난다(5:22, 6:12).

그러나 우리가 좋아하는 모세가 출애굽기 14장에 등장한다. "너희는 두려워하지 말고 가만히 서서 여호와께서 오늘 너희를 위하여 행하시는 구원을 보라 너희가 오늘 본 애굽 사람을 영원히 다시 보지 아니하리라 여호와께서 너희를 위하여 싸우시리니 너희는 가만히 있을지니라"(14:13-14).

성경이 증명하고자 하는 메시지는 모세가 하나님 편을 든 것이 우리와 다른 사람이었기 때문이 아니라는 것이다. 그는 우리보다 못하면 못했지 더 나은 존재가 아니었는데, 끝에 가서 이렇게 항복했다는 것이다. 성경은 하나님이 모세가 이렇게 항복할 수밖에 없는 분임을 증명한다. 신명기의 모세의 유언(신 6:4)은 그가 전 생애를 걸고 항복한 내용을 보여준다. 성경은 모세가 항복하고야만 하나님이라면 우리도 항복하고도 남을 분이라는 것을 보여준다.

모세를 이 항복의 자리까지 끌고 가신 하나님이 지금 우리를 이 자리에 인도하셨으며, 우리 가운데 역사하시는 것이 우리의 기쁨이요 자랑이다.

3) 핵심 주제

성경은 모세가 위인이기 때문에 하나님이 그를 이스라엘의 지도자로 삼으신 것이 아니라 범인인 그를 하나님께서 항복시켰다는 것, 그리고 하나님은 우리도 그분께 항복하지 않을 수 없는 분임을 보여준다.

4) 분석과 비평

이 설교는 하나의 성서읽기에 관한 설교이다. 설교자는 성서에서 영웅적인 모세를 찾으려고 하지 말고 우리와 같은(어쩌면 심지어 우리보다도 못한) 부족하고 결함 많은 모세를 보아야 하며, 그러한 부족하고 결함 많은 모세를 항복시켜 하나님의 일을 하도록 하신 하나님을 발견해야 한다고 주장한다. 그리고 이것은 단지 모세만이 아니라 성서의 모든 위대한(설교자는 위대하지 않다고 주장하는) 인물들에게도 해당된다.

이와 같은 설교자의 성서읽기의 관점은 그의 신학적 관점으로부터 나온다. 그것은 바로 하나님의 절대적 주권성, 그리고 인간의 죄성, 부정성에 대한 강조이다. 이와 같은 신학적 관점은 설교자가 칼빈 또는 칼빈주의 신학 전통에 충실하게 서 있음을 보여준다. 모세를 포함한 우리 모든 인간은 다 죄악 되고 허물이 많지만, 하나님께서 우리를 택하고 훈련시켜 결국 온전히 하나님께 항복하게 만든다는 것이다. 이 하나님의 절대적 주권 안에 우리의 실존이 있다는 것이 우리의 기쁨이요 자랑이다.

"나는 스스로 있는 자"란 말의 뜻을 "나는 내 마음대로 하는 자"라는 의미로 해석하는 것은 정확한 것은 아니다. 이 말은 "I am who I am" 또는 "I shall be who I shall be"라는 의미이다. "I am who(that) I am"은 자존자(自存者, aseity)라는 의미로서 나의 존재 원인을 나의 외부가 아닌 나 자신 안에 갖고 스스로 존재(self-existent)한다는 의미이다. 그리고 "I shall be who(that) I shall be"는 나는 내가 되고자 하는 바로 그 존재라는 의미이다. 이것은 하나님의 존재와 행동이 그 어떤 외부의 원인에 의해 좌우되지 않는 절대적 자유를 표현한다. 그러나 이것이 자의적(恣意的)인 의미에서의 "나는 내 마음대로 하는 자"라는 뜻과 동일한 것은 아니다.

　이 설교는 명령법적이다. 즉 우리는 하나님께 항복해야 한다. 그러나 이 명령법은 직설법에 기초한다. 즉 하나님이 우리로 하여금 항복하지 않을 수 없게 만든다. 이 직설법이 명령법의 성취를 가능케 한다. 성서로부터 인간의 위대성과 영광이 아니라 하나님의 위대성과 영광을 발견하여야 한다는 설교자의 성서해석적, 신학적 관점은 원칙적으로 매우 정당하다. 그리고 이러한 성서해석적, 신학적 관점으로부터 철저하게 성서를 읽어내고자 하는 설교자의 자세도 높이 평가할 만하다. 그러나 이러한 시도가 때로 종종 과장되어 나타나는 것은 문제가 될 수 있다. 이 설교에서 모세는 지나치게 비하되는 느낌이 있다. 우리는 하나님의 주권적 섭리와 인간의 연약함에 대한 인식을 유지하면서도 설교자와는 다른 방식으로 성서를 읽어낼 수 있다.

　모세가 바로의 궁에서의 호화로운 생활을 버리고 하나님의 백성들과 함께 고난받는 것을 더 즐거워했다는 히브리서 11장의 내용을 물론 문자 그대로 받아들이기는 어려운 면이 있다고 하더라도, 설교자처럼 모세가 죽을까봐 도망갔기 때문에 잘난 인간이 아니라고 말하는 것도 진실의 전부는 아니다. 히브리서의 본문은 모세가 자기 형제인 이스라엘 백성이 "고되게 노동하는 것을 보고," 또 애굽인이 "한 히브리 사람 곧 자기 형제"를 치는 것을 보고, 동족을 위한 의분에 차서 그 애굽인을 쳐죽였던 사건을 가리키는 것으로 보인다. 애굽의 왕자의 신분에도 불구하고 자기의 행위가 초래할 위험을 무릅쓰고 자기 동족을 돕고자 했던 젊은 날의 모세 안에는 훗날 동족인 이스라엘을 구원해낼 민족적 지도자로서의 가능성이 잠재해 있었다고 볼 수는 없을까?

　물론 모세는 이스라엘 민족의 지도자로 부름을 받기까지 하나님으로부터 훈련을 받아야 했다. 이것이 미디안 광야 40년의 세월이 필요했던 까닭이었다. 모세는 이 세월 동안에 무엇을 배웠을까? 그것은 자신의 힘으로 이스라엘을 구해내겠다는 젊은 날의 인간적 의분과 자신감을 버리는 일이었을 것이다. 그것은 자신의 철저한 연약함과 무력감에 대한 깊은 인식에 도달하는 것이었을 것이다. 그것은 철저한 자아의 깨어짐과 자기부정의 경험이었을 것이다. "내가 누구이기에 바로에게 가며 이스라엘 자손을 애굽에서 인도하여 내리이까"(11)라는 모세의 말은 바로 이러한 그의 자기인식을 보여주는 말이 아닐까? 그리고 하나님은 40년 동안 이렇게 모세가 변화되기를 기다리시면서 그를 훈련시키고 계셨던 것은 아닐까? 지도자로서의 첫 번째 덕목인 모세의 온유함(민 12:3)은 이 광야시기에 형성된 것이 아니었을까?

모세가 "내가 누구이기에 바로에게 가며 이스라엘 자손을 애굽에서 인도하여 내리이까"(11)라고 말하고 또 "내가 이스라엘 자손에게 가서 이르기를 너희의 조상의 하나님이 나를 너희에게 보내셨다 하면 그들이 내게 묻기를 그의 이름이 무엇이냐 하리니 내가 무엇이라고 그들에게 말하리이까"(13)라고 말할 때 그것은 설교자가 주장하는 것처럼 하나님께서 화를 내거나 벼락을 내릴 일과는 아무 관계가 없어 보인다. 이러한 모세의 물음은 당연하다. 모세가 대적해야 할 바로가 누구인가? 그는 무소불위(無所不爲)의 권력을 가진 신적 존재인 애굽의 바로(태양신)이 아닌가? 아무런 힘이 없는 일개의 목자가 그를 대적하여 자기 백성을 구출해야 한다는 것이 어찌 두려운 일이 아니겠는가? 그러므로 지금 모세는 자신의 무능함을 하나님 앞에 내어 놓으며 하나님의 함께하심과 도우심을 확증하고자 하는 것이다. 모세가 자신은 말을 잘하지 못한다고 말하자 하나님은 노를 내시면서 아론을 대변인으로 세우라고 말씀하신다. 그러나 이것은 우리가 종종 경험히는 인간적인 우려를 모세도 하고 있음을 보여줄 뿐이다.

그러므로 출애굽기 14장의 모세는 출애굽기 3장과 4장과의 불연속성 가운데 갑자기 등장하는 모세가 아니다. 출애굽기 3장과 4장에서는 하나님의 명령에 의해 "할 수 없이 마지못해" 애굽으로 갔던 못난 모세가 출애굽기 14장에는 전혀 다른 위대한 모습으로 나타났다고 말하는 것은 모세의 인격적 일관성에 문제를 불러일으킨다. 출애굽기 3-4장과 14장 사이의 모세의 모습에 이와 같은 인격적 불연속성과 비일관성을 전제해야 할 이유가 없다. 물론 출애굽기 14장은 모세를 지나치게 위인화함으로써 하나님의 주권과 영광을 가리고 있지 않다. 이 본문의 초점은 바로 하나님께서 행하시는 구원에 있지 모세의 위대한 지도력에 있지 않다. "여호와께서 너희를 위하여 싸우시리니 너희는 가만히 있을지니라." 이 본문에 나타나는 모세는 바로 자신의 연약함과 무력함으로 철저하게 고백하고 하나님의 도우심만을 의지하고 그것을 확증하고자 했던 출애굽기 3-4장의 모세와 다른 모습의 모세가 아니다.

5. 신자의 존재론[184]

1) 성서본문: 빌립보서 1장 12-18절

2) 주요 내용

내가 주님을 위해 존재하는 것이 아니라 주님이 나를 위해 존재한다고 생각하고 나를 증명해달라고 요구할 때 우리의 신앙은 실패한다. 본문에서 바울은 자신을 반대하는 자들이나 자신을 지지하는 자들이나 모두 주님을 전파하기 때문에 자신은 기뻐한다고 말한다. 이러한 바울의 태도는 자신의 잘남이 증명되는 것보다 주를 위해 쓰이는 것이 가장 가치 있는 것이라는 그의 확신을 보여준다.

불의한 자는 자기 자신을 위해 존재하는 데 반해, 하나님을 위해 사는 자는 하나님을 위해 고난을 받는다. "지금도 전과 같이 온전히 담대하여 살든지 죽든지 내 몸에서 그리스도가 존귀하게 되게 하려 하나니 이는 내게 사는 것이 그리스도니 죽는 것도 유익함이라"(빌 1:20-21). 이것이 신자의 태도이다. "내가 없으면 안 된다"가 아니라, 주께서 나를 사용하고 계시기 때문에, 내가 고난당하는 것도 주께서 자신을 나타내시고 영광받으시는 방법이기 때문에

---

184) 박영선, 『더 깊은 신앙으로 가는 길』 (서울: 새순출판사, 1989), pp. 197-205.

내가 살아 있다.

"우리 중에 누구든지 자기를 위하여 사는 자가 없고 자기를 위하여 죽는 자도 없도다 우리가 살아도 주를 위하여 살고 죽어도 주를 위하여 죽나니 그러므로 사나 죽으나 우리가 주의 것이로다"(롬 14:7-8). 이 구절은 로마서 14장 1-6절을 배경으로 한다. "믿음이 연약한 자를 너희가 받되 그의 의견을 비판하지 말라 어떤 사람은 모든 것을 먹을 만한 믿음이 있고 믿음이 연약한 자는 채소만 먹느니라 먹는 자는 먹지 않는 자를 업신여기지 말고 먹지 않는 자는 먹는 자를 비판하지 말라 이는 하나님이 그를 받으셨음이라… 먹는 자도 주를 위하여 먹으니 이는 하나님께 감사함이요 먹지 않는 자도 주를 위하여 먹지 아니하며 하나님께 감사하느니라"(롬 14:1-6). 이 본문은 사람들이 각각 어떤 규칙을 다른 규칙보다 더 앞세울 수도 있고, 또 그것을 믿음의 가장 중요한 기준으로 여길 수 있다는 것을 의미한다.

"남의 하인을 비판하는 너는 누구냐 그가 서 있는 것이나 넘어지는 것이 자기 주인에게 있으매 그가 세움을 받으리니 이는 그를 세우시는 권능이 주께 있음이라"(롬 14:4). 우리는 하나님께서 각 사람의 신앙의 정도와 깊이에 따라 적절하게, 지혜롭게, 흠 없이, 절대 실패함이 없이 인도하신다는 것을 알아야 한다. 우리는 하나님이 낮추시면 낮추신 대로 높이시면 높이신 대로 "좋습니다. 아멘." 해야 한다.

우리가 서로 싸우는 것은 내가 남보다 잘났다는 것을 증명하고 평가받고 싶어 하기 때문이다. 그러나 우리는 하나님은 은혜로우시며 영광스러우시다는 것을 증명해야 한다. 어떤 사람이 아무리 연약하고 모지리도 하나님께서 용납하셨다면 우리도 용납해야 한다. 그렇게 함으로써 하나님의 긍휼과 자비를 나타내야 한다. 우리는 살든지 죽든지 우리 몸에서 주 예수 그리스도가 존귀하게 되도록 주님의 명령에 충성하여야 한다.

3) 핵심 주제

신자의 존재 이유는 그리스도를 존귀하게 하는 것이다. 즉 신자의 존재 의미는 나를 증명하려고 하지 말고 오직 하나님의 영광을 드러내고자 하는 삶에 있다.

4) 분석과 비평

이 설교는 성경공부와 구별되지 않을 정도로 많은 성서의 구절들을 인용하고 그 구절들을 설명하는 강해식 설교이다. 설교의 본문인 빌립보서 1장 12-18절 못지않게 로마서 14장 1-9절이 중요한 역할을 한다. 즉 이 설교는 전형적인 상호 텍스트적(intertextual) 성서해석의 사례를 잘 보여준다. 이 두 본문을 연결시키는 설교자의 성서해석은 별 무리가 없어 보인다.

로마서 본문의 요점은 두 가지이다. 첫째, 모든 것을 먹을 만한 믿음이 채소만 먹는 연약한 믿음보다 더 크다. 둘째, 그러나 서로 비판하지 말아야 한다. 왜냐하면 다 주를 위한 결정이기 때문이다. 이 본문에서 바울은 보다 큰 믿음은 채소만 먹는 믿음이 아니라 모든 것을 먹을 만한 믿음임을 분명히 밝히고 있다. 그러므로 이 본문은 설교자의 주장처럼 단지 "사람들이 각각 어떤 규칙을 다른 규칙보다 더 앞세울 수도 있고, 또 그것을 믿음의 가장 중요한 기준으로 여길 수 있다는 것"을 의미하지는 않는다. 바울이 말하고자 하는 바는 분명히 믿음의 크고 작음, 강함과 약함이 존재하지만 크고 강한 자는 작고 약한 자를 작고 약한 자는 크고 강한 자를 서로 용납해야 한다는 것이다. 왜냐하면 공통적으로 모두 주를 위한 선한 의도를 가지고 있기 때문이며, 하나님께서 우리 모두를 우리의 믿음의 수준에 따라 용납하시기 때문이다.

이 설교는 설교자가 가진 칼빈신학의 정수를 잘 드러낸다. 즉 설교자는 하나님의 절대적 주권을 강조하며, "오직 하나님께 영광(Soli Deo Gloria)"을 돌려야 한다고 주장한다. 이 설교는 그리스도인들을 위한 두 가지 신학적 윤리를 제시한다. 첫째는 우리는 자신을 내세우려고 하지 말고 오직 하나님의 영광만을 위해서 살아야 한다는 것이다. 둘째는 하나님께서 긍휼과 자비로 우리 모두를 각기 그 형편과 수준대로 용납하시기 때문에 우리도 우리와 다른 견해를 가진 사람들을 용납하고 하나님의 긍휼과 자비를 나타내야 한다는 것이다.

이 설교는 기본적으로 명령법적 설교이다. 즉 우리는 하나님의 영광을 위해 살아야 하며, 다른 사람을 용납해야 한다. 그러나 이 명령법은 강력한 직설법에 기초하고 있다. 즉 우리가 하나님에 대하여 취하여야 할 태도는 철저하게 하나님의 주권에 대한 인정에 있으며, 다른 사람들에 대하여 취해야 할 태도는 우리를 용납하시는 하나님의 긍휼과 자비에 기초한다.

6. 다윗의 통곡[185]

1) 성서본문: 사무엘하 1장 17-27절

2) 주요 내용

다윗은 신앙고백이 분명한 신앙의 용사요 위인이었음에도 불구하고, 그의 실제적 삶은 그렇지 못했다. 사무엘서에서 최고의 핵심적 사건은 '골리앗과의 전투'가 아니라 '다윗의 통곡'이다. 바울도 자기가 죄인 중의 괴수라고 고백을 했으며, 나 역시도 신앙고백은 분명한데, "그것이 도무지 힘을 발휘하지 못하는 그래서 포기할 수도 없고, 승리도 주어지지 않는"(14) 인생을 살고 있다. 다윗의 생애에서 일어났던 일들이 우리 생애에서 반복해서 일어난다.

본문에서 다윗은 두 가지 문제로 애가를 부른다. 하나는 "어떻게 하나님이 택하시고 주인이 되시는 이스라엘이 그렇지 않은 블레셋에게 패할 수 있단 말인가?"하는 것이며, 다른 하나는 "하나님이 기름 부어 세운 하나님의 종이 어찌 이리 비참한 종말을 맞을 수 있는가?"하는 것이다.(15) 다윗을 여러 번 죽이려고 했던 사울의 죽음을 다윗이 애도하는 것은 앞뒤가 맞지 않는다. 본문에서 다윗은 정적으로서의 사울을 보는 것이 아니라 하나님이 세운 종이 어떻

---

185) 박영선, 『다윗의 삶과 하나님의 통치』 (서울: 세움출판사, 2009), pp. 11-23.

게 되는가를 보고 있다.(15)

우리가 하나님과 예수 그리스도를 분명히 믿고 고백함에도 불구하고 우리의 믿음은 우리의 삶 속에서 힘을 쓰지 못한다. 우리의 기도는 응답을 받지 못하며 우리는 어려움을 당한다. 왜 그런가? 그것은 우리의 신앙고백이 우리의 인격과 영혼의 진정한 중심에 자리잡는 데까지는 시간이 걸리기 때문이다.(18) 우리의 문제는 "우리가 모든 문제를 하나님 안에서 풀지 않고 종교로써 풀려고 하는 것"이다.(18) "종교로써 푼다는 것은 하나님이 통치자가 되어 그분의 방법대로 정치, 경제, 사회, 문화와 사적인 영역까지 순종하지 않는 것입니다."(18) 내 모든 중심과 생각과 힘이 하나님의 통치 아래 있을 수 있게 되기까지는 전 평생이 소요된다.

하나님은 나라는 존재가 온전히 하나님 앞에 순종하여 나에게 어떤 일이 생기든지 '하나님의 사람'으로서 반응하고 생각하고 순종하기를 원하시는데, 여기에는 시간이 걸리며, 하나님의 절대적인 은혜가 필요하다.(19) 모세는 이스라엘 백성을 데리고 40년 광야에서 모든 인간의 공통된 피할 수 없는 실체를 확인하게 되었는데, 그것은 "인간은 미련하고, 못났으며, 무기력하다는 사실"이다.(20)

다윗의 위대함은 그의 믿음이 남보다 견고하거나 그의 인내가 더 긴 데 있지 않다. "다윗이야말로 하나님께서 못난 한 인간을 세워 어떻게 그를 하나님의 은혜의 능력으로 약속한 승리와 완성의 자리에 도달하게 하는가를 드러내는 사람으로서 위인인 것입니다."(21) 만일 우리가 우리의 신앙고백과 주님을 향한 열심에도 불구하고 자신의 못남과 부족함으로 인해 애통한다면 우리는 정당한 신앙의 과정을 통과하고 있는 것이다.

3) 핵심 주제

우리는 신앙고백에도 불구하고 실제의 삶에서 무능력하고 무기력하다. 그러나 우리가 우리 자신의 이러한 모습으로 인해 애통한다면 우리는 정상적인 신앙의 과정 속에 있는 것이다. 다윗의 위대함은 바로 이러한 그의 애통에 있다.

4) 분석과 비평

　이 설교의 제목은 다윗의 통곡이다. 다윗은 왜 통곡했는가? 설교자에 따르면 다윗은 신앙고백에도 불구하고 벗어날 수 없는 자신의 무능함과 무기력함으로 인하여 통곡했다. 설교자는 다윗의 위대함이 있다면 이점에 있는 것이지 다윗이 위대한 신앙을 가진 영웅적 인물이라는 점에 있지 않다고 말한다. 설교자가 말하고자 하는 논지는 충분히 이해하고 공감할 수 있다. 우리는 다 신앙을 가지고 있으면서도 무능력하고 실패하는 인간들이다. 그리고 다윗도 이점에 있어서 예외가 아니다. 그러므로 쉽사리 다윗을 그리고 그 어떤 인간도 영웅시해서는 안 된다. 성서는 영웅들의 이야기가 아니다. 성서는 하나님께서 무능하고 나약한 인간들을 어떻게 완성으로 이끌어 가시며 어떻게 그들을 통해 일하시는가에 관한 이야기이다.

　그러나 성서본문에서의 다윗의 통곡이 과연 자신의 무능과 무기력과 나약함 때문인지는 매우 의심스럽다. 성서본문에서 다윗은 자신의 문제로 인해 통곡하고 있는 것이 아니라 사울과 요나단의 비극적인 죽음으로 인해 통곡하고 있다. 다윗은 사울의 생애 속에서의 업적을 기리며 요나단과 나누었던 사랑을 추억하며 그들을 추모하고 있는 것이다. 다윗을 여러 번 죽이려고 했던 사울의 죽음을 다윗이 애도하는 것은 앞뒤가 맞지 않는다는 설교자의 주장은 본문의 내용과 정면으로 배치된다. 본문에서 다윗은 참으로 사울과 요나단을 애도하고 있다. 여러 번 자신을 죽이려고 했던 사울의 죽음 앞에서 그의 생전의 위업을 기리고 그의 죽음을 슬피할 수 있다는 것은 바로 다윗의 위대함(설교사가 그토록 부정하고자 하는)의 한 단면이라고 하지 않을 수 없다.

　설교자는 성서본문에서 다윗이 보고 있는 것이 "어떻게 하나님이 택하시고 주인이 되시는 이스라엘이 그렇지 않은 블레셋에게 패할 수 있단 말인가?" "하나님이 기름 부어 세운 하나님의 종이 어찌 이리 비참한 종말을 맞을 수 있는가?"하는 것이라고 주장한다. 그러나 이러한 이해의 근거는 본문에서 발견되지 않는다. 이러한 이해는 설교자가 성서본문으로부터 읽어내고자 하는 관점이 본문에 투사된 것이다. 설교자는 종종 성서본문들의 고유한 역사적,

의미론적 맥락과 주제와 상관없이 일관되게 성서의 본문들에 이와 같은 자신의 관점을 투사함으로써 본문을 읽어내곤 한다.

설교자는 성서본문에서 다윗이 생각하는 주제가 어떻게 하나님이 택하신 이스라엘이 블레셋에게 패하고 하나님이 기름 부어 세운 하나님의 종이 그처럼 비참한 종말을 맞을 수 있는가라는 점이라고 주장하면서, 이 주제를 자신의 설교의 주제로 삼는다. 그런데 이 이스라엘의 패망과 사울과 요나단의 죽음이 신앙고백이 분명함에도 불구하고 우리가 경험하는 무능함과 무기력과 동일시될 수 있는 것일까? 과연 이스라엘과 사울은 분명한 신앙고백을 가지고 있었는데도 불구하고 무능함과 무기력함으로 패망과 죽음을 당한 것인가? 특히 말년에 많은 과오를 저지르고 비극적 죽음으로 생을 마친 사울에게서 어떻게 우리는 인간의 무능함과 무기력함에도 불구하고 그리고 바로 그것들을 통하여 인간을 완성으로 이끄시는 하나님을 말할 수 있을까?

7. 구원의 믿음[186]

1) 성서본문: 로마서 3장 19-28절

2) 주요 내용

믿음이란 원인 없이 결과가 생긴 것이다. 우리의 구원은 행위가 아니라 믿음으로 얻기 때문에 은혜이다. 그런데 내가 믿느냐 안 믿느냐에 따라 구원을 얻거나 못 얻는다고 하면, 그것은 믿음을 행위, 자랑, 삯으로 만드는 것이다. 그것은 은혜가 아니다 믿어서 얻었기 때문이다. 나를 원인으로 만드는 것이 행위의 법칙이다. 나에게 생긴 결과가 나에게 원인이 없이 생겼을 때 그것이 선물이다. 믿음이란 원인이 없는데 결과만 있는 법칙이다.

---

186) 박영선,『믿음』(서울: 복있는 사람, 2013), pp. 61-96.

구원의 비밀은 하나님이 원인 없이도 결과를 만들어내는 데 있다. 이것이 십자가에 나타난 하나님의 능력과 지혜이다(고전 1:18, 24). 우리의 구원을 확인하는 유일한 방법은 결과로 확인하는 것이다. 예수님에 의해 눈을 뜨게 된 맹인처럼(요 9:1-25) 옛날에 안보이던 것이 이제는 보이는 것, 이것이 구원의 결과이다. "죽었을 때는 안 보이던 영의 눈이 보이는 것이 구원을 얻은 자와 그렇지 않은 자의 가장 큰 차이입니다."(75) 하나님에 대한 인식이 있는 사람이 구원을 얻은 사람이다.

하나님이 원인이 되어서 그 원인으로 말미암는 결과가 우리에게 구원이라는 결과를 낳는다. 그러므로 우리는 자랑할 것이 없다(롬 3:27). 그러면 우리가 할 것은 없는가? 그렇다. 우리가 할 것은 없다. 이것이 복음이다.(77) 이스라엘 백성은 애굽에서 건져내기 이전에 이미 "내 백성"이다. 내 백성이기 때문에 건져내는 것이지 건져 놓은 다음에야 내 백성이 되는 것이 아니다. 우리가 죄인의 자리에 있을 때 이미 우리는 하나님의 백성이었다(롬 5:8).

은혜와 선물 외에는 원인이 없다. 그런데 우리는 믿음이라는 것을 조건과 자랑으로 갖고 있다. 우리에게 필요한 것은 우리의 조건, 자랑, 떳떳함이 아니라 우리의 약함과 실수와 부족함이다. 하나님은 이것들을 들어 쓰신다.

믿음은 자기설득이 아니다. "믿음으로 믿음에 이르게 하나니"에서 앞의 믿음은 하나님이 원인이 되셔서 우리에게 그 결과로 뜨게 해준 눈을 말한다. 뒤의 믿음은 볼 시력이 확보된 자로서 보라는 것이다. 성경공부는 눈을 뜨라는 작업이 아니라 시력을 회복해서 내가 본 것이 무엇인지 확인하는 작업이다.(85) 믿음은 자기설득이 아니다. "믿음이란 하나님이 나에게 보여주시고 하나님이 나를 설득하신 것을 말합니다."(87) 우리는 믿지 않는 사람하고는 할 이야기가 없다. 설명이 안 된다. 우리는 선포할 수밖에 없다. "그 선포는 상대방을 납득시키자는 선포가 아닙니다. 그 사람과 내가 다른 길을 간다는 나의 나 된 것을 선포하는 것 이상 아무것도 없습니다."(87)

우리의 눈이 떠졌다는 것이 확인되었다면 다른 것은 걱정할 필요가 없다. 성령으로 난 사람이 "바람이 임의로 불매 그 소리는 들어도 어디서 와서 어디로 가는지 알지 못하는 것" 같다(요 3:6-8). 성령으로 거듭난 자는 자기가 어떻게 거듭났는지 모른다. 단지 하나님이 거듭나게 해주셨다는 것만 알 뿐이다. 그러나 성령으로 거듭났음에도 불구하고 우리는 그렇게 살지 못한다. 이것이 광야생활이다. 우리는 성령의 만나를 먹고 살면서도 하나님이 아니라 자기가 자기의 주인 노릇을 한다. 우리는 계속 눈을 안 뜬 것처럼 죄를 짓고 산다. 그러므로 우리의 싸움은 그리스도 안에서 그리스도께서 나에게 원하시는 싸움을 하는가 안 하는가 하는 것이다. "매일의 싸움은 내가 구원을 얻었는가 못 얻었는가가 아니라 내가 오늘 하루를 하나님께 맡기는가 안 맡기는가의 싸움이어야 합니다."(93) 우리의 싸움은 성령과 육체 사이의 싸움이다(갈 5:16-24). 우리는 이미 구원을 얻은 자로서 발을 내디뎌야 하며 삶의 현장과 부딪혀야 한다. 물론 우리는 늘 실수하고 싸움에서 대부분 질 것이다. 그러나 이것이 우리에게 필요한 싸움이며 결국 우리는 승리할 것이다

3) 핵심 주제

믿음이란 원인 없이 결과가 생긴 것이다. 우리의 구원의 원인은 우리의 조건이나 자랑으로서의 믿음이 아니라 오직 하나님의 은혜와 선물이다. 우리가 성령으로 거듭나고 영의 눈이 떠졌다면 우리는 우리의 구원에 대하여 아무것도 걱정할 필요가 없다. 단지 성령과 육체 사이의 싸움에서 늘 지더라도 우리는 매일 매일 이 싸움을 계속해 나아가야 한다.

4) 분석과 비평

설교자의 설교는 매우 논증적인 강의식 형태로 전개된다. 특히 이 설교는 매우 긴 논증적, 강의식 설교이다. 설교자는 구원과 관련된 중요한 소주제들에 관해 물음을 던지고 스스로 그에 대한 논증적인 답변을 제시한다. 이 설교에서 설교자는 우리의 구원에 있어서 인간의 주체성, 믿음, 행위, 원인, 조건, 자랑이 아닌 하나님의 주체성, 행위, 원인, 은혜, 선물을 강조한다. 특히 그는 우리의 믿음이 다시금 인간의 조건, 자랑, 행위가 되는 것을 거듭 경계한다.

이와 같은 그의 사고는 매우 바르트적이다. 믿지 않는 사람의 이해를 위한 설명과 설득의 필요성을 인정하지 않는 점에 있어서 특히 그렇다.

그런데 설교자는 '은혜'와 '믿음'이라는 단어를 동일하게 또는 혼동하여 사용하는 것처럼 보인다. 설교자는 "믿음이란 원인 없이 결과(구원)가 생긴 것"이라고 말한다. 그러나 정확하게 말하자면 "은혜란 원인 없이 결과가 생기는 것"이며, "믿음이란 이 결과를 받아들이는 것"이라고 말해야 한다. 믿음이란 우리의 구원의 원인이 아니다. 그러나 또한 믿음은 원인 없는 결과이거나 그 결과가 생기는 과정도 아니다. 믿음은 그 결과, 즉 하나님의 은혜로 말미암는 구원을 받아들이는 순종적 태도를 말한다. 이 설교는 조건, 자랑으로서의 믿음을 지나치게 경계한 나머지 믿음을 위한 자리인 인간의 주체성 자체를 박탈해 버리는 느낌이 있다. 믿음은 하나님의 구원의 은혜와 동일시되거나 혼동되어서는 안 된다. 물론 믿음도 하나님의 선물이다. 그러나 동시에 그것은 인간의 순종적 응답이기도 하다. 이 순종적 응답으로서의 믿음이 반드시 구원의 은혜를 받기 위한 인간의 조건이나 자랑과 동일시 될 필요는 전혀 없다. 오히려 순종적 응답으로서의 우리의 믿음은 조건이나 자랑이 아니라 본래적으로 감사와 감격이다. 구원은 오직 "은혜에 의해 믿음을 통하여"(by grace through faith) 주어진다. 믿음이란 하나님의 은혜를 가리키는 손가락이며 또한 그 은혜가 우리에게 임하는 통로이다. 물에 빠져 죽어가는 사람에게 구조자가 손을 내미는 것이 구원의 은혜라면 그 손을 붙잡는 것이 믿음이다. 구조의 손을 붙잡는 것, 즉 믿음은 구원의 은혜를 위한 조건이나 자랑은 결코 아니지만 그것은 또한 인간의 주체적이고 책임적인 결성과 행동을 요구하는 것이다.

이 설교는 구원에 관해서는 전적인 하나님의 은혜와 선물을 강조한다는 점에서 철저하게 직설법적이지만, 구원 이후의 삶에 관해서는 명령법적이다. 즉 우리는 성령과 육체의 싸움을 싸워야 한다. 그러나 설교자는 이 싸움에서 우리가 늘 지더라도 아무런 걱정할 것이 없다고 말한다. 왜냐하면 우리의 구원의 확실성에는 변함이 없기 때문이다.

제5장 이재철 (1949-   )

이재철 목사는 1949년 부산에서 출생했으며, 20대 중반에 통상주식회사를 설립하여 두각을 나타냈으나 회사와 개인의 삶에 닥쳐온 위기를 계기로 '선데이 크리스찬'을 벗고 거듭난 기독교인이 되었다. 그는 1985년에 장로회신학대학교 신학대학원에 입학하여 공부하고, 1988년에 주님의교회를 개척하였다. 주님의교회는 창립 10년 만에 2,600여명이 출석하는 큰 교회로 성장했다. 주님의교회는 재정의 50% 이상을 교회 밖의 사회를 위해 사용하며, 시무임기제를 도입하여 담임목사는 10년, 장로는 13년만 시무할 수 있게 하였다.

이재철 목사는 약속대로 10년 임기가 끝나자 교회를 사임하고 총회 파송 선교사로 스위스 제네바한인교회에서 3년간 목회하였다. 그는 2001년 귀국하여 집필 및 설교활동을 하다가 2005년 7월부터 한국기독교선교 100주년기념교회 담임목사로 사역하고 있다. 100주년기념교회는 창립예배 다음 주일에 700명의 신도가 출석하였으며, 2009년 9월 현재 4,000명의 신도가 출석하고 있다. 100주년기념교회는 100주년기념협의회 소속으로 초교파적 성격을 가지며, 행정상 편의를 위해 사단법인 한국독립교회 및 선교단체 연합회에 소속되어 있다. 100주년기념교회는 교회 재정의 50% 이상을 교회 밖으로 돌리고 있으며, 자체 정관을 만들어 장로, 권사를 직분이 아니라 호칭으로 부르고 있다. 장로, 권사 호칭 문제로 인하여 이재철 목사는 대한예수교장로회(통합) 서울서노회 재판국에 총회헌법 또는 제규정에 정해진 의무 위반행위로 기소되어 2009년 10월 10일 면직되었다. 그의 주요 저서로서는 『매듭짓기』, 『비전의 사람』, 『인간의 일생』, 『요한과 더불어』, 『새신자반』, 『사랑의 초대』 등 다수가 있다.

이재철 목사는 스스로 철저한 자기비움과 자기부정의 삶을 실천하는 설교자로서, 회중들에게 자기비움과 자기부정의 실천을 통해 진정한 예수 그리스도의 제자가 되어야 한다고 설교한다. 그는 자신의 명의로 된 저금통장을 갖고 있지 않으며 일체의 개인적 소유를 포기했다고 한다. 그는 이와 같은 자기비움과 자기부정을 통해서만 그리스도 안에서의 참다운 자기긍정에 이를 수 있다는 사실을 강조한다.

이재철 목사의 설교의 중요한 특징은 그의 강해설교에 있다. 그는 마태복음을 4년 동안, 그리고 요한복음을 6년 동안 설교했으며, 현재 100주년기념교회에서 3년째 사도행전을 설교하고 있다. 그는 설교가 성서의 특정한 부분에 집중되는 것을 방지하고 성서 전체를 설교하기 위해 이와 같이 강해설교를 한다고 한다. 그러나 이와 같은 설교방식은 교회력에 따른 성서일과를 무시함으로써 오히려 성서 전체에 나타난 하나님의 말씀의 통전성을 약화시킬 위험이 있다. 설교자가 요한복음을 설교하는 6년 동안 회중은 성서의 극히 작은 일부분인 21장의 요한복음 본문만을 계속 편식하게 되는 셈이다. 그리고 21장의 본문을 가지고 6년 동안 설교한다는 사실 자체가 성서본문의 본래적 의미에 대한 충실한 주석에 기초한 설교를 하는 설교자로서는 상상할 수 없는 일이다. 이것은 긍정적으로 말하자면 설교자가 뛰어난 상상력과 현실 적용의 능력을 가지고 성서를 해석했다는 의미도 되지만, 부정적으로 말하자면 설교자가 자신의 임의적인 관점이나 의도를 성서 안으로 투사하여 견강부회식의 해석을 통해 성서본문의 의미를 무한히 확대 재생산하였다는 의미도 될 수 있다.

이재철 목사의 설교의 간과할 수 없는 또 하나의 중요한 특징은 그의 설교가 폭넓고 풍부한 독서를 통한 인문학적 소양과 문학적 감수성을 바탕으로 한 수려한 글쓰기를 통해 이루어지고 있다는 데 있다. 또한 그는 설교의 원고를 모두 외우고 회중과의 눈맞춤을 유지하며 정확하게 언어를 구사하는 설교자로서 다른 설교자들의 귀감이 될 만하다. 좋은 설교자가 되고자 하는 사람들은 그의 풍부한 인문학적 소양, 탁월한 문학적 감수성, 뛰어난 언어구사 능력, 철저한 프로정신에 의한 치열한 설교준비의 태도를 배울 필요가 있다.

1. 파수꾼을 죽이라[187]

1) 성서본문: 사도행전 12장 18-19절

2) 주요 내용

베드로는 하나님의 신비스러운 구원의 역사에 의해 감옥에서 탈출했다. 베드로의 탈출로 인해 4명의 파수꾼들이 헤롯에 의해 죽임을 당했다. 베드로는 하나님의 섭리에 의해 4명의 생명과 맞바꾸어진 생명이다. 바울은 다메섹 도상에서 일행들이 있었음에도 불구하고 홀로 구원을 받았다. 그는 자신의 구원이 하나님께서 가장 패역한 인간이었던 자신의 생명을 하나님의 독생자이신 예수 그리스도의 생명과 맞바꾸신 결과임을 깨달았다. 그리하여 그는 빚진 마음으로 모든 사람에게 하나님의 복음을 전하였다. 베드로와 바울은 모두 하나님께 빚진 마음을 가지고 하나님께 진 빚을 하나님께서 구원하시기 원하시는 사람에게 갚는 인생을 살았다.

교회는 자신들의 생명을 예수 그리스도의 생명과 맞바꾸어 주신 하나님께 사랑의 빚을 진 사람들이 하나님께서 구원하시려는 사람들에게 그 사랑의 빚을 갚기 위해 모인 사랑의 채무자들의 모임이다. 하나님과 사람에 대한 사랑의 채무감을 상실한 그리스도인은 하나님의 사랑을 이용해서 자기안일만을 꾀려는 독선적인 이기주의자에 지나지 않다.

박태수 선교사가 아프카니스탄에서 만난 구호단체 직원인 일본 여성 리꼬는 도쿄의 일류대학 정치학과를 다니다가 의술이 소외된 사람들에게 더 큰 도

---

187) 이재철, 2009년 9월 13일 100주년기념교회 주일예배 설교.

움이 될 것이라는 판단에서 의학공부를 한 뒤, 레지던트 과정을 마칠 즈음에 주위 사람들의 만류를 뿌리치고 아프카니스탄에 온 봉사자였다. 그녀는 자신에게 복음을 전하는 박 선교사에게 이렇게 반문했다. "나는 이곳에서 죽는 것도 겁내지 않고 이 나라 사람들을 도왔습니다. 지뢰가 깔린 마을도 전염병이 돌고 있는 마을도 아무런 거리낌 없이 다녔지요. 나는 그런 환경도 개의치 않았습니다. 왜인지 아십니까? 이 사람들이 너무 불쌍해서 그랬습니다. 그런데 나보다 더 큰 사랑을 가졌다고 말하는 당신 같은 사람들은 어디에 있습니까? 이 세상 전부를 사랑하시는 하나님을 믿는다는 사람들은 지금 어디에 있습니까? 그 하나님을 믿으면 영원히 살 수 있다고 하면서 어떻게 이 지옥 같은 곳에 살고 있는 사람들을 도울 생각은 하지 않는 건가요? 완전한 사랑으로 사랑하시는 하나님이시라고요? 그런 사랑이 어떤 사랑인지 이곳에 와서 왜 보여주지 못하는 건가요? 죽는 것이 겁이 나서인가요?… 이곳에서 죽으면 천국에 가지 못하는 건가요? 나는 작은 동정심만으로도 이 험한 곳에서 목숨을 거는데, 열방을 사랑한다는 당신들은 지금 대체 어디에 있는 것입니까? 하나님의 완전한 사랑으로 세계를 책임지겠다고 소리치는 사람들은 지금 어디에서 대체 무엇을 책임지고 있는 것입니까?" 리꼬의 이 질문은 혹시 나를 향한 내 가족, 내 동료, 세상 사람들의 질문은 아닌가?

우리는 하나님께 진 사랑의 빚을 갚는 그리스도인들이 되어야 한다. "하나님께서 하찮은 우리의 생명을 당신의 독생자이신 예수 그리스도의 생명과 맞바꾸실 정도로 우리를 사랑하셨기에 그 사랑의 빚을 하나님께서 구원하시려는 사람에게 갚는 것이 하나님의 뜻임을 결코 잊지 마십시다."

3) 핵심 주제

우리는 하나님의 사랑을 자신의 안일이나 입신양명을 위해 이용하려고 하지 말고 하나님께 사랑의 빚을 진 채무감을 가지고 그 빚을 하나님께서 구원하시기 원하는 사람들에게 갚은 그리스도인이 되어야 한다.

4) 분석과 비평

이 설교의 제목 "파수꾼을 죽이라"는 제목은 이 설교의 메시지와 별 관계가 없다. 이 설교의 초점은 결코 파수꾼의 죽음에 있지 않고, 채무자로서의 기독교인의 실존에 있다. 사실 이 본문으로부터 채무자로서의 기독교인의 실존을 주된 주제로 이끌어낼 수 있는가 하는 것 자체가 문제가 될 수 있다. 이 주제는 설교자가 인용한 바울의 로마서 1장 14절로부터 나온다. "헬라인이나 야만인이나 지혜 있는 자나 어리석은 자에게 다 내가 빚진 자라." 이와 같이 본문으로부터 본문에 생소한 주제를 이끌어내려는 문제점은 설교자의 연속 강해설교 기획에서 기인한다. 사도행전만 가지고 수년 동안 설교를 하기 위해 본문을 너무 잘게 쪼개어 설교를 하다 보니 이와 같은 문제점이 생겨난다.

이 설교의 메시지의 핵심은 다음 세 가지 점으로 요약된다.

① 우리의 구원은 값비싼 대가를 치르고, 무엇보다 예수 그리스도의 희생의 대가로 주어진 것이다. 우리의 구원은 우리 주 예수 그리스도 안에 있는 하나님의 사랑에 의한 것이다.

② 우리는 이 하나님의 사랑의 빚을 진 자로서 채무의식을 가지고 살아야 한다. 우리는 하나님의 사랑을 이용해서 자신의 이기적 욕심의 충족과 입신양명을 추구해서는 안 된다.

③ 우리는 하나님의 구원을 필요로 하는 사람들을 위해 우리 자신을 헌신함으로써 하나님의 사랑의 빚을 갚으며 사는 인생을 살아야 한다.

이 설교에서는 하나님의 은혜와 그리스도인의 과제, 직설법과 명령법이 함께 들어 있다. 그러나 무게의 중심은 후자, 즉 인간의 과제에 있다. 우리는 하나님의 은혜에 보답하는 삶을 살아야 한다는 것이다. 본회퍼가 말한 바와 같이 하나님의 은혜는 값없이 주어지는 선물이지만 값싼 은혜가 아니라 값비싼 은혜(costly grace)이다. 그것은 하나님의 아들의 희생을 대가로 치르고 주어진 은혜이다. 따라서 그리스도의 뒤를 따르는 제자도의 삶이 요구된다. 그러므로 설교자는 우리 모두 하나님의 사랑의 빚을 갚는 그리스도인들이 되자고 권면한다.

어떻게 우리가 하나님의 사랑의 빚을 갚을 것인가? 그것은 하나님께서 사랑하시는 우리의 이웃을 사랑하는 삶을 사는 것이다. 이웃을 사랑하는 삶은 그들에게 구원의 복음을 전하는 일이며 동시에 그들을 위한 섬김과 봉사의 삶을 실천하는 일이다. 오늘날 한국교회와 기독교인들의 문제는 무엇인가? 그것은 예수를 믿어 자신의 이기적 욕심을 충족시키고 입신양명을 이루고자 하는 것이 아닌가? 그것은 우리의 삶 속에서 하나님의 사랑을 세상 사람들에게 보여주지 못하는 것이 아닌가?

물론 하나님의 구원은 인간에게 영육간의 축복을 포함한다. 따라서 영적으로 풍요하고 평안을 누리는 것과 아울러 물질적으로 풍요하고 자아를 최대한으로 실현하는 것도 하나님의 축복이다. 인간의 자아실현은 결코 하나님의 은총과 대립되는 것이 아니라 하나님의 은총의 중요한 부분이다. 하나님의 뜻은 인간이 자신의 모든 최상의 가능성을 현실화시킴으로써 인간 안의 하나님의 형상을 온전히 구현하는 것이다. 문제는 자아실현이 종종 이기적인 욕망의 성취와 혼동되거나 혼합된다는 데 있다. 자신의 이기적인 욕망에 사로잡힌 사람은 다른 사람들의 고통과 어려움을 외면하고 자신의 안일과 입신양명을 추구한다. 그리고 이것은 대부분의 세상 사람들의 실제적인 삶의 모습이며, 기독교인도 이러한 모습으로부터 자유롭지 못하다.

기독교인의 양심은 늘 이기적인 자아실현과 이웃 섬김 사이에서 갈등한다. 왜냐하면 이웃 섬김이란 이기적인 자아실현이 아니라 이타적인 자아포기와 자아부인을 요구하기 때문이다. 이웃 섬김은 시간, 재물, 힘, 가정, 사회적 지위, 심지어는 자신의 생명에 이르기까지 어떤 형태로든 자신의 희생을 요구한다. 기독교인의 실존이란 대부분의 경우 이기적인 자아실현과 자아부인 사이에서 갈등하는 이중적 실존이다. 진정한 신앙의 양심을 가진 기독교인이라면 누가 이 이중적 실존의 고뇌로부터 자유로울 수 있겠는가?

그러나 예수님은 자기를 부인하고 십자가의 길을 따라가는 제자도를 실천하는 삶에 진정한 자아의 실현과 완성이 있다고 가르치신다. 왜냐하면 그리스도의 부활은 바로 십자가에 달리신 자의 부활이기 때문이며, 그리스도의 십자가는 바로 부활하신 자의 십자가이기 때문이다. 우리는 그리스도의 십자가에 동참함으로써 그분의 부활에 동참한다. 그리고 부활의 능력은 우리의 십자가의 길에 힘을 부여한다.

하나님의 명령은 단순한 율법주의적인 계명의 준수를 의미하지 않는다. 하나님의 명령은 두 가지 약속을 전제한다. 하나는 사죄와 칭의의 은총이다. 하나님의 사죄와 칭의의 은총은 단지 십자가 앞에서 불신앙으로부터 신앙으로, 비기독교인으로부터 기독교인으로 전환되는 중생의 순간에 일회적으로 주어지는 것이 아니라, 십자가를 지고 그리스도의 뒤를 따르는 기독교인의 삶 속에 언제나 작용한다. 사실상 우리는 십자가를 지고 그리스도의 뒤를 따르는 일에 언제나 실패한다. 그러나 우리는 걱정하거나 두려워할 필요가 없다. 왜냐하면 하나님의 사죄와 칭의의 은총이 언제나 우리와 함께 하기 때문이다. 우리의 실패는 언제나 하나님으로부터 용납되고 용서된다. 바로 이와 같은 의미에서 루터는 우리에게 죄를 짓는 것을 겁내지 말라고 충고하였다.

하나님의 명령이 전제하는 또 하나의 약속은 성령의 도우심이다. 하나님은 명령하시며 또한 우리가 그 명령하신 바대로 행하는 것을 성령 안에서 가능하게 하신다. 성령은 십자가에 죽음을 당하신 예수를 부활시킨 하나님의 생명의 능력이며 동시에 부활하신 그리스도로부터 우리에게 주어지는 구원의 능력이다. 성령이 우리의 연약함을 도우신다. 성령은 우리를 위해 말할 수 없는 탄식으로 기도하시며, 우리에게 인내의 힘과 용기를 주시며, 공감적인 (sympathetic) 사랑의 마음을 주시며, 종국적인 승리에 대한 믿음을 견고하게 하신다.

2. 믿음이 시작하는 곳[188]

1) 성서본문: 마태복음 16장 24절

---

188) 이재철, 『청년아 울더라도 뿌려야 한다』 (서울: 홍성사, 2000), pp. 21-31.

2) 주요 내용

　타고르의 기탄잘리에 나오는 이야기, 즉 주님으로부터 무엇을 받기를 기대하다가 오히려 주님께서 자신에게 무엇을 바칠 것을 요구하자 낟알 하나를 드린 후 나중에 자신의 자루 안에서 황금 낟알 하나를 발견하는 이야기는 자기 자신에게 집착하는 이기적인 마음에 대한 경고를 담고 있다. 믿음은 바로 이 이기적인 마음을 버리는 데에서 시작된다. "믿음은, 이처럼 자기욕망과 이기심에 집착하고자 하는 마음을 갈아엎는 것으로부터 시작된다."(23-24)
　예수님이 예루살렘에 입성하실 때 예루살렘 주민들은 '호산나' 소리치면서 예수님을 환영하였다. 그러나 바로 그들이 불과 닷새 후에 예수님을 십자가에 못 박아 죽이라고 소리를 질렀다. 왜 그들은 예수님을 향해 환호성을 질렀는가? 그것은 그들의 욕망에 찬 마음이 그리스도의 허상을 빚었기 때문이다. 그러나 그들은 예수님의 실상이 그들의 생각과 다르다는 것을 알았을 때 실상인 예수 그리스도를 죽여 버렸다.
　예수 그리스도는 말씀하셨다. "아무든지 나를 따라오려거든 자기를 부인하고 자기 십자가를 지고 나를 좇을 것이니라." 이것은 자기집착의 마음을 먼저 부인하지 아니하고서는 절대로 바른 기독교인이 될 수 없음을 의미한다. 자기집착의 마음은 끊임없이 예수 그리스도의 허상을 빚어내고 그분의 실상을 죽여 버린다. 예수님이 마태복음 16장 23절에서 베드로를 "사탄아 내 뒤로 물러가라"라고 꾸짖으셨던 것은 그가 허상을 만들어 실상을 짓밟고 있었기 때문이다. 예수님이 예수살렘에 입성하신 후에 성전에서 둘러엎으신 것은 우리가 예수 그리스도를 바르게 믿고자 할 때 우리의 마음을 먼저 둘러엎어야 한다는 것을 일깨워 준다. 마태복음 13장에 나오는 100배, 60배, 30배의 열매를 맺는 옥토는 마음을 둘러엎은 자의 마음을 가리킨다. 자신의 마음을 둘러엎고 철저히 부인할 때에 우리는 마음이 비어 있는 자, 즉 심령이 가난한 자가 된다. 하나님 나라가 바로 이러한 자의 것이다.
　모세는 미디안 광야에서 40년 동안 자신을 다듬고 부인하는 법을 배웠고, 다윗은 10년 동안 사울 왕을 피해 다니며 자신을 다듬고 부인하는 법을 배웠다. 젊은 그대들도 지금부터 자신에게 집착하는 마음을 다듬고 부인하는 법을 배워야 한다. 그럴 때에 훗날 여러분의 인생을 통해 하나님의 위대한 새 역사가 펼쳐질 것이다.

3) 핵심 주제

믿음은 자기집착과 자기욕망을 버리고 자신을 다듬고 부인하는 데서 시작된다. 이러한 자기를 비우고 부인하는 올바른 믿음을 가지고 예수 그리스도의 허상이 아닌 실상을 믿을 때 오늘의 청년들이 장차 하나님의 귀한 일꾼으로 쓰임 받을 수 있다.

4) 분석과 비평

이 설교가 들어 있는 『청년아 울더라도 뿌려야 한다』는 믿음의 청년들을 위한 20가지의 영적 가르침을 담고 있다. 설교자는 청년을 "현존하는 미래"로 정의하면서 청년의 때의 중요성을 강조한다. 그리고 청년의 때는 자기 가능성의 그릇을 크게 키울 수 있는 소중한 시기이기 때문에 고통스러울지라도 눈물을 흘릴지라도 기독교인답게 뿌려야 할 씨앗을 뿌릴 것을 권면한다.

설교자는 자기 십자가는 곧 "자기 마음의 비움"이요 그 마음의 비움이 바로 "믿음이 시작하는 곳"이라고 말한다. 본문은 세 어구로 이루어져 있다. 첫 번째는 "자기를 부인하고"이고, 두 번째는 "자기 십자가를 지고"이며, 세 번째는 "나를 따를 것이니라"이다. 그런데 설교자는 "마음의 비움"을 "자기 십자가"로 정의하고 그것을 다시 "믿음이 시작하는 곳"이라고 말한다. 하지만 "마음의 비움"은 "자기부인"과 동일시되는 것이 더 적합하다. 그리고 "자기부인"은 "자기 십자가"를 지기 위한 조건이지 그 자체가 바로 자기 십자가를 지는 것을 의미하지는 않는다. 자기 십자가란 주님으로부터 부여받은 사명의 십자가를 의미한다. 그리고 "나를 따르는 것"은 자기를 부인하고 자기 십자가를 지는 제자도로서의 지속적인 삶의 과정을 의미한다. 따라서 설교자가 이 설교에서 믿음이 시작하는 곳을 자기 마음의 비움으로 말하고자 했다면 그것을 자기 십자가를 지는 것이 아니라 자기를 부인하는 것과 연결시키는 것이 더 적합했을 것이다. 왜냐하면 자기를 부인하는 것이 십자가를 지고 주님을 따르기 위한 출발점이기 때문이다.

기독교인들이 너무도 쉽게 빠지기 쉬운 함정은 이기적인 자신의 내면적 욕망을 예수 그리스도에게 투사하여 허상을 만들고 그 허상을 좇는다는 사실에 있다. 어쩌면 이것은 기독교인들의 신앙 안에 만연해 있는 매우 일상적인 현상일지도 모른다. 신이 인간의 결핍이나 욕구의 투사이며 따라서 신학은 인간학이라는 포이에르바하의 무신론적 주장은 기독교의 하나님의 실재에 관한 한 분명히 잘못된 것이지만, 기독교인들이 신앙이라는 이름으로 자기의 욕망이 투사된 허상을 숭배하는 한 사실일 수 있다. 이런 의미에서 그의 주장은 강력한 종교비판을 함축하고 있다고 할 수 있다.

설교자는 예수님이 성전에서 매매하는 자들을 내어 쫓고 돈 바꾸는 자들의 상과 비둘기를 파는 자들의 의자를 둘러엎으신 사건을 각기 성전 된 기독교인들이 자기집착과 이기적 욕망으로 가득 찬 자신의 마음을 먼저 둘러엎어야 한다는 사실을 일깨우기 위한 상징적 행위로 해석한다. 이 해석은 하나의 가능한 실존론적 해석이라고 할 수 있다. 하지만 또한 이 사건은 이와는 다른 관점에서 해석될 수 있다. 그것은 형식화되고 부패한 종교가 하나님에 대한 허상을 만들어 낸다는 사실이다. 예수님은 율법주의화 되고 타락한 성전제의 자체를 둘러엎고자 하셨다. 왜냐하면 당시 유대교의 종교지도자들이 형식화 된 종교의식을 통해 사람들로 하여금 허상화 된 하나님을 숭배하도록 유도하고 있었기 때문이다. 이런 의미에서 예수님은 구약시대의 미가나 예레미야 같은 예언자들처럼 형식주의화된 종교제도에 대한 철저한 종교비판자였으며, 바로 이 종교비판이 예수님의 죽음의 직접적인 원인이 되었다.

허상화 된 하나님은 바로 거짓된 우상을 의미한다. 우상숭배란 하나님과 구별된 다른 이름의 신을 숭배하는 것이기도 하지만, 하나님이란 이름으로 투사된 허상을 숭배하는 것이기도 하다. 이러한 의미에서 기독교도 우상숭배의 위험성으로부터 결코 자유롭지 못하다. 우상숭배는 기독교인 개인의 자기집착으로 인한 이기적 욕망의 투사에 의해 허상을 만듦으로써 생겨나기도 하지만, 형식주의화된 종교제도, 의식, 교리에 의해 생겨나기도 한다. 율법주의란 예수님 당시의 유대교에만 있는 것이 아니라 오늘의 기독교 안에도 있다. 왜냐하면 종교가 형식주의화 되고 타락하면 언제나 율법주의적 종교가 되기 때문이다. 그리고 형식주의화, 율법주의화 된 종교 뒤에는 반드시 타락하고 부패한 종교 지도자들이 있다.

설교자는 이 설교의 제목을 "믿음이 시작하는 곳"이라고 붙였다. 믿음이 시작하는 곳은 자기집착과 이기적 욕망을 버리는 곳이라고 할 수 있다. 참된 믿음은 자기집착과 이기적 욕망과 양립될 수 없는 것이 분명하다. 참된 믿음은 살아계신 하나님의 실재와 관계를 맺지만 자기집착과 이기심은 욕망의 투사로서의 허구적 실재를 만들어낸다. 그러나 사실상 자신의 믿음이 자기집착과 이기적 욕망으로부터 완전히 자유롭다고 주장할 수 있는 기독교인은 없는 것도 사실이다. 만일 우리의 믿음이 그러한 것들로부터 완전히 자유로운 곳에서 시작되어야만 한다면 우리의 믿음은 결코 시작될 수 없을 것이다. 알곡과 가라지는 단지 믿음을 가진 신자와 믿음이 없는 불신자, 또는 올바른 믿음을 가진 기독교인과 잘못된 믿음을 가진 기독교인 사이를 가르는 은유일 뿐만 아니라 모든 기독교인의 신앙과 삶 안에 내재한 이중적 모호성을 가리키는 은유이기도 하다. 우리 안에는 언제나 알곡과 가라지, 신앙과 불신앙, 자기비움과 자기집착이 함께 존재한다. 바울도 자신의 내면에서 영적인 것과 육적인 것이 끊임없이 갈등하고 있음을 고백했다. 기독교인의 실존은 결코 이 이중적 모호성으로부터 완전히 해방될 수 없다.

이 이중적 모호성으로 인하여 우리는 하나님 앞에 언제나 죄인으로 설 수밖에 없다. 그러나 그럼에도 불구하고 우리는 전혀 두려워할 필요가 없다. 왜냐하면 우리가 하나님 앞에서 우리의 죄를 고백할 때에 하나님께서는 언제나 우리에게 그리스도의 십자가를 통한 하나님의 의를 덧입혀 주시기 때문이다. 이러한 기독교인의 실존을 루터는 "죄인이면서 동시에 의인"이라고 표현하였다. 이것이 바로 바울이 말하는 "생명의 성령의 법"이며, 루터가 말하는 칭의이다.

기독교인에게 있어서 칭의와 성화란 분리된 것이 아니다. 성화의 과정은 끊임없는 칭의의 은총 속에서 이루어진다. 성화란 언제나 자신의 이중적 모호성을 하나님 앞에 고백함으로써 하나님으로부터 언제나 칭의의 은총을 경험하는 자에게만 가능하다. 사실상 더욱 성화되어갈수록 우리는 우리 자신의 이중적 모호성을 더욱 민감하게 느끼며, 따라서 우리의 죄의 고백은 더욱 절실해진다. 그러나 죄의 고백의 강도가 커질수록 하나님의 은총에 대한 감사의 강도는 더욱 커진다. 우리의 믿음이 성장하고 성화되어가고 있다는 가장 큰 증거는, 이중적 모호성의 실존으로부터 완전히 자유하지 못함에도 불구하고 증대되는 마음의 비움과 가난함, 하나님의 사랑과 용납하심에 대한 감사와 감격, 그리고 영혼의 평화일 것이다.

3. 안식 후 첫날[189]

1) 성서본문: 요한복음 20장 1-18절

2) 주요 내용

예수님은 안식일 전날 금요일 십자가에 돌아가시고 안식 후 첫날 부활하셨다. 그러면 예수님의 시신이 무덤에 누워 있는 동안 그 육체를 떠난 예수님의 영혼은 어떻게 되었는가? 예수님의 영혼이 육체와 함께 죽어버렸다면 예수님께서 십자가에서 강도에게 "오늘 네가 나와 함께 낙원에 있으리라"(눅 23:43)고 말씀하실 까닭이 없다. 인간의 육체가 죽어도 영혼은 죽지 않는다는 사실은 변화산 사건에서의 모세와 엘리야의 나타남에서 입증되며 또한 "아버지여 내 영혼을 아버지 손에 부탁하나이다"라는 예수님의 최후의 말씀에서 분명히 증명된다.

---

189) 이재철, 『요한과 더불어 9』 (서울: 홍성사, 2004), pp. 7-22.

그러면 사흘 동안 예수님의 영혼은 어디에서 무엇을 하고 계셨는가? 영어 사도신경에는 한글 사도신경에 없는 "He descended into hell"(그분은 지옥으로 내려가셨다.)라는 구절이 있다. 이 구절은 8세기의 라틴어 사도신경 원문에서 공식적으로 나타나기 시작했다. 이 구절의 성서적 근거는 베드로전서 3장 18-20절에서 발견된다. 이 구절에 따르면 예수님은 죽음을 당하신 후에 영으로 옥에 있는 영들에게 복음을 전파하셨다. 이 구절은 또한 홍수로 심판 받은 자들의 영혼이 죽지 않고 지옥 또는 음부에 살아 있음을 보여준다. 예수님의 영혼은 그들에게 구원의 복음을 전파하시기 위해 지옥으로 내려갔다. "이를 위하여 죽은 자들에게도 복음이 전파되었으니 이는 육체로는 사람으로 심판을 받으나 영으로는 하나님을 따라 살게 하려 함이라"(벧전 4:6). 이 구절은 지옥에 떨어진 영혼도 구원받아 살 길이 있음을 전제한다.

"예수님이 지옥으로 내려가셨다"는 구절은 지난 1300년 동안 교회가 고백해 온 구절이며, 지금도 가톨릭을 비롯하여 세계의 거의 모든 교회가 고백하는 구절이다. 왜 한국교회의 사도신경에는 이 구절이 삭제되어 있는가? 한국교회는 삭제된 이 구절을 복원하고 주님께서 영으로 지옥에 있는 영혼들에게 구원의 복음을 전파하셨음을 가르쳐야 한다. 천상, 천하, 음부의 세계가 모두 주님의 완전한 구원의 능력 안에 있다.

예수님은 운명하시기 직전 "다 이루었다"(요 19:30)고 말씀하셨다. 이 말씀은 "다 품었다"라는 의미이다. 예수님은 우리의 죗값을 대신 치르시기 위하여 십자가에 못 박혀 죽으심으로 우리의 모든 죄악과 수치를 다 품어 주셨다. 그 뿐이 아니다. "주님께서 영으로 음부에 내려가셔서 주님을 믿지 못해, 알지 못해 저주 받은 음부의 영혼까지 품어주심으로써 과거와 현재와 미래, 그리고 천상천하 음부를 초월하여 그 누구도 흉내낼 수 없는 우리의 유일하신 구원자, 영원한 사랑이 되어 주신 것입니다"(19).

지옥에 떨어진 영혼마저 품어주시는 주님께서 왜 주님을 믿고 사랑하는 우리의 미래를 품어 주시지 않겠는가? 그러므로 우리는 불안해하거나 의심하지 말고 나의 존재와 나의 미래를 품고 계시는 주님을 신뢰하고 그분의 사랑을 믿고 그분의 법도 안에 거하여야 한다.

3) 핵심 주제

한국교회는 사도신경에 "예수님이 지옥으로 내려가셨다"는 구절을 복원해야 한다. 예수님은 과거와 현재와 미래, 천상천하 음부를 초월하는 만유의 주님이며 지옥의 영혼까지도 품어주시는 사랑의 주님이다. 이 주님을 신뢰하고 믿음으로 우리의 미래를 주님께 맡기자.

4) 분석과 비평

이 설교의 제목 "안식 후 첫날"은 이 설교의 내용과 맞지 않는다. 왜냐하면 설교의 내용은 성서본문에 나타나는 예수님이 부활하신 안식 후 첫날에 일어난 일에 관한 것이 아니라 그 이전에 일어난 일에 초점을 맞추고 있기 때문이다. 이 설교의 제목으로는 오히려 "음부로 내려가신 예수님"이 더 적합할 것이다.

요한복음 20장은 예수님의 죽음이 아니라 부활에 대한 기록으로서 네 부분으로 나누어진다. 이 네 부분은 예수의 살아나심(1-10절), 마리아에게 나타나심(11-18), 제자들에게 나타나심(19-23), 도마에게 나타나심(24-29)이다. 이 설교는 앞의 두 부분을 본문으로 삼고 있다. 그런데 설교자는 이 부활의 본문을 가지고 예수님이 죽음의 상태에 있었던 사흘의 기간 동안에 있었던 일에 관한 내용을 말하고자 한다. 그러나 이 본문으로부터는 결코 예수님이 지옥을 내려가셔서 지옥의 영혼까지도 구원하신다는 설교주제가 이끌어내어지기 어려우며, 이 본문에 근거해서 한국교회의 사도신경의 문제점을 논하는 것은 더욱 어려운 일이다. 설교자가 이 설교의 주제를 위한 실질적인 본문으로 사용하고 있는 성서본문은 베드로전서 3장 18-20절과 4장 6절이다. 이와 같은 성서본문의 부적합성의 문제는 지나치게 오래 계속되는 성서강해설교로 인하여 설교자가 자유롭게 설교의 본문을 선택할 수 없는 상황에서 초래되는 현상으로 여겨진다.

설교자는 이 설교에서 신학적 논쟁의 초점이 될 수 있는 몇 가지 중요한 신학적 주제들을 다루고 있다. 먼저 설교자는 육체는 죽어도 영혼은 죽지 않는다는 영혼불사의 사상을 말하고 있는 것처럼 보인다. 영혼이 죽지 않는다는 사실에 대한 성서적 증거로서 그는 예수님이 십자가에서 강도에게 한 말씀, 변화산에서 모세와 엘리야가 나타난 사실, 자신의 영혼을 하나님께 부탁하는 예수님의 말씀 등을 들고 있다. 설교자에 따르면 노아의 홍수 때 심판을 받은 자들의 영혼이 죽지 않고 지옥에서 살아 있었다. 예수님이 십자가에서 당한 죽음은 육체적인 죽음을 의미하며 영혼은 죽지 않고 지옥에 있는 영들에게 가서 그들에게 복음을 전하였다는 것이다.

설교자가 주장하는 바와 같이 죽음의 순간에 영혼이 육체로부터 분리되어 홀로 존속하는가, 아니면 영혼도 육체와 더불어 죽음을 경험하는가 하는 문제는 매우 오래된 그리고 매우 논쟁적인 신학적 주제이다. 설교자와 달리 적지 않은 신학자들 특히 오늘날의 많은 성서학자들은 히브리인과 성서의 인간론에서 부활이란 인간의 전체적 죽음(total death), 즉 영혼과 육체 모두의 죽음을 전제한다고 주장한다. 인간의 영혼은 죽지 않는다는 영혼불멸사상은 영혼과 육체를 별개의 독립적 실재로 구별하는 헬레니즘의 이원론적 세계관에서 생겨난 사상이지, 히브리적인 통전적인 인간론에서는 본래 없었던 사상이라는 것이 많은 신학자들의 견해이다. 특히 물질과 영에 대한 이원론적 이해를 거부하는 오늘날의 과학적 세계관은 몸과 분리된 영혼만의 불멸사상을 받아들이지 않는 경향을 보여준다. 이와 같은 대립된 두 견해를 중재하기 위한 중도적 입장으로서 죽음의 순간에 영혼이 육체처럼 완전히 죽지는 않더라도 육체의 죽음에 의한 심각한 죽음 또는 고통의 현상을 함께 경험한다는 견해도 존재한다.

성서가 다양한 역사적 과정 속에서 형성되었으며, 따라서 성서 자체가 다양한 사상들을 포함하고 있기 때문에 어느 한쪽 견해만이 성서에 의해 전적으로 지지된다고 단정하는 것은 어려운 일이다. 설교자가 제시한 성서의 사례들은 사후에 영혼이 살아 있다는 증거는 될 수 있지만 죽음의 순간에 영혼이 죽음을 경험하지 않는다는 사실에 대한 증거인지는 분명치 않다. 어쨌든 이 문제에 대해서는 보다 심도 있는 성서주석적, 신학적 연구와 논의가 필요하다.

예수님의 영이 지옥에 있는 영혼들에게 복음을 전파하셨다는 성서의 구절에 근거하여 한국교회의 사도신경에 "그(예수님)가 지옥으로 내려가셨다"는 구절이 복원되어야 한다는 설교자의 주장은 매우 정당하다. 그리고 개신교회가 의도적으로 이 구절을 사도신경에서 제외시켰다면, 그 이유에 대한 규명이 요구된다. 예수님이 지옥에 있는 영혼들에게 구원의 복음을 전파하셨다면, 당연히 지옥에 떨어진 영혼도 다시 구원을 받을 수 있는 길이 열려 있다는 논리적 귀결이 뒤따른다. 이러한 사고는 베드로전서의 구절들에 의해 지지될 수 있는 것임에도 불구하고 개신교 신학 전통에는 매우 낯선 것일 수 있다. 전통적으로 개신교 신학은 죽음 이후의 인간의 운명은 다시는 돌이킬 수 없는 것으로 가르쳐 왔다. 즉 죽음 이후에는 천국에서의 영생의 구원과 지옥에서의 영원한 저주 둘 중의 하나만이 있을 뿐이며, 이 둘 사이에는 그 어떤 중간지점이나 연결 또는 전이의 가능성이 존재하지 않는다는 것이다. 베드로전서의 구절들은 이와 같은 개신교 신학과 긴장관계에 있다.

이 설교에서 설교자는 예수님이 지옥에 내려가서 복음을 전하셨다는 구절에 내포된 이와 같은 중요한 신학적인 문제를 주요 의제로 다루지는 않는다. 그 대신 설교자는 이 구절을 곧바로 기독교인의 실존적 신앙에 적용한다. 즉 우리는 지옥을 포함한 만유를 품는 주님의 사랑에 대한 절대적인 신뢰를 가져야 한다는 것이다. 일반 회중을 위한 설교에서 이 구절에 포함된 매우 난해한 신학적 주제를 다루는 것은 바람직한 일도 아니며 또한 가능한 일도 아닐 것이다. 그럼에도 불구하고 이 설교는 신학적으로 매우 중요한 표현을 보여준다. 그것은 주님께서 "주님을 믿지 못해, 알지 못해 저주 받은 음부의 영혼까지 품어주심으로써 과거와 현재와 미래, 그리고 천상천하 음부를 초월하여" 우리의 구원자가 되신다는 것이다.

이러한 표현에는 중요한 신학적 의미가 함축되어 있다. 예수 그리스도가 지옥에 내려가 그곳에 있는 영들을 구원하기 위해 복음을 전파했다면, 그리고 그들이 예수 그리스도의 복음을 받아들인다면, 그들도 구원을 받을 것이다. 이것은 지옥의 문이 열리고 천국으로 가는 길이 열리는 것을 의미한다. 이것이 곧 모든 사람이 다 구원을 받는다는 것을 의미하지는 않는다. 그러나 하나님은 집을 나간 탕자가 돌아오기를 기다리는 아버지처럼, 영원한 사랑으로 지옥의 영들이 회개하고 천국으로 돌아올 것을 기다리고 계실 것이다. 고린도전서 15장 28절에는 만유가 회복되어 하나님께서 만유 안에 충만하게 될 종말론적인 하나님 나라의 비전이 나타난다. "만물이 그에게 복종하게 하실 때에는 아들 자신도 그 때에 만물을 자기에게 복종하게 하신 이에게 복종하게 되리니 이는 하나님이 만유의 주로서 만유 안에 계시려 하심이라"(고전 15:28). 설교자의 말을 빌면 모든 천상천하 음부가 모두 하나님의 품 안에 안기게 될 것이다. 이러한 종말론은 신학적으로 만유재신론적(panentheistic) 종말론이라고 불릴 수 있다.

4. 나와 같은 선지자를[190]

1) 성서본문: 사도행전 7장 35-38절

2) 주요 내용

모세는 네 번에 걸쳐 사람을 만났다. 첫 번째는 그의 부모 아므람과 요게벳이었고, 두 번째는 이집트 공주였으며, 세 번째는 자기 동족이었으며, 네 번째는 십보라였다. 즉 그는 노예의 아들로 태어났으며, 이집트 공주를 만나 이집트 왕자가 되었으며, 동족의 배척으로 도망자로 전락했으며, 미디안 광야에서 양치기가 되었다. 이 각각의 만남과 삶 사이에는 그 어떤 연속성이나 의미가 없어 보인다. 그러나 모세가 하나님과 만남으로써 모세의 인생유전은 영원한 의미를 지니게 되었다.

첫째, 하나님과의 만남은 모든 만남들이 진정한 의미를 지닐 수 있게 하였다. 모든 만남은 하나님 안에서 합력하여 선으로 귀결된다. 그는 부모를 통하

---

190) 이재철, 『사도행전 속으로 3』 (서울: 홍성사, 2011), pp. 258-270.

여 하나님을 경외하는 사람으로 태어났으며, 이집트 공주를 양모로 만남으로써 지도자가 되기에 필요한 학식과 지도력과 행정력을 왕궁에서 배웠으며, 십보라와 결혼하여 미디안 광야의 양치기가 됨으로써 인생은 게르솜(나그네)일 뿐이요. 하나님의 은총 안에서만 올바로 세워질 수 있음을 고백할 수 있게 되었다. 서로 무관해 보이는 네 번의 만남들은 하나님과의 만남 속에서 필연적인 연속성을 지니게 되었으며 모세를 모세 되게 하기 위한 필연적인 만남들이 되었다.

둘째, 하나님을 인격적으로 만난 사람에게는 그의 여건이 아무 문제가 되지 않는다. 그가 하나님으로부터 이스라엘 백성을 해방시키라는 명령을 받았을 때, 그에게는 아무것도 없는 빈털터리였다. 그러나 그가 빈털터리였기 때문에 그는 전적으로 하나님만을 의지했으며, 이런 모세를 하나님께서는 들어 사용하셨다. "아무 쓸모없어 보이던 그 빈털터리 노인 모세의 삶 자체가 하나님 안에서 기적 덩어리가 된 것이었습니다. 그러므로 하나님을 인격적으로 만난 사람에게는 그의 상황이 문제가 되지 않습니다."

본문 37절은 신명기 18장 15절 말씀을 스데반이 인용한 것이다. 여기서 "나와 같은 선지자"는 예수 그리스도를 가리킨다. 모세는 예수 그리스도의 그림자였다. 그는 "속량하는 자"(35절)로서 자신의 헌신과 희생을 통해 이스라엘 백성을 구원함으로써 예수 그리스도의 그림자가 되었다. 모세가 이와 같은 삶을 살 수 있었던 것은 지닌 것이라고는 마른 막대기 하나밖에 없었던 철저한 빈털터리였기 때문이다. "모세는 인생이란 빈손으로 왔다가 빈손으로 떠나는 나그네에 지나지 않음으로 바르게 알고 실천한 신앙인이었습니다." 그는 인생이 바람처럼 날아가 버리는 티끌에 불과함을 알았기 때문에(시 90:3) 이 세상 그 무엇에도 집착하지 않고 주어진 모든 것을 하나님을 위한 도구로 사용하는 빈손의 신앙으로 살 수 있었고, 그 결과 예수 그리스도의 그림자로 승화되었다.

하나님을 인격적으로 만난 모세의 삶이 우리에게 주는 마지막 교훈은 이것이다. 즉 그것은 "하나님을 인격적으로 만난 사람은 이 세상에서 아무리 많은 것이 주어져도 하나님의 선한 청지기가 되어, 빈손의 신앙으로 살아간다는 것입니다." 모든 죄의 원인은 욕심이고 욕심은 자신이 빈손으로 돌아가는 티끌임을 깨닫지 못하는 무지에서 비롯된다.

오늘은 고난주일이다. 왜 주님이 고난을 당하셨는가? 결코 영원히 소유할 수 없는, 영원하지 못한 것을 좇고 움켜쥐느라 우리가 지은 죗값을 치러주시기 위함이었다. 우리가 우리의 죄가 주님의 피로 씻어졌다고 믿는다면 그 증거는 "영원하지 못한 것에 우리를 눈멀게 하는 우리의 정욕과 탐심을 십자가에 못박는 것"(갈 5:24)이어야 한다. 주님처럼 우리 역시 십자가의 흔적이 새겨진 빈손으로 살아가야 한다. "우리가 빈손의 신앙으로 살아갈 때, 모세가 예수 그리스도를 가리켜 '나와 같은 선지자'라고 말한 것처럼, 우리 역시 예수 그리스도를 닮은 예수 그리스도의 그림자가 될 것입니다."

3) 핵심 주제

모세의 경우처럼, 하나님과의 인격적인 만남은 우리 인생의 모든 만남에 의미를 부여하며 하나님은 빈털터리인 우리를 들어 사용하신다. 우리는 욕심을 버리고 빈손의 신앙으로 하나님의 선한 청지기로 살아야 한다.

4) 분석과 비평

이 성서본문은 스데반이 공회에서 재판을 받을 때 한 설교의 일부분이다. 스데반은 모세 이야기를 통해 하나님의 약속이 아브라함에서 시작되어 요셉과 모세를 통해 예수 그리스도에게서 성취되었음을 말하고 있다. 이 설교는 성서본문에 대한 설교자의 깊은 연구와 이해를 잘 보여준다. 모세의 인생여정 속에 나타나는 네 번의 만남을 구별해내고 그 만남들이 하나님과의 인격적 만남 안에서 어떻게 진정한 의미를 가지게 되었는지를 설명하는 설교자의 통찰력은 매우 탁월하다.

이 설교는 고난주일에 행해진 설교로서 스데반의 설교 가운데 모세와 관련된 14번째 설교이다. 설교자는 스데반의 설교 가운데 한 구절인 "이스라엘 자손에 대하여 하나님이 너희 형제 가운데 나와 같은 선지자를 세우리라 하던 자가 곧 이 모세라"는 구절(37절)로부터 "나와 같은 선지자를"이란 제목을 취하였다. 스데반은 "나와 같은 선지자"가 바로 예수 그리스도를 가리킨다고 말한다. 그러나 이 설교제목은 설교의 주제와는 좀 동떨어진 느낌이 있다. 설교의 주제는 빈손의 신앙으로 살아가는 것을 강조하는 데 있다. 빈손의 신앙으로 살아갈 때, 모세가 예수 그리스도를 가리켜 "나와 같은 선지자"라고 말한 것처럼 우리 역시 예수 그리스도를 닮은 예수 그리스도의 그림자가 된다는 것이다. 그렇다면 설교의 제목은 "나와 같은 선지자"보다 "빈손의 신앙"이 더 적절할 것이다. 그러나 "빈손의 신앙"이란 사도행전 7장 35-38절의 본문으로부터 직접 도출될 수 있는 주제는 아니다. 모세가 빈손의 정신으로 살아서 그리스도의 그림자가 되었다는 것은 성서본문으로부터 이끌어낸 모세의 상이라기보다는 설교자가 자신의 전이해를 본문 안으로 투사한 모세의 상이다.

  설교자는 고난주일에 이 설교를 함에 있어서, 설교의 뒷부분에서 빈손의 신앙을 십자가의 정신과 연결시켰다. 그러나 이 본문은 고난주일 설교를 위한 적절한 본문이라고 보기는 어렵다. 설교자는 교회력에 따른 설교를 하지 않고 본문을 한두 절씩 짧게 잡아 오랜 기간 동안 성서의 특정한 부분을 집중적으로 설교하는 이른바 '순서설교'를 행하고 있다(그의 요한복음 설교집은 10권이나 된다). 교회력은 오랜 교회의 역사 속에서 공동체적 영성에 의해 형성된 것으로서 개인적 영성을 선행한다. 그러므로 교회력에 따른 설교의 중요성은 신중하게 고려될 필요가 있다. 설교자의 주장처럼 성서의 모든 구절이 예수님을 들여다보기 위한 창이기 때문에 특정 절기와 무관해 보이는 구절로 그 절기를 묵상함으로써 오히려 성서가 오묘함을 더 깊이 확인할 수 있는지는 매우 의문스럽다. 무엇보다도 성서의 모든 구절이 예수님을 가리킨다는 지나친 그리스도 중심적 또는 유일주의적인 유형론적 해석은 강박증적인 것이다. 이러한 해석은 구약성서의 다양한 삶의 자리와 다양한 장르 안에서 형성된 다양한 주제와 텍스트의 세계를 무시하는 것이다.

  이 설교에서는 직설법과 명령법이 변증법적으로 연결되어 있다. 하나님께서 우리 인생의 모든 만남에 의미를 부여하며 빈털터리인 우리를 들어 사용하신다(직설법). 그러므로 우리는 욕심을 버리고 빈손의 신앙으로 하나님의 선한 청지기로 살아야 한다(명령법). 이 설교에는 설교자의 일관된 신앙적, 신학적 관점, 즉 빈손 또는 무소유의 사상이 잘 드러난다. 다시 말하면 설교자는 자신의 일관된 무소유의 관점에서 모세를 읽어낸다. 즉 모세는 빈털터리였기 때문에 하나님을 전적으로 의지했고, 또한 지도자가 된 이후에도 철저하게 빈손의 신앙으로 살았으며, 그 결과 예수 그리스도의 그림자로 승화되었다는 것이다. 설교자가 이와 같이 무소유의 관점 또는 전이해를 가지고 성서를 읽어내는 것은 그것이 성서본문의 주제와 상충되지 않는 한 별 문제는 되지 않을 것이다. 그러나 모세가 무소유의 삶을 실천하였기 때문에 예수 그리스도의 그림자가 된 것은 아닐 것이다. 이 설교에 나타나는 설교자의 철저한 빈손 신앙 또는 무소유 정신은 불교 특히 법정 스님의 무소유 정신을 생각나게 한다. 그러나 기독교에도 이와 같은 정신을 표현하는 개념이 있다. 즉 빌립보서 2장 5-11절에 나타나는 케노시스(자기비움) 개념(7절)이 그것이다. 이 본문에서 예수 그리스도의 케노시스, 즉 자기비움은 성육신이 아니라 십자가의 죽음에서 완성된다.

5. 내 이름으로 구하면[191]

1) 성서본문: 요한복음 14장 12-14절

2) 주요 내용

예수님의 제자들은 예수님보다 더 오랫동안 더 넓은 범위에서 활동하여 더 많은 사람들을 그리스도인으로 만들었다. 예수님은 "나를 믿는 자는 내가 하는 일을 그도 할 것이요 또한 그보다 큰일도 하리라"(12절)고 말씀하셨다.

---

191) 이재철, 『요한과 더불어 6』 (서울: 홍성사, 2001), pp. 243-256.

여기서 '나를 믿는 자는'이란 조건절이 중요하다. 우리가 큰일을 할 수 있는 것은 우리가 주님을 믿을 때 육신이 아닌 영으로 우리와 함께 계시는 주님께서 우리를 통해 친히 일을 하시기 때문이다.

또 주님은 이렇게 말씀하신다. "너희가 내 이름으로 무엇을 구하든지 내가 행하리니 이는 아버지로 하여금 아들로 말미암아 영광을 받으시게 하려 함이라"(13절). "내 이름으로 무엇이든지 내게 구하면 내가 행하리라"(14절). 주님의 이름으로 구한다는 것은 어떤 것인가? 이름에는 실상이 있다. 명과 실은 상부해야 한다. 주님의 이름에 부합하는 실상은 "신실하심과 참됨"(요 19:11)이다. 신실은 바른 믿음과 그에 따른 바른 실천이다. 참됨이란 거짓 없는 삶이다. 그러므로 주님의 이름으로 기도한다는 것은 신실하고 참된 분의 이름으로 기도한다는 것을 의미한다. 신실하고 참된 분의 이름으로는 오직 신실하고 참된 것만을 구할 수 있다. "신실한 자가 주님께서 행하신 일을, 그보다 더 큰 일을 행할 수 있음은, 신실하고 참되신 주님께서 바로 그 신실한 사람을 통하여 당신의 신실하고 참되신 일을 친히 행하시는 까닭입니다." 인간의 참된 행복은 신실하고 참된 삶 속에, 신실하고 참된 주님의 도구가 되는 삶 속에 있다.

지금 이 나라는 중대한 기로에 서 있다. 이 사회는 그 어느 때보다도 신실하고 참된 사람을 요구하고 있다. 현 대통령(김영삼 장로)은 비자금을 모은 죄로 전직 대통령은 구속시켰지만, 자신의 과거청산에는 무관심하다. 대통령도 검은 돈을 받았다면 신실하게 국민 앞에 고백하고 용서를 구해야 한다. 그래야 진정한 역사의 청산이 이루어지고 이 나라가 의로운 사회로 나아갈 것이다.

그리스도인은 내 이름이 아니라 주님의 이름으로 사는 자들이다. 주님의 이름을 위해서는 신실하고 참된 길을 갈 수밖에 없다. 그것만이 우리가 살고 민족이 사는 길이다. 대강절을 맞이하여 우리는 주님의 이름으로 기도해야 한다.

3) 핵심 주제

신실하고 참된 주님의 이름으로 무엇을 구하든지 주님께서 행하신다. 오늘의 한국의 현실에서 우리는 신실하고 참된 길을 가야 한다.

4) 분석과 비평

이 설교는 강해식 설교로서 성서의 구절들을 하나씩 차례로 설명하면서 설교가 전개된다. 특히 요한복음 14장 12-14절의 "내 이름"이 지시하는 실상을 요한계시록 19장 11절 "신실하신 분" "참되신 분"에서 발견해내는 설교자의 상호 텍스트적 해석은 높이 평가될 수 있다. 이 설교는 1990년대 초반에 행해진 대강절 설교이다. 우리는 주님의 이름으로 기도해야 하고 신실하고 참되게 살아야 한다는 논지가 대강절의 시즌에 적절한 상황적 적합성을 지닌 것인지는 분명치 않다.

이 설교의 성서본문은 근본적으로 직설법적이다. 설교자가 말한 바와 같이 "나를 믿는 자는 내가 하는 일을 그도 할 것이요 또한 그보다 큰일도 하리라"는 구절에서 "나를 믿는 자"란 조건절이 중요하다. 왜냐하면 '나를 믿는 자'에게 주님의 영이 함께 하셔서 그를 통해 친히 일을 하시기 때문이다. 또 예수님은 "내 이름으로 무엇을 구하든지(또는 무엇이든지 내게 구하면) 내가 행하리라"고 말씀하신다. 그러므로 이 성서본문은 철저히 직설법적이다.

그런데 설교자는 이 직설법적 성서본문을 명령법적 설교로 전환시킨다. 즉 이 설교는 신실하고 참된 삶을 살 것을 요구하는 명령법적 설교이다. 물론 주님의 이름의 실상이 신실하심과 참됨이기 때문에 신실하고 참된 분의 이름으로 신실하고 참된 것만을 구해야 한다고 하는 주장에는 타당성이 있다. 그러나 이 설교에서는 주님께 대한 믿음이 나의 행위로 바뀌고 신실하고 참된 주님의 이름으로 하는 기도가 신실하고 참된 나의 삶으로 전환된다.

더욱이 그리스도인은 주님의 이름으로 사는 사람들이기 때문에 신실하고 참된 길을 가야 한다는 점을 강조하기 위해서 성서본문을 대통령의 비자금 문제와 연관시킨 것은 본문의 주제를 벗어난 적용으로 느껴진다. 그리고 이런

식으로 적용을 하자면 설교자는 왜 수많은 생명을 앗아간 비극적 사건을 일으키고 수천억의 비자금을 횡령했던 두 전직 대통령에 대해서는 침묵하는 것일까? 그리고 많은 젊은이들이 피를 흘리며 민주화를 위해 투쟁했던 1970-80년대의 군사독재시기에, 그리고 대다수의 교회가 침묵하고 있었던 시기에 설교자는 무엇을 하고 있었을까?

6. 성전의 사람[192]

1) 성서본문: 고린도전서 3장 16-17절

2) 주요 내용

다메섹에서 사울의 눈의 비늘이 벗겨졌다. 벗겨진 비늘 가운데 하나가 성전에 대한 비늘이었다. 예루살렘 성전은 로마에 의해 예수님의 예언대로 초토화되었다. 이스라엘 민족의 출애굽 이후 하나님은 그들의 장막과 함께 옮겨 다니면서 그들 가운데 현존하셨다. 솔로몬에 의해 지어진 예루살렘 성전은 예레미야 시대에 우상이 되어 있었다. 예레미야는 성전 우상주의의 허구를 폭로하였다. "너희는 이것이 여호와의 성전이라, 여호와의 성전이라, 여호와의 성전이라 하는 거짓말을 믿지 말라"(렘 7:4).

요한복음 본문에서 예수님은 "이 산에서도 말고 예루살렘에서도 말고 너희가 아버지께 예배할 때가 이르느니라… 하나님은 영이시니 예배하는 자가 영과 진리로 예배할지니라"고 말씀하신다. 예배는 특정한 공간의 문제가 아니라 마음의 문제라는 것이다. "네가 어느 곳에 있든 바로 그 곳에 하나님이 계시고, 네가 어느 곳에 있든 그 곳이 성전이고, 그 곳에서 드리는 예배가 살아

---

192) 이재철, 『비전의 사람』(서울: 홍성사, 2004), pp. 65-99. 2000년 장로회신학대학교 신대원 사경회 설교.

있는 예배가 된다는 것입니다." 야곱은 에서를 피해 도망가다 벌판에서 돌베개를 베고 잠을 자던 중 하나님을 만난다. 그는 그곳에 베고 자던 돌을 기둥으로 세우고 그 곳 이름을 벧엘(하나님의 집, 전)이라고 하였다. 그 어떤 곳이든지 하나님은 만나는 그곳이 성전이요 벧엘이다.

고린도전서 본문에서 바울은 "너희는 너희가 하나님의 성전인 것과 하나님의 성령이 너희 안에 계시는 것을 알지 못하느냐"(고전 3:16)라고 말씀한다. 바울은 "너희가 하나님의 성전"이라고 정의한다. 성전에 대한 비늘이 벗겨진 것이다. 하나님의 성전은 더 이상 건물이 아니라 바로 우리 자신이다. 그리스도인은 각자가 움직이는 성전이다.

하나님의 성전에는 반드시 네 가지가 있어야 했다. 법궤, 금촛대, 분향단, 진설병이다. 우리가 움직이는 성전이 된다는 것은 우리 안에 이 네 가지를 구비하는 것을 의미한다. 법궤는 하나님의 말씀이다. 우리는 말씀의 절대성을 신뢰하고 말씀으로 우리 자신을 채워야 한다. 도스토예프스키의 죄와 벌, 까라마조프가의 형제들은 그가 시베리아로 유배가는 도중에 성경을 만난 후 말씀의 절대성에 대한 신앙에 기초하여 쓰여졌다.

금촛대는 성령의 조명을 의미한다. 성령의 조명이 있어야 하나님의 말씀을 받아들일 수 있다(요 14:26). 성령의 조명 속에 사는 것은 예수 그리스도의 호흡으로(요 20:22) 사는 것을 의미한다. 호흡의 뿌리는 말씀이다. 말씀에 뿌리를 두고 깊은 호흡으로 살아가기 위해서는 깊은 묵상이 필요하다.

분향단은 기도를 의미한다(계 5:8). 우리는 나의 필요한 것을 기도하고 끝내는 기도가 아니라 되어져가야 할 새로운 존재를 위해 기도해야 한다. 기도는 주님께, 주님의 말씀에 우리 자신을 붙들어 매는 것이다(행 8:22, 데오마이). 내게 말씀하시는 주님의 음성에 우리를 붙들어 매기 위해서는 내 입을 다물고 그분의 음성에 귀를 기울이는 기도가 더 귀하다. 오늘날 개신교에서는 침묵의 기도가 사라지고 욕망의 소리를 외치는 기도만 남아 있다. "여러분 안에서 끓어오르는 온갖 욕망의 소리들을 하나님 앞에 악쓰듯 내어놓는 그 순간에 어떻게 진리이신 주님의 소리를 들을 수 있겠습니까? 다물어야 합니다." 엘리야는 입을 다물고 있을 때 세미한 주님의 음성을 들을 수 있었다. 침묵의 기도 없이 우리는 성전이 될 수 없다.

진설병은 하나님께 바치는 떡이다. 예수님은 하나님을 사랑하는 것이 크고 첫째 되는 계명이고 둘째도 "그와 같다"고 하셨다. "둘째도 그와 같으니 네 이웃을 네 자신과 같이 사랑하라 하셨으니"(마 22:39). 예수님은 하나님 사랑과 사람 사랑을 동일시하셨다(마 25:40). 그렇다면 내 마음속에 진설병을 구비한다는 것은 "정말 나와는 다른 사람, 전혀 수준이 안 맞는 사람 등 많은 사람에 대한 공간을 내 마음속에 지니는 것입니다. 많은 사람들을 수용할 수 있는 공간을 지닐 때에 우리는 비로소 성전이 될 수 있습니다." 화목제의 특징은 제사를 드리는 자가 제물을 이웃과 더불어 나누어 먹을 수 있다는 것이다. 모든 제물은 반드시 그날(감사의 경우) 또는 그 다음날(서원의 경우) 해지기 전까지 먹어야 하기 때문에 모든 사람을 불러서 함께 먹어야 했다.

초대 교회에서 히브리파 유대인들이 아니라 헬라파 유대인들이 집사로 선출되었다. 이것은 그들이 자신과 다른 사람들을 잘 수용할 수 있었기 때문이다. 헬라파 유대인인 스데반 집사, 빌립, 사울은 이방인을 향해 열려져 있었던 사람들이었다. "헬라인이나 야만인이나 지혜 있는 자나 어리석은 자에게 다 내가 빚진 자라"(롬 1:14). 서구신학의 공헌은 흑인, 노예, 여자, 문둥병 환자, 장애인을 사랑해야 할 형제로 찾아낸 것이다. 이것은 불교와 힌두교 신학에서는 절대로 불가능하다. 아직까지 우리나라는 인류를 생각했던 사람을 배출하지 못했다. 우리 교회의 분열도 나와 다른 생각을 가진 사람들과 더불어 살 줄 모르기 때문이다. 우리는 마음속에 크나큰 진설병을 소유한 자들이 되어야 한다.

칼뱅의 묘에 비석을 세울 것인가 말 것인가를 가지고 재판을 벌이는 제네바 사람들은 이미 그리스도와 말씀과 기도를 상실했다. 슈바이처 박사의 위대한 점은 그가 아프리카에 앉아 수많은 세계의 청년을 불러냈다는 점이다. 여러분이 스스로를 성전으로 세워간다면 수많은 사람들을 어둠에서 빛으로 불러내는 하나님의 도구가 될 것이다.

3) 핵심 주제

말씀과 성령과 기도와 이웃 사랑을 겸비한 성전의 사람이 되어야 한다.

4) 분석과 비평

이 설교에는 성서본문에 대한 설교자의 깊은 숙고가 배어 있다. 이 설교는 요한복음과 고린도전서의 두 본문을 우리 자신이 움직이는 성전이란 주제 아래 연결시킨다. 그러나 엄밀히 말하자면 이 두 본문의 주제와 의미의 맥락은 같지 않다. 요한복음 본문의 주제는 하나님께 예배드리는 장소가 중요한 것이 아니라 어떻게 예배드리느냐가 중요하다는 것이다. 즉 영이신 하나님께 형식이나 외식이 아니라 영과 진리로 예배해야 한다는 것이다. 반면 고린도전서 본문의 주제는 우리 자신이 성령이 거하는 하나님의 성전이기 때문에 성전인 우리 자신을 더럽히지 말고 거룩하게 해야 한다는 것이다. 전자는 하나님께 영적인 거룩한 예배를 드려야 함을 말씀하고, 후자는 우리 자신을 거룩하게 해야 함을 말씀한다. 이 두 본문을 "우리 자신이 예루살렘 성전을 대신하는 움직이는 성전"이라는 관점에서 묶는 것은 본문 자체로부터 나왔다기보다는 설교자로부터 나온 것이라고 할 수 있다. 그러나 본문의 의미가 저자가 의도했던 일의적 의미에 갇혀 있지 않고 해석자와의 다양한 만남의 관계에 따라 다의적 의미에 대하여 열려 있다는 오늘날의 탈근대적 해석학의 관점에서 본다면, 상호 텍스트성 안에서의 이와 같은 본문의 본래적 의미에 대한 위반은 창조적 재해석을 통한 의미론적 혁신(semantic renovation)을 위한 '생산적 위반'이라고도 볼 수도 있다.

이 설교에서 가장 독창적인 부분은 성전 안에 있는 법궤, 금촛대, 분향단, 진설병을 성전으로서의 그리스도인이 갖추어야 할 말씀, 성령, 기도, 타자에 대한 수용으로 재해석한 것일 것이다. 사실상 이러한 해석은 주석적 근거에 기초한 것이 아니다. 예를 들면, 십계명 돌판이 그 안에 들어 있었던 법궤는 하나님의 임재의 징표, 즉 하나님께서 이곳에서 자신의 백성과 만나고 자신의 뜻을 백성에게 전하는 장소로 삼겠다는 약속의 징표였다(출 30:6). 진설병은 하나님과 인간 사이의 화해와 친교의 상징으로 이해되어 왔다. 법궤를 하나님의 말씀이나 성경말씀과 동일시하거나, 진설병을 나와 다른 사람들에 대한 수용과 사랑과 연관시킬 수 있는 근거가 무엇인지 궁금하다. 이러한 유형의 해석은 실제적으로 본문의 의미론적 맥락과는 관계없이 수행되는 자의적(恣意的) 해석으로서 알레고리적 해석과 구별되지 않는다.

이 설교는 장로회신학대학교 신대원생들을 대상으로 한 2000년 봄신앙사경회 설교로서, 신학도들이 장차 어떤 하나님의 일꾼이 되어야 하는가 하는데 초점을 맞추어 작성되었다. 이 설교는 매우 기술적(descriptive)이며 동시에 명령법적인 설교이다. 이 설교에는 예루살렘 성전의 역사, 진설병과 화목제에 대한 설명 등 많은 기술적인 설명이 나타난다. 그러나 설교의 기본 어조는 신학도들이 하나님의 일꾼으로서 갖추어야 할 요건을 강조하는 명령법에 있다.

설교자는 예루살렘 성전에 대한 종교적 우상주의를 버리고 그리스도인 각자가 움직이는 하나님의 성전이라는 자의식을 가질 것을 요구하며, 하나님의 성전으로서 갖추어야 네 가지 요건을 제시한다. 이 네 가지 요건은 하나님의 말씀, 성령의 조명, 기도 특히 침묵의 기도, 자신과 다른 사람들에 대한 수용이다. 이 설교는 진설병을 중심으로 한 내용으로 결론지어진다. 즉 설교자는 신학도들이 마음속에 큰 진설병을 소유한 코스모폴리탄적인 사람들이 되어야 한다고 권면함으로써 설교를 끝맺고 있다.

또한 설교자는 흑인, 노예, 여자, 문둥병 환자, 장애인을 사랑해야 할 형제로 찾아낸 것은 서구신학이 공헌인데, 이것은 불교와 힌두교 신학에서는 절대로 불가능하다고 주장한다. 카스트 제도를 고수하고 있는 힌두교에 대해서는 그렇게 말할 수 있는 근거가 있다고 할 수 있지만, 모든 중생의 구원(극락왕생)을 소원하며 사홍서원(四弘誓願)을 하는 불교에 대해서 그렇게 단정할 수 있는 근거가 무엇인지 궁금하다.

제6장 정용섭 (1953-   )

정용섭 목사는 1953년 서울 출생으로 서울신학대학교 졸업 후 동 대학원에서 "한스 큉의 교회론"으로 문학석사 학위를 받았으며, 1983년-1985년 독일 쾰른대학교와 뮌스터대학교에서 수학했고, 계명대학교 대학원에서 "판넨베르크의 계시론"으로 신학박사학위를 취득하였다.

정 목사는 현재 대구샘터교회를 목회하고 있으며, 2008년에는 서울샘터교회를 개척하였다. 특히 서울샘터교회에서는 수요학당, 철학스터디, 신학서적 읽기 등의 모임을 운영하고 있다. 또한 정 목사는 대구성서아카데미 원장으로서 신학도들과 일반성도들을 대상으로 주로 설교와 관련된 강의를 하고 있다.

정 목사는 한국교회 목회자들의 설교에 대한 신학적 비평을 본격적으로 시도한 최초의 사람으로서 설교비평이란 장르를 개척했다고 평가받을 수 있다. 『속빈 설교 꽉찬 설교』, 『설교와 선동 사이에서』, 『설교의 절망과 희망』, 『설교란 무엇인가』 등의 설교 관련 저서가 있다.

1. 하나님의 법과 죄의 법[193]

1) 성서본문: 로마서 7장 15-25절

---

193) 정용섭, 2011년 7월 3일 주일설교. www.dabia.net. (대구성서아카데미)

2) 주요 내용

바울은 "내가 행하는 것을 내가 알지 못하노니 곧 내가 원하는 것은 행하지 아니하고 도리어 미워하는 것을 행함이라"(롬 7:15). "원함은 내게 있으나 선을 행하는 것은 없노라"(롬 7:18). "내가 원하는 바 선은 행하지 아니하고 도리어 원하지 아니하는바 악을 행하는도다."(롬 7:19)고 말한다. 이 말은 바울의 부도덕성을 표현하는 것이 아니라 "인간의 근본적인 인식의 한계," "어떤 근원적 사태"를 가리키는 말이다.

바울의 이 말은 율법과 의의 문제에 관한 것이다. 율법은 양날의 검이다. 율법은 생명을 살리는 규범이지만, 사람을 죽일 수도 있다. "생명에 이르게 할 그 계명이 내게 대하여 도리어 사망에 이르게 하는 것이 되었도다"(롬 7:10). 율법의 요구 앞에서 인간은 절망에 빠진다. 예를 들면 안식일을 지키지 못하는 사람은 죄책감에 빠진다.

율법은 선한 것이지만 인간을 구원할 수 없다는 것이 문제이다. "한계가 있는 것을 절대화하는 것이 죄이고, 거기서 사람은 원하는 선을 행하지 않고 원하지 않는 악을 행하게 됩니다. 이런 인간의 실존을 가리켜 바울은 이렇게 표현했습니다. "오호라 나는 곤고한 사람이로다 이 사망의 몸에서 누가 나를 건져내랴"(롬 7:24). 율법으로는 의로워질 수 없다. 율법의 한계는 복음에 의해서만 극복된다. 오직 예수 그리스도를 믿음으로만 의로워진다. 이것이 은총이다. 우리는 철저히 하나님의 은총에 의해 살아간다.

그런데 "그런즉 내 자신이 마음으로는 하나님의 법을, 육신으로는 죄의 법을 섬기노라"(롬 7:25)는 말은 무슨 뜻인가? 이 말은 두 세계를 함께 살아가는 그리스도인의 영적 실존을 묘사한다. 그리스도는 하나님의 법과 죄의 법의 두 세계를 살아간다. "우리는 몸으로 살기 때문에 죄의 법을 섬길 수밖에 없고, 당연히 섬겨야 합니다. 죄에 빠져도 좋다는 뜻이 아니라 우리가 세상의 질서 안에서 살아야 한다는 뜻입니다." 죄의 법은 세상의 질서를 의미한다. 노동, 교육, 성 등의 문제는 하나님의 법이 아니라 죄의 법, 즉 세상의 질서에 따라 해결되어야 한다. 우리는 이 두 가지 법의 세계 안에서 갈등을 겪으며 살아간다. 우리는 죄의 법이 지배하는 세상에서 하나님의 의를 위해 투쟁하며 살아야 한다.

3) 핵심 주제

율법으로는 의로워질 수 없다. 우리는 하나님의 은총 안에서 믿음으로만 의로워진다. 우리는 하나님의 법과 죄의 법(세상의 질서) 두 세계 안에 살면서 하나님의 의를 위해 노력해야 한다.

4) 분석과 비평

로마서 7장 15, 18, 19절은 인간(그리스도인) 실존의 내적 모호성을 표현하는 구절들이다. 이 내적 모호성으로 인하여 인간은 결국 율법의 요구를 만족시키는 데 실패한다. 그리하여 율법은 인간을 죄책감과 절망에 빠뜨린다. 우리는 오직 예수를 믿는 믿음에 의해서만 이 절망으로부터 벗어나서 의롭다 함을 얻을 수 있다. 그러나 이것은 우리가 내적 모호성으로부터 완전히 벗어난다는 것을 의미하지는 않는다. 우리 실존의 내적 모호성에도 불구하고 하나님께서 우리를 의롭다고 인정하신다. 그러므로 우리의 의는 하나님의 은총으로 주어지는 의이다.

설교자는 율법은 선한 것이지만 인간을 구원할 수 없다는 것이 문제라고 하면서, "한계가 있는 것을 절대화하는 것이 죄이고, 거기서 사람은 원하는 선을 행하지 않고 원하지 않는 악을 행하게 됩니다."라고 말한다. 여기서 "한계가 있는 것"은 율법을 의미하는 것 같다. 그런데 그것을 "절대화하는 것이 죄"라는 말은 무슨 말이며, "거기서 사람은 원하는 선은 행하지 않고 원하지 않는 악을 행하게 된다"는 말은 또한 무슨 말인가? 본문에서 바울이 말하는 바는 율법을 절대화하는 것이 죄라는 것이 아니라 자신을 포함한 인간이 율법대로 살지 못하기 때문에 율법으로는 죄인이 될 수밖에 없다는 것이다. 또한 사람이 원하는 선을 행하지 않고 원하지 않는 악을 행하는 것이 율법을 절대화하기 때문이라는 설교자의 주장은 본문의 의미로부터 벗어난 것이다. 사람이 원하는 선을 행하지 않고 원하지 않는 악을 행하는 것은 율법을 절대화하는 것과는 아무 관계가 없다. 그것은 오직 인간 안에 있는 실존적인 모호성 또는 이중성 때문이다. 바울이 말하는 바는 이 모호성 또는 이중성 때문에 인간은 율법의 요구를 충족시킬 수 없으며, 따라서 죄인으로 남아 있을 수밖에 없다는 것이다.

하나님의 법과 죄의 법에 대한 설교자의 구별은 바울이 의도하는 바와 다르다. 그는 아마도 루터의 두 왕국 사상에 나타나는 두 가지 법, 즉 하나님 나라의 법과 세상 나라의 법, 사랑의 법과 힘(또는 칼)의 법, 교회의 법과 세속 국가의 법의 구별을 이 본문에 적용시키고 있는 것 같다. 그러나 이 본문에서 죄의 법이란 설교자가 생각하는 것처럼 노동법이나 교육법과 같은 세상의 법이나 질서를 의미하는 것이 아니다. 본문에서 죄의 법이란 인간의 내적 모호성 안에 있는 죄의 속성 또는 경향성, 즉 원하는 선을 행하지 않고 원하지 않는 악을 행하고자 하는 육신(14, 25절)적 자아와 관계된다. 다음 구절들은 이를 잘 보여준다. "내 속사람으로는 하나님의 법을 즐거워하되 내 지체 속에서 한 다른 법이 내 마음의 법과 싸워 내 지체 속에 있는 죄의 법으로 나를 사로잡는 것을 보는도다"(롬 7:22-23). 여기서 바울은 선을 원하는 속 사람과 악을 행하는 지체, 즉 육신을 구별한다. 그러나 바울에게 있어서 육신이란 개념은 단지 몸을 의미하는 것이 아니라 인간 실존의 이중성 안에 있는 육신적 자아(바울이 참된 자신의 자아라고 인정하지 않는)를 의미하는 것이다. 바울은 이 육신을 곧바로 죄라고도 부른다(17, 20절). 그리므로 죄의 법은 바로 육신적 자아의 법이다. 이 육신적 자아가 인간을 죄의 법으로 사로잡는다(23절). 왜냐하면 이 육신적 자아로 인하여 인간이 율법에 의해 죄인으로 정죄되기 때문이다.

요약하면, 바울에게 있어서 하나님의 법은 선을 행하고자 하는 속 사람, 즉 참 자아의 법이요, 죄의 법은 속 사람이 원하지 않는 악을 행하는 육신적 자아, 즉 거짓된 자아의 법이다. 그리고 이 죄의 법은 율법의 지배 아래 있다. 왜냐하면 율법에 의해 육신적 자아의 죄가 드러나고 정죄되기 때문이다. 이 죄의 법은 교육법이나 노동법과 같은 세상의 법과는 별 관계가 없다. 바울은 이 본문에서 자신이 실존적 모호성 또는 이중성 안에 자신의 육신적 자아로 인하여 죄의 법에 사로잡혀서 율법에 의해 정죄되고 죽을 수밖에 없는 존재임을 탄식한다. 그리고 이 본문은 "오호라 나는 곤고한 사람이로다 이 사망의 몸에서 누가 나를 건져내랴"하는 탄식으로 끝난다. (7장 25절은 8장과 함께 읽어야 한다.) 그러므로 이 본문만 가지고는 하나님의 은혜를 선포하는 직설법적인 복음적 설교가 어렵다. 육신의 죄의 법과 율법으로부터의 해방과 구원을 선포하는 하나님의 은혜에 관한 복음은 8장에 나타난다.

2. 그리스도교 윤리의 근거[194]

1) 성서본문: 마태복음 18장 21-35절

2) 주요 내용

예수님은 베드로에게 일곱 번씩 일흔 번까지 용서하라고 말씀하셨다. 그리고 예수님은 주인으로부터 만 달란트(5백억원) 빚을 탕감 받은 종이 백 데나리온 빚진 동료를 옥에 가두는 천국 비유를 들려주셨다. 그리고 결론적으로 예수님은 "너희가 각각 마음으로부터 형제를 용서하지 아니하면 나의 하늘 아버지께서도 너희에게 이와 같이 하시리라"(18:35)고 하셨다.

용서의 미덕은 아무리 강조해도 지나치지 않다. 현실 교회는 아직 전투 중에 있는 교회이고 상대적인 교회이다. 그렇기 때문에 교회는 개혁을 필요로 한다. 용서가 교회의 상처를 치유할 수 있다. 그러나 용서 만능주의는 현실적으로 적용 불가능하다. 그리스도인의 딜레마는 한편으로는 무제약적인 용서의 영성을 가져야 하고 다른 한편으로는 현실적으로 용서가 아니라 책임을 물

---

194) 정용섭, 2011년 9월 11일 주일설교. www.dabia.net (대구성서아카데미)

으면서 살아야 한다는 것이다. 즉 그리스도인의 실존은 하나님 나라의 윤리와 세상 나라의 윤리의 이중성 안에 있다. 이 두 왕국을 칼빈(신정정치)과 뮌처(농민혁명)는 무리하게 일치시키려 한 반면, 루터는 이 둘을 구별하고, 세속의 윤리를 교회가 지나치게 참견하지 말아야 한다고 했다.

하나님 나라의 윤리인 무제약적인 용서는 세상의 현실 속에서는 불가능하다. 그렇다면 그리스도의 신앙은 어떤 의미가 있는가? 강남지역의 교회와 그리스도인들처럼 신앙적으로는 독실하고 세상살이에는 영악하게 해서는 안 된다.

두 왕국의 질서는 일치시킬 수도 없고 분리시킬 수도 없다. 그러면 그리스도인의 윤리의 근거는 어디에 있는가? 그것은 우리가 하나님으로부터 1만 달란트라는 죄의 빚을 탕감 받았다는 사실에 대한 기억에 있다. 죄란 무엇인가? 그것은 하나님을 거부하고 자기에게만 집중하는 삶의 태도이다. 이 죄가 존재론적인 깊이에서 작동하고 있다는 것을 표현하는 것이 원죄 개념이다. 우리의 모든 윤리적 판단과 행위는 1만 달란트를 탕감 받았다는 사실에서 출발해야 한다. 그럴 때에만 우리의 판단과 행위는 적개심과 자기욕망이 아니라 하나님 나라를 토대로 작동하게 될 것이다. 그러므로 우리는 하나님의 용서와 은총을 더 기억하고, 예수 그리스도를 통한 하나님의 구원 통치와 사랑과 생명의 신비를 더 기억해야 한다.

3) 핵심 주제

그리스도교의 윤리(용서)는 죄의 빚을 탕감 받음에 대한 기억에 근거해야 한다.

4) 분석과 비평

설교자가 예수께서 가르치신 무제약적인 용서가 현실적으로 적용되기 어렵다는 사실을 지적한 것, 그리고 그렇다고 우리의 신앙이 세상살이와 완전히 분리되어도 안 된다고 말한 것은 정당하다. 그리고 이 문제를 루터의 두 왕국론과 연결하여 설명하고자 한 시도는 훌륭하다. 그러나 이에 대한 사례로 강남지역의 교회와 그리스도인을 든 것은 생뚱맞고 또한 부적절하다. 왜냐하면 이 사례는 용서의 주제와 전혀 무관한 것이기 때문이다. 설교의 주제는 어떻게 현실 속에 무제약적으로 적용될 수 없는 용서의 삶을 살 것인가 하는 것이다. 이것은 오세훈을 지지하는 것과 한명숙을 지지하는 것, 조건적 무상급식을 지지하는 것과 무조건적 무상급식을 지지하는 것과는 아무런 관계가 없다. 만일 설교자가 강남지역의 교회와 그리스도인을 비판하고자 한다면 그들이 현실 속에 무제약적으로 적용할 수 없는 용서를 현실 속에서 적용 가능한 한도에서 적용하는 데 실패한 것(그런 사례가 있다면)에 대하여 비판하여야 한다.

뿐만 아니라 설교자가 든 사례에 나타난 설교자의 논증 자체도 문제가 있다. 설교자는 신앙적으로는 독실하고 세상살이에는 영악하게 하는 사례로서 서울시장 선거에서 정치적으로 보수적이며 보편적 무상급식을 반대하는 오세훈 씨에 대한 지지율이 강남 지역에서만 더 높았던 것을 든다. 그는 소망교회와 사랑의교회를 비롯한 대형교회가 강남에 몰려 있다고 말하면서, "그리스도교의 윤리와 신앙을 교회라는 특별한 자리에 묶어두고 세상살이는 아주 세속적으로 요령껏 하는 게 그리스도인의 삶은 결코 아니다"라고 말한다.

이와 같은 설교는 바람직하지 않다. 오세훈 씨를 지지하는 것은 세상살이를 영악하게 하는 것이고 한명숙 씨를 지지하는 것은 올바른 신앙생활을 하는 것인가? 제한적 무상급식을 지지하면 세상살이를 요령껏 하는 것이고 무조건적 무상급식을 지지하면 세상살이를 정직하게 하는 것인가? 정치적으로 보수면 세상살이를 세속적으로 요령껏 하는 것이고, 정치적으로 진보면 세상살이를 예수님의 정신대로 하는 것인가? 이러한 편향된 이분법적 사고를 하나님 나라와 신앙의 이름으로 설교하는 것은 매우 위험한 일이다. 무상급식과 관련한 여러 대안들 가운데 하나를 선택하는 문제는 신앙과 불신앙의 문제가 아니라 기독교인들이 신앙 안에서 함께 고민하며 의논해야 하는 문제이다. 물론 이에 대한 의견이 다를 수 있다. 그러나 그렇다고 그것이 신앙과 불신앙, 선과 악이라는 흑백논리로 가를 수 있는 문제는 결코 아니다. 과연 우리는 우리의 개인적, 사회적 삶 속에서 결정하고 선택해야 하는 모든 수많은 사안들에 대하여 신앙과 불신앙, 선과 악의 이분법적 도식으로 판단할 수 있는가?

더욱이 부자, 강남, 대형교회 등으로 대표되는 특정한 지역과 계층의 사람들을 싸잡아 신앙의 이름으로 비난하는 것은 설교자의 기본자세가 아니다. 이러한 설교는 가난, 비강남, 비대형교회에 속한 대다수의 사람들에게 심리적 쾌감과 대리만족을 줄 수 있을지는 몰라도 그들을 진정으로 예수의 사랑으로 감싸 안고 위로하고 희망과 용기를 줄 수는 없을 것이다. 왜냐하면 이러한 심리의 저변에는 그리스도의 사랑이 아니라 은폐된 적개심이 있기 때문이다. 자본가와 노동자를 나누고 계급투쟁을 주장했던 마르크스의 사회주의 이념이 이와 같은 이분법적 편가르기와 적개심에 기초한 것임을 기억해야 한다. 한편, 우리가 하나님으로부터 죄의 빚을 탕감 받은 존재라는 사실을 기억해야 한다고 강조하고 인간의 존재론적 원죄 개념을 악의 평범성으로 설명하면서 설교자가 들려주는 아이히만의 이야기는 문맥의 흐름과 조화되지 않는다.

설교자가 두 왕국 사이에서 제3의 길로서, 죄의 빚을 탕감 받음, 즉 하나님의 용서와 은총을 더욱 기억하는 영성을 가지고 살아야 한다고 호소한 것은 정당하다. 우리는 하나님께 빚진 자의 마음으로 살아야 한다. 그리스도인의 영성은 빚진 자의 영성이다. 우리는 하나님의 무한한 사랑과 은혜의 빚을 진 사람들이다. 우리가 과연 일곱 번씩 일흔 번을 용서할 수 있느냐 없느냐 하는 것은 문제의 핵심이 아니다. 문제의 핵심은 우리가 과연 하나님은 은혜에 대한 진정한 감사와 감격의 마음이 있으며, 그 은혜의 빚을 갚고자 하는 마음이 있느냐 하는 것이다. 이러한 마음이 있다면 우리는 우리의 구체적인 삶 속에서 용서의 삶을 실천하기 위하여 더욱 노력할 것이다. 이것이 율법주의적인 행위의 법이 아니라 성령 안에서의 은혜의 법을 따르는 삶이다. 물론 우리는 종종 용서의 삶에 실패할 것이다. 그럼에도 불구하고 우리 안에 있는 빚진 자의 영성으로 인하여 우리는 다시금 용서의 삶에 끊임없이 도전하고 갈수록 더욱 더 많은 승리를 경험하게 될 것이다. 그리하여 "우리가 우리에게 죄 지은 자를 사하여 준 것같이 우리 죄를 사하여 주시옵고"라는 주님의 기도가 우리에게 불가능한 가능성만은 아님을 점차 더욱 경험하게 될 것이다. 성령의 도우심 안에서.

3. 하나님 나라의 열매[195]

1) 성서본문: 마태복음 21장 33-46절

2) 주요 내용

본문은 유대교와 그리스도교의 충돌을 배경으로 한다. 초기에는 그리스도교와 유대교가 적대적이지 않았다. 그리스도교는 유대교는 아니지만 유대교와 완전히 분리되지 않은 나사렛파로 인식되었다. 그러나 70년경의 유대전쟁에서 예루살렘이 완전히 파괴되고 제사장 체제가 무너진 이후에 유대인들은 바리새파 운동을 강화하였다. 율법을 강조했던 바리새파는 나사렛파인 그리스도교에 대해서도 율법을 강요하였다. 유대교로부터 벗어나면 정치적 불이익을 받게 되는 상황에서, 유대 그리스도교는 바리새파의 요구대로 이방 그리스도인들에게도 토라와 할례를 요구한 반면, 이방 그리스도교는 이를 거부하였다.

본문은 이방 그리스도교가 유대교로부터 독립할 수밖에 없었던 신학적 이유를 비유방식으로 해명한 것이다. 이 비유에서 포도원 주인은 하나님, 하인은 예언자, 주인의 아들은 예수, 악한 소작인은 유대교, 그리고 포도원을 새로 맡은 농부는 그리스도교를 가리킨다. 이 말씀에 따르면 유대교는 하나님 나라의 열매를 맺지 못했고, 그리스도교 특히 이방 그리스도교는 열매를 맺었다. 이것으로 그리스도교가 유대교로부터 분리 독립할 이유가 충분하다.

유대교가 하나님 나라를 빼앗긴 이유는 예수님을 하나님의 아들이요 그리

---

195) 정용섭, 2011년 10월 2일 주일설교. www.dabia.net. (대구성서아카데미)

스도로 믿지 않았다는 데 있다. "예수 그리스도를 믿지 않았다는 것은 하나님 나라를 받아들이지 않았다는 뜻이고, 하나님 나라를 받아들이지 않은 사람은 하나님 나라의 열매를 맺지 못한 사람입니다." 예수님은 하나님의 통치에 전적으로 의존해서 말씀하시고 행동하심으로써 완전한 일치를 이루셨다. 따라서 초기 그리스도인들은 예수님이 곧 하나님 나라라고, 예수님을 받아들이는 것이 바로 하나님 나라를 받아들이는 것이라고 생각했다. 그들은 예수님을 다른 예언자들과는 다른 차원에서 경험하였는데, 그것은 바로 부활 경험이다. 이것은 "질적으로 새로운, 세상을 초월하는, 종말에 완성되나 은폐의 방식으로 역사적 예수님에게 선취된 궁극적 생명 경험"이다. 따라서 예수님은 예언자들처럼 하나님 나라를 전하는 메신저가 아니라 하나님 나라 자체인 메시지가 되셨다. 이런 인식과 경험에서 초기 그리스도인들은 예수님을 그리스도로 믿는 것이 하나님 나라의 자녀가 되는 유일한 길이라고 믿었다.

오늘 예수를 그리스도로 인정하는 우리 그리스도인들은 당연히 하나님 나라의 열매를 맺는 사람들이다. 그런데 우리가 하나님 나라의 열매를 맺는다는 증거는 무엇인가? 예수님의 비유를 듣고 가장 거칠게 대항했던 사람들은 대제사장과 바리새인들이었다. 대제사장은 예루살렘 성전의 안녕과 번영만을 생각하고 바리새인은 율법만을 생각한다. 성전과 율법은 당시 유대교의 절대 이데올로기였다. 절대 이데올로기는 생명의 소리를 외면하게 만든다. 오늘 그리스도인들도 각각 어떤 이데올로기에 묶여 있다. 예를 들면 소유로 생명을 얻을 수 있다는 강요와 유혹이 그런 것이다. 이런 가운데 머물러 있으면 하나님 나라에 관심을 기울일 수 없으며, 결국 하나님 나라의 생명을 잃어버린다.

우리는 하나님 나라, 하나님의 통치, 궁극적인 생명 자체인 예수님에게 일어난 일에 마음을 더 기울여야 한다. 이것이 하나님 나라의 열매이다. 이런 열매를 맺는 사람은 하나님 나라를 은총으로 받는다.

3) 핵심 주제

하나님 나라의 열매는 예수님을 그리스도로 믿고 하나님 나라를 받아들이는 것이다.

4) 분석과 비평

성서를 역사적으로 연구하고 본문의 역사적 맥락의 배경에서 본문을 이해하고자 하는 설교자의 학문적 자세는 높이 평가할 만하다. 그러나 이 설교에는 몇 가지 오류가 나타난다. 설교자는 성서본문이 70년 유대전쟁 이후 토라와 할례에 대한 유대 그리스도교와 이방 그리스도교의 입장 차이를 반영하는 본문이라고 주장한다. 그는 말한다. "오늘 설교 본문은 이방인 그리스도교가 유대교로부터 독립할 수밖에 없었던 신학적인 이유를 비유의 방식으로 해명한 것입니다." 설교자는 본문에서 "그 나라의 열매 맺는 백성"(43절)이 그리스도교 특히 이방 그리스도교라고 주장한다. 이러한 주장은 이 비유가 예수님의 입으로부터 나온 것이 아니라 70년 이후에 초기 기독교 공동체에서 만들어진 것임을 전제한다. 그러나 설교자는 설교의 말미에 "예수님의 비유를 듣고 가장 거칠게 대항했던 사람들은 대제사장들과 바리새인들"이라고 말함으로써 스스로 모순을 드러낸다. 설교자는 도대체 이 본문의 비유가 예수님께서 말씀하신 것이라고 생각하는 것인가, 아니면 초기 기독교 공동체의 산물이라고 생각하는 것인가?

본문 45절은 "대제사장들과 바리새인들이 예수의 비유를 듣고 자기들을 가리켜 말씀하심인 줄 알고 잡고자 하나 무리를 무서워하니 이는 그들이 예수를 선지자로 앎이었더라"라고 언급함으로써 이 비유가 예수가 친히 말씀하신 비유임을 분명히 한다. 이러한 본문의 언급을 뒤집을 만한 다른 결정적인 역사적 증거가 나타나지 않는 한 이 본문을 70년의 상황에서 생겨나거나 그 상황을 반영하는 것으로 보는 견해는 근거가 없다. 따라서 "오늘 설교 본문인 마태복음 21장 33-46절은 그리스도교와 유대교의 충돌을 배경으로 한다"는 주장과, 이러한 주장에 기초한 본문 해석은 근거를 상실한다.

초기 기독교 안에서 이방인들의 율법준수(특히 할례) 문제로 인하여 유대 기독교인과 이방 기독교인들 사이에 입장의 차이와 갈등이 있었을 것이라는 것은 베드로에 대한 바울의 비판(갈 2:11-14)을 통해서도 어느 정도 짐작할 수 있다. 그러나 사도행전 15장 1-21절은 이 문제가 예루살렘 회의에서 해결되었음을 보여준다. 그러므로 "결국 유대교의 요구를 따른 유대 그리스도교는 유대교의 아류로 떨어져서 역사에서 사라졌고, 거부한 이방 그리스도교는 역사에서 살아남았습니다. 그 이방 그리스도교가 오늘 모든 그리스도교의 뿌리입니다"라는 설교자의 주장은 성서적, 역사적 근거가 없는 것이다. 설교자는 어떤 근거를 가지고 이처럼 단정적인 주장을 하는 것일까?

예수와 하나님 나라의 관계에 대한 설교자의 이해는 역사적 예수와 신앙의 그리스도의 관계에 대한 포스트 불트만학파의 견해와 대체로 일치하는 것처럼 보인다. 포스트 불트만학파는 하나님 나라를 선포한 예수와 예수를 그리스도로 선포한 초기 기독교의 신앙을 본질적인 일치성의 관점에서 설명하고자 하였다. 즉 그들은 예수님이 선포한 하나님 나라가 바로 예수님 자신의 인격과 사역 안에 이미 현존하고 있었다는 인식하에, 예수님이 선포한 하나님 나라에 대한 '예'와 '아니오'는 바로 예수님 자신의 인격에 대한 '예'와 '아니오'를 함축한다고 이해하였다. 이런 의미에서 "예수님은 누구든지 나로 말미암아 실족하지 아니하는 자는 복이 있도다"(마 11:6)고 말씀하셨다. 그러므로 예수를 그리스도로 믿는 것과 예수님이 선포한 하나님 나라를 받아들이는 것은 별개의 것이 아니라는 것이다.

이 설교의 제목은 "하나님 나라의 열매"이다. "하나님 나라의 열매"라는 말은 "그러므로 내가 너희에게 이르노니 하나님의 나라를 너희는 빼앗기고 그 나리의 열매 맺는 백성이 받으리라"(43질)에 나타난다. 그러면 하나님 나라의 열매란 무엇인가? 설교자는 성전과 율법이라는 이데올로기에 사로잡혀 있던 대제사장과 바리새인들처럼 자신의 이데올로기에 사로잡히지 않고, 하나님 나라, 하나님의 통치, 궁극적인 생명 자체인 예수님에게 일어난 일에 마음을 더 기울이는 것이 하나님 나라의 열매라고 말한다. 즉 설교자는 열매를 예수님을 그리스도로 믿는 믿음과 연결시킨다.

그러나 이러한 이해는 공관복음 전체의 맥락에서 볼 때 낯선 것이다. 왜냐하면 공관복음서에서 예수님은 단지 자신과 하나님 나라에 마음을 기울이는 것이 하나님 나라의 열매라고 말씀하시지 않기 때문이다. 예수님은 이렇게 말씀하신다. "그러므로 회개에 합당한 열매를 맺고… 이미 도끼가 나무뿌리에 놓였으니 좋은 열매를 맺지 아니하는 나무마다 찍혀 불에 던져지리라"(마 3:8-10). 여기서 예수님은 회개하고 그에 합당한 삶의 열매를 맺어야 한다고 말씀하신다. 왜냐하면 회개란 단지 감정적인 뉘우침의 문제가 아니고 전인격적인 가치관의 변화와 구체적인 삶의 전환을 의미하기 때문이다. 예수님은 실천적인 삶의 열매의 중요성을 여러 곳에서 누차 강조하셨다. "그들의 열매로 그들을 알지니 가시나무에서 포도를, 또는 엉겅퀴에서 무화과를 따겠느냐 이와 같이 좋은 나무마다 아름다운 열매를 맺고 못된 나무가 나쁜 열매를 맺나니… 나더러 주여 주여 하는 자마다 다 천국에 들어갈 것이 아니요 다만 하늘에 계신 내 아버지의 뜻대로 행하는 자라야 들어가리라… 그러므로 누구든지 나의 이 말을 듣고 행하는 자는 그 집을 반석 위에 지은 지혜로운 사람 같으리니…"(마 7:15-24).

결론적으로, 하나님 나라를 선포하는 공관복음서의 예수님을 하나님 나라와 동일시하는 것은 (특히 포스트 불트만적 관점에서) 가능하다. 그러나 예수님을 그리스도로 믿는 것은 요한복음의 중심 주제이지 공관복음서의 중심 주제는 아니다. 본문에서 하나님 나라의 열매 맺는 백성이란 단지 예수님을 그리스도로 믿는 사람을 의미하는 것이 아니라, 회개하고 예수님께서 선포하신 하나님 나라를 받아들이고 그에 합당한 삶의 열매를 맺는 사람을 의미한다.

4. 천국, 질적인 변화의 세계[196]

1) 성서본문: 마태복음 13장 44-52절

2) 주요 내용

---

[196] 정용섭, 2011년 7월 24일 주일설교. www.dabia.net. (대구성서아카데미)

첫째, 천국은 마치 밭에 감추인 보화와 같다(44절). 천국의 속성은 은폐성이다. 천국의 생명의 나라이기 때문에 이 은폐성은 생명의 은폐성을 뜻한다.

둘째, 천국은 좋은 진주를 구하는 장사와 같다(45절). 이것은 천국을 경험한 사람의 태도를 보여준다. 그는 자기의 소유를 다 팔아 그 진주를 샀다. 이 사람은 천국에 자신의 운명을 던진다.

셋째, 천국은 그물과 같다(47절). 어부는 좋은 물고기는 그릇에 담고 못된 것은 버렸다(48절). 세상 마지막 때 천사들이 의인 중에서 악인을 갈라내서 풀무불에 던져 넣을 것이다. 이 세상이 마지막 때에 천국은 새롭게 구성되고 참된 생명의 세계가 올 것이다.

이 세 가지 천국 비유의 공통점은 질적으로 새로운 생명의 변화에 있다. 질적으로 새로운 생명이란 무엇인가? 우리는 그것을 알 수가 없다. 이것이 피조물의 한계이다. 우리는 천국의 생명이 이 세상에서의 생명 경험, 즉 경쟁적, 소비적 생명과 같을 것이라고 생각하는 오류로부터 벗어나야 한다. 천국은 잘 먹고 잘 사는 그런 나라가 아니다. 스티븐 호킹의 말은 그런 천국은 없다는 의미에서 옳다.

생명의 질적인 변화가 이루어지는 천국은 오직 하나님의 소관이다. 우리는 그게 어떤 세계일지 아예 상상하지 말아야 한다. 상상할수록 왜곡될 가능성이 높기 때문이다. 대신 하나님의 통치가 이루어질 천국을 기다려야 한다.

3) 핵심 주제

천국은 질적인 생명의 변화의 세계이다. 우리는 이 천국을 상상하려고 하지 말고 오직 기다려야 한다.

4) 분석과 비평

이 세 비유 가운데 앞의 두 비유는 공통적으로 천국(보화, 진주)을 발견한 사람이 자신의 모든 소유를 팔아 천국을 사는 비유이다. 즉 이 두 비유는 천국을 위해서는 세상의 모든 것을 다 포기하고 자신의 모든 것을 걸어야 한다는 것을 표현한다. 반면 세 번째 비유는 어부가 좋은 물고기와 나쁜 물고기를 가르고 나쁜 물고기를 버리듯이 세상 끝날에 천사가 의인과 악인을 가르고 악인을 심판한다는 것, 즉 종말론적 심판을 표현한다. 이 세 가지의 비유가 질적으로 새로운 생명의 변화라는 한 가지 공통점을 가지고 있다는 설교자의 주장은 설득력이 약하다. 생명이란 주제는 이 성서본문으로부터 직접 도출되기 어렵다. 세 본문을 질적으로 변화된 생명이란 하나의 주제 아래 묶고자 하는 시도는 본문의 본래적 주제와 의미에 폭력을 가하는 것이다.

만일 세 비유를 굳이 연결시켜 설교를 하고자 한다면 의미론적으로 이해 가능한 상호 텍스트성을 구성해야 할 것이다. 예를 들면, 앞의 두 비유를 통해서는 천국을 위해서 우리는 우리 자신의 모든 것을 버리고 오직 천국만을 추구해야 한다는 것을 말하고, 만일 그렇게 하지 않을 경우에 세 번째 비유에 나타나는 바와 같이 우리는 못된 물고기처럼 마지막 날에 심판을 당하게 될 것이라는 사실을 말할 수 있다. 지금 세상의 것을 포기하고 소유를 팔아 천국을 산 사람은 마지막 날에 좋은 물고기로 드러날 것이고, 그렇지 못한 사람은 나쁜 물고기로 드러날 것이다. 이와 같은 방식의 상호 텍스트적 연관성 안에서 세 비유는 하나의 통일된 의미론적 의미체계를 구성할 수 있다.

이 설교는 직설법적이지도 명령법적이지도 않고(물론 "하나님의 온전한 통치가 이루어질 천국을 기다리라"는 명령법이 없는 것은 아니다), 거의 대부분의 내용이 기술적(descriptive)이다. 즉 천국은 질적인 생명의 변화의 세계라는 것이며 이 세계는 우리가 상상할 수 없는 세계로서 오직 하나님의 소관 안에 있는 세계라는 것이다. 우리가 해야 할 일은 하나님의 통치가 이루어질 천국을 기다리는 것뿐이라는 것이다. 이와 같은 내용은 설교라기보다 강의와 같은 느낌이 있다. 여기서는 설교를 듣는 회중에게 선포되는 은혜의 기쁜 소식도 듣기 어려우며, 회중의 인격과 삶 속에 직접 부딪치고 도전하고 변화시키는 메시지도 발견하기 힘들다.

천국을 상상하지 말라는 말은 예수님의 의도와 상치된다. 예수님이 천국에 대한 비유를 들려주신 까닭은 천국에 대한 유비적 이해를 가능하게 하시기 위한 것이지 천국에 대한 상상을 금지하시기 위한 것이 아니다. 예수님의 천국비유를 이해하기 위한 최선의 방법은 개념이나 논리라기보다는 영적인 상상력이다. 물론 잘못된 이 세상에서의 생명 경험을 천국에 투사하는 것은 비판되어야 한다. 그럼에도 불구하고 가능한 영적 상상력의 날개를 펴서 천국을 그려보고 사모하는 것은 아예 상상하지 않는 것보다는 훨씬 좋은 것이다. 왜냐하면 우리는 너무 이 세상의 것들만 생각하며 살기 때문이며, 무엇보다도 천국에 대한 상상과 희망은 오늘 우리의 삶을 위한 윤리적 동기와 목적을 제공해 줄 수 있기 때문이다. 종말론적 미래에 대한 희망은 특히 어려움과 역경 가운데 있는 현재적 삶에 힘과 용기를 가져다준다. 따라서 설교자는 회중들에게 천국을 상상하지 말라고 금지하는 것보다는 상상하되 현실도피적이고 탈역사적인 환상에 빠지지는 말라고 권면하는 것이 옳다.

또한 우리가 해야 할 일이 천국을 가만히 기다리는 것이라는 주장도 본문의 주제와 맞지 않는다. 이러한 주장은 특히 첫 두 비유의 내용과 정면으로 배치된다. 왜냐하면 첫 두 비유는 자기의 모든 소유를 팔아서라도 천국을 쟁취하는 적극적인 행동을 요구하기 때문이다. 예수님의 가르침은 천국은 침노하는 자가 쟁취한다는 것이다(마 11:12).

제7장 유기성 (1954-)

유기성 목사는 감리교신학대학교를 졸업했으며, 부산제일교회와 안산광림교회에서 담임목사를 역임한 후에 현재는 선한목자교회를 담임하고 있다. 유 목사는 '예수님이 주인 되시는 교회', '예수님과 24시간 동행하는 교회', '예수님의 사역이 흘러가는 교회'를 3대 비전으로 내걸고 목회를 하고 있다. 즉 그는 이러한 세 가지에 초점을 맞춘 교회의 비전을 가지고 복음적인 그리스도인을 양육하는 것을 자신의 목회의 목표로 삼고 있다. 3대를 이어온 목사인 그는 예수님 한 분이면 충분하다는 신앙적, 목회적 신념을 가지고 성도들로 하여금 오직 예수님만을 바라보도록 만들고자 한다. 따라서 그의 설교는 매우 그리스도 중심적이다.

그의 저서로서 『나는 죽고 예수로 사는 사람』, 『예수님의 사람』, 『내 안에 계신 예수님과의 행복한 동행』, 『40일 묵상』, 『네가 나를 사랑하느냐』, 『영성일기』, 『예수와 함께 죽고 예수로 사는 가정』 등이 있다.

1. 예수님만 구하십니까?[197]

1) 성서본문: 누가복음 11장 5-13절

---

197) 유기성, 『네가 나를 사랑하느냐』(서울: 규장, 2012), pp. 79-97. 2012년 장로회신학대학교 신대원 사경회 설교.

2) 주요 내용

우리 하나님은 구하는 자에게 성령 충만함으로 주시는 분이다. 우리는 구하는데도 못 받는다고 말한다. 그러나 우리는 정말 구하고 있는가? 우리가 진정으로 간절히 주님을 원하고 있는가? 문제는 우리 안에 진정한 갈급함이 없다는 것이다. 우리는 구하면서 어떤 조건을 붙인다. 그러나 진정으로 구하는 것은 어떤 조건도 붙이지 않는 것이다. 우리는 예수님 한 분만으로 충분해야 한다. 마가의 다락방에 성령이 임하기까지 사람들은 열흘 동안 기도했는데 열흘은 굉장히 긴 시간이다.

예수님을 구하는 데 있어서 우리가 깨달아야 할 중요한 사실은 내가 이미 죽었다는 사실이다. 바울은 "내가 그리스도와 함께 십자가에 못 박혔다"고 말했다. 그는 이미 죽었고 예수님이 그의 생명이 되셨다. 나는 "정말 착하고, 용기 없고, 두려움과 염려가 많고, 사람들 앞에 나서기 부끄러워하던 그런 사람이었기에 제게 '나는 죽고 예수로 사는 복음'이 참 복음이었습니다."(96) 우리가 자신에 대하여 좌절하였다면 그것은 하나님의 기회이다.

내가 죽는 것은 목적이 아니라 시작이다. 내가 죽어야 비로소 주님이 내 삶을 통하여 주님의 일을 하실 수 있다. "내가 죽고 예수로 사는 것은 내게 이미 이루어진 일입니다. 그것은 믿음으로 누리는 것입니다." 내가 자신이 죽고 예수님으로 자라면 주님은 나를 통해 놀라운 일을 하실 것이다.

3) 핵심 주제

우리는 진정으로 예수님만 구해야 한다. 진정으로 예수님만 구하기 위해서는 내가 죽어야 한다. 그런데 나는 이미 그리스도와 함께 십자가에서 죽은 것이다. 죽은 나를 통해 주님은 놀라운 일을 하실 것이다.

4) 분석과 비평

이 성서본문은 예수님이 들려주신 비유이다. 이 비유에서 예수님은 하나님의 선하심을 믿고 끈질기게 간청하고 구하면 하늘 아버지 되시는 하나님께서 반드시 성령을 주실 것이라고 말씀하신다. 따라서 이 비유의 핵심적 주제는 아버지 되시는 하나님의 선하심에 대한 전적인 신뢰를 가지고 끈질기게 간구하면 하나님께서 구하는 자에게 성령을 주실 것이라는 것이다.

이 성서본문에서 기초해서 설교자는 우리가 정말 진정으로 예수님을 구하고 있는지를 반성해야 하며 우리가 진정으로 예수님만을 구해야 한다고 강조한다. 그리고 진정으로 예수님만을 구하기 위해서는 내가 죽어야 한다는 사실을 지적한다. 그리고 또한 우리가 예수를 믿었을 때 이미 죽은 것이라는 사실을 다시금 상기시킨다. 우리는 예수를 믿을 때 우리 자신을 죽은 자로 고백한다. 세례는 나의 옛 자아가 죽고 새로운 자아로 거듭나는 것을 상징한다. 이런 의미에서 설교자의 말처럼 내가 죽는 것은 목적이 아니라 시작이라고 할 수도 있다. 기독교인으로서 우리의 새로운 삶은 세례를 받음으로써, 즉 우리의 옛 자아가 죽고 새로운 자아가 탄생함으로써 시작된다.

그러나 "내가 죽고 예수로 사는 것은 내게 이미 이루어진 일"이며, 그것은 "믿음으로 누리는 것"이라는 설교자의 말은 옳은 말처럼 느껴지면서도 웬지 너무도 손쉬운 말처럼 들린다. 과연 "내가 죽고 예수로 사는 것"이 단지 믿음으로 누리는 일일까? 역으로, 내가 죽지 못하고 예수로 살지 못하는 것은 단지 믿음이 없어서일까? 우리 모두는 믿음을 가지고 있지만 여전히 우리의 믿음은 연약하다. 내가 죽고 예수로 사는 것은 원리적으로는(de jure) 이미 이루어진 일이지만 동시에 실제적으로는(de facto) 아직도 불완전한 것이다. 그렇기 때문에 기독교인의 실존은 '이미'와 '아직 아니', 직설법과 명령법의 변증법적인 긴장관계에 놓여 있다.

다시 성서본문으로 돌아가자. 우리가 왜 하나님의 응답을 받지 못하는가? 이유는 두 가지 중의 하나이다. 첫째는 우리가 잘못 구하고 있기 때문이다. 우리는 하나님이 주시기를 원하지 않는 것을 구하고 있기 때문이다. 우리의 마음과 하나님의 마음이 일치하지 않기 때문이다. 둘째는 우리가 끈질기게 구하지 않기 때문이다. 성서본문에서 예수님이 말씀하시고자 하는 바는 이 두 번째와 보다 더 직접적으로 관련된다. 본문에서 예수님은 여행 중의 벗의 예화를 들면서 "그 간청함으로 인하여" 그의 요구를 들어줄 것이라고 말씀하신다. '구하는 것', '찾는 것', '문을 두드리는 것'은 모두 공통적으로 적극적으로 간청하는 모습을 표현한다. 물론 하나님께 대한 간청은 하나님에 대한 신뢰를 바탕으로 한다. 이 신뢰를 표현하기 위해서 예수님은 하나님을 아버지에 비유하셨다.

예수님만 진정으로 구하라는 설교자의 설교는 결코 잘못된 것이 아니다. 그러나 예수님만 구한다는 것이 과연 어떤 실제적이고 구체적인 의미를 담을 수 있을지는 의문이다. "나는 예수님만(또는 성령님만) 구합니다"라는 우리의 기도는 과연 어떤 실제적이고 구체적 의미가 있는 것일까? 과연 우리는 매일의 삶 속에서 "나는 예수님만(또는 성령님만) 구합니다"라는 기도만을 반복할 수 있을까? 우리의 기도는 일상적인 삶 속에서 경험하는 구체적인 내용들을 담아야 하지 않을까? 그래야 하나님께서 우리가 구체적으로 무엇을 구하는지를 들으시고 응답하시지 않을까?

2. 예수님과 함께 죽었습니까?[198]

1) 성서본문: 갈라디아서 2장 20절

2) 주요 내용

우리는 주님의 임재를 지식적으로 아는 것이 아니라 실제적으로 체험해야 한다. 우리가 죄를 짓는 것은 주님의 임재를 모르니까 짓는 것이다. 주님의 임

---

198) Ibid., pp. 39-75.

재를 모르기 때문에 우리는 돈을 탐하고, 명예를 좇고, 오락이나 잡기, 음란에 빠지는 것이다.

많은 기독교인들이 주님이 함께 계시는 것을 느끼지 못한다는 고백을 한다. 그러나 주님은 우리와 함께 계신다. 놀라운 은혜를 받고 성령이 역사하는데도 정작 본인은 전혀 모를 때가 있다. 우리의 눈이 뜨여야 한다. 주님은 살아 계시고 우리 안에 들어와 우리와 함께 하신다. 그러나 그럼에도 불구하고 주님이 우리 안에서 역사하지 못하는 것은 우리의 주인이 되지 못하시기 때문이다. 내 안에 계신 예수님의 말씀대로 순종해야 예수님이 나의 주님이 된다. 예수님이 내 삶의 주님이 되시면, 가나의 혼인 잔치에서처럼 물이 포도주가 되는 기적이 일어난다.

바울에게 예수님은 주님(주인)이 되셨다. 그는 "내가 그리스도와 함께 십자가에 못 박혔나니 그런즉 이제는 내가 사는 것이 아니요 오직 내 안에 그리스도께서 사시는 것이라."고 고백했다. 이 바울의 고백이 예수 그리스도께서 그를 통해 역사하신 열쇠이다. 우리도 그렇게 고백할 수 있는가? "예수님이 내 안에 오셨지만 역사하지 못하시는 가장 큰 장애물은 처리되지 않은 나의 자아, 죽지 않은 나의 자아 때문입니다."(56)

우리는 끊임없이 자기 자신, 자기목적, 자기만족과 유익을 추구한다. 죽지 않은 자아는 하나님의 영광을 가로챈다. "주님을 위하고 하나님 나라를 위하고 교회를 위하는 헌신과 봉사와 충성, 사역적 결단 속에 자아가 역사할 수 있습니다. 탁월한 설교자, 큰 교회 담임목사, 선교사, 찬양 사역자, 훌륭한 신학 대학 교수가 된다고 해도 그것이 자기만족이 될 수 있습니다."(59)

자아는 어떻게 죽을 수 있는가? 자아의 죽음은 은혜로 누리는 것이지 노력으로 성취하는 것이 아니다. 세례를 받음으로 우리는 예수님과 함께 죽는 것이다.(롬 6:4) 누구든지 예수 그리스도 안에 있는 자는 예수와 함께 십자가에 못 박힌 것이다. 우리는 이 사실을 믿는 믿음으로 세례를 받는다. "세례를 받았다는 말인즉, '나의 죽음'을 받아들인다는 것입니다."(62) "이제는 이것을 믿으십시오. 내가 죽어야 하는 것이 아니라 내가 예수님과 함께 이미 죽었음을 믿는 것입니다. 우리가 할 일은 믿는 것밖에 없습니다. 나를 죽이는 게 아니라는 것을 믿으십시오."(63) 우리는 나의 자아가 그리스도와 함께 십자가에서 죽었음을 믿음으로 취하는 것이다. 믿음으로 취하라. 그러면 경험하게 된다. "자아의 죽음 역시 육신을 가진 자신을 보지 말고 오직 하나님의 약속의 말씀을 믿어야 합니다. 그 믿음으로 고백할 때, 자아의 죽음이 누려지는 것입니다."(65)

나의 죽음이 분명해야만 비로소 주님의 생명이 나타난다. 나는 설교에 대한 열등감이 심했었다. 그러나 하나님께서 이 열등감을 하나님은 미련한 자, 약한 자, 천한 자, 멸시 받는 자를 쓰신다는 말씀(고전 1:27-29)으로 고쳐주셨다. "십자가를 통과한다는 것은 '나는 죽었고 예수님으로 사는' 것입니다." (73) 내가 예수님과 함께 죽었음을 믿고 고백할 때에만 예수님은 내 주님이 되신다.

3) 핵심 주제

주님은 내 안에 임재해 계시지만 나의 자아가 죽지 않았기 때문에 주님으로 역사하지 못하신다. 나의 자아는 어떻게 죽을 수 있는가? 나의 자아는 나의 노력이 아니라 믿음, 즉 십자가에서 예수님과 함께 이미 죽었음을 믿는 믿음으로 죽는다. 내가 예수님과 함께 죽었음을 믿고 고백할 때에만 예수님은 내 주님이 되신다.

4) 분석과 비평

이 설교는 칭의 또는 믿음 일원론을 말하는 것처럼 보인다. 설교자는 그리스도 안에서 자신을 죽이며 사는 기독교인의 지속적인 성화의 과정을 칭의의 순간으로 환원시키는 것처럼 보인다. 설교자는 칭의와 성화의 관계를 변증법적 관계 안에서 이해하기보다는, 성화를 칭의 안으로 용해시키는 것처럼 보인다. 여기서 인간의 주체적 행위는 믿음 안으로, 명령법은 직설법 안으로 용해된다. 물론 우리 그리스도인은 과거에 이미 십자가에서 예수님과 함께 죽었으며, 이 사실에 대한 믿음에 의해 그 죽음이 현재화된다고 말하는 것은 매우 정당하다. 그러나 우리가 이와 함께 기억해야 할 점은 이 믿음이 우리의 삶 속에서의 구체적인 결단과 주체적 행동과 단순히 동일시되어도 안 되며, 반대로 그것들과 동떨어져 있는 것으로 여겨져서도 안 된다는 것이다. 하나님의 구속과 화해는 객관적이고 보편적인 것이지만 일방적으로 인간의 운명을 결정하는 것은 아니다. 그것은 인간의 주관적 응답을 요청한다. 인간의 주관적 응답은 내적인 믿음의 문제이면서 동시에 구체적인 외적 행동의 문제이다. 믿음과 행위는 동일시될 수도 없지만 분리될 수도 없다. 여기서 우리는 야고보의 말씀을 기억할 필요가 있다.

"내 형제들아 만일 사람이 믿음이 있노라 하고 행함이 없으면 무슨 유익이 있으리요 그 믿음이 능히 자기를 구원하겠느냐 만일 형제나 자매가 헐벗고 일용할 양식이 없는데 너희 중에 누구든지 그에게 이르되 평안히 가라, 덥게 하라, 배부르게 하라 하며 그 몸에 쓸 것을 주지 아니하면 무슨 유익이 있으리요 이와 같이 행함이 없는 믿음은 그 자체가 죽은 것이라… 아아 허탄한 사람아 행함이 없는 믿음이 헛것인 줄을 알고자 하느냐 우리 조상 아브라함이 그 아들 이삭을 제단에 바칠 때에 행함으로 의롭다 하심을 받은 것이 아니냐 네가 보거니와 믿음이 그의 행함과 함께 일하고 행함으로 믿음이 온전하게 되었느니라… 이로 보건대 사람이 행함으로 의롭다 하심을 받고 믿음으로만은 아니니라 또 이와 같이 기생 라합이 사자들을 접대하여 다른 길로 나가게 할 때에 행함으로 의롭다 하심을 받은 것이 아니냐 영혼 없는 몸이 죽은 것 같이 행함이 없는 믿음은 죽은 것이니라"(약 2:14-26).

그러므로 칭의와 성화, 믿음과 행위, 선물과 과제, 직설법과 명령법은 '이미'와 '아직 아니'의 변증법적 관계 안에서 이해되어야 할 필요가 있다. 물론 이 변증법적 관계에 있어서 전자는 단지 후자를 위한 출발점일 뿐만 아니라 그것들을 가능케 하는 힘의 원천이기도 하다. 이러한 의미에서 끊임없이 예수 그리스도의 십자가 안에서 내가 죽은 바 되었다는 사실을 상기하고 재현하는 것은 매우 중요하다. 이와 아울러 우리는 지속적인 삶 속에서의 성화의 과정에 성령의 도우심이 절대적으로 필요하다는 사실도 또한 기억해야 한다.

3. 예수님을 더 사랑하십니까?[199]

1) 성서본문: 요한복음 21장 15-22절

2) 주요 내용

　예수님을 마음에 영접하였다는 것은 예수님을 사랑하게 되었다는 것이다. 그런데 우리는 정말 예수님을 사랑하는 것인가? 우리가 다른 사람(남편, 아내)을 사랑한다고 할 때 그것은 얼마나 자기중심적인가? 또 우리가 예수님을 사랑한다고 하면서 동시에 세상의 다른 것들을 같이 사랑하는 경우가 얼마나 많은가? 한국교회의 문제는 예수님을 믿지만 예수님을 사랑하지 않는 데 있다. 교인들 가운데 예수님을 진정으로 사랑하지 않는 교인들이 많다. 하나님 앞에 드리는 예배가 진정으로 기쁘지 않은 교인들도 많다. 목사는 교회가 부흥되면 좋겠다고 생각하지만 그것은 예수님을 사랑하는 것이 아니다. 목사가 열심히 목회하고 전도하고 심방해야 한다고 말하면 교인들은 "목사가 성공하고 싶어서 안달이 났구나."라고 생각한다. 실제로 목사의 마음속에는 교회를 크게 부흥시키고 목회를 잘한다는 소리를 듣고 싶은 욕망이 있다.

　예수님은 우리의 마음을 보신다. 우리의 마음에 무엇이 있는가? 우리의 마음에 욕심이 있다면 그것은 바로 우상숭배이다(골 3:5). 우리는 우리의 마음을 주님에 대한 생각으로 가득 채워야 한다. 사랑은 항상 그 대상을 생각하는 것이다.

　예수님은 베드로에게 "네가 나를 사랑하느냐"고 물으셨다. 그런데 베드로는 "주님이 아시잖아요…"라고 얼버무린다. 사랑한다고 말하기에 자신은 예수님을 세 번이나 부인한 자이고, 사랑하지 않는다고 말하자니 이미 예수님께 마음이 붙잡혀버렸기 때문에 베드로는 어떻게 대답해야 할지 몰랐다. 그래서 베드로는 "내가 주님을 사랑하는 줄을 주님께서 아시나이다"라고 대답했다.

---

199) Ibid., pp. 173-191.

이 베드로의 마음이 바로 우리의 마음과 같다.

어떻게 하는 것이 예수님을 사랑하는 것인가? 그것은 우리 마음에 예수님을 주인으로 모시고 그분과 교제하며 사는 것이다. 주님을 자주 생각하고 우리의 마음에 주님의 마음을 품는 것이다. 나의 생각과 마음에 계속해서 주님을 주인으로, 왕으로 모시는 것이다.(190)

3) 핵심 주제

우리는 우리 안의 욕심과 세상적인 것들을 버리고 진정으로 예수님을 사랑해야 한다. 예수님을 사랑하기 위해서는 늘 예수님을 생각하며 마음에 예수님을 주님으로 모시고 살아야 한다.

4) 분석과 비평

설교자의 다른 설교들과 마찬가지로 이 설교도 초점이 예수님께 맞추어져 있다. 설교제목은 "예수님을 더 사랑하십니까"이지만 설교내용은 예수님을 세상의 다른 것들보다 더 사랑하는 것만으로는 안 되며 "오직 예수님만을 사랑해야 한다"는 것이다.

이 설교는 매우 도전적인 설교이다. 이 설교에서 설교자는 회중을 향하여 "당신은 정말 예수님을 사랑하고 있는 것인가?"하고 묻는다. 이 설교는 기본적으로 의혹의 해석학에 기초하고 있다. 왜냐하면 설교자는 우리가 예수님을 사랑한다고 하는 말을 그대로 믿을 수 없다고 말하기 때문이다. 우리의 사랑에는 이기적인 욕망이 뒤섞여 있으며, 주님을 사랑한다는 우리의 고백 안에도 세상적인 욕심이 숨겨져 있을 수 있다. 그러므로 우리는 우리 자신의 내면을 정확하게 직시해야 한다. 우리가 그렇게 하지 못해도 주님은 우리의 내면을 정확하게 꿰뚫어 보신다. 그러므로 우리는 주님 앞에서 자신 있게 "내가 예수님을 사랑합니다"라고 말하지 못하고, 베드로처럼 "주님이 아시잖아요…" "내가 주님을 사랑하는 줄을 주님께서 아시지 않습니까?"라고 고백할 수 있을 뿐이다.

　설교자는 예수님을 진정으로 사랑하기 위해서 항상 예수님만을 생각하며 예수님과 교제하며 예수님을 주님과 왕으로 모시고 살아야 한다고 말한다. 이런 의미에서 이 설교는 기본적으로 명령법적 설교이다. 이 설교는 이른바 복음주의적인 설교의 전형적인 특징을 보여준다. 여기서는 예수의 주님 되심을 개인의 내면과 연결시키며, 개인적 영성의 목적을 예수님과의 내적 교제에 둔다. 여기서는 종종 예수라는 이름이 역사적 구체성이 결여된 공허한 상징처럼 느껴질 수 있다. 그리고 여기서는 사회 역사적 현실 속에서 불의에 저항하고 세상을 변혁시킬 수 있는 원동력을 발견하기 어렵다. 그러므로 여기서는 다시 한 번 의혹의 해석학이 요청된다. 우리는 구체적인 형체를 지닌 지상의 예수가 아닌 형체 없는 하늘의 예수를 우리의 마음속에 모시려고 하는 것은 아닌가? 혹시 우리는 우리 자신이 하늘에 투사한 예수와 인격적인 교제를 하고자 하는 것은 아닌가?

4. 예수님 한 분이면 충분합니까?[200]

1) 성서본문: 요한복음 15장 4-6절

2) 주요 내용

　예수님은 천국이 가까웠다고 말씀하셨다. 하나님 나라는 미래에 이루어지는 것이 아니다. 하나님 나라는 온 우주에 편만해 있다. 하나님 나라는 하나님의 통치이다. 예수님의 오심으로 하나님 나라가 임했다. 이 땅에 하나님 나라가 시작되었다. 그렇지만 아직 이 땅에 하나님 나라가 완전히 임한 것은 아니다.

---

200) Ibid., pp. 98-131.

하나님 나라가 있다는 것을 알게 되면 모든 것이 바뀐다. 사도 바울은 삼층천에 올라가서 하나님 나라를 보았다. 하나님 나라에 눈을 뜨자 그에게 모든 것이 배설물로 여겨졌다. 그는 하나님 나라를 위해 복음을 전하다가 고난을 받는다면 그것이 특권임을 알았다. 하나님 나라 때문에 고난을 받는다면 그것은 축복이다. 하나님 나라를 위해서 누군가는 돌짝밭을 갈아야 한다.

우리가 예수님을 영접하는 순간 하나님 나라가 이미 우리 마음 안에 이루어졌다. 우리가 지금 이 땅에서 하나님 나라의 백성으로 살아야 죽어서도 하나님 나라 백성이 될 수 있다. 예수님을 만나야 하나님 나라를 누릴 수 있다. 예수님이 내 안에 오셔서 나를 다스리는 순간 비로소 하나님 나라가 임하기 때문이다.

기독교의 복음은 내가 나를 죽이는 게 아니라 죽음을 선물로 받는 것이다. "우리의 죽음은 이미 예수님이 십자가에서 이루신 것이고 하나님이 주시는 은혜로 우리는 우리의 죽음을 선물로 받습니다."(109-110) 내가 주님을 영접할 때, 죽음은 내게 이루어진다. 모세는 떨기나무 불꽃 가운데 임한 하나님을 만났을 때, 이사야는 성전에서 환상 중에 하나님을 보았을 때, 에스겔은 그발 강가에서 하나님의 음성을 들었을 때, 바울은 다메섹 도상에서 주님을 만났을 때, 요한은 밧모섬에서 영광 중의 예수님을 만났을 때 죽은 자가 되었다. "'죽고 다시 사는' 거듭남은 노력의 산물이 아니라 '주어지는' 것이요 되어지는 것입니다. 우리가 하나님을 만날 때 하나님의 영광을 보는 눈이 뜨일 때 모든 것이 다 변화되는 것입니다."(111)

그런데 한 번 죽으면 끝이지 왜 바울은 날마다 죽는다고 하는가? 그것은 "우리가 죄에 대해 죽었지만 죄가 내 안에서 죽은 것은 아니기" 때문이다. 죄는 여전히 우리 육신 안에 남아 계속 역사한다. 우리 안에서 변한 것은 죄의 존재가 아니라 죄의 지위이다. 곧 죄가 우리를 지배하지 못하게 되었다는 것이다. 우리는 더 이상 죄의 노예가 아닌 것이다.(112) 우리는 이제 죄와 싸울 수 있는 자가 되었다. 성령님이 우리와 함께 하신다. "우리 옛 사람이 죽었기 때문에 우리는 더 이상 죄에 종노릇하지 않습니다. 그것을 죽음이라고 말하는 것입니다. 내 안에 계신 예수님이 나를 지키십니다."(113)

나는 죽고 예수로 사는 것의 핵심은 '나와 함께 계시는 살아계신 예수님'이다. 예수님은 포도나무이고 우리는 가지라는 것은 곧 예수님과 우리가 완전히 하나라는 말이다. 내가 예수님 안에 거하고 예수님이 내 안에 거하심으로 나와 예수님이 하나가 되는 것, 그것이 예수로 사는 것이다.

어떻게 하는 것이 예수님 안에 거하는 것인가? 그것은 완전한 순종이다. "예수님에게 나를 완전히 드리는 것이 바로 예수님 안에 거하는 것입니다. 사실은 쉽습니다. 그냥 예수님 안에 앉아 있기만 하면 됩니다. 이제부터는 주님만 믿으면 됩니다."(115) 우리는 예수님께 완전히 순종하기로 결단해야 한다. 하나님은 우리에게 마음을 달라고 요구하신다.

우리는 순종을 통해서 주님을 알아간다. 순종에는 노력해서 하는 순종이 있고 죽음으로 하는 순종이 있다. 진정한 순종은 죽음으로 하는 순종이다. 자아가 죽으면 저절로 순종이 된다. "바로 '나는 죽었습니다'가 완전한 순종입니다." 이것이 예수님 안에 거하는 것이다. 나는 대학원 진학 문제로 고민하다가 내게 무언가 요구하시는 하나님께 석사학위를 바치겠다고 고백하고 대학원 진학을 포기하였다. 그러자 마음이 편안해졌다. 완전한 순종은 마음에 평안을 준다.

3) 핵심 주제

우리는 예수를 영접함으로 이미 죽은 것이다. 그러나 내가 죄에 대해 죽었지만 죄는 죽지 않았다. 그러므로 바울은 매일 죽는다고 말했다. 나는 죽고 예수로 살아야 한다. 나는 죽고 예수로 살기 위해서 우리는 포도나무 가지가 포도나무에 붙어 있듯이 예수님 안에 거해야 한다. 예수님 안에 거하는 것은 순종하는 것이다. 그리고 예수님께 대한 완전한 순종은 내가 죽었을 때 저절로 되는 것이다.

4) 분석과 비평

이 설교에서는 순환논리가 발견된다. 이 설교에 따르면 ① 예수를 영접함으로써 나는 이미 죽은 것이다. ② 그러나 나는 죄에 대하여 죽었지만 죄는 내 안에서 죽지 않았다. ③ 그러므로 나는 매일 죽어야 한다. ④ 매일 죽기 위해서는 내가 나를 죽이려고 하지 말고 죽음을 선물로 받아야 한다. 이 선물은 예수님을 영접할 때 주어진다. ⑤ 매일 죽기 위해서 나는 예수 안에 거해야 한다. ⑥ 예수 안에 거하는 것은 순종하는 것이다 ⑦ 완전한 순종은 내가 죽었을 때 저절로 되는 것이다. ⑧ 나의 죽음은 예수님을 영접함 또는 예수 안에 거함으로 주어지는 것이다. 여기서는 예수 영접 또는 예수 안에 거함과 나의 죽음 사이에 두 번의 순환이 발견된다. 첫 번째 순환은 ①과 ④사이에, 두 번째 순환은 ⑤와 ⑧사이에 발견된다. 그리고 이 두 번의 순환은 ①과 ⑧사이에 하나의 큰 순환의 원을 형성한다.

설교자가 이러한 순환논리에 빠지는 까닭은 믿음과 행위를 변증법적 관계 안에서 이해하지 않고 행위를 믿음 안으로 환원시키고자 하기 때문이다. 그러나 이러한 환원은 바울이 의도했던 바가 아니다. 바울이 "형제들아 내가 그리스도 예수 우리 주 안에서 가진 바 너희에 대한 나의 자랑을 두고 단언하노니 나는 날마다 죽노라"(고전 15:31)라고 말씀한 것은 자신 안에 아직 죽지 않은 자아가 있으며, 그 자아를 주님 앞에 복종시키기 위해 끊임없이 노력한다는 의미이다. 자기의 자아가 주님 앞에서 죽어지기 위한 그의 끊임없는 노력, 이것이 그의 자랑이라는 것이다. 물론 이것은 그가 예수를 영접하기 이전의 이야기가 아니라 예수를 영접한 이후의 이야기이다. 바울은 자신의 이러한 실존적 고뇌를 다음과 같이 토로한 바 있다. "내가 행하는 것을 내가 알지 못하노니 곧 내가 원하는 것은 행하지 아니하고 도리어 미워하는 것을 행함이라…그러므로 내가 한 법을 깨달았노니 곧 선을 행하기 원하는 나에게 악이 함께 있는 것이로다 내 속사람으로는 하나님의 법을 즐거워하되 내 지체 속에서 한 다른 법이 내 마음의 법과 싸워 내 지체 속에 있는 죄의 법으로 나를 사로잡는 것을 보는도다 오호라 나는 곤고한 사람이로다 이 사망의 몸에서 누가 나를 건져내랴"(롬 7:15-24).

우리가 죄에 대해 죽었지만 죄가 내 안에서 죽은 것은 아니라는 말은 이치가 맞지 않는 말이다. 왜냐하면 죄란 나와 동떨어져서 독립적인 실체로 존재하는 것이 아니기 때문이다. 내 안에서 죄가 죽지 않았다는 말은 곧 내가 죄에 대해 죽지 않았다는 말이다. 다시 말하면 이 말은 아직 내 안에 죄를 짓고자 하는 성향, 죄악된 것을 향한 욕망이 남아 있다는 말이다. 나는 죄에 대하여 죽었지만 죄는 내 안에서 죽지 않았다는 말은 어불성설이다.

원리적으로 예수 그리스도 안에서 우리는 죽었다. 그러나 실제적으로 우리의 안에서는 여전히 영과 육, 선과 악이 투쟁한다. "오호라 나는 곤고한 사람이로다"라는 바울의 탄식은 이러한 기독교인의 이중적 실존을 잘 보여준다. 물론 바울은 곧 이어 생명의 성령의 법이 율법, 즉 죄와 사망의 법에서 우리를 해방한다고 말한다. 그러나 이 해방은 우리가 그리스도에 대한 '믿음 안에서의' '완전한 순종'을 통해 그러한 이중성을 완전히 극복한다는 것을 의미하기보다는 그러한 이중성 안에 있는 나에 대한 율법(죄와 사망의 법)의 정죄로부터 우리를 자유롭게 한다는 것이다. "누가 능히 하나님께서 택하신 자들을 고발하리요 의롭다 하신 이는 하나님이시니 누가 정죄하리요…"(롬 8:33-34).

제8장 김회권 (1960-)

김회권 목사는 경상남도 하동 출생으로서 서울대 영어영문학과를 졸업한 후에, 한국기독교대학인회(ESF) 간사로 활동했다(1983-1994). 장로회신학대학교 신학대학원을 졸업한 후에는(1993) 미국 프린스턴신학교에서 구약성서학 전공으로 석사와 박사학위를 취득하였다. 귀국 후 두레교회 부목사로 1년 6개월간 목회했으며, 2002년 일산두레교회를 개척하여 2006년까지 4년간 목회했다. 현재는 숭실대학교 기독교학과 교수 및 교목실장으로, 그리고 가향교회 신학 지도목사로 사역하고 있다.

김회권 목사는 한편으로는 보수적인 복음주의적 신학과 영성을 고수하면서 다른 한편으로는 진보적인 사회의식과 사회적 책임감을 가지고 있다. 그는 자신의 저서 『하나님 나라 신학으로 읽는 다니엘서』에서 신자유주의를 네부카드네자르(느부갓네살) 왕이 세운 금 신상에 비유하고, 인간의 존엄성을 파괴하는 신자유주의 체제를 이 시대의 신바빌로니아(바벨론)라고 비판하였다. 그의 일관된 신학적 관심은 가난하고 소외되고 억압받는 자들을 부르고 구원하시는 예수 그리스도의 하나님 나라를 사회적 현실 속에 구현하는 데 있다. 그는 현실 비판적이고 변혁적인 예언자적 자의식을 소유하고 있다. 그는 "기독교는 압제체제 해체를 통한 사랑과 우애 공동체 창조라는 뚜렷한 방향을 갖고 행동하시는 하나님을 믿는다."라고 주장한다.

김회권 목사의 다음 저서들 가운데 상당수가 이러한 관점에서 집필되었다. 『성서주석 21 : 이사야 1』(대한기독교서회), 『하나님 나라 신학의 관점에서 읽는 모세오경』 1, 2 (대한기독교서회), 『하나님 나라 신학으로 읽는 사도행전』1, 2 (복 있는 사람), 『하나님 나라 신학으로 읽는 사무엘상』 (복 있는 사람), 『하나님 나라 신학으로 읽는 사무엘하』 (복 있는 사람), 『하나님 나라 신학으로 읽는 여호수아, 사사기, 룻기』 (복 있는 사람), 『하나님 나라 신학으로 읽는 다니엘서』 (복 있는 사람), 『청년설교』 (복 있는 사람), 『청년설교2』 (복 있는 사람), 『현대인과 성서』 (공저, 숭실대학교출판부) 현대성서주석시리즈, 『신명기』, 『열왕기 상, 하』, 『예레미야』 번역(한국장로교출판사), 그리고 「복음과 상황」에는 사무엘 상, 하를, 「기독교사상」에는 사도행전을 주제로 한 논문을 실었다.

1. 복음과 세례 요한, 바울의 영적 각성[201]

1) 성서본문: 사도행전 19장 1-20절

2) 주요 내용

영적 각성은 개인의 도덕적, 지적 세계관의 대변혁을 통해 사회 공동체적 삶을 창조적으로 재구성하는 영적 권능의 시위를 말한다. 로마서 1장 16-17절에서 '복음(기쁜 소식)'이란 "십자가에서 처형당한 그 나사렛 예수가 부활해 하나님의 우편 보좌에 앉으셔서 주와 그리스도가 되셨다"는 소식이다. 바울의 삶은 그 자체로 부활하신 그리스도의 다스림 안에 있는 인생의 근본적인 대전향과 변혁을 증거하는 삶이었다. 그의 삶은 성령의 권능에 사로잡혀 살아가는 삶이었다.

바울에게 구원이란 하나님의 다스림 아래 살아가는 힘이다. 즉 자신의 자연스럽고 자유로운 행동이나 결단이 하나님의 다스림을 실현하는 도구가 되는 경지이다. 성경의 중심 메시지는 하나님 나라이며, 인간의 구원은 다른 피

---

201) 김회권, 『청년설교 1』 (서울: 복있는 사람, 2005), pp. 161-186.

조물과 생태계에 대한 하나님의 구원 계획의 일부이다. 인간 구원은 우주적인 차원을 가지며, 종말에 완성될 하나님 나라라는 객관적 실재에 대한 향유와 참여를 의미한다. 복음 곧 예수 그리스도가 주시요 왕이시라는 이 선언은 모든 믿는 자에게 구원을 주시는 하나님의 능력이다. 복음은 주 예수 그리스도의 다스림 아래로 안전하게 들어가게 하는 힘이다.

세례 요한과 그의 시대가 경험한 영적 각성, 사도 바울과 그의 에베소 선교팀이 경험한 영적 각성에서 세 가지 영적 각성의 원리가 발견된다.(166) 첫째, 하나님의 살아 있는 말씀(복음)에 대한 순종만이 하나님 나라의 실재에 대한 확신을 가져다준다. 하나님 나라의 재발견이 영적 각성의 지름길이다. 둘째, 성령의 역사에 대한 세밀한 순종이 영적 각성의 지름길이다. 셋째, 말씀에 대한 일상적 순종이 누적되면 영적 대폭발이 일어난다.

① 세례 요한의 영적 각성

세례 요한은 빈들에 있었다. 그가 빈들에 있었다는 말은 그가 하나님의 말씀의 성취를 기다리며 하나님 나라의 도래를 앙망하고 있었다는 것이다. 그는 메시아의 도래를 기다리며 말씀(사 40:3, 말 3:1)을 묵상했다. 세례 요한이 빈들에 있었다는 것은 고독과 절제, 초점 잡힌 말씀 묵상과 기도, 소박한 의식주, 안정되고 부요한 삶의 거부로 자신을 철저하게 담금질했다는 것을 의미한다. 이렇게 준비된 청년에게 하나님의 말씀이 임한다. "빈들에서 왕의 강림을 기다리는 세례 요한의 단순하고 초점 잡힌 삶이 영적 각성의 단초였습니다."(171) 세례 요한은 회개를 촉구하는 물세례를 베풀었다. 그는 회개의 합당한 열매가 "옷 두 벌 있는 자는 옷 없는 자에게 나눠줄 것이요 먹을 것 있는 자도 그렇게 하는 것"이라고 말했다.

한 그리스도인과 한 교회의 회개는 사회적 파장을 일으키며 공동체를 새롭게 만든다. "우리 시대에 필요한 영적 각성 역시 이처럼 초점 잡힌 빈들의 시간을 하나님께 바쳐 하나님의 말씀에 전 존재의 진동을 경험한 단독자들의 외침에서 시작될 것입니다."(173) 여러분의 이십대와 삼십대가 하나님 말씀의 강력한 임재를 경험하기 위한 빈들의 시간으로 저당잡히는 시기가 되기를 바랍니다.

② 사도 바울의 영적 각성

에베소에서 바울은 요한의 물세례는 예수의 불세례로 완성되어야 함을 가르쳤다. 에베소의 제자들은 주 예수 그리스도의 이름으로 세례, 즉 불의 세례를 받았다. 주 예수 그리스도의 다스림 아래 자신을 복종시키는 사건, 옛 자아를 십자가에 못 박는 사건이 바로 주 예수 그리스도의 이름으로 세례를 받는 사건이다. 이 세례를 통해 그들에게 성령이 강림했다.

영적 각성은 성령 충만한 개인들이 세상과 충돌할 때 발생하는 영적 파급력을 의미한다. "영적 각성이 일어나는 지점은 세속사회의 한복판에서 불어오는 거친 돌풍을 맞으며 그것을 돌파하려고 분투하는 곳입니다."(177) 바울은 에베소의 문화와 맞서서 싸웠다. 바울은 회당에서 쫓겨나 두란노라는 사람의 사설학원에서 2년 동안 매일 복음을 강론했다. 이를 통해 하나님의 권능이 육체노동으로 자신의 생활비를 벌면서 복음을 강론했던 "바울의 땀과 수고와 눈물로 젖은 손수건과 앞치마를 타고" 흘러내렸다.(179)

우리 시대의 고민은 기독교가 예수와 바울의 권능을 이어받지 못한 형편을 마귀가 간파하고 있다는 것이다. 오늘의 교회는 마귀에게 패해 집으로 도피하여 세상으로 나오지 못하는 제사장 스게와의 일곱 아들의 꼴이다. "예수도 내가 알고 바울도 내가 알거니와 너희는 누구냐?"(행 19: 15). "손수건으로 땀을 닦아가며 앞치마의 수고로운 노동을 감수하며 말씀을 연구함으로써, 한 시대의 미술과 악귀 문화를 해체하는 말씀의 종이 사무치게 그립습니다." (181)

에베소의 영적 각성의 요인은 두 가지이다. 하나는 2년간 지속된 두란노의 성경강론(하나님 나라 강론)이었다. 다른 하나는 영적 흑암 세력을 제압한 바울의 카리스마와 영적 능력이었다. 한국 교회는 두란노 서원의 개방형 교회가 되어야 한다. 세상에 파송하려는 마음으로 제자들을 양성해야 한다.

루터의 종교개혁은 하나님의 말씀을 다시금 교회에 선포한 사건이다. 이 사건은 사도행전 이후 최대의 경사요 감격적인 하나님 주권회복의 날이다. 마가복음 4장은 하나님의 말씀을 받는 네 가지 마음을 소개한다. 하나님의 말씀은 그 자체가 생명을 가진 말씀이기 때문에 영접한 사람에게 반드시 살아서 역사한다. 하나님의 말씀은 하나님의 나라에 참여하도록 우리를 깨우친다. 종교개혁의 본질은 하나님의 말씀의 열매를 맺어 하나님께 영광을 돌리며 이 세상 사람들에게 공공선을 창조하도록 하는 데 있다.

3) 핵심 주제

영적 각성은 하나님의 말씀(복음)에 대한 순종과 성령의 역사로 말미암는다. 영적 각성을 통해 영적 능력을 회복하고 이 세속 사회의 한 가운데서 사회를 변혁시키는 하나님 나라의 일꾼이 되어야 한다.

4) 분석과 비평

이 설교는 성서학자다운 성서본문에 대한 충실한 주석과 주해에 기초한 강해설교의 유형을 잘 보여준다. 성서본문에 대한 역사적인 연구를 통해 심층적인 의미를 찾아내고 그것을 현재에 적용하는 설교자의 지적 능력과 상상력은 탁월하다. 이 설교는 복음주의적이며 동시에 예언자적이다. 즉 설교자는 하나님의 말씀과 성령의 충만함의 중요성을 강조하며 동시에 현실에 대한 도전과 변혁의 필요성을 강조한다. 그는 성령 충만은 개인적 차원에서 경험되지만 그로 인한 영적 각성은 단지 개인적 차원이 아닌 사회적 차원에서 세상과 충돌하며 세상을 변혁시키는 능력이라고 설명한다. 따라서 설교자는 세속사회의 한복판에서의 변혁적인 영성을 강조한다.

기독교인이 세상을 변혁시키는 영적 각성을 가져야 한다는 말은 지극히 옳으며 또한 공감을 불러일으킨다. 그런데 설교자가 예로 든 세례 요한과 바울은 전혀 다른 삶의 유형을 보여준다. 노동을 하면서 말씀을 전한 바울과는 달리 세례 요한은 세속사회를 떠난 빈들, 즉 광야에서 말씀을 전했다. 바울이 기독교로 개종한 바리새파 유대인이라면 세례 요한은 유대적인 묵시적(어쩌면 에세네파) 예언자였다. 설교자는 '빈들'을 "고독과 절제, 초점 잡힌 말씀 묵상과 기도, 소박한 의식주, 안정되고 부요한 삶의 거부"로 이미지화 한다. 그렇다면 '빈들'은 반드시 세례 요한처럼 세속사회와의 단절을 의미하는 것은 아닐 것이다. 그럼에도 불구하고 회중은 현실을 떠나 광야에서 생활했던 세례 요한과 일상적인 삶의 한복판에서 노동을 하며 생활했던 바울의 대조적인 삶의 스타일과 영성은 쉽게 동일시되기 어려워 보인다.

이 설교는 아마도 종교개혁주일 설교인 듯하다. 설교의 마지막 부분에서 설교자는 루터의 종교개혁을 언급하며, 종교개혁의 본질이 하나님의 말씀의 열매를 맺어 세상에 공공선을 창조하도록 하는 데 있다고 말한다. 그런데 사실상 루터의 종교개혁의 주된 목적은 교회 안에서의 교회 개혁이었지 세상 안에서의 세상 개혁은 아니었다. 물론 그의 종교개혁은 사회를 변화시키는 파급적 결과를 가져온 것은 사실이다. 그러나 농민전쟁에서 드러난 것처럼 루터의 종교개혁 운동은 사회적 변혁에는 한계를 지니고 있었다.

하나님의 말씀의 능력이 살아서 역사함을 강조하기 위해서 마가복음 4장의 씨 뿌리는 비유를 인용한 것은 재고해 볼 필요가 있다. 왜냐하면 이 비유의 주제는 씨가 떨어지는 땅의 상태에 있지 씨의 능력 자체에 있지 않기 때문이다. 만일 이 비유의 주제가 씨, 즉 말씀의 능력에 있다면 어떤 땅, 즉 마음에 떨어져도 열매를 맺어야 한다. 예수님은 이 비유를 통해 길가나 돌밭이나 가시떨기 같은 마음이 회개하여 좋은 땅과 같은 마음이 되어야 하나님의 말씀을 듣고 열매를 맺을 수 있음을 말씀하시고자 했다.

이 설교는 성서의 본문에 기초한 강해설교로서 싱서에 대한 충실성과 아울러 성서의 본문을 오늘에 적용하기 위한 상황 적합성을 보여준다. 이 설교는 청년들을 향하여 하나님의 말씀에 사로잡히고 성령의 충만함을 받아야 함을 강조하는 점에서는 직설법적이지만, 영적으로 각성해서 기존의 삶의 스타일에 도전하는 현실 변혁적 비전을 가져야 한다고 강조하는 점에서는 명령법적 설교이다. 그리고 이 설교의 궁극적인 강조점은 후자, 즉 하나님 나라를 향한 사회적 책임을 위한 결단에 있다. 설교자의 문체는 단순하고 간결하기보다는 감성적인 만연체 스타일이다. 그리고 설교가 긴 만큼 주제와 직접 관계없는 불필요한 내용들이 많으며 따라서 다소 난삽한 느낌을 준다.

2. 원하시면 저를 깨끗하게 하실 수 있나이다[202]

   1) 성서본문: 마가복음 1장 40-45절

   2) 주요 내용

예수님은 부정한 것과 접촉해서는 안 된다는 정결규정을 어기고 동정심에 가득차서 나병환자를 만지시고 그를 고치셨다. 죄와 저주와 상징인 나병은 어디로 갔는가? 예수님께로 갔다. 예수님은 "우리의 연약한 것을 친히 담당하시고 병을 짊어지셨다"(사 53:7, 마 8:17).

마가복음의 저자는 나병환자의 치유사건을 현재직설법으로 현재적 삶의 맥락에 배치한다. "내가 원하노니 깨끗케 될지어다." 이것이 이 사건이 오늘 우리에게 일어나야 하는 사건임을 뜻한다. 우리는 주님이 베푸시는 은혜의 접촉에 의해 정결케 되지 않으면 주님의 사역자가 될 수 없다. 하나님의 영으로 거룩하고 깨끗하게 된 자만이 귀신을 쫓아내고 병자를 고칠 수 있다.

교회와 그리스도인은 불결한 것과의 접촉을 통해서 자신의 거룩과 정결의 능력을 드러내야 한다. 우리는 "썩어 문드러진 나병의 실존 같이 뭉개지고 부서지고 망가진 곳들, 청소년들의 정서장애, 그리고 파괴되고 어그러진 모든 영혼"에 복음적, 선교적 손을 내뻗어야 한다.(207) 교회는 거룩과 정결과 동정심으로 가득 차서 더러운 곳으로 사랑의 손길을 펼쳐야 한다. 거룩하신 하나님을 아는 사람들만이 불결한 자와의 접촉을 감행할 수 있다.

우리는 본문을 예수님 앞에서, 나병환자의 자리에서 읽어내야 한다. 레위

---

202) 김회권, 『목회자 후보생들에게』(서울: 복있는 사람, 2012), pp. 197-234. 2011년 장로회신학대학교 신대원 사경회 설교.

기의 접촉신학에 따르면, 접촉을 통해 부정한 자가 정한 자를 부정케 한다. 그런데 어떻게 나병환자는 예수님께 나아와 "당신이 원하시면 나를 깨끗하게 하실 수 있습니다"라고 간청한다. 예수님은 그를 불쌍히 여기시고 손을 내미셨다. 동정심에 북받치는 이 마음 상태는 "상한 목자의 심정"이다. 이것이 목회자의 마음이요 선지자 생도의 마음이어야 한다.

레미제라블 첫 장에 불쌍한 사람들에 대한 동정심의 화신인 미리엘 신부가 나온다. 슬픔의 공감에서 위대한 기독교 신학과 영성과 사역이 나온다. "비참에 처한 사람들의 사연을 읽고 동정심이 복받치는 사람이 교역자입니다. 여러분에게 끝까지 남아 있어야 하는 능력은 비참하게 부서진 자에 대한 눈물입니다."(219) "여러분, 눈물샘이 마르지 않는 신령한 종으로 성장해 가기를 바랍니다."(220-221)

우리는 주님께 나아가 불결한 우리의 자아가 정결케 됨을 받아야 한다. 예수님은 복받치는 동정심으로 당신의 정한 손을 부정한 나병에 내뻗어 불결한 것과 접촉하신다. 나병환자의 부정함은 예수님께 침투하고 예수님의 정결한 생명력은 그에게 주유된다. 그리스도의 몸된 교회는 예수님의 말씀을 대언하고 그분의 손이 되어 나병환자의 몸과 접촉하여 치료의 능력을 발하도록 부름받았다. "불결한 것들과 접촉하면서 그것들을 거룩하게 만들어가는 선교적 손 내뻗음, 이것이 교회가 항구적으로 해야 할 일이다."(224) 우리는 목이 좋고 물이 좋은 교회를 찾아다녀선 안 된다. 선교는 하나님의 우주적 동정심에 참여하는 일이다. 한국교회가 사는 길은 죽어가는 것들을 사랑하는 것이다. 세상이 버렸던 불결한 것들과의 접촉, 여기서 치료의 광선이 발하고 신유의 은사가 나타나게 된다. "예수님의 능력의 가장 중심에는 자비심, 동정심, 그리고 상한 목자의 심정이 있습니다. 불행한 이웃을 불쌍히 여기는 마음이 바로 능력입니다."(228)

쿠바의 카스트로는 가톨릭 수녀들의 헌신을 보고 가톨릭교회에 호감을 가졌다고 한다. 불결한 것, 버려진 것, 인간 부스러기 같을 존재들을 끌어안는 사람은 지금 수녀밖에 없다. 우리가 일류 신학대학원 출신 엘리트 성직자로서 불결한 것과 죽어가는 것과 인간존엄성의 바닥으로 쳐진 사람들과의 접촉을 잃어버렸다는 것이 오늘 개신교회의 문제들이다. 우리 개신교에도 다미안 신부, 마더 테레사 수녀, 이태석 신부와 같은 목회자들이 나와야 한다. 우리는 교인수 감소를 걱정할 것이 아니라 우리에게 상한 목자의 심정이 고갈되었음을 걱정해야 한다.

러시아 정교회의 영성신학에 따르면 나병환자, 가난뱅이, 바보, 노숙자는 곧 변장한 천사로서 구원받은 사람들을 데려가기 위해서 거리에 파송된 자들이다. 따라서 거리에 버려진 그들의 손을 잡는 순간 천국에 간다. 우리가 죽어가는 것과 불결한 것, 하나님의 자비가 필요한 사람들과 접촉을 유지하고 연대할 때에야 비로소 교회가 살고 하나님의 치료의 능력이 발출될 것이다.(133)

3) 핵심 주제

우리는 먼저 스스로 깨끗케 되기를 열망해야 하며, 깨끗케 된 자들로서 예수님처럼 불결한 것, 죽어가는 것들에 대한 동정심을 가지고 그것들과 접촉하고 그것들에 손을 내뻗는 목회자와 선교자가 되어야 한다.

4) 분석과 비평

이 설교는 2011년 봄 장로회신학대학교 사경회에서 신대원생들을 대상으로 한 맞춤식 설교이다. 이 설교는 일반 평신도들을 대상으로 한 것이 아니기 때문에 일반 평신도들이 듣고 자신에게 적용하기에는 어려움이 없지 않다. 목회자의 가장 큰 덕목이 예수님처럼 다른 사람을 불쌍히 여기는 동정심에 있으며, 불결하고 죽어가는 사람들에게 손을 내밀어 그들의 손을 잡아 주는 것이 한국교회와 그리스도인, 특히 목회자들의 사명이라는 주장에 전적으로 공감한다. 이 내용 하나만으로도 신학도들은 많은 감동과 은혜를 받았을 것이다. 이 설교는 사회에서 소외되고 병든 사람들의 손을 잡아 주는 치유사역과 사회적 섬김을 강조한다는 점에서 기본적으로 실천지향적인 명령법적 설교이다.

이 설교에는 긴 분량을 채우기 위한 것처럼 느껴지는 같은 내용들이 거듭 거듭 반복된다. 우리가 하나님께 이처럼 기도한다면 우리는 중언부언하는 기도를 한다고 책망을 받을지도 모른다. 또한 필요 이상의 예화들(예를 들면 까라마조프가의 형제들, 레미제라블, 테스, 으제니 그랑데, 나를 사랑하는 사람을 잃었습니다와 같은 문학작품들)과 문맥과 연결시키기에 부적합한 예화(명차 람보르기니에 미친 아버지 이야기)들이 발견된다. 아들의 손을 망가뜨린 아버지가 자살한 상황에서, 어떻게 하나님은 "그런 일이 일어나지 않았던 것처럼 되돌려 줄 수 있다"는 것인지 이해하기 어렵다.

설교자는 성서본문을 "예수님 앞에서, 나병환자의 자리에서 읽어내야 한다"고 말했지만, 실제로 이 설교는 우리가 예수님 앞에서 나병환자처럼 깨끗하게 함을 받아야 한다는 점보다는 우리가 예수님처럼 불결하고 죽어가는 것들에 대한 동정심을 가지고 그들에게 손을 내밀어야 한다는 점을 더욱 거듭 강조하고 있다. 우리가 예수님 앞에 먼저 깨끗함을 받아야 한다는 사실(직설법적 은혜)과 깨끗함을 받은 우리가 예수님처럼 불결한 것을 깨끗하게 하는 삶을 살아야 한다는 점(명령법적 과제)이 구별되어 제시되지 않고 여기저기에 혼란스럽게 뒤섞여 나타난다. 이 설교가 신학도들에게 큰 은혜를 줄 수 있었다면 그것은 설교자의 감성적 언어와 더불어 비언어적인 뜨거운 가슴 때문이었을 것이다.

3. 흉악한 자들을 이긴 기독 청년들의 신앙고백[203]

1) 성서본문: 다니엘 3장 14-18절

2) 주요 내용

---

203) 김회권, 『청년설교 2』 (서울: 복있는 사람, 2008), pp. 91-124.

느부갓네살 왕은 다인종, 다언어, 다문화로 이루어진 바벨론의 통합을 성취하고 영원한 제국을 건설하기 위해 금 신상을 경배하는 국가 의례를 만들었다. 그러나 유다 포로 출신의 지방총독들인 사드락, 메삭, 아벳느고는 금 신상 앞에 절하지 않았다. 이들은 바벨론 왕의 신들이 이스라엘의 하나님 야웨를 대신하여 경배를 받을 신이라는 주장을 거부했다. 느부갓네살 왕은 이제라도 금 신상에게 경배하면 살려주겠다고 회유를 했지만 그들은 이를 단호히 거절했다.

그들의 신앙고백은 이중적이다. 첫째, 만일 자신들이 풀무불에 던져진다면 하나님이 자신들은 맹렬히 타는 풀무불 가운데에서 능히 건져내고 왕의 손에서도 건져낼 것이다. 둘째, 하나님이 그렇게 하지 않을지라도 자신들은 왕의 신들을 섬기지도 왕이 세운 금 신상에게 절하지도 않을 것이다. 그들은 칠 배나 더 뜨겁게 한 풀무불 속으로 던져졌다. 모든 것이 끝난 것처럼 보였다. 그러나 왕은 불 속에서 네 사람이 걸어다니는 것은 보았다. 그는 즉각 자신의 처형 평결을 뒤집고 세 사람을 "지극히 높으신 하나님의 종"이라고 부르며 그들을 풀무불 밖으로 불러냈다.

설교자에 따르면 이것은 야웨 하나님 한분에 대한 배타주의적 예배가 국가주의적 우상숭배에 저항하는 강력한 무기가 되며, 유일신 신앙이 인류의 양심과 선한 문명사적 가치와 순결한 도덕을 보호하는 것을 보여주는 장면이다.(107) 설교자는 또한 한 분 하나님에 대한 신앙고백이 외골수적 완고함이나 배타주의, 포용의 결핍, 관용의 부정 등을 의미하는 경멸적 문화 코드로 읽히는 것은 유일신 신앙을 가진 사람들의 불철저한 신앙 실천에서 비롯된 것이지 유일신 신앙 자체의 결함 때문은 아니라고 주장한다. "유일신 신앙은, 그리스도인들이 타종교인을 강제로 개종시키거나 정복할 때 호소할 자산이 아니라, 이웃 사랑을 위해 자기를 희생하고 순교적 손해를 감수할 때 호소해야 할 고백입니다."(108) 유일신 신앙은 신앙 고백자의 자기부인과 자기비움, 희생과 순교를 촉진시키는 원동력이며, "인류를 분열시키는 배타적 선민의식의 배경"이 아니라 "인류의 보편적 형제자매애를 고양시키고, 인도주의적 윤리와 도덕을 증강시키며, 어떠한 폭압적이고 반인권적인 권력자에 대항해서도

맞설 수 있는 도덕적 용기의 원천"이다.(108)

이 유다 청년들의 저항은 국가 권력이 하나님의 권위에 반할 때에는 시민불복종이 불가피하다는 것을 보여준다. "신앙 양심이 허락하고 명령하는 인신의 자유를 국가가 억압하거나 건전한 시민 도덕과 윤리의 실천을 국가가 가로막을 때, 시민불복종은 불가피합니다."(109) 우상에게 절하라고 요구하는 모든 전체주의적 명령은 기독청년들에게 저항의 대상이 된다. 오늘날 전 세계적인 시장 전체주의를 추구하는 신자유주의는 세계의 모든 사람들에게 시장의 신을 숭배하도록 요구한다. 신자유주의는 국경 없는 시장을 강조하고 번영을 약속하지만 정작 가장 연약한 세계 만민의 기초 생존권 보장에는 전혀 관심이 없다. 시장 전체주의 아래서 온 세계는 자기파멸적 자원 낭비와 과소비, 지구 온난화를 초래하는 산업폐기물 배출 등의 모순에 직면해 있다.(112) 신자유주의의 자유 경쟁과 무한 경쟁은 인간성을 파괴하고 지구 자원을 약탈하며 지구 생태계를 파괴한다. 요한계시록의 바벨론은 세상의 부와 풍요, 욕망 충족, 지배의지를 상징하는 말이다. "바벨론 제국은 자신의 힘을 과시하고 제국의 안정을 꾀하기 위해 항상 금 신상을 세워놓고 그 앞에 절할 것을 요구하는 구조적인 죄악 체계를 가리킵니다."(113) 기독청년들은 지금 당장 이 땅의 현실 속에서 하나님의 구원의 손길을 경험하지 못할지라도 하나님이 아닌 다른 우상과 거짓 주와 신들을 배척하고 저항할 수 있는 패기와 용기를 간구해야 한다. 일제 강점기의 제암리교회 성도들이나 초대교회의 순교자들은 "그리 아니하실지라도"의 신앙으로 죽음을 당함으로써 승리하였다.

다니엘서 3장은 한 분 야웨에 대한 신앙고백이 얼마나 큰 위력을 발휘하는지를 보여준다. 교회는 하나님의 아들 예수 그리스도를 주로 고백하기 때문에 로마제국이나 어떤 지상의 초강대국보다도 강하다. 베드로의 신앙고백(마 16:16)은 로마제국의 지배권에 대한 대항명제였다. 즉 그는 가이사가 아니라 예수 그리스도가 이 세계의 주라고 고백한 것이다. 초대교회는 이 신앙고백 때문에 순교의 희생을 치렀다. 기독교는 이 신앙고백의 전통을 통해 세상의 불의와 악에 저항해 왔으며, 이 전통이 일제하의 신사참배에 저항한 한국교회의 신앙고백에 계승되었다. 또한 4세기의 아르메니아의 시바스테에 주둔하였던 그리스도인 병사 40명도 신앙을 지키기 위해 순교함으로써 고대 로마제국의 기독교 박해를 종식시키는 데 기여하였다.

3) 핵심 주제

유일신 야웨 하나님을 믿는 신앙고백으로 모든 형태의 우상숭배(오늘날의 신자유주의를 포함)에 저항해야 한다.

4) 분석과 비평

이 설교는 통상적인 공적 예배의 자리에서 행해진 한 편의 설교라고 보기에는 너무 길고 장황하다. 한 편의 설교를 위해 이처럼 온갖 이야기들이 다 필요한지 매우 의심스럽다. 설교자의 다른 설교들처럼 이 설교도 간결한 짜임새와는 거리가 멀다. 설교자가 알고 있는 모든 지식들이 다 동원된 듯하다. 설교자는 길고 장황한 말보다는 간결하고 정제된 말을 하는 법을 배울 필요가 있다. 이 설교는 기본적으로 직설법적 설교라기보다 명령법적 설교이다. 즉 설교자는 청년들에게 순교적 신앙을 가지고 모든 형태의 우상숭배에 저항할 것을 요구한다. 설교자는 야웨 하나님 한 분만을 믿고 고백하는 유일신 신앙이 우상숭배를 요구하는 세상의 모든 악의 세력을 물리치는 능력이 있음을 강조한다. 이것은 복음적 신앙과 역사변혁적 실천의 이분법을 극복하고자 하는 일관된 설교자의 통전적인 관점을 잘 보여준다.

순교자적 신앙에는 두 가지 유형이 있다. 하나는 종교적 유형이고 다른 하나는 사회 정치적 유형이다. 전자가 신앙의 순수성을 지키기 위한 순교라면 후자는 불의한 사회를 변혁시키기 위한 순교이다. 전자에는 로마제국의 박해로 인한 순교와 일제 강점기의 신사참배 반대로 인한 순교(주기철) 등이 포함되며, 후자에는 히틀러에 저항한 본회퍼, 흑인의 인권을 위해 투쟁한 마틴 루터 킹, 그리고 군사독재정권에 저항한 로메로의 순교 등이 포함된다. 그러므로 유일신 하나님에 대한 신앙고백 자체가 불의하고 악한 사회 역사적 현실의 변혁을 가져오는 것은 아니다. 사실 오늘날 신자유주의를 표방하는 서구 국가들은 대부분 한 분 하나님만을 믿는 유일신 신앙을 가지고 있는 기독교 국가들이다. 그러므로 복음적인 신앙고백이 곧 불의한 사회의 변혁을 가져오는 능력이라고 보기는 어렵다. 오히려 한 분 하나님에 대한 배타주의적 신앙이 오히려 종종 민족과 국가들 사이에 갈등과 분쟁을 초래해 온 것이 역사적 사실이다. 물론 하나님 한 분만을 믿는 신앙, 그리고 예수 그리스도만이 주 되심을 고백하는 복음적 신앙고백은 그 자체로 기독교인의 정체성을 형성하는 근본적인 요소이다. 오늘날 세계의 평화를 위협하는 종교들 간의 분쟁(특히 이슬람교와 기독교)의 배후에는 복음적 또는 원리주의적 신앙을 표방하는 배타적 영성을 가진 종교인들의 근본주의적 신앙과 신학이 있다. 따라서 오늘날 세계의 거의 모든 곳에서 일어나는 갈등과 분쟁을 종식시키고 평화를 가져오기 위해서는 배타적 영성보다는 대화적이고 포용적인 영성이 더욱 필요하다.

제9장 이찬수 (1961-)

이찬수 목사는 1961년 출생했으며, 미국 일리노이주립대학(U.I.C)에서 사회학을 전공했고, 총신대학교 신대원 졸업했다. 목사 안수를 받은 후에, 사랑의교회에서 10년간 청소년 사역을 담당했다. 2002년 성남시 분당구 송림고등학교 강당에서 분당우리교회를 개척하여 지금까지 목회하고 있다. 현재 분당우리교회복지재단 이사장, 총회교육위원회 교육전문위원, KOSTA 국제본부 강사로 활동하고 있다.

이찬수 목사가 섬기는 분당우리교회는 "예배의 감격이 있는 교회," "가정을 회복시키는 교회," "젊은이를 깨우는 교회," "세상을 변화시키는 교회"를 교회의 비전으로 내세우고 있다. 그의 저서로서는 『세상에 없는 것』(생명의 말씀사), 『YY 부흥보고서』(규장), 『교육은 감동이다』(낮은 울타리), 『청소년 리바이벌』(규장), 『틴틴 리바이벌』(규장) 등이 있다.

1. 안주하는 곳에서 뛰어내릴 때 기적을 경험할 수 있다[204]

1) 성서본문: 마태복음 14장 28-33절

2) 주요 내용

---

204) 이찬수, 『보호하심』 (서울: 규장, 2011), pp. 50-71.

예수 믿는 사람의 특징은 어려운 일을 당했을 때 그에 대처하는 자세에 나타난다. 암에 걸렸을 때 이희대 교수처럼 암을 친구 삼아 달래가면서 살아갈 수 있어야 한다. 피할 수 없으면 즐겨야 한다.

본문에 나타난 도전적 신앙은 첫째 모험하는 인생이다. 하나님께서는 애굽에서 노예생활을 하던 이스라엘 백성에게 모험을 하라고 말씀하신다. 이 모험은 홍해를 건너는 것이다. 모험과 도전이 하나님께서 우리에게 원하시는 삶이다. 마리아는 자기 몸을 통해 예수를 이 땅에 보내시려는 하나님의 프로젝트에 이렇게 응답했다. "주의 여종이오니 말씀대로 내게 이루어지이다"(눅 1:38). 돌에 맞아 죽을 수도 있는 상황에서 마리아는 자신이 "주의 여종"임을 고백하며 주인이신 하나님의 말씀에 순종했다. 주님께서는 우리에게도 마리아와 같은 모험정신을 요구하신다(십일조, 주일성수).

우리는 하나님께서 우리에게 모험을 요구하실 때 마리아처럼 "말씀대로 이루어지이다"라고 대답해야 한다. 나는 사랑의교회에서 10년 동안 청소년 사역을 하다가 교회를 개척하라는 옥한흠 목사님의 말씀을 듣고 고민에 빠졌다. 그때 존 오트버그 목사님의 책 If you want to walk on water, you have got to get out of the boat 를 읽고 사랑의교회라는 안전한 배에서 내려 분당에 교회를 개척했다. 분당우리교회에는 큰 부흥과 기적이 일어났다. 물 위를 걷는 기적이 나에게 일어난 것이다. 우리의 마음에 신앙의 도전이 일어나야 한다. 우리는 모두 베드로처럼 물 위를 걷는 인생, 도전하는 인생, 모험하는 인생이 되어야 한다.

둘째, 도전적 신앙이란 모험을 하되 하나님의 뜻을 구하는 것, 즉 기도하는 것이다. 베드로는 그냥 물 위에 뛰어든 것이 아니고 주님께서 그렇게 하라고 명하셔서 뛰어들었다. 하나님과 동행하고 하나님과 인격적인 교제를 하는 삶이 중요하다. 초대교회에는 엄청난 능력이 나타났는데, 오늘날 예수님을 믿는 사람들이 이렇게 시시한 삶을 사는 것은 구하지 아니하였기 때문이다. "너희가 얻지 못함은 구하지 아니하기 때문이요"(약 4:2). 니체는 자신이 "신은 죽었다"고 말한 이유는 교회가 무기력하기 때문이라고 하면서, "교회는 신의 무덤이다"라고 말했다.

아프카니스탄 한국인 피랍사건이 있었던 2007년 교회가 공격당하는 상황에서 우리교회가 신의 무덤이 아니라 주 활동무대인 것을 보여주기 위해서 특별 새벽 부흥회를 열었다. 그랬더니 새벽에 3천5백여 명의 성도들이 몰려와 하나님의 은혜와 역사하심을 구하며 눈물로 기도했다. 그렇게 기도했더니 가정이 회복되고, 병이 치유되며, 마음이 새로워지는 일들이 일어났다. "너희가 얻지 못함은 구하지 아니하기 때문이요"(약 4:2).

셋째, 도전적 신앙이란 실패를 두려워하지 않는 것이다. 베드로는 주님의 말씀에 순종했지만 물에 빠졌다. 그러나 주님이 일으켜 주시는 은혜를 경험할 수 있었다. 우리는 야성을 회복해야 한다. "우리는 베드로와 같은 절대적인 믿음을 가지고 나아가지 못하기 때문에 날마다 비굴하고, 초라하고, 두려운 것이다." 폭력 남편과 도저히 살 수 없어서 이혼한 자매가 불행하게 유부남에게 마음을 빼앗겼다. 그러나 그 자매는 예배 중에 성령의 은혜를 경험한 후에 매우 힘든 결정이었지만 그 남자에게 이별 통보를 했다.

우리는 도전 정신, 모험 정신을 회복해야 한다. 하나님을 의지하고 기도하고 부르짖어야 한다. 인생의 풍랑에서 나를 안전하게 보호한다고 생각하는 그 무엇에서 뛰어내리지 않고서는 하나님의 역사는 없다. 지금 당신이 안주한 그 배에서 뛰어내려라. "우리 가정도 변화될 수 있다. 날마다 초라하게 사는 것이 아니라 날개를 달고 독수리처럼 날아갈 수 있다."

3) 핵심 주제

안주하는 곳에서 뛰어내릴 때 기적을 경험할 수 있다. 도전적 신앙을 갖자.

4) 분석과 비평

이 설교는 설교자의 멘토인 옥한흠 목사의 설교와 마찬가지로 강해식 설교이면서 동시에 세 가지 소주제를 중심으로 구성된 대지설교이다. 그러나 이 설교는 성서본문을 충실한 강해에 기초한 것이라고 보기 어렵다. 성서본문에서 베드로가 예수님의 "오라"하는 말씀을 듣고 물 위로 뛰어드는 도전적인 모험정신을 발휘한 것은 맞지만, 베드로가 설교자의 주장같이 "절대적인 믿음을 가진" 것은 결코 아니다. 본문에 따르면 베드로는 "바람을 보고 무서워 빠져갔다"(30절). 예수님은 베드로의 손을 붙잡으시며 말씀하셨다. "믿음이 작은 자여 왜 의심하였느냐"(31절). 설교자는 베드로가 "주님의 말씀에 순종했지만 물에 빠졌다"고만 말했지 왜 베드로가 물에 빠졌는지에 대하여는 말하지 않고, 다만 "그러나 주님이 일으켜주시는 은혜를 경험했다"고만 말한다. 베드로는 믿음이 흔들리고 무서움에 사로잡혀서 물에 빠졌다.

이 본문의 핵심적 주제는 베드로의 모험적 신앙이나 도전정신에 있다기보다는 오히려 모험적으로 도전했지만 실패한 베드로의 실패에 있다고 할 수 있다. 왜 베드로는 예수님처럼 물 위를 걷는데 실패했는가? 그것은 그가 예수님만을 바라보지 않고 바람을 보고 의심에 빠졌기 때문이다. 그에게 예수님만을 절대적으로 의지하는 믿음이 없었기 때문이다.

이 설교는 오랫동안 청소년 사역을 했던 설교자의 전형적인 설교의 특징을 잘 보여준다. 즉 이 설교는 도전적이고 모험적인 신앙의 중요성을 강조한다. 그러나 유감스럽게도 이 설교는 여러 가지 문제점을 노출한다. 우선, 설교자가 설교의 서두에 든 이희대 교수의 예화는 설교의 주제와 아무런 관계가 없다. 다시 말하면, 암을 친구처럼 여기고 사는 것, 피할 수 없으면 즐겨야 한다는 것은 도전적 신앙과 아무런 관계가 없다. 왜 이러한 예화가 필요한가? 설교의 주제와 맥락과 관계없는 불필요한 예화는 아무리 재미있거나 또는 은혜롭게 들려도 나쁜 예화이다.

설교자는 본문에 나타난 신앙이 도전적 신앙이라고 정의하고, 도전적 신앙을 세 가지로 설명한다. 이 세 가지는 모험정신, 구하는 기도, 실패를 두려워하지 않는 야성이다. 그러나 이 세 가지가 본문에 대한 충실한 강해에 기초한 것인지 매우 의심스럽다. 물론 베드로가 다른 제자들과 달리 혼자 물에 뛰어들었기 때문에 그가 남다른 모험정신을 가졌다고 할 수 있다. 그는 베드로가 아닌가? 그러나 도전적 신앙의 두 번째 덕목인 기도는 본문의 어디에 근거하는가? 베드로가 "주여 만일 주님이시거든 나를 명하사 물 위로 오라 하소서"라고 말한 것이 하나님의 뜻을 구하는 기도인가? 그것이 하나님과의 동행 또는 인격적 교제를 의미하는가? 설교자가 설교에서 실제로 말하고 있는 기도는 설교자 자신이 강조하는 "하나님의 뜻"을 구하는 기도가 아니라 그냥 구하는 기도이다. 무엇이 "하나님의 뜻"을 구하는 기도인지가 설명되지 않고 있다. 아프카니스탄 한국인 피랍사건이 일어났을 때 교회가 신의 무덤이 아니라 하나님의 주 활동 무대임을 보여주기 위해 특별 새벽 부흥회를 열어서 눈물로 부르짖으며 기도하는 것이 "하나님의 뜻"을 구하는 기도인가? 그리고 도전적 신앙의 세 번째 덕목인 "두려워하지 않는 야성"이란 첫 번째 덕목인 "모험정신" 안에 포함되는 것이다.

　이희대 교수에 관한 예화 외에도 이 설교에 나타나는 예화들은 대부분 불필요하거나 부적절하다. 홍해를 건너는 것이 이스라엘 백성의 모험적 신앙에 의한 것인가? 사실상 이스라엘 백성은 광야에서 모세를 원망하고 몇 번이나 애굽으로 돌아가고자 했다. 그들의 모험적 신앙이 출애굽의 추동력은 결코 아니었다. 출애굽 사건을 하나님께서 이스라엘 백성에게 모험을 감행하라고 요구하시는 사건으로 해석하는 것은 올바른 성서읽기가 아니다. 출애굽 사건의 핵심은 인간의 모험적 도전에 있는 것이 아니라 이스라엘 백성을 압제로부터 해방하고 약속의 땅으로 인도하시는 하나님의 주권적 섭리에 있다. 또한 마리아가 하나님의 말씀에 순종하여 예수 그리스도를 잉태하는 것이 과연 모험적 정신을 보여주는 적절한 사례인가? 하나님의 말씀에 순종한 마리아가 모험적인 정신을 발휘한 것인가?

　설교자가 사랑의교회라는 안전한 배에서 뛰어 내려 분당우리교회를 개척해서 성공했다는 것을 간증하는 것 자체는 문제가 없다. 그러나 이것이 모험적 신앙을 강조하는 설교의 예화일 경우는 다르다. 이 설교를 듣는 회중 가운데 진로를 고민하는 회사원이 있다면 그는 회사라는 안전한 배에서 뛰어 내려서 창업을 해야 하는 것인가? 간증이란 당사자의 특수한 경우에만 적용 가능한 경우가 대부분이며, 그것을 섣불리 일반화시키려고 할 때 심각한 문제가 발생할 수 있다.

그리고 유부남에게 마음을 빼앗겼던 자매가 유부남과의 관계를 청산하는 것이 실패를 두려워하지 않는 도전정신과 무슨 관계가 있는가? 그것이 안전한 배에서 뛰어내리는 것인가? 특별새벽부흥회를 열어서 놀라운 일들이 일어난 것이 하나님의 뜻을 구하는 것과 무슨 관계가 있는가? 그것은 새벽집회의 결과로 인해 일어난 현상의 사례이지 무엇이 하나님의 뜻인지를 묻는 기도의 사례는 아니다. 설교자는 설교의 마지막에 "지금 당신이 안주한 그 배에서 뛰어내려라"고 말한다. 어떻게 하는 것이 배에서 뛰어내리는 것인가? 이 말을 회중은 자신의 삶에 어떻게 적용해야 하나?

이미 언급한 바와 같이 이 성서본문의 핵심적 주제는 베드로의 모험적 신앙이나 도전정신이 아니라 (용감했던) 베드로의 실패에 있다. 베드로는 예수님만을 바라보고 절대적으로 의지하지 않고 바람을 보고 의심에 빠졌기 때문에 물에 빠졌다. 따라서 이 본문으로부터 우리는 세 가지 메시지를 이끌어낼 수 있다. 첫째는 우리가 주님을 따를 때 세상의 시험과 환난을 바라보지 말고 오직 주님만을 바라보아야 한다는 것이다. 둘째는 우리가 오직 주님만을 바라보지 못하고 때때로 베드로처럼 실패할 때에도 주님은 우리의 손을 잡아 일으켜주시고 또한 바람을 잔잔케 하시는 것처럼 우리를 시험과 환난에서 구해주신다는 것이다. 셋째는 그러므로 우리는 실패를 두려워하거나 부끄러워하지 말고 우리의 있는 모습 그대로 주님께 나아가야 한다는 것이다.

2. 내가 하는 것이 아니라 하나님께서 하신다[205]

1) 성서본문: 사사기 7장 1-3절

2) 주요 내용

---

205) Ibid., pp. 144-171.

믿음에는 두 종류가 있다. 하나는 예수 그리스도를 구세주로 믿고 영접해 하나님의 자녀가 되는 믿음이다. 다른 하나는 삶 속에서의 그 믿음이 작동되는 상태이다. 예수님이 제자들에게 "믿음이 작은 자들아"라고 책망하실 때, 그것은 "어떻게 네 믿음은 삶 속에서 작동이 안 되느냐?"하는 것이다. 마르다는 예수님이 "나는 부활이요 생명이니 나를 믿는 자는 죽어도 살겠고 무릇 살아서 나를 믿는 자는 영원히 죽지 아니하리니 이것을 네가 믿느냐"(요 11:25-26)라는 예수님의 물음에 "주여 그러하외다 주는 그리스도시요 세상에 오시는 하나님의 아들이신 줄 내가 믿나이다"(요 11:27)라고 대답했다. 그러나 예수님이 무덤가로 가서 "돌을 옮겨 놓으라"고 하셨을 때, 마르다는 "주여 죽은 자가 나흘이 되었으매 벌써 냄새가 나나이다"(요 11:39)라고 말했다. 이것은 신앙고백이 삶의 현장에서 작동되지 않음을 보여준다.

우리의 신앙은 이율배반적이다. 교회 안에서는 성령 충만한데, 교회 문만 열고 나가면 먼저 가겠다고 난리다. 왜 믿음이 삶의 현장에서 작동되지 않는 것일까? "돌을 옮겨 놓으라"(요 11:39)는 예수님의 말씀은 우리의 믿음을 가지고 우리 삶의 현장에서 마땅히 해야 할 일을 하라는 말씀이다. "신앙을 고백한 다음에는 어떻게 해야 하는가? 삶의 현장인 가정에서, 직장에서, 무덤가에서 그 믿음이 작동되어야 한다." 우리는 죽은 나사로를 살릴 수는 없지만 무덤의 돌은 옮길 수 있다. 우리는 누가 속옷을 달라고 하면 겉옷까지 줄 수 있고 오 리를 가자면 십 리를 갈 수 있다(마 5:40-41). 우리가 옮겨야 할 돌이 남편의 문제인가? 자녀의 문제인가? 우리는 인내하기 위해, 또 용서하기 위해 몸부림을 쳐야 한다.

하나님은 어떤 사람을 사용하셔서 승리하게 하시는가? 첫째, 하나님은 준비된 소수와 일하기 원하신다. 하나님은 오합지졸 3만 2천 명과 일하지 않고 잘 준비된 300명과 일하기를 원하신다. 비록 항아리를 깨고 횃불 들고 소리치는 단순한 일이라도 말이다. 성숙한 그리스도인일수록 작은 일에 헌신한다. 세상에서 잘 나가고 높은 지위에 있는 분들이 교회에 와서 주차봉사와 같은 돌 옮기는 일을 할 때 우리는 감동을 받는다. 하나님은 우리가 우리에게 주어진 보잘것없는 작은 일을 성심껏 할 때 우리를 사용하신다. 나 역시 목사로서 목회에 최선을 다하기 위해 노력한다. 우리는 모두 직장이나 가정에서나 자신에게 맡겨진 일에 최선을 다해야 한다.

둘째, 하나님께선 담대한 사람, 좌절하지 않는 사람을 쓰신다. 하나님의 선발기준은 현실 앞에서 두려워 떨지 않는 것이다(삿 7:3). 상황은 어렵지만 하나님이 나와 함께 계시기 때문에 나는 망하지 않는다고 말하는 담대한 사람을 하나님은 쓰신다. 나는 미국에서 영어가 안 되고 몸도 약해서 죽을 고생을 많이 했다. 그러나 인생의 밑바닥에서, 가장 비참한 상황에서 하나님께서 나를 만나주셨다. 그 이후 상황은 달라지지 않았지만 상황을 보는 나의 태도가 달라졌다. 더 이상 두렵지 않았다. 그 후 이런 영어실력으로 일리노이주립대학 사회학과를 졸업했다. 은혜를 경험하면 여호수아와 갈렙처럼 어떤 상황에서도 두려워 떨지 않는다.

셋째, 하나님께서는 겸손한 사람을 사용하신다. 하나님이 300명을 선발하신 이유는 "이스라엘이 나를 거슬러 스스로 자랑하기를 내 손이 나를 구원하였다 할까 함이니라"(삿 7:2)는 말씀에 나와 있다. 하나님은 교만한 사람을 싫어하신다. 겸손이 능력이다. 교만하면 죽는다. "그래서 나는 매일 내가 하는 것이 아니라 모두 하나님의 은혜임을 나 스스로 세뇌시킨다. 나는 무의식중이라도 내가 잘났거나 목회를 잘한다거나 하는 생각이 들까봐 두렵다." 우리가 "나는 이제 아무것도 아닙니다. 이제 납작 엎드리겠습니다. 날마다 죽겠습니다" 할 때, 그때부터 하나님께서 일하기 시작하신다. 우리는 온전히 주님만 의지하며 은혜를 구해야 한다.

3) 핵심 주제

이 설교는 주제가 분명치 않다. 제목은 "내가 하는 것이 아니라 하나님께서 하신다"이다. 이것은 하나님께서 사용하시는 사람의 세 번째 특성, 즉 겸손과 관계가 된다. 그러나 이것은 설교 전체의 주제는 아니다. 오히려 설교 전반부에서는 우리의 믿음이 현장에서 작동되어야 하며, "돌을 옮겨 놓는" 실천으로 나타나야 한다고 강조된다. 또한 설교자가 열거하는 하나님께서 사용하시는 사람의 세 가지 특성도 하나님께서 사용하실 사람에게 요구되는 조건에 관한 것이지 하나님의 주권적 행하심에 관한 것이 아니다.

4) 분석과 비평

설교자가 열거하는 하나님께서 사용하시는 사람의 세 가지 특징들 가운데 첫 번째와 세 번째는 성서본문에 근거한 것이 아니다. 먼저, 설교자는 하나님이 준비된 소수와 일하시기를 원하신다고 말하면서, 준비된 소수는 작은 일에도 헌신하는 사람, 주차봉사와 같은 돌을 옮기는 일을 하는 사람, 자기가 맡은 일에 최선을 다하는 사람이라고 말하며, 자신도 목회에 최선을 다하고 있다고 말한다. 설교자는 본문의 어떤 구절에 근거해서 준비된 소수가 작은 일에도 헌신하는 사람이라고 말하는 것일까? 혹시 "항아리를 깨고 횃불 들고 소리치는 단순한 일"에 근거해서 말하는 것일까? 그러나 이 단순한 일은 하나님께서 300명에게 장차 맡기실 일이지, 이 단순한 일을 그들이 잘하기(또는 잘할 것 같기) 때문에 하나님께서 그들을 선발한 것이 아니다. 더욱이, 본문에서 "항아리를 깨고 횃불 들고 소리치는 단순한 일"이 함축하는 의미는 그러한 사소한 일에도 최선을 다하는 인간의 행동에 의해서 이스라엘의 승리가 쟁취된다는 것이 아니라 전적으로 하나님의 능력과 은혜에 의해서 이스라엘의 승리가 쟁취된다는 것이다.

이와 동일한 이유로, 설교자가 본문 사사기 7장 2절에 근거해서 하나님께서 겸손한 사람을 사용하신다고 말하는 것도 넌센스이다. "이스라엘이 나를 거슬러 스스로 자랑하기를 내 손이 나를 구원하였다 할까 함이니라"라는 구절은 300이란 적은 숫자의 의미를 설명하는 구절이지, 300명 각 사람의 속성(겸손)을 설명하는 구절이 아니다. 즉 이 구절은 하나님께서 이 적은 숫자를 가지고도 하나님의 능력과 은혜로 승리를 가져오심으로써 인간이 스스로 승리를 쟁취했다고 말할 수 없게 하신다는 것을 표현하고자 하는 구절이지, 이 300명이 겸손했기 때문에 하나님께서 그들을 들어 쓰신다는 것을 말하고자 하는 구절이 아니다.

이 설교의 제목 "내가 하는 것이 아니라 하나님께서 하신다"는 직설법적인데 반해, 이 설교의 내용은 명령법적이다. 즉 설교자는 돌을 옮겨놓는 실천을 강조하며, 하나님께서 사용하시는 사람의 조건에 대하여 말한다. 따라서 설교의 내용은 "하나님께서 하시더라도 내가 해야 한다"는 것이다. 준비된 소수의 중요성을 강조하는 이 설교는 앞의 설교와 마찬가지로 그리고 전병욱 목사의 설교처럼, 청소년을 대상으로 오랫동안 사역한 설교자의 설교의 특징을 잘 보여준다. 즉 하나님은 이러 이러한 조건(이 설교에서는 최선을 다함, 담대함, 겸손)을 갖춘 사람을 사용하시기 때문에 그러한 조건을 갖춘 사람이 되어야 하며, 또한 실천적인 사람이 되어야 한다는 것이다. 이러한 종류의 명령법적 설교는 하나님의 주권적 행동과 은혜를 강조하는 설교라기보다는 인간의 조건과 실천을 강조하는 설교이다. 물론 인간의 조건과 실천을 강조하는 명령법적 설교 자체가 문제가 되는 것은 아니다. 특히 젊은이들에게는 이런 설교가 종종 필요하다. 문제는 설교자가 직설법(제목)과 명령법(내용)을 혼동하고 있다는 것이며, 직설법적인 성서본문을 명령법적으로 잘못 해석하고 있다는 것이다.

설교자의 다른 설교들에서도 종종 발견되듯이, 이 설교에는 설교자 자신의 개인적 삶에 대한 이야기가 장황하게 언급되고 있다. 자신의 삶의 이야기는 때로 좋은 간증거리가 될 수도 있지만, 결국 자기 자랑이 될 수도 있다. 다행인 것은 설교자가 항상 자신의 약점과 허물을 있는 그대로 내어놓고 자신의 연약함을 고백하는 편이기 때문에 아직까지는 그러한 점이 분명하게 드러나지 않는다는 점이다. 그럼에도 불구하고 개인의 삶의 이야기는 그 개인의 특수한 사례를 일반화시키는 오류에 빠질 위험이 있다.

이 설교에는 성서본문에 대한 부정확한 이해에 기초한 내용이 많다. 이것은 적어도 부분적으로는 어떤 성서본문이든지 세 가지의 대지로 나누어 설교하는 설교자의 습관에서 비롯된 것으로 여겨진다. 왜냐하면 어떤 본문이든지 그 주된 내용을 인위적으로 세 가지로 재구성하려다 보면 본문과 관계없는 자신의 생각을 본문에 집어넣음으로써 본문의 본래적 의미를 왜곡할 위험이 생기기 때문이다.

마지막으로, 믿음과 실천의 관계에 대한 올바른 이해가 필요하다. 우리가 믿음과 실천의 관계에 대하여 말할 때, 믿음은 있는데 그 믿음을 실제의 삶 속에 적용하는 데 실패한다면, 우리는 그것은 믿음은 좋은데 단지 믿음의 작동에 문제가 있기 때문이라고 말해서는 안 되며, 아직 우리의 믿음이 연약하기 때문이라고 말해야 한다. 왜냐하면 우리의 믿음은 실천적 삶과의 변증법적 관계에 있기 때문이다. 야고보가 말씀했듯이, 믿음이 없는 행함이 죽은 것이듯이, 행함이 없는 믿음도 죽은 것이다. 우리의 믿음은 행함의 열매를 통해 그 생명력을 증명하며, 우리의 행위는 살아 있는 믿음으로부터 생명의 열매를 맺는다. 따라서 실천은 단지 믿음의 작동 문제가 아니다. 그것은 믿음의 여부 문제이기도 하다.

3. 하나님의 보호하심을 기억하라[206]

1) 성서본문: 신명기 8장 11-18절

2) 주요 내용

진정한 사랑은 허다한 허물을 덮는다(벧전 4:8). 우리는 우리의 가족, 지인, 공동체의 허물을 덮고도 남을 사랑을 하고 있는가? 우리는 우리의 자녀에게는 그러한 사랑을 한다. 그렇다면 우리는 다른 사람들에게도 그런 사랑을 할 수 있다. 우리에게는 사랑할 힘이 없는 것이 아니라 의지가 없는 것이다. "예수님께서 '원수를 사랑하라' (마 5:44)고 말씀하신 것은 성령님을 의지하는 우리 안에 원수를 사랑할 수 있는 힘이 내재되어 있기 때문이다." 교회도 허물이 없는 교회가 아니라 허다한 허물이 있는 교회가 좋은 교회가 될 수 있다. 왜냐하면 그럴 때 허물을 덮어주는 사랑이 작동되기 때문이다.

---

206) Ibid., pp. 198-217.

교회는 사랑의 추억을 제공해 주는 곳이어야 한다. 첫째, 성도들 간의 사랑의 추억을 많이 쌓을 수 있는 교회가 좋은 교회이다. 나는 어렸을 때 가난해서 학교에서 주눅이 들어 있었지만 교회에만 가면 선생님들이 나를 축복해 주었다. 이민 초기에도 힘든 시절에 교회가 나를 구원해 주었다. 교회 찬양대에서 사랑의 교제가 나에게 큰 힘이 되었다.

둘째, 하나님과의 추억을 많이 쌓을 수 있는 교회가 좋은 교회이다. 1990년 한국으로 돌아와서 너무도 외로웠을 때, 두려워말라는 하나님의 말씀을 들으며 하나님과 많은 추억을 쌓았다. 힘들고 어려울 때 우리는 골방에 들어가 하나님과 추억을 쌓아야 한다. 예수님을 부인하고 과거로 돌아갔던 베드로를 부활하신 예수님이 다시 불러주셨다. 베드로 역시 예수님과의 추억이 너무 많기 때문에 그분을 떠날 수 없었다. 베드로가 물 위에 빠졌을 때, 그가 예수님을 배반했을 때, 예수님은 언제나 그를 사랑의 눈빛으로 바라보셨다. 베드로는 그 눈빛을 잊을 수 없었다. 우리가 어떤 죄를 지었든지 그 죄를 가지고 주님 앞에 나아갈 때 주님과의 아름다운 추억이 된다.

본문 신명기에서 모세가 말하고자 했던 요지는 "하나님을 기억하라"는 것이다. "하나님과의 아름다웠던 추억을 기억하라"는 것이다. 이 말씀의 뜻은 세 가지이다. 첫째, 하나님을 기억하라는 것은 하나님의 명령을 지켜 행하라는 뜻이다(신 8:11). 둘째, 하나님을 기억하라는 말의 의미는 겸손하라는 것이다(신 8:12-14). 교만해지지 않기 위해서는 하나님을 기억해야 한다. 셋째, 이 말의 의미는 과거에 부어주셨던 은혜를 잊지 말라는 것이다. 임종을 앞둔 모세가 강조한 것이 비로 이것이다(신 8:14). 과거에 받은 은혜를 기억하는 것은 밝은 미래의 문을 여는 도구가 된다.

우리는 오늘 우리나라가 누리고 있는 풍요가 어른들 세대의 수고와 헌신 덕분임을 잊어서는 안 되며, 그분들의 기도를 들어 역사하신 하나님의 은혜의 결과임을 잊어서는 안 된다. "비록 지금 우리가 하나님의 은혜로 형통한 생활을 누리고 있더라도 우리 스스로가 얼마나 보잘것없고 얼마나 낮은 자인지를 잊어버리는 순간, 우리는 망하게 되어 있다." 과거 외롭고 힘들었을 때 나에게 부어주셨던 하나님의 은혜를 기억하기 바란다. 그 추억으로 지금의 어려움도 넉넉히 이길 수 있기를 바란다.

3) 핵심 주제

이 설교의 제목은 "하나님의 보호하심을 기억하라"이다. 그러나 이 설교에는 이에 관한 한 주제가 나타나기보다는 세 가지 별개의 주제가 나타난다. 첫째는 우리는 허다한 허물을 덮는 사랑을 해야 하며, 허다한 허물을 덮는 사랑이 있는 교회가 되어야 한다는 것이다. 둘째는 성도들 간의, 그리고 하나님과의 추억을 많이 쌓고 제공해 주는 교회가 되어야 한다는 것이다. 셋째는 하나님을 기억하라는 것이다. 이 세 가지 주제 사이에는 논리적인 연관성이 발견되지 않는다.

4) 분석과 비평

이 설교에 나타나는 세 가지 주제들 가운데 앞의 두 가지, 즉 허다한 허물을 덮는 사랑을 해야 한다는 것과 사랑의 추억을 제공해 주는 교회가 되어야 한다는 것은 신명기 본문과 별 관계가 없다. "하나님을 기억하라"는 세 번째 주제만이 본문에 근거한 것이다. 이 설교가 교인들에게 은혜를 주었다면 그것은 본문과 전혀 관계없는 내용으로 설교의 반 이상을 채우면서도 교인들에게 은혜를 줄 수 있음을 보여주는 대표적인 사례가 될 것이다. "바람직한 설교란 어떤 식으로든지 교인들이 은혜를 경험하도록 해주는 설교가 아닌가?" 하는 생각은 성서본문의 의미론적 객관성을 무시하는 실용주의적 사고에서 나온 것이다.

이 설교에 나타나는 세 가지 주제들 가운데 가장 중요한 것은 세 번째 주제인 "하나님을 기억하라"이다. 따라서 설교자는 제목을 "하나님의 보호하심을 기억하라"라고 정했다. 사실상 설교자가 "하나님을 기억하라"는 말씀의 뜻으로 열거한 세 가지도 결국은 과거에 베풀어 주셨던 하나님의 보호하심과 은혜를 기억하라는 한 가지 요점으로 집약된다. 과거의 하나님의 보호하심과 은혜를 기억할 때, 우리는 오늘의 내가 있게 된 것이 내 힘이 아니라 하나님의 은혜로 된 것임을 고백하고 겸손해질 수밖에 없다. 또한 과거의 하나님의 은혜를 기억할 때마다 우리는 감사한 마음으로 그분의 명령을 지켜 행하지 않을 수 없게 된다. 이 설교가 처음부터 끝까지 철저하게 "하나님의 보호하심과 은혜를 기억하라"는 한 가지 주제에 집중하여 이 주제를 몇 가지 관점에서 풀어냈다면, 성서본문에 충실하고, 논리적 일관성을 지니며, 보다 감동적이고 설득력 있는 설교가 되었을 것이다.

제10장 전병욱(1963-   )

전병욱 목사는 1994년 삼일교회에 담임목사로 부임하여 16년 동안 목회했다. 전 목사는 특히 청년사역에 탁월한 능력을 보여주었다. 그가 목회할 당시 삼일교회 교인의 70% 이상이 청년들이라고 한다. 그는 또한 종교분야의 베스트셀러 저자로서 20여 권의 책을 저술했다. 그는 많은 책을 저술할 뿐만 아니라 시대의 흐름을 따라잡기 위해 다양한 분야에 관한 많은 양의 독서를 하는 목회자로 알려져 있다. 그러나 그는 불미스러운 사건으로 인해 2010년 삼일교회를 사임했다.

전병욱 목사의 설교는 강력한 대중적 흡입력을 가지고 있다. 그의 설교는 이른바 들리는 설교라고 불린다. 그는 청년들의 삶의 자리에서 그들의 언어를 가지고 그들과 소통하는 설교를 한다. 그의 설교는 마치 학원가의 스타강사의 강의를 듣는 것처럼 매우 직설적이며, 감각적이고, 명쾌하다. 그의 설교의 탁월한 현장 부합성이 그의 성공적인 목회의 비결이라고 할 수 있다. 그러나 그의 설교에는 때때로 지나치게 거친 비속어들이 등장한다. 이러한 언어들은 젊은이들에게 자극을 주어 주의를 끄는 데 도움이 될 수 있겠지만 하나님의 말씀으로서의 설교의 질을 떨어뜨린다.

무엇보다 전병욱 목사의 설교는 성서 적합성에 있어서 심각한 문제점을 드러낸다. 그는 성서본문에 대한 충실한 역사적 주석 작업의 필요성을 느끼지 않는 것처럼 보인다. 그의 성서 읽기는 매우 피상적이며 자의적(恣意的)이다. 그는 성서의 본문의 본래적 의미에 관계없이 자신이 말하고자 하는 논지를 주장하기 위하여 성서의 본문을 이끌어 오는 경향이 있다. 그에게 있어서 성서의 본문은 설교의 주제를 이끄는 텍스트라기보다 설교자의 논지를 재가해 주는 참고자료나 레퍼런스(reference)가 된다. 여기서는 해석자의 전이해가 성서의 본문을 지배하며, 따라서 텍스트의 지평과 해석자의 지평 사이의 해석학적 지평융합으로서의 이해는 불가능하다.

또한 전병욱 목사의 설교는 신학적으로 문제가 있다는 비판을 받는다. 그의 설교에서는 신학이 종종 윤리로 대체된다. 즉 하나님의 구원의 은총이 인간의 실천적 과제로 대체되는 경향이 있다. 그는 하나님의 은총에 대한 믿음의 수용보다는 세상에서의 승리를 위한 영웅적 삶을 더 강조한다. 따라서 인간의 실천적 과제에 대한 명령(imperative)이 하나님의 은혜에 대한 선포(indicative)를 압도한다. 그에게 "결정적인 신학적 오류"가 있다는 비판은 이러한 그의 치우침 때문이 아닌가 생각된다.

1. 진짜 사랑하니까 광야로 보내셨다.[207]

1) 성서본문: 창세기 37장 1-4절

2) 주요 내용

요셉은 진정한 영웅이다. 요셉은 어떤 난관 속에서도 좌절하지 않고 다시 시작한 인물이다. 우리도 요셉처럼 변화되어야 한다. 우리도 요셉과 같이 어떤 난관 속에서도 다시 일어서서 새로 시작하는 믿음의 사람이 되어야 한다.

요셉의 일대기는 세 단계로 나눌 수 있다. 첫 번째 단계는 출생에서 17세까지이다. 이 시기는 어리고 미숙한 요셉이 가정 안에서 변화를 겪었던 시기이다. 두 번째 단계는 17세부터 30세까지이다. 이 시기는 고난의 시기로서 요셉이 노예로 애굽에 팔려가서 감옥생활을 했던 시기이다. 세 번째 단계는 30

---

207) 전병욱, 『다시 시작하는 힘』(서울: 규장, 2009), pp. 16-30.

세 이후부터 죽을 때까지이다. 이 시기는 요셉이 애굽의 총리가 되어 영화를 누리던 시기이다. 요셉은 성실과 용서의 사람이었다. 우리는 요셉처럼 17세까지는 미숙하지만 성장해야 하며, 30세까지는 성실함으로 그 자리를 지켜야 하며, 30세 이후부터는 다른 사람을 용서하고 축복해야 한다.

요셉의 아버지 야곱은 수동적인 사람이었다. 딸 디나가 하몰의 아들 세겜에게 욕을 당했을 때 그는 매우 수동적으로 반응했다. 또한 야곱은 장남 르우벤이 서모인 빌하와 통간을 했을 때, 즉시 조치를 취하지 않고 죽을 때에 그를 저주했다. 다윗도 문제를 일으키고 외갓집으로 도망친 압살롬을 되돌아오게 해놓고 아무 조치도 취하지 않다가 화를 당했다. 초기 진압이 중요하다. 문제는 뒤로 미루지 말고 즉각 풀어야 한다. 확실하게 마무리 지어야 한다. 나는 수첩에 체크해가며 어떤 일이든 즉각 처리한다.

야곱은 또한 요셉을 편애하다가 문제를 자초했다. 야곱은 요셉에게 채색 옷을 입혔다. 이러한 편애 때문에 요셉이 형들의 공격 대상이 되었다. 야곱은 지혜가 없었다. 아들을 진짜 사랑한다면 채색 옷을 입히지 말고 오히려 광야로 내보내야 했다. 우리는 하나님처럼 사랑해야 한다. 자녀를 진짜 사랑하면 광야로 보내야 한다. 하나님께서는 요셉을 노예로 만들고 감옥에 넣어 13년 동안 훈련시키셨다. "우리가 하나님의 백성이라면, 하나님께서 우리를 광야에서 다루시는 시간이 반드시 있다. 그러나 (우리는) 이 험난한 시절에 하나님께서 직접 다루시는 은혜를 누리고, 강건한 모습으로 다시 일어서야 한다."(29) 우리는 각자의 광야의 삶 속에서 아름다운 보석과 같이 변화 받는 진실한 믿음의 사람이 되어야 한다.

3) 핵심 주제

우리가 하나님의 자녀라면 하나님께서 우리를 성장시키려고 광야에서 다루시는 시간이 반드시 있다. 이 험난한 시절에 하나님께서 광야로 보내신 의미를 이해하고 강건한 모습으로 다시 일어서자.

4) 분석과 비평

이 설교는 2008년 12월 한 달에 걸쳐 행한 새벽예배 설교 가운데 첫 번째 설교이다. 경제적인 불황으로 온 국민이 실의에 빠져 있는 때에, 설교자는 고난과 역경을 이겨낸 요셉의 삶을 통해 청년들에게 희망과 용기의 메시지를 전하고자 한 것으로 보인다. 그는 청년들이 취직과 결혼, 미래에 대한 불안을 요셉과 같이 믿음으로 헤쳐 나갈 것을 권면한다.

성서본문에 의하면 야곱은 노년에 얻은 요셉을 다른 아들들보다 더 사랑하고 그에게 채색 옷을 입히므로 형들이 요셉을 미워했다. 설교자는 이 본문으로부터 "진짜 사랑하니까 광야로 보내셨다"는 제목의 설교를 한다. 이 설교 제목은 본문에 적합한가? 이 제목의 설교가 성서본문에 적합하기 위해서는 설교의 초점이 우선적으로 야곱에게 집중되어야 한다. 왜냐하면 야곱이 요셉을 잘못 사랑했기 때문에, 즉 그를 광야로 보내지 않고 채색 옷을 입히고 편애를 했기 때문에 문제가 생겼기 때문이다. 그리고 설교자는 우리의 참된 아버지가 되시는 하나님은 야곱과 반대로 사랑하는 자녀를 광야로 보내어 훈련시키시며, 우리는 광야에서의 하나님의 훈련의 의미를 잘 이해하고 시련을 잘 이겨냄으로써 강건한 믿음의 사람으로 성장해야 한다는 사실을 강조해야 한다.

그러나 이 설교는 초점을 (야곱이 아니라) 요셉에게 맞추어 시작한다. 요셉은 우리의 진정한 영웅이며 우리는 요셉처럼 변화되어야 한다는 것이다. 하지만 본문인 창세기 37장 1 4절은 설교자가 말하는 요셉의 일생의 첫 번째 단계로서, 여기서는 어리고 미숙한 요셉의 모습만이 나타난다. 이 본문에는 우리가 본받아야 할 성실과 용서의 사람으로서의 영웅적인 요셉은 나타나지 않는다. 이어서 설교자는 요셉으로부터 야곱으로 설교의 초점을 옮긴다. 사실상 설교의 본론은 여기서부터 시작되는 셈이다. 그는 야곱의 문제점들을 수동성, 초기 진압의 실패 등으로 지적하면서, 문제는 즉각 풀어야 하며 확실하게 마무리 지어야 한다는 점을 강조한다.

창세기 34장 30절과 49장 4절에 나타나는 야곱의 모습에 대한 설교자의 부정적인 이해는 매우 주관적이다. 딸 디나의 강간에 대한 아들들의 보복과 서모와 동침한 르우벤에 대처하는 야곱의 모습은 오히려 공격적이고 투쟁적이었던 인생을 살았던 야곱이 얍복 마루에서 살아계신 하나님을 만나 뵙고 이스라엘로 명명된 이후 온화하고 사려 깊은 인간으로 변화된 모습을 반영하는 것일 수 있다. 설교자의 주관적인 성서해석의 특징은 야곱의 귀향에 대한 그의 설명에서도 잘 나타난다. 그는 야곱이 라반의 집을 떠나 가나안 땅으로 돌아가기로 결심한 동기가 요셉의 탄생에 있다고 단정한다. 그러나 이 해석은 아무런 근거도 없다. 성서는 창세기 31장 13절에서 단지 "나는 벧엘의 하나님이라 네가 거기서 기둥에 기름을 붓고 거기서 내게 서원하였으니 지금 일어나 이곳을 떠나서 네 출생지로 돌아가라" 하는 하나님의 음성만을 전할 뿐이다.

이 설교의 주제는 하나님이 우리를 사랑하시기 때문에 우리를 광야로 보내시며, 우리는 요셉처럼 광야에서 훈련을 잘 받고 승리하는 자가 되어야 한다는 것이다. 그러나 이 설교의 상당부분이 야곱에 대한 비판에 할애되어 있다. 따라서 설교는 마치 우리가 야곱처럼 사랑하는 아들에게 채색 옷을 입히는 아버지가 되지 말고 광야로 보내는 아버지가 되어야 한다는 메시지를 전하려는 것처럼 보인다. 이 설교에서는 본론의 상당 부분이 요셉이 아니라 야곱에게 초점이 맞춰짐으로써 초점이 둘로 분리되는 현상이 나타난다. 설교의 주제를 분명히 하기 위해서는 사랑하는 자녀를 광야로 보내시는 하나님의 뜻과 하나님으로부터 광야로 보내심을 받은 우리의 믿음의 자세에 집중할 필요가 있다.

이 설교는 설교자의 설교의 전형적인 특징을 보여준다. 그것은 명령형으로 주어지는 교훈적 설교이다. 그의 설교에서는 하나님의 은혜로 주어지는 구원의 선물에 대한 직설법적 선언이 좀처럼 발견되지 않는다. 물론 그것은 부정되는 것이 아니라 전제되는 것일 것이다. 하지만 그의 설교에서는 예수 그리스도 안에 나타난 하나님의 구원은 은혜의 크심에 대한 집중적인 강조가 거의 나타나지 않는 것이 사실이다. 그 대신 그는 기독교의 젊은이들의 가슴에 믿음 안에서의 꿈과 열정을 불어넣어주고자 한다. 그리고 기드온의 삼백 명의 군사처럼 창조적 소수가 되어 역사를 변화시키는 영웅이 되라고 촉구한다. 따라서 그는 성서 안에서 젊은이들의 삶의 모델이 될 수 있는 영웅적인 인물들을 발견해내고자 한다. 그가 성서로부터 발견해내는 가장 대표적인 영웅적 인물들 가운데 하나가 요셉이다. 이와 같은 설교자의 성서 읽기와 설교는 성서로부터 영웅적 인간의 모습이 아니라, 늘 실패하는 인간을 의롭다하시고 성화의 과정으로 이끄는 하나님의 주권적 섭리를 강조하는 박영선 목사와 극명하게 대조적이다.

젊은이들에게 꿈과 열정을 심어주는 것은 매우 좋은 일이다. 그리고 고답적이고 추상적인 언어가 아니라 참신하고 구체적인 언어로 젊은이들과 의사소통하는 것은 매우 바람직한 일이다. 그러나 설교의 본질은 명령형의 교훈에 있지는 않다. 물론 하나님의 은혜의 선물과 인간의 실천적 과제, 직설법과 명령법은 둘 다 중요하며 따라서 적절히 조화되어야 한다. 그리고 때에 따라서는, 그리고 특히 젊은이들에게는 강력한 명령법의 설교도 필요할 것이다. 그러나 그럼에도 불구하고 설교의 일차적이고 본질적인 과제는 하나님의 은혜의 구원에 대한 직설법적 선포에 있지 인간의 실천적 과제에 대한 명령법적 요구에 있지 않다. 설교의 본질은 "문제를 뒤로 미루지 말고 즉각 풀어야 한다." "확실하게 마무리 지어야 한다." "지혜 있게 행동해야 한다." "성실해야 하며 용서해야 한다." 등과 같은 교훈적 행동지침에 있지 않다. 만일 설교가 이러한 명령법적 교훈으로 가득 차게 된다면 그것은 더 이상 설교가 아니라 도덕가나 윤리선생의 교양강좌에 불과할 것이다. 한마디만 덧붙이자면, 문제를 즉각 처리하는 것은 좋은 습관일 수 있다. 하지만 모든 문제가 즉각 처리되는 것도 아니며 모든 문제를 즉각 처리하려는 대도가 언제나 바람직한 것은 더욱 아니다. 무슨 문제든지 즉각 처리할 것을 요구하는 설교는 설교자의 (급한) 성격을 반영하는 것일 수 있다.

2. 역전과 승리의 삶을 확보하는 회개[208]

1) 성서본문: 사사기 16장 23-31절

2) 주요 내용

　삼손은 범죄와 불순종으로 인하여 수치를 당했으나 최후에 회개를 하고 죽으면서 큰 승리를 거두었다. 신앙에는 정비 신앙과 수리 신앙이 있다. 정비 신앙은 문제가 생기기 전에 미리 준비하는 신앙이고, 수리 신앙은 어려움이 닥쳐야 기도하는 신앙이다. 우리는 정비하는 신앙을 가져야 한다.
　정비하는 신앙의 가장 바람직한 자세는 새벽기도를 하는 것이다. 삼손이 무너진 것은 규칙적인 기도생활이 없었기 때문이다. 우리는 동창이 밝기도 전에 기도로 깨어 있는 사람이 되어야 한다. 하나님께 쓰임 받는 사람들은 보통 사람들보다 세 시간 먼저 일어나서 기도하고 일을 시작한 사람들이다. 조지 횟필드는 밤 10시에 자서 새벽 4시에 깨는 사람이었다. 예수님은 새벽에 기도하셨다(막 1:35).
　우리는 기회를 붙들어야 한다. 구약성서의 여인들 가운데 룻과 라합은 기회를 붙든 사람들이다. 룻은 남편이 죽고 시어머니 나오미가 고향으로 가라고 했을 때, "어머니의 하나님이 나의 하나님이 되며, 나는 이제 하나님께 인생을 걸겠다"는 믿음의 선택을 했기 때문에 메시아의 조상이 되는 영광을 얻게 되었다. 라합도 하나님께 인생을 걸고 정탐꾼을 숨겨 주는 모험을 감행함으로써 영광스럽게 되었다. 반면에, 들릴라는 기회를 놓친 여인이다. 그녀는 돈에 눈먼 나머지 하나님을 저버리고 사랑하는 사람도 저버렸다. 그녀는 구약의 가롯 유다이다.
　우리는 하나님께서 우리에게 주신 기회를 붙들어야 한다. 그런 의미에서 남자는 좋은 여자를 만나야 한다. 좋은 여자를 만나기 위해 기도해야 한다. 여자의 의미는 남자의 방향을 잡아 주는 방향키와 핸들의 역할을 하는 데 있다. 착한 여자란 남자를 돕는 자, 즉 헬퍼(helper)이다.
　지혜로운 여자란 가정과 남자를 가장 전능하신 하나님과 연결시키는 연결핀과 같은 역할을 하는 사람이다. 하나님과 연결되면 우리는 강한 사람이 될

---

208) 전병욱, 『강점으로 일하라』 (서울: 규장, 2002), pp. 240-263.

수 있다. 교제가 중요하고 팀을 만드는 것이 중요하다. 팀을 만든다는 것은 연결핀을 가지고 네트워킹 하는 것이다. 들릴라는 삼손과 하나님을 연결시키는 역할을 할 수 있었다. 그러나 그녀는 그러한 기회를 놓쳐버렸다.

들릴라가 기회를 놓치고 비참한 인생이 되었다면, 삼손은 회개했기 때문에 영광스런 최후를 맞았다. 죄 사함과 성령을 받고 유쾌하게 되는 비결은 회개에 있다(행 2:38, 3:19). 아무리 무너진 자리라고 해도 회개하면 다시금 역전의 자리가 될 수 있다. 회개하라. 그러면 승리한다. "회개의 능력을 믿으면 삶의 패턴 자체가 변화하며 인간관계도 변화한다."(258-259)

중국인은 적장을 죽이지 않는다. 그들은 영웅을 바꾸지 않고 필요하면 또 다른 영웅을 세운다. 예수를 믿는 사람은 이런 모습을 배워야 한다. 챔피언의 자리는 하나가 아니라 여럿이다. 우리는 극단적인 용어를 사용하지 말아야 한다. 어떤 상황에서도 "너는 끝장이야"라고 말해서는 안 된다. 우리는 회복의 가능성을 믿어야 한다. 삼손을 보라. 하나님의 백성들은 회복의 가능성을 믿는 사람들이다. "돌아올 가능성을 믿는 것이 하나님의 백성들의 자세이다." (262)

3) 핵심 주제

아무리 무너진 자리라고 해도 회개하면 역전의 자리가 될 수 있다. 주께 돌아와 회개하라. 그러면 승리한다. 나를 위해서 죽으시고 나를 위해서 사랑을 쏟아 부으신 분의 이름을 부르면 구원을 받는다.

4) 분석과 비평

이 설교는 전형적인 대지설교의 특징을 보여준다. 대지는 세 가지이다. 첫째는 수리 신앙이 되지 말고 정비 신앙이 되라는 것이다. 정비하는 신앙이 되기 위해서는 규칙적인 기도생활, 특히 새벽기도가 요구된다. 둘째는 영적 불을 붙일 수 있는 기회를 놓치지 말라는 것이다. 들릴라는 삼손과 하나님을 연결할 수 있는 기회를 놓쳤다. 우리는 사람과 하나님을 연결하는 데 열심을 가진 자가 되어야 한다. 전도의 불, 기도의 불, 말씀의 불을 붙이는 자가 되어야 한다. 셋째는 회개의 자리가 역전의 자리라는 것이다. 삼손처럼 무너진 인생도 회개하니까 역사가 일어났다. 회개하면 산다. 회개하면 삶의 패턴 자체가 변화되고 인간관계도 변화된다. 이 세 가지 대지는 별개의 주제들로서 서로 공통되는 연결점을 가지고 있지 않다. 따라서 이 설교는 분리된 세 몸통으로 나누어져 있다.

"회개하면 역전하고 승리한다."는 것이 이 설교의 제목이자 핵심적 논지이다. 설교자는 이 논지를 전개하기 위해서 삼손 이야기를 본문으로 택했다. 회개하는 삼손의 모습을 보여주기 위해서 그는 사사기 16장 28절을 제시한다. "주 여호와여 구하옵나니 나를 생각하옵소서. 하나님이여 구하옵나니 이번만 나로 강하게 하사 블레셋 사람이 나의 두 눈을 뺀 원수를 단번에 갚게 하옵소서." 그러나 이 구절에서 과연 회개하는 삼손의 모습을 발견할 수 있는지는 매우 의심스럽다. 이 기도의 핵심은 원수를 갚게 해 달라는 것이다. 이것은 회개의 기도라기보다 간구와 탄원의 기도이다. 따라서 이 설교의 논지를 전개하기 위한 성서적 근거, 즉 역전과 승리를 위한 필수적인 조건인 회개를 보여주기 위한 성서주석적 근거는 매우 약하다.

삼손이 무너진 것은 그의 삶 가운데 규칙적인 기도가 없었기 때문이라는 설교자의 주장은 성서적 근거가 매우 약하다. 물론 삼손이 규칙적인 기도를 하지 않았을 것이라는 심증은 가능하다. 그러나 삼손이 무너진 것이 규칙적인 기도가 없었기 때문이라는 주장은 지나친 억측이다. 이 둘은 연결이 잘 안 된다. 우리는 삼손이 무너진 보다 본질적인 이유를 성서의 본문으로부터 찾아낼 필요가 있다. 기도하지 않다가 삼손이 무너졌다고 주장하면서 새벽기도의 중요성을 강조하는 것도 논리적인 비약을 보여준다. 물론 새벽기도는 중요하다. 그러나 하나님께 쓰임 받는 사람들의 특징이 보통 사람보다 먼저 일어나서 기도하는 사람들이라는 단정은 분명히 지나친 느낌이 있다. 설교자는 이 설교에서 너무 극단적으로 말하지 말아야 한다고 했는데, 이러한 표현은 다소 극단적인 것처럼 느껴진다. 하나님은 아침형 인간만 쓰시고 저녁형 인간은 안 쓰시는가?

　기회를 붙들라는 설교자의 말은 공허하게 들린다. 설교자는 들릴라는 기회를 놓쳤고 룻과 라합은 기회를 붙들었다고 한다. 그러나 이들은 그들에게 찾아온 어떤 결정적인 기회를 붙들거나 놓친 사람들이 아니다. 단지 자신들의 평소의 가치관과 사고방식대로, 신앙 또는 불신앙 안에서 판단하고 행동했던 사람들일 뿐이다. 이들의 모습에서 어떤 기회를 붙드는 이미지를 말하는 것은 공감을 불러일으키기 어렵다. 기회를 붙들고 회개하면 인생에서 역전하여 승리의 인생을 살 수 있다는 것이 이 설교의 요점이다. 회개가 인생의 역전과 승리를 가져오는가? 설교자는 승리를 주제로 하는 설교를 많이 한다. 그런데 과연 승리란 무엇인가?

　설교자의 설교에서 종종 승리는 세상에서의 성공과 동일시되는 느낌이 있다. 그는 17세부터 30세까지의 요셉의 삶이 실패였다고 말한다. 노예로 팔려가 감옥에서 고난당하며 실패의 자리에 있던 그가 마침내 30세가 되어 이집트의 총리가 됨으로써 성공했다는 것이다. 왜 그는 30세까지의 요셉의 삶을 실패로 단정하는가? 그러나 요셉이 30세까지 하나님과 동행하는 삶을 살았다면 노예와 죄수로 살았던 기간 동안의 그의 인생은 결코 실패가 아니다. 요셉이 이집트의 총리가 된 것은 세상적인 의미에서 성공이 분명하다. 이것은 인간이라면 누구나 꿈꾸는 그런 종류의 성공이기도 하다. 그러나 이것은 기독교의 복음이 말하는 진정한 인생의 성공과 곧바로 동일시될 수는 없다. 설교자의 설교에서 영적인 싸움에서의 승리와 세상에서의 자아실현을 위한 싸움에서의 승리는 분명히 구별되지 않는다. 물론 청년들에게 세상에서의 성공은 중요한 관심사이다. 그리고 그들에게 성공에 대한 꿈을 불어넣어주는 것 자체가 잘못된 것은 아니다. 그러나 그의 설교는 지나치게 승리주의적인 특징을 보여준다. 그의 설교에서는 자기를 부인하고 자기 십자가를 지고 예수의 뒤를 따르는 고난과 희생의 제자도에 대한 메시지가 별로 발견되지 않는다.

　이 설교에서 중국인들에 관한 이야기, 즉 적장을 죽이지 않고 함께 영웅이 된다는 이야기는 설교의 주제나 맥락과 별 관계가 없다. 설교자는 영웅 이야기를 좋아하며, 성서에서도 영웅들의 이야기를 찾아내고, 회중들도 그들처럼 영웅이 되라고 말한다. 그러나 성서는 영웅들의 이야기가 아니며, 우리도 영웅이 아니다. 영웅주의는 기독교 영성과는 거리가 멀다. 진정한 기독교의 영성은 우리 자신이 자기를 부인하고 자기 십자가를 지고 예수님의 뒤를 따르는 데 늘 실패하고 좌절하는 연약한 인간들이며, 우리가 아무리 애를 쓰고 노력을 해도 하나님의 긍휼과 자비의 은혜가 아니면 아무것도 이루어질 수 없다고 고백하는 데 있다.

마지막으로, 설교자는 이 설교에서 남성 중심적인 시각을 드러낸다. 여자의 의미는 남자의 방향을 잡아 주는 역할을 하는 것이라는 그의 말은 성차별에 가깝다. 물론 그는 방향 잡는 여자가 좀 더 우월하다는 아부성(?) 발언을 첨가한다. 그러나 착한 여자란 남자를 돕는 헬퍼라는 설교자의 사고는 남성 중심적임이 분명하다. "여자의 역할이 무엇인가? 돕는 자이다."(254) 과연 그러한가?

3. 한 마음을 품으면 세상이 벌벌 떤다[209]

1) 성서본문: 에베소서 6장 14절

2) 주요 내용

진리의 허리띠를 띤다는 것은 한 가지에 집중하는 것, 성실성을 의미한다. 베드로전서 1장 13절에 "그러므로 너희 마음의 허리를 동이고 근신하여"라는 말씀에서 허리를 동이는 것은 하나님께 헌신하기 위해 준비하는 모습을 표현한다. 성실성의 반대는 불성실성인데 이것은 마음이 나뉘는 것을 의미한다. 마귀의 시험의 특징은 두 마음을 품고 의심하는 마음을 갖게 만드는 것이다.

사도 바울의 사역의 핵심은 하나만을 추구한 것이다. 그는 끝까지 한 가지

---

209) 전병욱, 『영적 강자의 조건』 (서울: 규장출판사, 2003), pp. 37-54.

를 추구한 인생이었다(빌 3:13, 14). 마태복음 6장 22, 23절에서 "눈이 성하면"이란 "single focus"를 뜻하고 "눈이 나쁘면"이란 "double focus"를 뜻한다. 진리의 허리띠는 싱글 포커스 인생이다. 집중하는 인생을 살아야 한다. 집중의 동의어는 포기이다. 하나에 집중하는 것은 나머지를 포기하는 것을 말한다. 남녀 관계에 있어서 진짜 사랑하기 위해서는 한 사람에게 집중하고 다른 사람을 포기해야 한다.

집중하기 위해서는 정조준하기 위한 시간, 즉 기도의 시간이 필요하다. 확신이 설 때까지 기도해야 한다. 계속 기도하다 보면 한 가지 길만 남는다. 이 시대에는 통합의 능력이 요구된다. 통합의 능력은 기도와 말씀이다. 어느 조직이나 통합지향적인 시스템이 있어야 한다. 통합을 위해서는 기도하며 준비하고 계속해서 의견을 좁혀 나아가야 한다. 제임스 돕슨은 『내 아들을 남자로 키우는 법』에서 오늘날 아버지의 부재로 가정의 통합 기능이 마비되자 가정이 해체되고 있다고 지적한다. 내 마음을 통합시키는 능력, 인간과 인간을 통합시키는 능력, 사회를 통합시키는 능력을 키워야 한다.

3) 핵심 주제

진리의 허리띠를 띠자. 진리의 허리띠는 성실, 집중, 하나의 초점을 의미한다. 집중하는 인생이 성공한다. 집중하기 위해서는 통합의 능력이 필요한데, 이 통합의 능력은 곧 기도와 말씀이다.

4) 분석과 비평

이 설교는 성서본문을 주된 텍스트로 하는 강해설교의 형태를 갖지만 본문의 본래적 의미로부터 매우 자유로운 설교이다. 설교자는 바울이 이 본문으로부터 무엇을 말하고자 하는지에 대해서는 별 관심이 없어 보인다. 그는 자신이 말하고 싶은 것을 이 성서본문을 빌어 말한다. 바울은 에베소서 6장 10-17절에서 마귀를 대적하기 위한 무장으로서 "하나님의 전신갑주"에 대하여 열거한다. 그것은 "진리의 허리띠," "의의 호심경," "평안의 복음의 신," "믿음의 방패," "구원의 투구," "성령의 검" 등이다. 여기서 중요한 단어는 진리, 의, 평안의 복음, 믿음, 구원, 성령이지 허리띠, 호심경, 신, 방패, 투구, 검이 아니다. 후자는 전자의 의미를 알기 쉽고 생생하게 전달하기 위한 비유적 표현일 뿐이다.

진리의 허리띠를 띠라는 바울의 말씀에서 중요한 것은 허리띠를 띠라는 것이 아니라 "진리"의 허리띠를 띠라는 것이다. 그런데 설교자는 이 설교에서 진리에 대해서는 한마디도 하지 않고 허리띠에 관해서만 말한다. 그리고 허리띠는 성실, 집중, 하나의 초점이라고 말한다. 바울은 이 성서본문을 통해서 영적 전투에 임하는 기독교인의 영적 무장을 위해 필요한 요소들에 대하여 말하고자 한다. 반면, 이 성서본문에 기초한 이 설교의 메시지는 성공하는 인생은 성실하게 하나의 초점에 집중하는 인생이며 집중을 위해서는 기도와 말씀이 요구된다는 것이다. 이 설교의 제목은 "한 마음을 품으면 세상이 벌벌 떤다."이다. 이와 같은 메시지와 제목은 성서본문으로부터 나온 것이 아니라 설교자의 머리에서 나온 것임이 분명하다.

물론 회중의 상황 부합성이란 측면만 놓고 생각하면 이 설교는 매우 탁월한 상황 적용 능력을 보여준다고 할 수 있다. 설교자는 주된 회중인 청년들의 문화와 관심사와 문제를 정통하게 꿰뚫고 있다. 설교자는 청년들이 경험하는 일상적인 삶의 이야기들을 예화로 사용하고 그들의 눈높이에 맞는 언어를 구사함으로써 설교를 매우 생동력있게 이끌어간다. 그러나 어떤 설교의 상황 부합성에 대한 평가나 언급은 적어도 그 설교가 적어도 기본적인 성서 적합성을 갖고 있다는 전제 아래에서만 의미가 있다. 성서본문의 본래적 의미와 아무 관계없는 메시지를 전하는 설교는 그 설교가 아무리 회중의 상황에 부합한다고 해도 교양강좌로서는 몰라도 적어도 성서를 텍스트로 하는 설교로서는 아무 의미가 없을 것이다.

설교가 성서본문에 대한 적합성을 가져야 한다는 말은 반드시 설교의 메시지가 성서가 기록된 본래적 상황과 저자가 의도했던 일의적 의미에 종속되거나 그것들에 의해 제한된다는 것을 의미하지는 않는다. 근대의 역사주의 또는 낭만주의 해석학과 달리 오늘날의 탈근대주의 해석학에 있어서 텍스트의 의미는 더 이상 텍스트가 기록된 본래적 상황과 저자의 의도에 갇혀 있지 않다. 텍스트의 의미는 텍스트 뒤의 일의적 의미에 갇혀 있지 않고 텍스트 앞의 다의적 의미를 향해 열려 있다. 해석은 과거의 저자의 의도를 단순히 반복하는 것이 아니라 오늘과 내일을 향한 새로운 의미를 산출해내는 과업이다.

그러나 이것은 결코 텍스트의 의미가 해석자의 주관성에 의해 자의적으로 결정된다는 것을 의미하지는 않는다. 혼란스러운 다원주의는 허용될 수 없다. 텍스트의 의미는 텍스트와 해석자 사이의 해석학적 순환관계 안에서 텍스트와 해석자 사이의 상호작용을 통한 과거와 현재와 미래의 지평 사이의 융합에 의해 탈은폐된다. 이 상호작용에는 단지 주관적 요소로 환원될 수 없는 객관적 요소가 있다. 이 객관적 요소에는 두 가지가 있다. 하나는 저자의 의도를 포함하는 본래적인 역사적 상황이며, 다른 하나는 하나의 문학작품으로서의 텍스트의 구조(센스)이다. 리쾨르의 해석학적 표현을 빌면 텍스트의 의미는 센스와 지시체, 설명과 이해의 변증법 안에서 탈은폐된다. 설명이 구조화된 작품으로서의 텍스트 안의 객관적 센스에 대한 분석과 관계된다면, 이해는 텍스트의 구조를 넘어서 그 안에 내가 거주할 수 있는 가능적 세계 안의 언어 외적 실재를 지시한다. 물론 담화의 무게중심은 지시체에 대한 의미화에 있다. 즉 센스의 존재의미는 지시체를 가리키는데 있다. 마찬가지로 설명과 이해는 분리되지 않고 변증법적으로 종합되어야 하지만 우선성은 설명이 아니라 이해에 있다. 즉 텍스트의 객관적 구조를 분석하는 과제는 텍스트가 말하는 그 무엇(센스)으로부터 텍스트가 그 무엇에 관해시 말하는 그 무엇(시시체)으로 나아가는 움직임을 따라가는 과제에 종속된다. 그러나 그럼에도 불구하고 지시체와 이해는 센스와 설명의 규제를 받아야 하는 것 또한 사실이다.

이 설교는 성서 텍스트 뒤의 저자의 의도와 텍스트 안의 내재적 센스 둘 다를 고려함 없이 텍스트 앞에 텍스트의 의미의 세계를 투사한다. 이와 같은 투사는 실재론적 근거가 없는 환상과 구별되지 않는다.

참고문헌

※ 신학서적

Bultmann, Rudolf. *Faith and Understanding I*. London: SCM, 1969.
_____. *Jesus Christ and Mythology*. New York: Charles Scribner's Sons, 1958.
_____. "Is Exegesis Without Presuppositions Possible?", K. M. Vollmer, *The Hermeneutics Reader: Text of the German-Tradition from the Enlightenment in the Present*. London: Blackwell, 1986.
_____. "New Testament and Mythology," *Kerygma and Myth*. New York and Evanston: Harper & Row Publishers, 1961.
_____. "The Problem of Hermeneutics," R. A. Johnson, *Rudolf Bultmann: Interpreting Faith for the Modern Era*. Minneapolis: Fortress Press, 1991.
Na Hyung Suk. *Paul Tillich's Theology of Preaching: Boundary Preaching*. Ph.D. diss. Drew University, 1996.
Niesel, Wilhelm. *The Theology of Calvin*, trans. Harold Knight. London: Lutterworth Press, 1956.
Parker, T.H.L. *John Calvin: A Biography*. Philadelphia: Westminster Press, 1975.

Ricoeur, Paul. "Toward a Hermeneutic of the Idea of Revelation" *Essays on Biblical Interpretation*, ed. Lewis S. Mudge. Philadelphia: Fortress, 1980.

Seeberg, Reinhold. *Text-book of the History of Doctrines*, vol. 2. trans. Charles E. Hay. Grand Rapids: Baker Book House, 1966. §71, 2.

Tillich, Paul. *Systematic Theology*, vol. 1. Chicago: The University of Chicago Press, 1951.

_____. *Theology of Culture*. 김경수 역. 『문화의 신학』. 서울: 대한기독교서회, 1971.

Von Rad, Gerhard. *Das Zweite Buch Mose*. vol. 1. 박재순 역. 『국제성서주석: 창세기』. 서울; 한국신학연구소, 1981.

※ 설교학

Achtemeier, Elizabeth. *Creative Preaching: Finding the Words*. Nashville: Abingdon Press, 1980.

Allen, Ronald J. *Thinking Theologically: The Preacher as Theologian*. Minneapolis, MN: Fortress Press, 2008.

Alvis, Paul D. L. *The Church in the Theology of the Reformers*. Atlanta: John Knox Press, 1981.

Barr, James. "Biblical Scholarship and the Unity of the Church," *Nineteenth Lecture of the Robinson T. Orr Visitorship*. London, Ont.: Huron College, 1989.

Barth, Karl. *Church Dogmatics* I/2, trans. G. T. Thomson and Harold Knight. Edinburgh: T. & T. Clark, 1956.

_____. *The Preaching of the Gospel*, trans. B. E. Hooke. Philadelphia: Westminster Press, 1963.

_____. *Homiletics*. trans. Geoffrey W. Bromiley and Donald E. Daniels. Louisville: Westminster/John Knox Press, 1991. 정인교 역. 『칼 바르트의 설교학』. 서울: 한들출판사, 1999.

_____. *Homiletik*. 박근원 역. 『설교학 원강』. 서울: 전망사, 1981.

Baumann, J. Daniel. *An Introduction to Contemporary Preaching*. 정장복 역, 『현대설교학입문』. 서울: 양서각, 1983.

Bright, John. *The Authority of the Old Testament*. Nashville: Abingdon Press, 1967,

Brueggemann, Walter. *The Creative Word: Canon as for Biblical Education*, 강성열, 김도일 역, 『창조적인 말씀을 통한 기독교 교육: 성서교육의 모델로서의 정경』. 서울: 한들출판사, 1999.

Buttrick, David. *A Captive Voice: The Liberation of Preaching*. Louisville: Westminster/John Knox Press, 1994.

_____. *Speaking Jesus: Homiletic Theology and the Sermon on the Mount*. Louisville: Westminster/John Knox Press, 2002.

_____. *Speaking Parables: A Homiletic Guide*. Louisville: Westminster/John Knox Press, 2000.

_____. *Homiletics: Moves and Structures*. Philadelphia: Fortress Press, 1987.

Campell, Carles L. 『프리칭 예수: 한스 프라이의 탈자유주의 신학에 근거한 설교학의 새 지평』 이승진 역. 서울: 기독교문서선교회, 2001.

Carl III, William J. *Preaching Christian Doctrine*. Philadelphia: Fortress Press, 1984.

Childs, Brevard S. *Biblical Theology in Crisis*. Philadelphia: Westminster Press, 1970.

Cobb, John B. Jr. *Becoming a Thinking Christian*. Nashville: Abingdon Press, 1993. 이경호 역. 『생각하는 기독교인이라야 산다』. 서

울: 한국기독교연구소, 2002.

Cochrane, I. Arthur C. *Reformed Confessions of the 16th Century*. Philadelphia: Westminster Press, 1965.

Duke, Robert W. *The Sermon as God's Word: Theologies for Preaching*. Nashville: Abingdon Press, 1980.

Farley, Edward. "Preaching the Bible and Preaching the Gospel," *Theology Today* 51 no 1. April: 1994.

Farris, Stephen. "The Birth of the New Homiletics," 『태영설교학 강연집』. 서울: 교회와 커뮤니케이션 연구원, 2002.

Gerrish, B. A. *The Old Protestantism and the New: Essays on the Reformation Heritage*. Chicago: University of Chicago Press, 1982.

Gunn, D. M. "설화비평," 『성서비평 방법론과 그 적용: 역사비평에서 사회과학적 비평을 거쳐 해체주의비평까지』 스티븐 헤이네스, 스티븐 매켄지 엮음, 김은규, 김수남 옮김. 서울: 대한기독교서회, 1997.

Hilkert, Mary Catherine. "Preaching and Theology: Rethinking the Relationship," *Worship* 65 no 5. September: 1991.

_____. *Naming Grace: Preaching and the Sacramental Imagination*. New York and London: Continuum, 2005.

Hughes, Robert G. and Kysar, Robert. *Preaching Doctrine for the Twenty-First Century*. Minneapolis, MN: Fortress Press, 1997.

Kay, James F. *Preaching and Theology*. St. Louis, Missouri: Chalice Press, 2007.

Kooiman, Willem Jan. *Luther and the Bible*. Philadelphia: Muhlenberg Press, 1961.

Levenson, John D. *The Hebrew Bible, The Old Testament, and Historical Criticism: Jews and Christians in Biblical Studies*.

Louisville: Westminster/John Knox Press, 1993.

Lewis, Conrad. Ed. *Rome and the Study of Scripture* (7th ed.), O. S. B. St. Meinrad, Ind.: Abbey Press, 1964.

Lischer, Richard. *A Theology of Preaching: The Dynamics of the Gospel.* Eugene, Ore.: Wipf and Stock Publishers, 2001.

Lowry, Eugene L. *The sermon: Dancing the Edge of Mystery.* Nashville: Abingdon, 1997.

_____. *Doing Time in the Pulpit: The Relationship Between Narrative and Preaching.* Nashville: Abingdon Press, 1985.

McNeill, John T. edit. *Calvin: Institutes of the Christian Religion.* Philadelphia: The Westminster Press.

Na Hyung Suk. *Paul Tillich's Theology of Preaching: Boundary Preaching.* Ph.D. diss. Drew University, 1996.

Parker, T. H. L. *Calvin's Preaching.* Louisville, Ky.: Westminster/John Knox Press, 1992.

Rice, Charles L. *Interpretation & Imagination.* Philadelphia: Fortress Press, 1970.

Ritschl, Dietrich. *A Theology of Proclamation.* Richmond, VA: John Knox Press, 1963.

Sanders, James A. *From Sacred Story To Sacred Text: Canon as Paradigm.* Eugene: Wipf and Stock Publishers, 1987.

Schleiermacher, Friedrich. *On Religion.* New York: Harper & Row, Harper Torchbooks, 1986.

Scott, Bernard Brandon. *The Word of God in Words: Reading and Preaching the Gospels.* Philadelphia: Fortress Press, 1985.

Seeberg, Reinhold. *Text-book of the History of Doctrines*, vol. 2, trans. Charles E. Hay. Grand Rapids: Baker Book House, 1966.

Talley, Thomas J. *The Origins of the Christian Year*. New York: Pueblo Publishing Co., 1986.

Wietzke, Walter R. *The Primacy of the Spoken Word: Redemptive Proclamation in a Complex World*. Minneapolis: Augsburg Publishing House, 1988.

Wilson, Paul S. *God Sense: Reading the Bible for Preaching*. Nashville: Abingdon Press, 2001.

Wink, Walter. *The Bible in Human Transformation*. Philadelphia: Fortress Press, 1973.

Wintzer, Friedrich. *Homiletik seit schleiermacher bis in die anfaenge der dialectischen theologie in grundzuegen*. 정인교 역. 『현대 설교학 : 슐라이에르마허에서 칼 바르트까지』. 천안: 한국신학연구소, 1998.

강성열, 오덕호, 정기철. 『설교자를 위한 성서해석학입문』. 서울: 대한기독교서회, 2002.

김명용. 『칼바르트의 신학』. 서울: 이레서원, 2007.

김재준. 『그리스도와 함께 걷는 인간의 길』. 서울: 삼민사, 1984.

_____. 『하늘과 땅의 해후』. 서울: 동양출판사, 1962.

리처드 니버/ 홍병룡 옮김. 『그리스도와 문화』. 서울: 기독교문서선교회, 2007.

리처드 버캠/김도훈 옮김. 『몰트만의 신학』. 서울: 크리스챤 헤럴드, 2008.

레슬리 뉴비긴/ 홍병룡 옮김. 『다원주의 사회에서의 복음』. 서울: 기독교문서선교회, 2007.

맹용길 편. 『현대신학사상 I』. 서울: 성광문화사, 1980.

박세환. 『존 칼빈의 신학사상과 설교』. 서울: 영문, 2001.

박형룡. 『박형룡 박사 자작 전집』. 서울: 한국기독교교육연구원, 1988.

안병무. 『민중신학 이야기』. 서울: 한국신학연구소, 1990.

_____. 『역사와 해석』. 서울: 한국신학연구소, 1992.

이성민. 『해석학적 설교학』. 서울: 대한기독교서회. 2007.
이종성. 『조직신학대계』[전12권]. 서울: 대한기독교서회, 1993.
이치석. 『씨알 함석헌 평전』. 서울: 시대의 창, 2005.
윤철호. 『신뢰와 의혹』. 서울: 대한기독교서회, 2007.
위르겐 몰트만/곽미숙 옮김. 『절망의 끝에 숨어 있는 새로운 시작』. 서울: 대한기독교서회, 2008.
_____/김균진 옮김. 『십자가에 달리신 하나님』. 서울: 한국신학연구소, 1979.
_____. 『오늘 우리에게 그리스도는 누구인가?』. 서울: 대한기독교서회, 2007.
정용섭. 『속 빈 설교 꽉 찬 설교』. 서울: 대한기독교서회, 2006.
_____. 『설교와 선동사이에서』. 서울: 대한기독교서회, 2007.
_____. 『설교의 절망과 희망』. 서울: 대한기독교서회, 2008.
_____. 『설교란 무엇인가』. 서울: 홍성사, 2011.
한국문화신학회. 『한국 신학, 이것이다』. 서울: 한들출판사, 2008.

※ 설교집

Allen, Ronald J. *Preaching Is Believing: The Sermon as Theological Reflection*. Louisville and London: Westminster John Knox Press, 2002.

Barth, Karl. *Deliverance to the Captives*. New York: Harper & Brothers, 1961
_____. *God's search for Man*. New York: Round Table Press, 1935.

Barth, Karl & Thurneysen, Eduard. *Come Holy Spirit: Sermons*. New York: Round table press, 1933.

Blakney Raymond B. *Meister Eckhart*. 이민재 역. 『마이스터 에크하르트 1』. 서울: 다산글방, 1994.

Blumhardt, Christoph. *Action in Waiting*. Farmington PA: The Plough Publishing House, 1998.

Bonhoeffer, Dietrich. *Psalmen : Das gebetbuch der bibel*. 최진경 역. 『본회퍼의 시편이해』. 서울: 홍성사, 2007.

_____. *Meditating on the Word*. 김찬종 역. 『본회퍼의 시편 명상』. 서울: 열린서원, 2005.

_____. 『본회퍼의 삶과 대강절 설교』. 파주: 솔라피데, 2008.

Brunner, Emil. *The Great Invitation*. Philadelphia: the Westminster Press, 1955.

Bultmann, Rudolf. *This World and the Beyond: Marburg Sermons*. London: The Camelot Press Ltd., 1960

_____. *This World and the Beyond*. 손규태 역. 『차안과 피안』. 서울: 대한기독교서회, 1976.

_____. *Das verkundigte Wort*. Tübingen: J.C.B Mohr, 1984.

Bush, Michae D. ed. *This Incomplete One: Words Occasioned by the Death of Young Person*. Grand Rapids: Wm. B. Eerdmans Publishing Co., 2006. 김요한 역. 『내 아버지 집에 거할 곳이 많도다』. 서울: 새물결플러스, 2010.

Calvin, John. *Calvin's Sermons on the Epistle to the Ephesians*. 배상호 역. 『칼뱅의 에베소서 설교(상)』. 서울; 기독교문서선교회, 2000.

_____. *Sermons on 2 Samucl*. 『칼빈의 사무엘히 설교』 I-Ⅳ. 김동현 역. 서울: 솔로몬, 1993.

_____. *Sermons on Ephesians*. 『에베소서 강해 상, 하』. 김동현 역 서울: 솔로몬, 1995.

_____. *Sermons from Job*. 『욥과 하나님: 칼빈의 욥기강해』. 서문강 역. 서울: 지평서원, 1991.

_____. *Sermons on election & reprobation*. 임원주 역. 『칼빈의 예정론 핵심설교』. 서울: 예루살렘, 2000.

_____. *Calvin's Sermons on the Epistle to the Galatians*. 김동현 역. 『칼빈의 갈라디아서 강해설교 상, 하』. 서울: 서로사랑, 2000. 2001.

_____. *Calvin's sermons on Psalm 119*. 박건택 역. 『칼뱅의 시편 119편 설교』. 서울: 기독교문서선교회, 2004.

Gunton, Colin E. *Theology Through Preaching*. New York: T&T Clark Ltd, 2001.

_____. *The Theologian as preacher*. New York: T&T Clark Ltd, 2007.

Moltmann, Jürgen. *The Power of the Power of the Powerless*. San Francisco: Harper & Row, 1982.

Niebuhr, Reinhold. *Justice and Mercy*. New York: Harper & Row, 1974.

Pannenberg, Wolfhart. *Freude des Glaubens*. 『믿음의 기쁨』. 정용섭 역. 경산: 대구성서아카데미, 2007.

Schleiermacher, Friedrich. *Servant of the Word: Selected Sermons of Friedrich Schleiermacher*. Philadelphia: Fortress Press, 1987.

_____. *Selected Sermons of Schleiermacher*. Friedrich Schleiermacher and Mary F. Wilson. Eugene: Wipf & Stock Publishers, 2004.

Schweitzer, Albert. *Place for Revelation: Sermons on Reverence for Life*. trans. David Larrimore Holland. New York: Macmillan, 1989.

Schweitzer, Albert &, Melamed, Steven E. G. *The African Sermons*. trans. Steven E G Melamed, Sr, Steven E. G. Melamed. New York: Syracuse University Press, 2002.

Tillich, Paul. *The Shaking of the Foundations*. 김광남 역. 『흔들리는 터전』. 일산: 뉴라이프, 2008.

_____. *The New Being*. 김광남 역. 『새로운 존재』. 일산: 뉴라이프, 2008.

_____. *The Eternal Now*. 김광남 역. 『영원한 지금』. 일산: 뉴라이프,

2008.

지원용 편. 『루터선집』 제10권. 서울: 컨콜디아, 1987.

곽선희. 『군중 속에 버려진 자』. 서울: 계몽문화사, 2004.

_____. 『행복을 잃어버린 부자』. 서울: 계몽문화사, 2004.

_____. 『신앙인의 신앙』. 서울: 계몽문화사, 2004.

_____. 『한 수난자의 기쁨』. 서울: 계몽문화사, 2006.

김기석. 『길은 사람에게로 향한다』. 서울: 청림, 2007.

_____. 『새로 봄』. 서울: 기독교대한감리회, 1999.

김동호. 『예수님만 의지하는 사람』. 서울: 나침반, 1995.

_____. 『날마다 기막힌 새벽』. 서울: 규장, 1996.

_____. 『경주하는 삶이 아름답다』. 서울: 규장, 1998.

_____. 『삶의 바닥부터 흔들릴 때』. 서울: 바이블리더스, 2007.

김회권. 『청년 설교 1, 2』. 서울: 복있는 사람, 2005.

_____. 『하나님 나라 신학의 관점으로 읽는 모세오경 1, 2』. 서울: 대한기독교서회, 2005.

_____. 『하나님 나라 신학으로 읽는 사도행전 1, 2』. 서울: 복있는 사람, 2007.

_____. 『하나님 나라 신학으로 읽는 사무엘 상·하』. 서울: 복있는 사람, 2009.

_____. 『하나님 나라 신학으로 읽는 다니엘서』. 서울: 복있는 사람, 2010.

_____. 『목회자 후부생들에게』. 서울: 복있는 사람, 2012.

박영선. 『하나님의 설복』. 서울: 새순출판사, 1984.

_____. 『더 깊은 신앙으로 가는 길』. 서울: 새순출판사, 1989.

_____. 『하나님의 열심』. 서울: 새순출판사, 1992.

_____. 『의와 영광』. 서울: 도서출판 엠마오, 1995.

_____. 『구원의 영광』. 서울: 도서출판 엠마오, 2003.

_____. 『구원, 그 이후』. 서울: 새순출판사, 2005.

_____. 『다윗의 삶과 하나님의 통치』. 서울: 새움출판사, 2009.

_____. 『믿음』. 서울: 복있는 사람, 2013.
옥한흠. 『요한이 전한 복음 상』. 서울: 두란노, 2000.
_____. 『무엇을 기도할까?』. 서울: 국제제자훈련원, 2002.
_____. 『빈 마음 가득한 행복』. 서울: 국제제자훈련원, 2005.
_____. 『안아주심』. 서울: 국제제자훈련원, 2007.
_____. 『고통에는 뜻이 있다』. 서울: 국제제자훈련원, 2010.
_____. 『요한이 전한 복음 2』. 서울: 국제제자훈련원, 2012.
유기성. 『예수님의 사람 1』. 서울: KMC. 2006.
_____. 『예수님의 사람 2』. 서울: KMC. 2006.
_____. 『네가 나를 사랑하느냐』. 서울: 규장. 2012.
윤철호. 『성서, 신학, 설교』. 서울: 장로회신학대학교, 2000.
_____. 『신학과 말씀』. 서울: 장로회신학대학교, 2008.
윤철호 편역. 『현대 신학자들의 설교』. 서울: 한들출판사, 2011.
이동원. 『로마가 들어야 했던 복음』. 서울: 규장, 1996.
_____. 『로마를 바꾸어 놓은 사랑』. 서울: 두란노, 1998.
_____. 『회개행전』. 서울: 규장, 2000.
_____. 『하나님, 그의 이름은 비밀입니다』. 서울: 디모데, 2007.
이재철. 『청년아 울더라도 뿌려야 한다』. 서울: 홍성사, 2000.
_____. 『비전의 사람』. 서울: 홍성사, 2004.
_____. 『요한과 더불어 1-10권』. 서울: 홍성사, 2004.
_____. 『인간의 일생』. 서울: 홍성사, 2004.
_____. 『사랑의 초대』. 서울: 홍성사, 2006.
_____. 『사도행전 속으로 3』. 서울: 홍성사, 2011.
이찬수. 『보호하심』. 서울: 규장, 2011.
전병욱. 『비전 무릎』. 서울: 규장, 2000.
_____. 『지금 미래를 결정하라』. 서울: 규장, 2004.
_____. 『강점으로 일하라』. 서울: 규장, 2002.
_____. 『영적강자의 조건』. 서울: 규장, 2003.

_____. 『부흥 로마서』. 서울: 규장, 2005.
_____. 『생명력』. 서울: 규장, 2008.
_____. 『다시 시작하는 힘』. 서울: 규장, 2009.
정용섭. 『하늘에서 들려온 음성』. 서울: 한들, 2007.
_____. 『세계구원 교회구원』. 서울: 쿰란, 1999.
하용조. 『로마서의 비전』. 서울: 두란노, 1998.
_____. 『로마서의 축복』. 서울: 두란노, 1998.
_____. 『바람처럼, 불처럼』. 서울: 두란노, 2003.
한경직. 『한경직목사 설교전집』. 1-18권. 서울: 한경직목사기념사업회, 2009.
_____. 『한경직 목사의 구원설교 모음집』. 서울: 두란노, 2011.